U0448370

广东省哲学社会科学"十二五"规划资助项目

明中后期中日葡外交使者陆若汉研究

刘小珊　陈曦子　陈访泽　著

商务印书馆
The Commercial Press
创于1897

2015年·北京

图书在版编目(CIP)数据

明中后期中日葡外交使者陆若汉研究 / 刘小珊，陈曦子，陈访泽著. —北京：商务印书馆，2015
ISBN 978-7-100-10582-8

Ⅰ.①明… Ⅱ.①刘…②陈…③陈… Ⅲ.①陆若汉—人物研究 Ⅳ.①B979.955.2

中国版本图书馆 CIP 数据核字（2014）第 134830 号

所有权利保留。
未经许可,不得以任何方式使用。

明中后期中日葡外交使者陆若汉研究
刘小珊　陈曦子　陈访泽　著

商 务 印 书 馆 出 版
（北京王府井大街 36 号　邮政编码 100710）
商 务 印 书 馆 发 行
三河市尚艺印装有限公司印刷
ISBN 978-7-100-10582-8

2015 年 2 月第 1 版　　开本 710×1000　1/16
2015 年 2 月北京第 1 次印刷　印张 31 1/4

定价：98.00 元

前　言

　　本研究选择陆若汉这一历史人物作为研究课题有一定的主观和客观的缘由。从主观上说，本人作为日语教师在高校从教多年，在日语的教学、研究和翻译工作中经常接触到有关中日交流史方面的资料，逐渐对中日关系的历史，特别是中日文化交流史产生了浓厚的兴趣，深感中日两国的贸易往来和文化交流历经漫长的岁月，其中发生的很多事件、出现的诸多人物都有待作深层次的研究。从客观上说，本人在进入暨南大学古籍所博士课程之后，导师汤开建教授也希望本人能利用外语的优势，通过接触和发掘更多的外文史料，将中外史料加以比较和整理，进行更为系统的研究；在充分了解国内外研究动向的基础上，在中外交流史研究方面做出有意义的研究。本人在对几百种中外文史料、研究专著和论文做了系统的整理、阅读、归纳和思考之后，逐渐找到了突破口，进而锁定了可深入研究的课题，可以说这是本人三年的博士课程学习的最大受益之处。

　　关于陆若汉的研究在国内外均不多见，这一方面给我们提供了研究的空间和可行性，另一方面也带来了文献和史料不充分的诸多困难。然而在整理史料的过程中，本人欣喜地发现了不少有关陆若汉在中国和日本活动的新材料，逐渐产生信心。通过重新整理中外文史料，深入追究陆若汉一个个本质的、个体的、有代表性的事例，必能发掘主人公之复杂经历、多重身份及思想形成的过程。

　　本研究利用的主要是中文、日文、英文史料和部分葡文文献，涉及南蛮历史、日欧交通史和中日交通史、基督教传教史等诸多方面。文献包括陆若汉本人撰写的几部著作、16至17世纪耶稣会传教史、东西方文化交流史等相关史料，还有各种研究论著中偶尔出现的关于陆若汉其人其事的记载、被很多研究所引用的陆若汉的书信和文章等。

本研究在搜集研究史料的阶段，还将目光放在浩如烟海的日本古籍文本方面，这些古籍不为文献学家所重视，常被尘封书架。但深入其中仔细考察，可以发现这其实是一个非常有价值的文献史料宝库，其中蕴藏着大量的历史信息和文化资源。发掘和利用这批文献是本研究的一种尝试，希望借此有利于印证一些史实。此外，外文历史档案的挖掘和调查也是本课题研究中一项励精图治的重要工作，涉及范围有大英博物馆所保存的《附加手稿系列》、马德里现存的《古西班牙—美洲档案》、里斯本阿儒达图书馆内的《耶稣教—亚洲系列》、罗马的耶稣教会档案《中日古风俗系列》以及现保存在马德里的《耶稣教会系列》等珍贵的档案材料，从这些档案材料中发现了不少关于陆若汉的新史料。还有金国平、董少新两位先生翻译的阿儒达图书馆《耶稣会士在亚洲》的部分葡文档案亦为本研究了解陆若汉在澳门及进入中国的活动提供了宝贵资料。

为追寻陆若汉在中国澳门和内地生活与活动的踪迹，本研究也将关注点放置于国内明清时期的历史资料方面。除常见之明清正史、明清实录，及《经世文编》等基本文献之外，主要搜集了同陆若汉相关而前人未曾使用或很少使用的一批中文资料，其中主要有台北傅斯年图书馆善本室所藏崇祯刊本《守圉全书》中的多篇奏疏和文献，这些史料的挖掘和使用，使陆若汉在华活动的史实大为充实。另外，巴黎国家图书馆藏本《熙朝崇正集》卷二之陆若汉《遵旨贡铳效忠疏》、朝鲜《李朝实录》、《增补文献备考》及《考同考异》中保存的有关陆若汉的记录又为本研究对陆若汉与朝鲜西学的关系提供了不少新的史实。与国内外的同类型研究相比较，应该说本研究的资料涉猎范围是非常广博的，虽然史料搜寻工作十分艰巨，却为本研究顺利展开奠定了坚实可靠的基础。

本研究形成书稿后历经十余次修改，章节也经过多次调整，直到准备付诸出版，才确定最终的结构。目前书稿的整体构成除序章和终章外，主要内容部分分为四章，大概内容分述如下。

第一章"大航海时代的贸易和传教形势"，主要对中国明末清初及日本近世的贸易传教形势作一较为详细的回顾，期望有助于了解本研究的对象陆若汉所身处的时代大背景，从而更好地解读这个离我们的现实生活相当遥远的特殊人物。

第二章"陆若汉在日本"，对陆若汉的身世、早期在日本受教育的经历以及后期活动经历进行追踪回顾，试图弄清楚这一段长达33年的迷雾般不甚清晰的历史；着重叙述陆若汉作为一名天主教翻译活跃在日本的各种外交场合，协助日本统治者同西方国家进行交涉的经历。本章还重点叙述陆若汉被委以耶稣会司库的重任，进而被指定为德川家康私人贸易代理人的一段特殊经历，同时特别论述了有关日本长崎港和中国澳门港之间发生的生丝、白银贸易等较为详细的史实。

这一章在四个重要问题上较以前有所突破。首先，对从事同类研究的戚印平教授的某些观点提出了不同看法；其次，依据史料对陆若汉晋铎为神父的时间提出了与学者荣振华不同的见解；再次，阐明了日本耶稣会学校设立（1580）早于澳门教会学校设立（1594）的观点，对黄鸿钊在其著《十六至十八世纪的澳门与东西方文化交流》中提出的观点提出了质疑；最后，本章还通过许多具体的事例，描述了一直被忽视的陆若汉对天主教传教所作的贡献，以及很少有研究涉及的耶稣会和方济各会在日本传教时期的矛盾斗争的背景。

第三章"陆若汉在中国"，对陆若汉后半生23年在中国澳门的生涯进行追踪研究，首次涉及陆若汉的神学思想和哲学观点，通过对陆若汉著作的解读，客观地分析了他颇有深度的中国神学思想，以及对著名的"礼仪之争"所起到的导火线作用。本章还追述了已步入晚年的陆若汉仍积极倡导利用西方的先进军事技术，并亲自参与选募兵士、随军北上、与鞑靼人交战等详细过程。这一章的研究重点解决了如下问题。

（1）考证了陆若汉被驱逐至澳门的时间，指出并非以往研究中的1614年，而是1610年。

（2）考证了陆若汉被逐出日本的主要原因，驳斥了驱逐原因出自涉及陆若汉的某些不雅绯闻的观点。

（3）根据史料梳理和计算，修正了荣振华关于陆若汉担任传教区司库的年限问题。陆若汉担任传教区司库的时间约为12年，不是荣振华先生所说的16年。

（4）在"译名问题"、"礼仪之争"的历史回顾中，重点提及陆若汉的意见和观点。以往的史学家在此历史问题上几乎没有笔墨触及陆若汉其人其事，本研究提出了造成这种现象的两点原因。

（5）通过多方史料论证了毕方济、方豪认为1620至1630年间明政府三次入澳购炮募兵行动中陆若汉均是最主要参与者和倡导者的观点不完全正确，本研究的结论认为陆若汉没有参加第一次行动。

（6）考证了1628年陆若汉在远征军中的身份是"掌教"，并非如巴笃里、费赖之等人所称的"译人"或"译员"。

（7）对陆若汉去世时间进行了考证，由他本人1634年留下的《日本教会史》马德里C本上的亲笔记录，证实他去世的时间是1634年，而不是以往研究提到的1633年。

第四章"东西方文化交流中的陆若汉"则站在一个更为宏观的角度，对16至17世纪东西方文化交流史以及陆若汉的巨大贡献作了较为全面的总结回顾。通过对《日本大文典》和《日本小文典》的解读，论述了陆若汉对日语语言学所作的贡献。并从陆若汉撰写的《日本教会史》入手，全面探究当时的写作背景和主要内容，研究该著作的独特之处。

这一章的重点有四点。第一，明确提出陆若汉为欧洲日本学第一人的说法，主要依据他撰写的日本最初的两本文典，在此之前日本人甚至没有系统学习过本国的语言，陆若汉起到了开创先河的作用；第二，系统地总结陆若汉在中国所作的贡献，包括对西方军事技术的引进、对大秦景教碑的考察等重大事件；第三，阐述陆若汉对东方文化的理解深度，以及他为把中国学推向西方国家所作的努力；第四，宏观地总结16至17世纪东西方文化交流的几大特点。

本研究在终章部分将陆若汉的整个人生划分为四个阶段，分别总结了他各个阶段的行为特征，以及在中日葡文化和贸易、日本学、天主教传教、汉学传播等方面做出的卓越贡献，并从六个方面对陆若汉进行了综合评价。

本研究形成初稿后，又用了较长时间作进一步的思考和沉淀，在深入分析史料的基础上对部分内容进行增补和完善，并未急于付诸出版。2013年12月，本课题获准立项为广东省哲学社会科学"十二五"规划2013年度项目（GD13HWW01）。作为项目主持人，本人邀请了澳门大学日本研究中心的陈访泽教授和暨南大学博士后研究员陈曦子博士为项目合作人，目的是为了全面充实和完善该项目的研究内容并进一步提高该项目的研究水平。陈曦子博士为本项目提供了德川家康时期的英文史料和研究论文，负责本书第二章第三节"德川家康时代的陆若汉"的撰写；陈访泽教授提供了关于陆若汉在日语语言学研究方面的宝贵资料和研究成果，承担了本书第四章第一节"陆若汉的日本学"的重新整理和补充的工作，并对书中的出现的历史人物译名作了全面的核对修正。

本书是在本人博士论文的基础上经过多次修改，获准立项后又整合了项目合作人的部分研究成果形成的。从书稿的最初撰写至今，经历了多年的深思熟虑，其间得到了众多师友的支持和帮助。首先要感谢汤开建教授的悉心指导，汤教授不仅提出了指导性意见，还为本研究提供了大量的中文资料。同时要感谢中国社会科学院世界宗教研究所所长卓新平研究员，世界汉语教育史国际研究会会长、北京外国语大学中国海外汉学研究中心主任张西平教授，浙江大学人文学院哲学系戚印平教授，葡萄牙中国学院澳门研究中心金国平教授，还要感谢我的日语教育界同行和暨南大学的诸位史学教授，他们毫不吝啬地提供了珍贵的外文资料及研究成果，并对书稿提出了宝贵意见。此外，家人的激励与支持让本人总是充满研究的热情和勇气。在此还要感谢帮我搜寻英文史料的远在美国的胞妹向阳夫妇，以及同窗陈文源副教授、杨惠玲、田渝、陈青松和提供翻译帮助的学生曾人杰。最后，对协助本人成功申报项目的广东外语外贸大学科研处表示诚挚的谢意。

  这些年，本人尽量"拒绝外事，寒窗研究"，但由于本人史学研究资历尚浅，故此书难免存在不足之处，真诚地希望得到各位读者的批评指正和不吝赐教。

刘小珊

2014年6月于白云山西麓荷塘月色和风居

目 录

序　章..........1
　一、研究对象和研究目的..........1
　二、史料的征引和文献资料..........3
　三、国内外学术史回顾..........9
　四、方法论和研究意义..........17

第一章　大航海时代的贸易和传教形势..........24
　一、以"地理大发现"为标志的大航海时代..........24
　二、葡西殖民势力的东侵和中外贸易的兴起..........31
　三、天主教远东地区传教形势与背景..........40

第二章　陆若汉在日本..........61
　一、耶稣会神学院中的葡萄牙少年..........61
　二、丰臣秀吉时代的陆若汉..........96
　三、德川家康时代的陆若汉..........167

第三章　陆若汉在中国..........205

一、遭驱逐至澳门的陆若汉..........205

二、"礼仪之争"的前期参与者..........245

三、购炮募兵入京教铳的西方掌教..........290

第四章　东西方文化交流中的陆若汉..........323

一、陆若汉的日本学..........324

二、陆若汉在中国的贡献..........389

三、陆若汉对朝鲜西学传播的贡献..........412

四、陆若汉总论东方文化..........420

终　章..........439

附　录..........449

陆若汉1598年书信之拉丁文件及译文..........451

陆若汉年谱..........458

外国人名之中外文对应表..........472

参考引证书目..........480

序　章

据史料记载，以葡萄牙人为代表的西方人来到东方传教、通商贸易的过程十分复杂而曲折，他们以"海上大发现活动"为始肇，几经辗转，数易其地，带给亚洲各国陌生的基督教信仰和西方科学文化，繁荣了亚洲贸易。基督教传教士、葡语翻译、汉语翻译等外交使者于其中起到了不可估量的作用。然而与同时期大量的翻译作品尤其是有关科学技术的译作形成反差的是，记述早期基督教传教士翻译者的文献，特别是涉及传教士翻译者生平的著作并不太多。对于相当部分的中国史学家来说，由于语言的障碍而无法掌握有关的第一手史料，因此可以说以传教士翻译者作为研究对象，一直以来很少受到研究者关注和青睐。笔者在着手有关东西方交通史料的调查中间接地、隐约地看到了这些身负文化及贸易交流使命的使者——葡萄牙传教士和被称之为"通辞"、"通事"、"通词"的翻译者们的足迹，以及他们在那个时代的大舞台上所扮演的重要角色，因而产生了强烈的兴趣。有鉴于此，本书在广泛收集国内外史料的基础上，以16、17世纪的中国和日本社会为大的时代背景，以东西方之间的交流史实为主线，尝试对传教士翻译者个体问题作一宏观的全面研究和分析。

一、研究对象和研究目的

本书以陆若汉（João Rodrigues）——中日近世史上一位具有传奇色彩

的人物为主线来进行考察，目的是通过陆若汉作为传教士、南蛮通辞（葡语翻译）、通商代理人等多重身份的特殊性，来纵观东西方贸易和文化交流在中国的明末清初及日本的江户幕府时期这一时代背景下的形成和发展过程。笔者在收集整理大量有关人物传记资料、基督教文献、基督教发展史、东西方交通史、中日关系史、日欧关系史等史料的基础上，试图描述这一历史时期的东西方交流的大致轮廓，在对该时期所具有的独特性、闪光点进行考察的同时，对当时活跃在日本对外交流舞台上的西方传教士兼外语翻译的足迹进行追踪，同时展示陆若汉这位对东西方贸易和文化交流的发展起过重要作用的人物的立体画像。

　　选择中国和日本作为历史的大舞台，并以陆若汉的传教士兼通辞的身份作为研究的立足点，出于这样的考虑：一是从东西方贸易和文化交流的高度来看，陆若汉作为西方传教士兼南蛮通辞、通商代理人的特殊身份，使他得以置身于几种不同文化的交叉点上，具有鲜明的代表性；二是在该人物身上可以看到当时国与国交往的种种艰辛和困苦，即中日葡三国交通史上所经历的艰难历程。

　　陆若汉是与中日近世史上许多知名人物有过来往和交流的西方人，因为他肩负耶稣会传教士、南蛮通辞、通商代理人等多重身份，同时国与国之间的外交斡旋也需要这样的人才，因此陆若汉在日本受到了丰臣秀吉、小西行长、德川家康、前田玄以、本多正信等许多位高权重者的知遇，得到他们的信任和重用。在中国的澳门和内地，他相继结识过许多重要的官员如徐光启和李之藻等人，同他们有过极为深入的交往，被认为是"有才能、知遇了活跃于16世纪末17世纪初当时所有政治家"[①]的人。陆若汉在与中日上流社会高层人物深入交往的过程中，积累了丰富的经验知识。

　　陆若汉作为一名葡萄牙传教士，不仅在西方文化的传播和东西方贸易交涉中发挥过极大的作用，在日语语言学方面的贡献尤为令人瞩目，他的

---

① 迈克尔·库帕著，松本玉译：《通辞·罗德里格斯》，页346—347，原书房，1991年。

著作有《日本大文典》和《日本小文典》，此外还撰写了《日本教会史》。陆若汉由于有在中国和日本长期生活的经历，他对中日文化的理解和认识都非常深刻，尤其是对日本文化认识之精深，当时的西方传教士无人能够超越他。但最终陆若汉没能实现返回他视为第二故乡日本的心愿，在中国生活23年之后，忧郁地病死在澳门。

纵观西方传教士陆若汉所经历的复杂人生历程，笔者深切地认识到研究陆若汉的重要性，这是笔者确定陆若汉作为研究对象的最主要原因。以下将就以往国内外涉及陆若汉的论著论文，以及有关的史料作一梳理和分析，整理出问题点和切入点，进而全面展开对陆若汉的研究。

二、史料的征引和文献资料

关于陆若汉的论述国内外均十分少见，国内撰写他生平轨迹的专著更是接近于零的状态。这既给笔者提供了研究的空间、追求目标的可行性，又给研究带来了查阅史料的诸多困难。笔者此次主要利用的是日文和英文的史料和文献，其中大部分是有关耶稣会、东西方交流关系史、南蛮历史文化、人物传记等方面的论著，国外这方面的研究较之国内要丰富许多，同时结合中文史料的调查进行综合性的全面思考。调查的途径采取以迈克尔·库帕的《通辞·罗德里格斯》(『通辞·ロドリゲス』) 所提供的历史大背景为主要线索，通过几条主要思路去调查有关的史料，试图拨开重重的迷雾，展现陆若汉这个人物的闪光点，还原那个历史时期的本来面貌。

（一）国外史料的发掘与整理

由于陆若汉的生活历程处于15、16世纪，因此日本近世时期、葡萄牙和大航海时代的历史文献自然构成本书的基本史料，大致分为几个方面：南蛮历史文献、中日和日欧交通历史文献、基督教传教历史文献、日本江户时期翻译历史资料，以及陆若汉撰写的几部著作。

1. 南蛮历史文献

"南蛮人"①是最早登上日本岛进行贸易交流的欧洲人，陆若汉作为其中的一员，在起着重要纽带作用的"南蛮通辞"群体中，曾扮演过一个非常重要的角色。笔者首先从南蛮史料入手展开调查，调查的结果是，"葡萄牙与日本的交流关系最为久远，照理说有关的史料会较之于其他国家的多，事实上却相反，令人意外的却很少"②。笔者只能通过阅读日本史学界一些有关南蛮文献的研究、南蛮贸易历史的介绍，才终于查阅到一些与南蛮通辞有关的材料。

日本史学家松田毅一1964年所著《南蛮史料的发现》（中央公论社）较为系统地叙述了南蛮史料寻找、发现的过程。16世纪耶稣会创立以来，散布于世界各地的耶稣会会员都承担这样的使命：向耶稣会本部，以及国内的同僚发送"文书"，通报有关传教和当地的一些信息。因此，数量庞大的书信被送往罗马，件件都是价值极高的原始史料。收藏这些贵重文献的罗马耶稣会馆一直以来从未曾向一般的史学家公开这批史料。日本著名史学家松田毅一1959年11月通过耶稣会士的斡旋，破例得到允许进入罗马耶稣会馆，松田毅一在那里发现了会馆精心保存的四百年以前由日本发往欧洲的大量信件。他如获至宝，一头扎进史料堆中。浩瀚的史料信息无法让松田毅一在短时间内全部获取，于是他把重点放在了一百多卷有关日本与中国史料的调查上，收获颇丰。此后的二十多年间，其他的日本史学家如村上直次郎博士、幸田成友博士、冈本良知教授、土井忠生博士等都先后前往葡萄牙以及欧洲各国查阅南蛮史料，并撰写出多篇学术论文和专著。《南

---

① 所谓南蛮，其语源来自中国，它是一个地域的概念。在古代中国，以中原一带作为本部，周围的四面各国则被视为夷狄，南方各民族被称之为南藩，或是南蛮。日本的古文书记录中经常出现有关"南蛮"的说法："南蛮帽子"、"南蛮筒"、"南蛮僧"、"南蛮斗笠"、"南蛮铁"、"南蛮犬"、"南蛮钵"、"南蛮船"、"南蛮屏风"等五花八门。从狭义上来讲，"南蛮"这一说法是日本受中国华夷思想的影响，或是一种概念的移植，日本人用以对"16、17世纪进入日本的葡萄牙、西班牙、意大利等南欧三国"的称呼，这些国家的人则被视为"南蛮人"。松田毅一:《南蛮史料研究》，页40，风间书房，1967年。

② 松田毅一:《南蛮史料研究》，页1。

蛮史料的发现》一书就是在这批南蛮史料的基础上编写而成的，书中较大篇幅地介绍了葡萄牙人初登日本岛、与织田信长相见、对立抗争中的"伴天连"（传教士）、传教士弗洛伊斯与织田信长的交往等情况，以及他与异教徒之间发生的争执等历史史实。《南蛮史料的发现》直接涉及陆若汉这个人物的内容极少，而对另一位同样较有影响力的南蛮通辞弗洛伊斯给予了大篇幅的记述。尽管如此，该书仍然有助于我们全面了解当时陆若汉身处的那个时代大背景。

2. 日欧和中日交通历史文献

有关中日和日欧交通历史的资料多是从日本思文阁出版的《日欧交涉和南蛮贸易》、现代思潮社的《中世·近世日欧交涉史》、中央公论社的《日欧交通史》、东方书店的《江户时代的日中秘话》和《江户时代中国文化的受容》等文献中获得。

《中世·近世日欧交涉史》《日欧交通史》留下了许多有关日本中世和近世同欧洲进行贸易和文化交流的宝贵资料。《江户时代的日中秘话》和《江户时代中国文化的受容》则着眼于中国明末清初及日本江户时期中日两国贸易往来和中国文化的输入，为此提供了大量客观的史料文献。冈田章雄所著《日欧交涉和南蛮贸易》一书，分为贸易史论、交涉史论、风俗随想三篇，涉及日本近世初期的主要进口物资概观、关于近世鹿皮进口的研究、江户幕府的军需物资的输入、纺织品的输入、日本和西班牙的关系、近世日英关系的正教意义、日本人与海外腾飞、文明开化和横滨、长崎街上的女人们、赴罗马的少年使节等诸多话题。在从1663年开始记录的荷兰商馆长日记《日本关系海外史料：荷兰商馆长日记》（东京大学史料编纂所）和日兰学会编辑的1807年至1809年的《长崎荷兰商馆日记》（雄松堂）的记录中，关于荷兰通词在长崎、江户等地的活动情形都有明确的记载，并且附有当时从荷兰、中国输入商品到日本的明细图表，为翻译史和交流史的研究提供了很多线索。

3. 基督教传教的历史文献

鉴于陆若汉天主教神父的身份，笔者继而在中国和日本对有关基督教传播的史料展开重点的搜集，虽说查阅史料的过程充满艰辛，但目前得到的资料，尤其是日文的史料，可以说比其他的资料略显丰富。日本的原文史料有村上直次郎翻译的《异国往复书翰集》（雄松堂）和《耶稣会士日本通信》（骏南社）、松田毅一等译的《十六、十七世纪耶稣会日本报告集》（同朋舍）等。虽然各种史料中并无关于陆若汉的具体介绍，但笔者仍能从叙述当时耶稣会的活动过程中隐约看到陆若汉的影子，为本书的研究提供一些有用的线索。

4. 日本翻译史的文献

因为陆若汉主要的身份是天主教传教士和"通辞"，故笔者也把注意力放在翻译历史资料的搜集上，但结果令人失望。虽然人们知道在16、17世纪这段西学东渐的历史时期，曾经有过庞大的翻译群体"南蛮通辞"、"唐通事"、"荷兰通词"，他们支撑起那段繁荣的跨国贸易和文化交流，起到举足轻重的作用。然而，这个群体是如何产生、发展乃至消亡的，他们的历史地位怎样，他们在中日和日欧交通史上贡献如何，却是一个少有人触及的课题。应该说，对陆若汉以及翻译者的研究一直是一个相对薄弱的环节，究其原因，主要是缺乏有关领域的详细史料。在日本即使出版有几本为数不多的论著，也大都停留在讲述历史事实的层面，未能作更加深入的研究。

本文在撰写过程中所采用的史料，除了以上介绍的南蛮文化史、基督教历史、中外交通史、翻译史之外，还将目光放在国外，特别是日本古籍文本方面，如《松浦文书》、《古籍文征》、《异国日记》、《长崎实录大成》、《武家严制录》、《经世秘策》等日文文献是一批由不同作者记录编辑整理而成的古文书，大都出自地方官吏、政府官吏、藩主大名、文人墨客之手，内容由政治、宗教、法令、异国渡海、国内开发、海外贸易等种类繁多的文献、年表构成，多为私人或地方的藏书。在浩如烟海的古文献宝库中，这些古籍只占很小的一席之地，甚至不为文献目录学家所重视，而被束之高阁。但深入其中仔细考察，发现这其实是一批非常有特色、有价值的古籍文献，里面蕴藏着大量的历史信息和文化资源。发掘和选用这批文献也是本书的一种尝试，希望借此帮助印证一些史实。

《松浦文书》是旧肥前平户藩主松浦家所藏文书，记述了日本镰仓末期到江户初期的一段历史，其中涉及丰臣秀吉的有关史料较多，丰臣秀吉出兵朝鲜的历史，以及他所颁发的"伴天连追放令"（传教士驱逐令）原文也收纳书中。

旧加贺藩前田家流传下来的古文书《古籍文征》一书中，针对与织田信长一样对天主教采取宽容和认可态度的丰臣秀吉突然变脸、下达"伴天连追放令"、发起全面禁教的缘由进行了追踪。

《异国日记》由担任江户初期外交的金地院崇传撰写，全书二卷，以1608年到1629年的史料为中心内容，包括了"英国平户商馆开设"、"幕府的锁国令"等翔实的内容。

在长崎圣堂的书记役田边茂启收集的古籍记录基础上，编辑整理成的《长崎实录大成》，1770年成书，此书由关于政治、宗教、异国渡海的文献、年表构成，书中收录的"英国平户商馆开设"、"朱印船贸易"两份史料明确地显示日本江户初期的外交方针：旨在积极地扩大对外贸易。

《武家严制录》为江户初期的法令集，收集了1600年至1703年的幕府法令，被认为是17世纪末到18世纪初这段时期的私撰史料，该书收录了日本宽永十年（1633）、宽永十二年（1635）、宽永十三年（1636）、宽永十六年（1639）的四次"锁国令"，前两次的核心内容是严禁日本的船舶派遣海外，后两次锁国令则主要围绕禁止天主教的传播、对告密者的褒奖、对隐瞒不报者的惩罚、对领养南蛮人留在长崎的孩子的家庭治罪，以及对结党营私（如"岛原之乱"）的天主教徒进行处罚等诸多内容作一详尽的叙述。《武家严制录》中还收录有海舶互市新例、幕府财政穷乏等史料原文。

新井白石的代表作《西洋纪闻》的主题着眼于描述海外事情、天主教传教历程，书中表现出作者对国学的发展、西洋的注视、兰学的兴起等问题的极大关注。

《经世秘策》是本多利明论述国内开发和海外贸易等富国政策的名著，其中的闪光点在于对"外国贸易论"和"锁国批判"两个论题的阐述。

西方历史档案、历史史料集、档案文献的挖掘和调查也是本书撰写中励精图治的一项重要工作。由于笔者葡文的局限性，没有更多地查阅有关的葡文史料，目前所接触到的葡文方面的历史资料大都为笔者通过日文和英文的翻译资料所获得，其中有大英博物馆所保存的《附加手稿系列》、马德里现存的《古西班牙—美洲档案》、里斯本阿儒达图书馆内的《耶稣教—亚洲系列》、罗马的耶稣教会档案《中日古风俗系列》，以及现保存在马德里的《耶稣教会系列》等珍贵的档案材料，并从这些档案材料中发现了一些关于陆若汉的新史料。

葡文史料在本文虽征引不多，但金国平、董少新两位先生所翻译的阿儒达图书馆《耶稣会士在亚洲》的部分葡文档案为我们了解陆若汉在澳门及进入中国的活动亦增色不少。在此向两位先生表示感谢。

（二）国内史料的发掘与整理

为查阅陆若汉于1610年至1634年在中国澳门和内地生活和活动23年的踪迹，本书将关注点置于国内明清时期的历史资料方面。

中文文献的采用方面，除了常见之明清正史、明清实录及《经世文编》等基本文献之外，主要搜集了同陆若汉相关的前人未曾使用的或很少使用的一批中文资料，其中主要有台北傅斯年图书馆善本室所藏崇祯刊本《守圉全书》之《报效始末疏》、《钦奉明旨录呈前疏疏》、《战守唯西洋火器第一议》、《催护西洋火器揭》、《神器无敌疏》、《西儒陆先生若汉来书》。均有陆若汉在华活动的重要史料，这些史料的挖掘与使用，使陆若汉在华活动的史实大为充实。另外，巴黎国家图书馆藏本《熙朝崇正集》卷二之陆若汉《遵旨贡铳效忠疏》同《守圉全书》所载疏虽为同一疏章，但有不少文字出入，可资勘同。朝鲜《李朝实录》、《增补文献备考》及《考同考异》中保存的有关陆若汉的记录又为我们对陆若汉与朝鲜西学的关系提供了不少新的认识。

三、国内外学术史回顾

（一）国外研究状况

1. 欧美史学界的专题研究

谈到有关陆若汉的研究，首先必须提及的是英国教会学者迈克尔·库帕（Michael Cooper）撰写的《翻译者陆若汉：一位耶稣会士日华经历录》和传记式论著《通辞·罗德里格斯》。陆若汉的一生波澜壮阔，而有关他的传记《通辞·罗德里格斯》的出版是在陆若汉离世250年以后。库帕的著作用十七个章节，较为详细地叙述了陆若汉在中国和日本度过的56年岁月，先后为日本的统治者丰臣秀吉、德川家康及中国明朝皇帝所任用的经历。外交、贸易事务的繁忙，涉足丝绸生意的艰辛，日语语法著作的撰写，涉及日本文化方面的努力，以及卷入"礼仪之争"、涉足澳门公务、参与同满洲人的交战等，一件件历史事件跃然纸上。全书宛如一本历史故事书，娓娓叙述陆若汉这位传奇人物的生平业绩。在材料的选用上，库帕利用了很多保存在欧洲文书馆内的尚未发表的史料，给笔者提供了许多历史的事实和研究的线索。

此外，博克塞撰写的《*The Military Anabasis in Support of Ming against Qing by Portuguese during 1621—1647*》[①]，以及传记《耶稣会士陆若汉神父和日文语法史》[②]也对陆若汉16世纪在日本的生活经历和他为日本语言学研

---

① C. R. Boxer, *The Military Anabasis in Support of Ming against Qing by Portuguese during 1621—1647*, Estudos para a Historia de Macau, I Vol, Lisboa, 1991.

② 该传记载于《纪念F. A. 科埃洛的语言学、文学和文化史杂文集》第2卷，页338—363，17（Ⅱ）/476，里斯本，1950年。

究史所作的开创性贡献进行了较为系统的论述。

关于陆若汉著作的研究，人们尤其关心他作为日本学家的一面。其中有苏哈默撰写的《地理学家陆若汉神父和日本史》①、迈克尔·库帕所著《日本的历史和古人类学》（伦敦1965年版）和科尔特圣（Cortesão）的《葡萄牙地图学和地图》，都各自展示出陆若汉熟知日本地理和历史的一面，遗憾的是"他的地理学巨作已失传，有关中国的部分得到了祁维材（Kirwitzer）的帮助"②；舒特的《陆若汉未刊布过的有关日本圣教的著作》③介绍了陆若汉著书论述日本传教历史的大致情形；西埃斯里克（Hubert Cieslik）的论著《译员陆若汉神父》④、裴化行的《中国科学地图学的发展阶段》、博克塞的《诗人的描述——陆若汉的日本诗目录》等，从陆若汉为人所熟知的传播西方技术的史实和鲜为人知的热衷于日本诗歌创作这两个不同方面介绍了陆若汉其人其事。由于史料的遗失，以及语言障碍等多种原因，笔者至今无法查阅到这些研究专著，只能从间接的渠道了解到欧美史学界对陆若汉这位活跃于16、17世纪的耶稣会传教士"通辞"是极为关注的，对于他的评价，正如荣振华先生所称，"此人为汉学家和日本学家，又为史学家"⑤。

其他涉及陆若汉生平传记的国外学者有法国人费赖之所著《在华耶稣会士列传及书目》和法国人荣振华的《在华耶稣会士列传及书目补编》。《在华耶稣会士列传及书目》第71节对陆若汉的出生地、入耶稣会时间、被逐至澳门、进入内地考察景教碑文、证明利玛窦神父天主教名称之伪等事件做了逐一的简略考证。

---

① 载苏哈默的著作集《东方学》第2卷，页605—618。
② 荣振华著，耿昇译：《在华耶稣会士列传及书目补编》下册，页564，中华书局，1995年。
③ 舒特：《陆若汉未刊布过的有关日本圣教的著作》，载《圣教史国际代表大会文献》V/I，页297—327，里斯本，1961年。
④ 西埃斯利克：《译员陆若汉神父》，载《传教区通报》第9卷，页326—331、404—409，东京，1955年。
⑤ 荣振华著，耿昇译：《在华耶稣会士列传及书目补编》下册，页564。

2. 日本史学界的相关研究

在日本史学研究方面，颇具代表性的论著有松田毅一所著《南蛮史料的发现》（中央公论社）和《南蛮史料研究》（风间书房）、海老泽有道的《南蛮文化》、板桥勉所著《南蛮船来的时候》（至诚堂）、冈田章雄编《南蛮宗俗考》（地人书馆）、松原晓香的《南蛮通交志》（大日本出版）、外山卯三郎著《南蛮学考》（地平社）、大塚健二所著《南蛮渡来气氛》（藤田工房）、神僧南浦文之著《铁炮记》（中央公论社）等，都各有建树。明治维新以来，日本国内外的学者有关16、17世纪最早来日的南蛮人的研究，有了长足的进步。据相关资料统计，发表的大小研究专著、论文，以及有关的记事，已经"达到上万册，数量十分的壮观"[①]。由于德川家康的锁国政策，以及天主教禁教令的影响，日本国内的很多史料被销毁，或是转移到了国外，因此，回首南蛮学研究者的研究足迹，大多数学者都是沿着寻求高质量而极为珍稀的史料的崎岖小路，国外文献的查阅、艰辛的探索使他们得以利用具有权威性的、客观的、丰富的史料，从事自己理想中的历史学、宗教史学的研究，并取得了令人瞩目的贡献，涌现出一大批史学大家。

日本知名学者冈本良知称得上20世纪40年代日本史学界大家，他所著的《十六世纪日欧交通史的研究》是一大部头研究专著，全书共分三大篇、十个章节。该书在修正和补充1932年出版的《长崎开港以前欧船往来考》的基础上，参照了许多史料，如《耶稣会士书翰集》、《诸国发现志》、《东印度水路志》、《东印度法令文书》等，对16世纪整个历史时期的中日、日欧交通史作了一个概观性的、详尽的考察和研究，话题包括葡萄牙人来航之前与日本的交涉、葡萄牙人与中国人和琉球人的最初交往、葡萄牙船舶初登日本、葡萄牙人的日本通商、西班牙商人与葡萄牙商人间交错的贸易关系和错综复杂的矛盾，涉及上千个历史事件，可谓是一本浩瀚的史料考证专著，其参考价值显而易见。

---

① 松田毅一：《南蛮史料研究》，页1。

1967年出版的《南蛮史料研究》是松田毅一先生的南蛮研究专著，源于对罗马耶稣会馆等72处收藏的大批珍贵文书档案的发现和整理，其中葡萄牙文库和图书馆14处，西班牙图书馆20处，意大利图书馆23处，其他分布各国的文库和图书馆15处。松田先生并没有像其他研究者那样将注意力放在外交、通商、思想、文化等热门的话题上，而是着力于对南蛮研究史的概括、南蛮史料的所在地和种类的甄别、耶稣会日本报告书的整理、弗洛伊斯文书的研究、南蛮新史料的研究等，涉及的档案范围之广，内容之多，史料之丰富，是笔者目前所调查的南蛮资料中最有价值、最完整的一部南蛮史料大全，从中可以还原出许多历史的原貌、重要事件的真相。该书的第五章第二节中有涉及陆若汉在京都的活动的内容，其中提到：

> 若阿·罗德里格斯通辞是继弗洛伊斯之后，成为精通日本语的第一人，甚至超过了弗洛伊斯其日本通的声誉。[①]

同时代另一位重要的史学家海老泽有道的《南蛮文化》则把笔墨放在近世萌芽的这一历史时期。海老泽有道客观地总结了天主教会对近世日本社会的影响、具有求实精神的耶稣教会性格、天主教会所从事的社会事业及由此而产生的日本社会风气的改变、教会在日本开展的活动以及所取得的各项成就。《南蛮文化》一书中几处提到陆若汉，并给予高度的评价，称陆若汉撰写的《日本大文典》和《日本小文典》"达到了日本语研究的最高峰"[②]。

曾经有一段时期，日本史学界对近世日欧、中日交通史的研究很火热，随着研究成果的不断出现，其研究范围进一步扩大，先后出版了不少大部的研究专著。20世纪80年代日本又出现一批影响很大的史学家，他们也展示出一批关于16、17世纪的研究成果。笔者仔细地阅读了其中影响力

---

① 松田毅一：《南蛮史料研究》，页527。
② 海老泽有道：《南蛮文化》，页80，至文堂，1958年。

较大的几部作品，有冈田章雄所著《日欧交涉和南蛮贸易》（思文阁）、高濑弘一郎的论著《基督教时代对外关系的研究》（吉川弘文馆）、北村勇翻译的《中世·近世日欧交涉史》（现代思潮社）、冈本良知著名的《十六世纪日欧交通史的研究》（六甲书房）、幸田成有著《日欧交通史》（中央公论社）、松田毅一撰写的《南蛮史料研究》（风间书房）、荒野泰典的《近世日本和东亚洲》（东京大学出版会）、大庭脩所著《江户时代的日中秘话》（东方书店）和《江户时代中国文化的受容》（同朋舍），以及山口修先生为纪念中日文化交流二千年撰写的《日中交涉史》（东方书店）。可以看出，史学家们通过发掘资料及调查研究掌握了较为丰富的资料和史料，有关中日、日欧关系史的研究领域一片繁荣。

日本有关基督教传播的研究专著、翻译论著更是丰富，有高濑弘一郎翻译和撰写的《耶稣会与日本》、《基督教的世纪》（岩波书店）和《基督教时代对外关系研究》（吉川弘文馆），海老泽有道编著的《基督教的社会活动以及南蛮医学》和《日本基督教史》（塙书房），井手胜美所著《日本基督教教会史补遗》和《基督教思想史研究序说》（ぺりかん社），五野井隆史所著《日本基督教史》和《德川初期基督教史研究》（吉川弘文馆），姊崎正治的三部大作《切支丹禁制的始末》、《基督教宗门的迫害和潜伏》和《切支丹迫害史中的人物事迹》（同文馆），新村出编著的《日本吉利支丹文化史》（地人书馆），榊原悠二所著《日本切支丹的历史作用》（伊藤书店），岩本泰波著《基督教和佛教的对比》（创文社），后藤优的专著《日本人vs基督教》（北树出版），冈田章雄著《基督教风俗和南蛮文化》和《基督教信仰和风俗》（思文阁），小田垣雅也著《基督教的历史》（讲谈社）等。各部大作中并无关于陆若汉的篇章或大段的描述，只能从叙述当时耶稣会的活动中隐约看到陆若汉活动踪迹，为笔者的研究提供一些有用的线索。

在日本，专门从事陆若汉研究的有历史学家土井忠生、语言学家鳅泽千鹤和马场良二等人。土井忠生的《吉利支丹论考》，从记述巡视员范礼安随同遣欧使节团第二次来到日本、选拔陆若汉担任他的私人翻译拜见丰臣秀吉时开始，大篇幅地介绍陆若汉，称其日语能力由此时起得到充分认可，日后屡屡在日本耶稣会跟丰臣秀吉、德川家康的外交谈判中担任翻译，为努力使丰臣秀吉不要加害于耶稣会士，他广交各地大名，通过宗教方面的讨论，以及关于天文学新知识的对话，在传教活动方面做出了贡献。该书还提及陆若汉到澳门晋升神父的经历、与长崎奉行寺泽广高间的矛盾、受西班牙船菲利普号突发事件的连累而被驱逐出日本的酸楚的过程，以及在澳门没有改变其日本耶稣会士身份的陆若汉继续为传教事业和中日贸易奔波的精神状态。称得上全书重点之一的是有关陆若汉执笔撰写的巨作《日本大文典》和《日本小文典》，土井较为详细地介绍了两部文典的撰写背景，以及两部文典的主要内容、语言特色、其中所反映的当时传教士研究日本语言的特征。土井忠生称赞两部文典：

> 堪称外国人日语研究史上璀璨的金字塔，不仅普遍用于当时来日传教的外国传教士的日本语学习，同时在日本语研究史上也是影响很大的贡献。①

《吉利支丹论考》另一重点阐述，便是介绍陆若汉三大著作之一的《日本教会史》，土井忠生认为《日本教会史》是陆若汉为天主教传教事业倾注心血之作。土井分阶段地叙述了《日本教会史》撰写前前后后的经过，编撰者的确定、《教会史》的版本、作者的立场和观点、教会历史的描述、语言文笔的特色，以及与其他著述的对比等。《吉利支丹论考》为陆若汉的专题研究提供了很好的素材。鳅泽千鹤和马场良二均为研究日本语言史的学者，他们先后发表有关陆若汉研究的论文《ロドリゲス『日本文典』における「エンガント」について》(《关于罗德里格斯〈日本文典〉中的"enganto"》)、《ロドリゲス『日本大文典』の成立—「ラテン語学」の与えた影響》(《罗德里格斯〈日本大文典〉的出版——"拉丁语言学"给予的影响》)、《『日本大文典』『日本小文典』に見

---

① 土井忠生：《吉利支丹论考》，页65，三省堂，1982年。

られるロドリゲスのSONSONETEについて》(《从〈日本大文典〉和〈日本小文典〉看罗德里格斯的SONSONETE》)、《ロドリゲス『日本小文典』の独自性について》(《关于罗德里格斯〈日本小文典〉的独创性》)、《ロドリゲスのめざした日本語》(《罗德里格斯所追求的日本语》),分别从日本国语史、语言学研究的角度对《日本大文典》和《日本小文典》的独特的语言观、语法研究范围、语言特色作了不同侧面的有见解的论述。

(二)国内研究状况

相比之下,国内学者对陆若汉研究并未引起太多的关注,除偶见零散短篇论文之外,未见有研究专著问世。迄今见到的中国学者有关专题性的论文有方豪的《明清间西洋机械工程学物理学与火器入华考略》[1],另有谭树林撰写的《陆若汉与明末西洋火器东渐》[2]一文。涉及到陆若汉的个人传记则有方豪所著《中国天主教史人物传》,戚印平著《日本早期耶稣会史研究》的某些章节也涉及到陆若汉其人其事。在方豪《中国天主教史人物传》中,陆若汉作为第五位天主教传教士出现,他于"明万历四十二年(1614)来华","崇祯七年(1634)阳历三月二十日前不久卒于澳门",在中国最著名的一件事,是"曾与葡将公沙·的西劳率葡国炮兵抗清,担任随军司铎",又"曾在日本传教","编撰日文文法,被推为第一流著作","撰有日本天主教教史"。[3]该人物传谈到了陆若汉所编《日本教会史》的基本内容,以及率炮兵援明抗清的过程。

此外,"西学东渐"作为近代史研究的一个热门话题,研究成果浩如烟海,史学界关于"汉学"的影响、西传方面的研究也不甘示弱,时有成果产生。早在明末清初,即有中国学者提出"西学中源说"[4],强调西学源于

---

[1] 方豪:《明清间西洋机械工程学物理学与火器入华考略》,载《方豪六十自定稿》上册,页289—318,台湾学生书局,1965年。

[2] 谭树林:《陆若汉与明末西洋火器东渐》,载《文化杂志》第44期,页81—84,2002年。

[3] 方豪:《中国天主教史人物传》中册,页34—43,中华书局,1988年。

[4] 甚至连《四库全书总目》也持"西学中源说":"西法出于《周髀》,此皆显证,特后来测验增修,愈推愈密尔。《明史·历志》谓尧时宅西居昧谷,畴人子弟散入遐方。因而传为西学者,固有缘由矣。"《四库全书总目》卷一〇六子部《周髀算经》条。

中国传统，尤其是先秦诸子。①如徐光启、方以智、李之藻等就认为中国传统科技与西学之间存在相近之处，是受"一源辐射"影响，西学只不过是"唐虞三代之缺典遗义"②，"皆谓圣人所已言"③，"与上古《素问》、《周髀》、《考工》、《漆园》诸编，默相勘印"。④黄宗羲讲学时认为，西方的科学技术不过是拾中国圣人之余绪，"勾股之术乃周公、商高之遗而后人失之，使西人得以窃其传"⑤。积极倡导西学的康熙帝同时也积极倡导"西学中源说"。⑥从有关西学东传的研究，以及陆若汉早期的论著中，我们也可以了解到这位"通辞"传教士于其中所作的贡献。

毋庸讳言，当前对早期中日交流史和早期基督教传教史的研究尚属起步阶段，略显薄弱。这主要是由于该领域的研究存在许多困难，其中最大的问题是对外文史料的收集、整理和掌握。令人高兴的是，近几年来有不少熟练掌握外文、致力于中外交流史和基督教传教史的学者相继加入到此项研究的行列中，最近看到的两部比较新的研究成果是戚印平的《日本早期耶稣会史研究》（商务印书馆）和李小白的《基督教布教与日本的选择》（东北师范大学出版社）。诸位学者颇有新意的研究论著，使中日交流史和基督教日本传教史的研究豁然开朗，出现新的气象，此种情形也为本次研究创造了极其有利的条件，《日本早期耶稣会史研究》的某些章节关于陆若汉的描述，可给笔者的研究提供一些作为借鉴的资料。

最近，笔者又收到戚印平先生即将发表的陆若汉研究论文，其中重点涉及几个颇具代表性的话题：（1）陆若汉的学业及知识背景；（2）通辞陆

---

① 实际上，西方的自然科学与中国汉学属于完全不同的体系。
② 徐光启：《刻几何原本序》，载《徐光启集》卷二，上海古籍出版社，1984年。
③ 方以智：《天经或问序》，《浮山文集后编》卷二，载《清史资料》第六辑，中华书局，1985年。
④ 李之藻：《天主实义重刻序》，载《明清间耶稣会士译著提要》，页147，中华书局，1989年。
⑤ 全祖望：《梨洲先生神道碑文》，《鲒埼亭集》卷十一，载《黄宗羲全集》第十二册，浙江古籍出版社，1985年。
⑥ 康熙断言："论者以古法今法之不同，深不知历源出自中国，传及于极西。西人受之不失，测量不已，岁岁增修，所以得差分之疏密，非有他术也。"《康熙御制文》第三集卷十九《三角形推算法论》。

若汉所肩负的外交重任;(3)作为德川家康贸易代理人的经历和成就。该研究注重史料的收集、翻译与整理,具有三个特点。首先,第一手日文资料丰富,使得研究视野较为开阔。史料涉及领域相当广泛,包括耶稣会报告集、日本年报、教会史、贸易史等众多方面。其次,通过对个案的精细研究,对陆若汉等一批耶稣会传教士在当时的历史时期,在日本的政治、经济等众多领域所产生的广泛影响进行了深入细致的分析考察,提出了富有启迪和有创见性的结论。再之,不仅限于个体的研究,由陆若汉其人其事为线索,拓展性地重点剖析日本早期耶稣会的传教路线、外交政策、对外贸易之特点所在,很有见地。

四、方法论和研究意义

(一)问题意识和研究视角

通过以上的讨论,有关陆若汉的研究现状大致浮现于我们眼前,问题点也逐渐突显出来。

第一,国外有关论著的倾向是对人物作传记性、叙述性的描写,完全是以讲故事的语气向读者展示陆若汉的一生经历,尚未对他本人经历形成的时代背景作深入探讨。而陆若汉这个特殊人物的形成,应该是由一定的历史大背景所造成的。

第二,历史文献和档案里集中叙述陆若汉作为"通辞"(翻译者)的内容比较多,而他的传教士身份所起到的作用却显现不出分量和重要性,其原因尚无人明确指出。

第三,国内史学家有种印象,认为天主教会似乎对陆若汉这个人物的印象不佳,尽管他作为传教士所做工作不少、贡献显而易见。史学界有必要澄清历史事实,给陆若汉神父一个公正、客观的评价。

第四,关于陆若汉在中国各地的活动,中文文献和档案缺乏系统记录,费赖之神父《在华耶稣会士列传及书目》一书,虽有陆若汉一节,但仅有零星介绍，语焉不详。其他有关的专题性著作、论文不多见，且西方学者多不利用中文文献，而中国学者也很少采用葡文、日文、英文等外文史料结合进行研究。

综上所述，对陆若汉的研究工作几乎仍处于初始阶段，在许多方面尚有大量工作需要去做，甚至在某些方面才刚刚开始，尚需要史学家们不断做出新的努力，将该项研究深入下去，以展示陆若汉其人的历史原貌。

笔者在整理中、日、英文的有关史料时，欣喜地发现不少关于陆若汉在中国、日本活动的新资料，同时也看到国内外对陆若汉的介绍和研究尽管已有一些成果问世，但从所涉及的范围来看，迄今为止的论说多注重耶稣会传教的历程或日语学习方面的考察，对陆若汉这一个体的具体认识还缺乏系统的归纳和总结。通过对史料的再度整理和研讨，方能通过深入追究陆若汉一个个本质的、个体的、实践的、代表性的事例，来发掘主人公的复杂经历、多样性身份、思想形成的过程。日本和西方的学者从交流史、传教史的视野对人物进行了不太系统的论述，史学家为我们廓清了近代中国和近世日本以及西方社会中的脉络。本书根据目前掌握的各类史料，对陆若汉这位明末耶稣会最著名的翻译在中国和日本活动之事实进行考述，从社会、政治、经济、文化等不同角度，试图对陆若汉进行较为客观、全面的论述，以填补历史记录之不足。

（二）方法论问题

本书将以历史唯物主义为指导，以葡萄牙人"通辞"陆若汉的生平轨迹为中心，对活跃于中国明末、日本江户时期的西方传教士的进入、发展、作用进行梳理、分析，并对近代中日葡文化和贸易交流中所表现出来的一些特征及问题加以论述。

本书也将采用历史学、社会史等多学科的研究方法，运用实证的研究手段，对明末清初西方传教士的中国观和日本观进行较为具体、细致的探讨，以期对他们的思想观点进行事实判断与价值判断，进而掌握他们对中日两国认识的重点所在。与其他思想先行者相比，西方传教士对中日两国的认识或许并不那么深刻，但从全面分析、把握近代西方传教士的中国观和日本观的角度出发，重新研究西方传教士的思想观点很是必要。以某一地域中的某一社会阶层作为认识的主体，并对其形成的历史过程进行研究，显然属于社会史的研究范畴。运用这一方法论，来廓清陆若汉为代表的一代西方传教士所走过的道路，能够较为准确地把握那个时代的命脉，对于了解近代中国和日本社会的发展、变化有所帮助。

另外，在论述的过程中，也将穿插中国历史的发展状况与日本同期的实际情况相对照的段落，以便对明末万历天启年间的时代大背景有个更加清晰的把握，因而比较分析以及历史的考察将成为本文采用的研究方法。

除如上所述之外，客观性将是本书努力追求的目标，史料的搜寻和爬梳也将成为一项重要任务。本书将在对史料的客观分析基础上，探讨当时中西哲学、宗教对类似问题的解决方法和结论上的深刻差异，对一些貌似神离的问题将努力做出审慎的考察和分析。

再则，本书对陆若汉编撰的两本语法词典《日本大文典》和《日本小文典》有专题论述，其中包含词汇、语法、词义、修辞、文化影响等诸多问题，文化语言学研究手法的运用在所难免。社会发展越急剧，人的思想越活跃，语言和文化的交合也就越发加速，越是多姿多彩，由此明显地增多了文化的蕴意。就一般性的语言运用而言，不管人们的思想触角伸向何处，我们几乎经常可以看到语言与文化的巧妙结合。

（三）研究意义所在

以陆若汉为主线，着重围绕他作为"通辞"、传教士的身份来加以研究，具有如下意义。

（1）在16至17世纪来到亚洲的耶稣会士中，陆若汉是位极具传奇色彩的传教士。虽然他未在教会中身居要职，且出身贫寒，但他过人的语言天赋、出色的外交能力、与众多权贵的私人情谊、对东方文化的深刻认识、历尽艰险的曲折经历，是绝大多数耶稣会士所不具备的。从这一意义上说，陆若汉的奇特一生概括或折射出众多耶稣会士的传教经历，因此，对他的研究可以成为考察早期天主教远东传教史的恰当切入点。

（2）世界史上的大航海时代，是让史学家们非常感兴趣的一个神秘的时代。葡萄牙人的初航亚洲给东方各国带来活力和繁荣，也为日后几百年各国近代化的发展起到奠基性的作用。从陆若汉这个人物的经历，去探索类似的基督教传教士们的特点、经历、形成过程和原因，对于宏观地了解那个大时代的历史面貌有着十分重要的意义。

（3）有助于加深对中国明朝末期和日本近世历史的了解。当时的中国和日本处在一个充满神奇、充满矛盾的复杂的历史时期。本书依据古文书、古日记的记录，以及中外文历史档案，并结合后来的研究专著和论文进行研究，从认识的准确性来看，或许可以获得新鲜见解和结论。

（4）为中日近代史的研究补充翻译史研究的内容，以及陆若汉研究方面的新史料。进行历史研究，史料是非常重要的，发掘并利用新的史料，为治史者历来所重视。本文所使用的资料当中，既有鲜为人知的稿本，也有很少为他人所利用的出版物，有幸为笔者首次使用。

（5）有助于我们认识自己，找出差距，发奋努力。了解别人，是为更好地认识自己。当今日本作为世界上经济最发达的国家之一，在许多方面值得中国学习。中国与日本之间现代化程度的差距是后来形成的，还是存在历史的渊源？在收集、阅读资料和史料的过程中，笔者亦有一些新发现，如发展兰学、洋学的近代教育，汲取西方科学的营养以提高国民素质过程中的日本经验，不乏可为中国的改革开放事业提供借鉴者。

（四）本研究的主要方向

本书的撰写指导思想是努力创造出以下几点特色，以有别于以往的同类型研究。

（1）撰写方式。在被称为"大发现时代"、"淘金时代"的大航海时代，即中国的明朝和日本的江户初期，葡萄牙、西班牙、荷兰、英国等西方传教士接踵来到中国、日本，天主教传教士们对促进西方科学的传播，乃至对西方思想的东渐起到无法忽视的作用。笔者意欲通过对陆若汉这个当时颇具代表性、身兼数职的个体人物研究，以点带面地来对西学东渐的那段历史作一宏观的回顾和阐释。

（2）重点选择。以迄今为止国外尚未有专门研究的陆若汉的《日本教会史》为着眼点，对其内容作一结构性解读的研究，通过对《日本教会史》的分析研究，了解葡萄牙传教士陆若汉思想形成的过程，试图说明他对传教事业的贡献并非如人们印象中的那般虚无缥缈。

（3）深度广度。通过对《日本大文典》和《日本小文典》的深入分析，笔者欲从中总结出陆若汉所特有的语言观和日本观，以及他对中国语言文化、日本语言文化了解的精深程度，超越以往的研究方式仅停留于日语学习探讨的层面，力图涉及到更深更广的内涵。

（4）史实补充。关于陆若汉被驱逐到澳门以后发生的事情，即陆若汉在中国生活的23年经历，中文历史档案中缺乏系统、清晰的记录。笔者拟通过对中、日、葡、英史料的梳理、分析和总结，用一定篇幅对这一段历史做出补充。

（5）史料利用。首先，本书采用中外文史料、文献资料相结合的方法，在大量利用外文资料的同时，同样重视诸多国内史料的选用。其次，本文选用的一些国外史料大都属于鲜为人知的资料，或国内很少得到使用的资料，如《长崎唐通事》、《出岛》、《长崎通词的故事——语言和文化的翻译者》、《江户的翻译家们》、《开国日本和横滨中华街》等有关研究翻译者的著述，国内史学界由于无人涉及日本翻译历史的研究，这些资料尚未被利用。《松浦文书》等一批日本古文书，具有极高的史料价值，启用这批古文献作为印证史实的依据也是本书的尝试之一。档案馆资料的选用为笔者的研究提供了有关的新史料，使此研究增辉不少。

（五）书中所用术语说明

对本书所使用的几个概念的重点说明。

本书研究的对象人物，在国外的史书中均称其葡萄牙语的音译名——罗德理格斯（João Rodrigues，ロドリゲス），为了与国内的史料、论著的记

载保持一致，本书采用其中文名"陆若汉"。但在引用外文史料时，仍采用葡语的译名——罗德理格斯，以保持史料的真实感。

"通辞"一词，便是中文的"通译"，意指"互译两方语言使相通晓"，《后汉书·和帝纪》中有"都护西指，则通译四万"①一句，后便称翻译人员为"通译"。"通辞"日语读作"Tsuzi"，同音同义的还有另两组汉字——"通词"、"通事"。从对日本各类史书的调查结果来看，三组汉字表达的意义均为从事国与国之间语言传递这一职业的人，即"翻译者"，但三者在使用的对象和时间上有差异。"通辞"和"通词"在汉语里较少见，估计是汉语"通译"的日译，但日文史书中多将时间上出现在先的、担任葡萄牙语翻译的葡人或传教士称作"南蛮通辞"，而用"通词"、"通事"分别来指代日本锁国时期在长崎港从事与荷兰人和中国人进行贸易及外交事务的翻译兼贸易官员。日本人习惯将荷兰语翻译叫作"阿兰陀通词"，当时的长崎出岛还设有"阿兰陀通词会馆"，荷兰通词在那里从事各种外交及贸易事务。"通事"一说法应该是从中国传到日本，周密的《癸辛杂识后集·译者》中说："译，陈也。陈说内外之言皆立此传语之人以通其志，今北方谓之通事。"②"通事"作为对中国语翻译的特定称呼在日本的江户时期普遍使用，其内涵和作用已不仅限于口头的语言传递，当时的中国语翻译更多地已直接参与到贸易交涉之中。虽然史书中对陆若汉有"通事罗德理格斯"一说，本书仍主张按照当时普遍的说法，将陆若汉定位为"南蛮通辞"，比较符合其葡人传教士兼译员的身份。

本书在大多数地方使用"天主教"指称明末来华传教士输入的西方宗教，少数地方也使用"基督教"这一概念。实际上，广义的基督教包括天主教、东正教和基督新教及其他崇拜耶稣基督的宗教派别。目前国内主要将基督教与新教等同使用，因而造成一定程度的混乱。本书中的"基督教"仅作为一种概念，即一般意义上的基督教，不是指新教。文中多数地

---

① 范晔：《后汉书·和帝纪》，中华书局，1965年。
② 周密：《癸辛杂识后集·译者》，中华书局，1988年。

方为了特指明末输入的西方宗教，只使用"天主教"这一概念。

陆若汉的一生，充满惊险、刺激的话题，笔者并不想拘泥于每一个细小点来叙述，而是拟立足于16、17世纪中日、日欧交涉的舞台，从一个更为广阔的视野去展望几个不同文化圈的人们相碰、相遇的过程。笔者在叙述本书涉及的人物，包括主人公陆若汉的时候，难免会带上一些主观意见，描述的角度或许比较狭隘，但是，笔者将尽量谨慎地、负责任地议论古人的言行，带着某种审视的目光去研究过去的一些说法，同时力求具备一种建设性的态度去重新认识一段历史。

第一章　大航海时代的贸易和传教形势

从明代到清前期，准确说是从明中期"地理大发现"到清代鸦片战争前这段时间，正是西欧列强崛起，向全世界扩张，从而引发世界传统秩序格局大改变的时代。这是一个世界各地文明日益彼此交汇撞击，从而促使原来因地理阻隔而总体上处于分散状态的整个世界日益联系成一体的时代。15世纪初，一本讲述中国和亚洲其他国家风土人情和奇闻逸事的书开始在西方世界中流传，这就是历史上赫赫有名的《马可·波罗游记》（又名《东方见闻录》）。书中记载的见闻向西方人详细描述了东方的富饶，这无疑对那些向往财富的年轻一代充满了诱惑力，对这些传说中的财富蠢蠢欲动的人们开始投身于探索这些财富的行动。

一、以"地理大发现"为标志的大航海时代

世界史上的大航海时代是指15世纪初至17世纪初，以西欧伊比利亚半岛上的两个国家葡萄牙和西班牙的航海者为先导的开辟通往东方的新航路、"发现新大陆"等一系列航海活动兴起的时期，西方史学界亦称为"地理大发现"时期。[①]

伊比利亚半岛位于欧洲大陆的西端，葡萄牙人把最西端的罗卡角称作"欧洲之角"。罗卡角是葡萄牙境内一个毗邻大西洋的海岬，也是整个欧亚

---

① 相贺彻夫等编：《日本大百科全书》14分册，页379，小学馆，1987年。

大陆的最西端，该地现竖有一座石碑，上面刻写着葡萄牙历史上最伟大的诗人贾梅士（Luis Vaz de Camões，又译：卡蒙斯）的名句：

Onde a terra se acaba e o mar começa.（意为：陆止于此，海始于斯。）①

15世纪起，由伊比利亚半岛上的天主教国家葡萄牙与西班牙拉开序幕的"大航海时代"（或称"大探险时代"）就是从这处"欧洲尽头"的海岬走向世界。传说贾梅士本人也曾在澳门居留过一段期间，比较可信的推测是他那首作于山洞中的十四行诗，此山洞被认为是贾梅士在澳门的栖身之地。②

（一）几条新航路的开辟

欧洲的航海家顺应大航海时代的呼唤，从15世纪到17世纪不断掀起海上远洋探险、开辟新航路的热潮，形成一个引起世界历史进程巨变的大航海时代。对于这一系列的远洋航海活动，西方的历史学界称之为"地理大发现"，它作为世界大航海时代一个具有现实意义的标志，其不同的称谓与东方史学界所谓的"大航海时代"其实具有同样的内涵。

海上远洋探险由哥伦布开辟通向美洲的新航路开始，在西班牙国王斐迪南（Ferdinand）和伊萨贝拉（Isabella）夫妇的资助下③，航海家克里斯托弗·哥伦布（Cristobal Colombo）先后于1492年8月、1493年9月、1496年3月、1498年和1501年，扬帆远航探索横渡大西洋的航路，分别登上巴哈马群岛的华特林岛和海地岛、多米尼加岛、瓜得罗普岛、安提瓜岛、维京群岛的波多黎各岛、特里尼达岛、委内瑞拉海岸以及巴拿马一带。虽然哥伦布相信地球为圆形，以为向西航行必可直达印度与中国，故坚信自己到达的是印度，但就在他探险远航期间，1499年到1502年意大利人亚美利

---

① 转引自《中华读书报》2004年7月21日。
② 徐萨斯（Montalto de Jesus）著，黄鸿钊译：《历史上的澳门》，页20，澳门基金会，2000年。
③ 1492年4月17日西班牙王室同哥伦布签订协议，任命哥伦布为他所发现或取得的一切岛屿和大陆的海军司令、总督和钦差大臣，西班牙国王则是这些土地的宗主和统治者；这些领地所出产的或交换而得到的一切珍宝、黄金和白银、香料以及其他物品的十分之一归哥伦布，十分之九交西班牙国王。协议的签订使哥伦布的探险远航有了实现的可能。

哥·韦斯普奇（Amerigo Vespucci）到哥伦布发现的"印度"土地上考察，于1503年出版了一部游记，断定那里根本不是东方的印度，而是一片"新大陆"。哥伦布向往东方的财富，试图去寻找那"香料盈野，黄金遍地"的国度，梦想能见到契丹的大汗，递上西班牙国王给大汗的国书，但他却阴差阳错地到达了墨西哥，结果发现了美洲新大陆。1507年德国地理学家马丁·瓦尔德泽米勒（Martin Waldseemüller）绘制出一张世界地图，按照亚美利哥·韦斯普奇的说法，把"新大陆"命名为"亚美利加"，并把哥伦布最初到达的南北美洲之间的岛群称为"西印度群岛"。

大约从1418年起，葡萄牙人在亨利王子（Prince Henry）以及国王约翰二世（John II）等的大力支持下，不断寻找到达印度的航线。葡萄牙位于欧洲伊比利亚半岛西部，西面和南面濒临大西洋，海岸线长八百多公里。这一优势的地理位置为其海外扩张提供了便利，同时它又具有那个时代堪称强大的军事力量。葡萄牙地处西欧之角，要到达遥远的东方，中间隔着一个非洲。因此，葡萄牙人航海的第一阶段是探明非洲的情况。从1415年入侵摩洛哥的休达，到1488年巴尔托洛梅乌·迪亚士（Bartholmeu Diaz）的船队[①]在好望角泊岸，葡萄牙人花了七十多年的时间，走完了这段路程，为新航路的发现打下了基础。1495年，葡萄牙国王挑选了富有航海经验的大贵族瓦斯科·达迦马（Vasco da Gama）担任远航舰队司令，继续执行迪亚士没有完成的任务。达迦马率领舰队绕过好望角，到达东非莫桑比克的索法拉，随后又到达肯尼亚的蒙巴萨和马林迪，从这里横渡印度洋，于1498年5月20日到达印度西南部港口卡利卡特，8月从该处满载香料返航，1499年9月回到里斯本。绕过非洲直达印度的东方新航路终于发现了，由于这一功绩，达迦马受封为海军上将和维迪格拉伯爵。"达迦马具有划时代意义的远航使航海业达到顶点。"[②] 自此欧亚两洲开始了直接的海上

[①] 1486年巴尔托洛梅乌·迪亚士带领3艘小船沿西非海岸继续南下，因遇风暴先向东再向北航行，于1487年2月在南非的莫塞尔湾靠岸。迪亚士由此返航的途中看到了好望角，他们并不知道实际上是走了绕道非洲南端通往东方的航路，真正成功开辟由欧洲通往印度的新航路是在十年之后的1495年。

[②] 徐萨斯著，黄鸿钊译：《历史上的澳门》，页1。

交通。对于葡萄牙人来说，发现通往东方的新航路，既是东西方交通史上的创举，又是其后百年辉煌的霸权的开端。葡萄牙于1510年在果阿建立东方殖民总部，1511年控制了沟通太平洋与印度洋的马六甲海峡，随后在班达群岛建立了香料贸易基地，在东南亚占领帝汶岛，并与泰国、缅甸和日本等国家进行贸易。一时之间，整个东方的海上贸易成了葡萄牙一家独霸的天下。

另一具有代表性的海上探险当属麦哲伦船队的环球航行。哥伦布历经艰险发现的美洲并不是人们向往的亚洲，也没有立刻给西班牙统治阶级带来巨额财富。相反，达迦马开辟的直达亚洲的新航路却使葡萄牙人从香料、黄金和贩卖奴隶的贸易中获得惊人的暴利。对此，葡萄牙的紧邻西班牙的统治者羡慕不已，也期望找到一条通往亚洲的航路。正好有一个贫困的葡萄牙贵族斐迪南·麦哲伦（Ferdinand Magellan）来到西班牙，并向王室提出绕道南美直达亚洲香料群岛的计划，西班牙国王非常高兴地采纳了这一计划。1519年9月20日麦哲伦在西班牙国王的支持下率船5艘、水手265名从圣卢卡尔港出发，经过两个多月的航行越过了大西洋到了巴西海岸，而后沿岸南航，于1520年10月在南美大陆和火地岛之间找到了一个海峡，船队穿行38天后又见到一片大洋。从1520年11月到1521年3月，船队在这片大洋中航行了三个月却未遇狂风巨浪，而是出乎意外的风平浪静，因此麦哲伦把这片海洋称为"太平洋"，这一名称沿用至今。[①]1521年3月麦哲伦船队到了菲律宾群岛，他们进行了殖民海盗活动，在4月27日向马克坦岛侵略进攻时，麦哲伦被马克坦岛人用竹矛刺死。于是船队就盲目地在南洋群岛一带航行，经长期辗转才于11月到达盛产香料的摩鹿加群岛，但此时只有"维多利亚号"一艘船还完好无损，此船于1521年12月21日

[①] 麦哲伦曾在葡萄牙航海事务厅供职，熟悉通向美洲、非洲、亚洲的航路、地图和有关资料。他又曾参加过葡萄牙的远征队，进行过抢劫、海战和对马六甲的征讨，见到过摩鹿加群岛以东有一片汪洋大海，断定这是在离美洲西边不太远的地方，认为美洲和亚洲之间很可能还有可通行的航路，于是构想了绕过美洲南端通向亚洲的航行计划，并于1517年提交给了葡萄牙国王，但是遭到葡国王的拒绝，所以麦哲伦就转向西班牙寻求支持。

满载香料，搭乘10名水手单独返航，他们避开了葡萄牙的堵截，穿过印度洋，绕过好望角，经过佛得角群岛，1522年9月6日终于回到了西班牙原出发地圣卢卡尔港。经过整整三年时间，麦哲伦的船队终于完成了环绕地球航行一周的实践，开辟了环球航路。

上述新航路的开辟，使人类进入了世界大航海的时代。作为"地理大发现"，尔后还有一个尾声，那就是1642至1643年荷兰人阿贝尔·塔斯曼（Abel Tasman）航行到了澳大利亚和新西兰，1728年俄国雇用丹麦人白令（Bering Vitus）穿越了亚洲和美洲大陆之间的海峡到达了北冰洋，这一海峡因而被命名为"白令海峡"。至此，欧洲人历经三个世纪的"地理大发现"才告终结。

世界大航海时代的到来，一系列"地理大发现"的航海活动，结果是发现了新大陆，开辟了新航路，进行了环球航行，扩大了世界市场，增加了商品流通的范围，促进了商业的革命性变化，助长了资产阶级的发展，开始了近代的殖民掠夺，推动了西欧资本主义经济的发展，一个资本主义时代很快就随之来到。马克思对此作了精辟的论述，他指出：

> 美洲的发现，绕过非洲的航行，给新兴的资产阶级开辟了新的活动场所。东印度和中国的市场、美洲的殖民地、对殖民地的贸易、交换手段和一般商品的增加，使商业、航海业和工业空前高涨，因而使正在崩溃的封建社会内部的革命因素迅速发展。①

（二）新航路开辟的主客观条件

14、15世纪的西欧各国，主要工业生产部门的生产技术有了很大改进，纺织业、冶金业等生产技术发展很快，西欧封建社会中生产力的发展为资本主义的产生创造了前提。随着工业技术的发展，农业生产技术也有了很大进步。生产技术的进步促进了生产力的发展，扩大了社会劳动分工，使

---

① 《马克思恩格斯选集》第1卷，页252，人民出版社，1972年。

生产活动越来越专业化，开始形成许多较大规模的产品专业化地区，从而提高了产品的质量和增加了产品的数量。工农业产品不仅能满足本地的消费，而且适应了国内外广大市场的需求，促进了商品的生产和流通，也促进了欧洲货币经济的发展。这种商品货币经济日益瓦解封建社会自给自足的自然经济，为资本主义生产准备了条件，促进了资本主义的萌芽。发展资本主义需要资本的积累，资本的积累必须通过商品生产和交换关系的发展来实施，这就促使货币需要量相应增加。15世纪欧洲的货币实行金本位制，黄金是起货币作用的商品，它不仅是当时西欧各国国内外贸易的重要支付手段，而且也是一种巨大的社会力量，黄金在人们心目中有至高无上的地位。但是14、15世纪欧洲生产的黄金逐渐减少，西欧与东方的贸易又使大量黄金外流，这一切都使欧洲感到金银的不足，各国官僚、贵族、商人都对黄金梦寐以求，以实现资本的积累，发财致富。这些寻求黄金者从传说中，特别是《马可·波罗游记》等书中了解到中国、印度和南洋各地财富如山、黄金遍地的奇迹，如痴如醉，极力向往，决心远涉重洋到东方去寻求黄金。正如恩格斯在《论封建制度的瓦解和民族国家的产生》一文中指出的：

葡萄牙人在非洲海岸、印度和整个远东寻找的是黄金；黄金一词是驱使西班牙人横渡大西洋到美洲去的咒语；黄金是白人刚踏上一个新发现的海岸时所要的第一件东西。①

寻求黄金以积累资本就成了世界大航海活动的一个主要目标。商品生产和交换的发展，是世界大航海活动的又一个主要目标。西欧资本主义生产的发展要求扩大海外市场，需要加强与东方的贸易。当时东西方贸易的交通要道如方豪所称主要有四条：

---

① 《马克思恩格斯全集》第21卷，页450，人民出版社，1965年。

（一）由海道至印度，沿海岸至波斯湾，进底格里斯河，或沿河行，而至报达；然后走入幼发拉底与底格里斯两河间之谷地，直抵安底奥基亚，由阿兰河而到达地中海之东岸。（二）由印度、波斯湾、底格里斯河、美索不达米亚、亚美尼亚、小亚细亚，由黑海东南岸之脱莱比松德渡海，至君士坦丁堡。（三）由印度至亚丁，入红海，登陆渡沙漠，由尼罗河至开罗，通过二百里长之运河，达亚历山大港。（四）经中亚西亚之撒马尔干、布哈拉、里海北岸，渡海至君士坦丁堡。①

所有这四条商路都是以东部地中海为贸易中枢，都要经过中间商的多次转手，被层层盘剥甚至垄断。西欧商人不能直接地得到大批亚洲商品，能得到的商品也是数量少、价格贵，各类商品价格往往比原价高8倍至10倍。西欧销往亚洲的商品也遇到同样的命运，既不易销售，又获利不多。因此，西欧各国贵族、商人和新兴的资产阶级分子急切需要发展对东方的直接贸易，迫切要求开辟一条从西欧直达印度和中国的新航路。

欧洲人为了寻求黄金和为了发展对东方的直接贸易而迫切需要开辟直达东方的新航路，只是主观上的愿望，科学技术的进步则正好为这种愿望的实施准备了客观条件。15世纪时，欧洲已能制造用于大海中航行的大型帆船，由中国传入的罗盘针已被广泛应用于海船上，占星仪的应用使海船能测定船位，这些为新航路的开辟准备了物质条件。与此同时在精神方面也具备了条件，欧洲人已在地中海和大西洋沿岸的长期航行中积累了丰富的航海经验，海图的绘制也日趋精确，在天文学和地理学方面也有了显著进步，知识界已普遍接受了地圆学说与日心说，意大利著名的地理学家托斯堪内里绘制的世界全图就是根据地圆学说把中国和印度画在大洋的对岸。许多学者和航海家断定，从欧洲西航横渡大西洋必定可以直达东方的亚洲。这些物质和精神的客观条件符合远航东方的主观愿望，主客观条件的结合催唤了世界大航海时代的到来。

---

① 方豪：《中西交通史》下册，页655，岳麓书社，1987年。

二、葡西殖民势力的东侵和中外贸易的兴起

东方新航路在一大批冒险家的探索下被发现开辟出来，随之而来的就是在几个世纪内新世界与旧世界之间前所未有的交流。那时的欧洲是一片航海家的热土，几乎每一个人，无论平民或贵族，都怀着出海远航的梦想。为祖国开疆辟土，为自己争取名利。探索，冒险，战争，血与火，财富与荣耀，交织成一幕幕震撼人心的历史场景。在这个时代铸就了一批传奇人物，他们用不平凡的经历甚至是生命在历史上写下了重重的一笔。大航海时代的到来使西欧人在世界各大洋上获得了以往一向为欧亚大草原的游牧民所享有的同样的机动性和优势。结果，世界局势发生了根本性的变化，整个欧亚大陆这时为一只巨大的钳子所包围。其中一条钳臂由俄国延伸出来，从陆上横越西伯利亚，挺进到太平洋；另一条钳臂由西欧的扩张构成，从西欧绕过非洲，扩张到印度、东南亚和中国。

（一）西葡签订分割海外势力的两项条约

依据生态学的理论，两相邻生态体系的交会带往往有机会出现混交的强势新物种，前提是此两体系必须渗透力相当，且需要一定的时间孕育。从历史学的角度来看，文明之间的接触也有类似的情形发生。如果我们将环地中海地区相互冲突达数世纪的天主教与伊斯兰教文明[①]，视作两大对等的生态体系，则伊比利亚半岛上的西班牙和葡萄牙两国或许就是在这环境之下所产生的优越混交物种之一。它们不满足于仅是单纯扼住地中海的出口，更积极往外跨越大洋，探索甚至征服美洲和亚洲的未知世界。

1492年哥伦布应西班牙国王之命，横越大西洋寻找海路，发现了美洲新大陆。葡萄牙人大约从1418年起，也在不断找寻绕经非洲南端之好望角以到达印度的航路，而此一目标直到1498年由达迦马达成。为垄断葡萄牙

---

① 直至1492年，伊斯兰政权在此地区近八个世纪的统治宣告终结。

与东方之间的贸易利益，对于欧洲各列强，葡萄牙王室曾一度封锁绕过好望角可达到印度的消息。另一方面，葡萄牙王室又秘密策划对印度洋上其他航路的封锁。为此，它发动了一场对阿拉伯人的海战，在印度洋上打败了阿拉伯舰队。一时间，葡萄牙船队占据了独霸印度洋海域的盟主地位。为避免西、葡两天主教国家爆发严重的利益冲突，于是教廷介入，给予两国保教权（对葡萄牙称为Padroado，对西班牙称为Patronato Real），双方都誓言要在各自新发现的土地上宣扬天主教教义。

1493年6月，教宗亚历山大六世（Alexander VI）裁定西班牙和葡萄牙的势力范围，以通过大西洋佛得角群岛西边100里格（约合480公里）的子午线为界，以东的疆域归葡萄牙人征服，以西则交由西班牙人拓展。但葡萄牙人对这一安排不太满意，两国遂于1494年6月在西班牙的托尔德西拉镇重新缔约（史称《托尔德西拉条约》），将分界改为通过佛得角群岛西方370里格（约合1770公里）之子午线（西经约46.5度）。

1521年，麦哲伦船队在西班牙国王赞助下成功穿越太平洋，并在盛产香料的摩鹿加群岛接触到葡萄牙的势力范围，《托尔德西拉条约》于是开始出现模糊地带。1529年4月，葡西两国遂又签订了《萨拉戈萨条约》，以通过摩鹿加群岛东方297.5里格的子午线（东经约133度）为分界，以东属西班牙，以西属葡萄牙。此一虚拟的经线，恰好穿越日本，位于琉球、台湾、菲律宾、摩鹿加等岛屿以东不远。① 在此新条约之下，确认葡萄牙的势力范围为亚洲大陆、东印度群岛、巴西和非洲，西班牙则为美洲、太平洋诸岛和菲律宾等地；规定两国有义务提供传教经费和交通等支持，但教廷

---

① 在《萨拉戈萨条约》中，葡萄牙给予西班牙酬金350,000杜卡特（相当于42,000盎司的纯金），西班牙则答应放弃其对香料群岛的主张。然因香料群岛的定义并不明确，狭义上虽指摩鹿加群岛中的安汶（Amboina）、班达（Bandas）、特尔纳特（Ternate）、提多列（Tidore）诸岛，但亦可广义地指西里伯岛（Celebes）和新几内亚（New Guinea）之间所有的岛屿。尤其当时还未发展出准确测量经度的方法，更使得双方存在各说各话的空间。1543年，西班牙探险家Ruy Lopez de Villalobos（？—1546）抵达今菲律宾，并依菲利普王子（即后来登基的菲利普二世）之名称其为Philippines，此举虽引发葡萄牙的强烈抗议，但西班牙仍于1571年在菲律宾群岛正式建立以马尼拉为首都的殖民统治，更于1626年进占台湾北部。

在任命主教或成立新教区时，须经当事国同意。

《萨拉戈萨条约》虽划出一条虚拟的分界子午线，但却不能由此将葡西两国错综复杂的贸易、政治纠葛清楚区分开来。具有讽刺意义的是，虽然两国都视宣扬天主教为天职，但主要由葡萄牙支持的耶稣会和主要由西班牙支持的托钵修会却因对传教策略、教义解释以及教区划分等的看法不同，在日本和中国等地引发了严重冲突。

另外，葡西两国虽认为《托尔德西拉条约》和《萨拉戈萨条约》是具有法律约束力的条约，但因其私自处分原不属于他们的土地，故英、法和荷兰等新兴的海上霸权坚决不予承认，并四处劫掠其船只，成立东印度公司等组织以争夺其资源和殖民地，欧洲各个海权国家在亚洲的近代史中均扮演了不可忽略的角色。

（二）葡萄牙人在东南沿海的活动及澳门开埠

葡萄牙人首先于1510年占领了亚洲西海岸的卧亚。1511年，阿方索·德·阿尔布克尔克（Afonso de Alboquerque）通过武力征服把葡萄牙的王权扩展到马六甲（旧称"满剌加"），葡萄牙征服马六甲后就开始窥探中国，1513年在我国广东附近首次出现了被明朝人称为"佛朗机"的葡萄牙航海者。1517年在费尔南·佩雷斯·德·安德拉德（Fernão Peres de Andrade）的率领下，一支由4艘葡萄牙船和4艘平底帆船①组成的葡萄牙舰队出现在中国海域，随舰同来的使节托梅·皮雷斯（Thomê Pires）②还带来葡萄牙国王给中国皇帝的一封信以及礼品。

但由于中葡首次接触的种种误解，以及明朝对首次接触欧洲人的防范，1521年8月中葡之间终于爆发著名的屯门之战。广东海道副使汪鋐指挥

---

① 也有资料显示是5艘军舰和4艘平底帆船。徐萨斯著，黄鸿钊译：《历史上的澳门》，页2。
② 据巴罗斯记载，使节托梅·皮雷斯起先不过是个应聘从印度采购药品回国的药剂师，但他不仅学有造诣，讨人喜欢，思想开放，善于社交，而且还是个好奇心强而出色的观察家，因此大家认为他能胜任这一使命。据说正是因为他具有上述品德，当国王指示向中国派遣使节时，果阿总督就任命他为使节。徐萨斯著，黄鸿钊译：《历史上的澳门》，页3。

战船50艘与葡舰队激战四十天,利用炮轰法,葡萄牙人伤亡惨重,缴获葡萄牙大小铜铳二十多管。最后葡萄牙人只得放弃抵抗,乘坐3艘船舰趁夜逃离了盘踞达四年之久的屯门。

明政府驱逐葡萄牙人后,遂宣布重新实行海禁,不准外国商船前来贸易。各国商船便纷纷将目光投向海禁不甚严厉、国际海盗活动猖獗的福建、浙江一带进行走私贸易。16世纪20年代,葡萄牙商船开始潜泊福建漳州走私贸易,并得到当地走私商人的配合和地方官员的默许。葡萄牙人在宁波双屿港的走私活动同样由于当地走私商人"引狼入室"而活跃。葡萄牙人不仅在闽浙沿海大肆进行走私贸易,还干出诸多违法乱纪的事。他们无视中国主权自建房屋,私设官员管理大小行政事务,甚至掠卖儿童。在双屿,他们伙同当地奸商组成武装走私集团,在"货尽将去之时,每每肆行劫掠"①,亦商亦盗。1546年,明政府任命右副都御史朱纨"提督浙、闽海防军务、巡抚浙江"。《明史·朱纨传》曰:

> 奸民……漳、泉为多,或与通婚姻,假济渡为名,造双桅大船,运载违禁物,将吏不敢诘也。或负其直,栋等即诱之攻剽。负直者胁将吏捕逐之,泄师期令去,期他日偿。他日至,负如初。寇大怨恨,益与栋等合。……明年将进攻双屿,使副使柯乔、都指挥黎秀分驻漳、泉、福宁,遏贼奔逸,使都司卢镗将福清兵由海门进。……夏四月,镗遇贼于九山洋,俘日本国人稽天,许栋亦就擒。栋党汪直等收余众遁,镗筑塞双屿而还。②

葡萄牙人企图在闽浙沿海建立走私贸易据点的活动又一次遭受重大挫折。

葡萄牙人在闽浙沿海受挫之后,转而来到广东海面,先后在上川岛和浪白澳建立起贸易据点。上川岛位于新宁县南,距澳门约一百公里(葡萄

---

① 张天泽著,姚楠、钱江译:《中葡早期通商史》,页44,香港中华书局,1988年。
② 张廷玉等:《明史·朱纨传》,中华书局,1974年。由于讨伐海盗的行动影响了豪门富商的利益,朱纨遭到他们的攻击并被削职,后负气自杀。

牙人称之为圣若昂岛）。香山县附近的浪白澳，16世纪初为外国商舶过往驻歇的临时港口之一，明皇帝准许该岛为对外通商地点。浪白澳地处澳门西面约三十英里处，形成珠江三角洲的南段，在广州的对外贸易事务中起着很重要的作用。① 由于浪白澳特殊的地理位置，此岛屿很快成为走私贩子必然的聚会之地。不久，仅居住在浪白澳的葡萄牙人就达到五六百人，他们主要用胡椒换取丝绸和麝香，生意十分兴旺。当时来华做生意的各国商人也将濠镜澳作为居留地之一，临时搭盖一些房子，售完货物回国时即拆除，明政府每年可收税两万多两银子。王以宁在《条陈海防疏》中记述道：

> 国初，占城诸国来修职贡，因而是经市，设市舶提举以主之，然搁载而来，市毕而去，从未有盘跨于澳门者，有之，自嘉靖三十二年始。②

明世宗嘉靖三十二年（1553），葡萄牙人托言商船遇风暴，请借澳门地方暴晒水渍"贡物"，使出惯用伎俩，贿赂明海道副使汪柏，遂得入据澳门。《广东通志》中称：

> 嘉靖三十二年，舶夷趋濠镜者，托言舟触风涛缝裂，水湿贡物，愿借地晾晒，海道副使汪柏徇贿许之。③

对此，《香山县志》亦称：

> 舶夷趋濠镜者，托言舟触风涛缝裂，水湿贡物，愿借地晾晒。海

---

① 广州政府将浪白澳设立为一个新的贸易地点，其目的是不让外国商人前来广州而与他们保持一段安全的距离。广州人口稠密，且位于一个大省的心脏地区，任何严重的骚乱都会直接影响到许多人，甚至会在华南的广大地区引起反响。张天泽著，姚楠、钱江译：《中葡早期通商史》，页102。
② 王以宁：《东粤疏草》卷五《条陈海防疏》，浙江图书馆据清刊本油印本，1958年。
③ 郭棐编：《万历广东通志》卷六《藩省志》六《事纪》五，四库全书存目丛书本，齐鲁社，1996年。

道汪柏徇贿许之。初仅棚累数十间，后工商牟私利者，始渐运砖瓦木石为屋，若聚落焉。自是诸澳俱废，濠镜为舶薮矣。①

嘉靖三十六年（1557）以后，葡萄牙人开始在澳门筑造房舍，自行设官管理，"用强梗法盖层成村"②，同时明朝政府对居澳葡人重新开放广州贸易，澳门一时成为中国对外贸易的重要口岸。明朝政府一方面坚决拒绝同葡萄牙人建立任何正式关系，另一方面又将葡萄牙人当作"与外国商人进行贸易的转运者"③，故葡萄牙人享有的种种特权和豁免权均优于其他任何外国商人。鉴于葡萄牙人来者益众，势力渐强，在澳门进行贸易的别国商人皆畏而离去，澳门遂为葡萄牙人所专据，他们在此筑城建寺，独享其利。至1581年，"天朝地界"内一个为葡萄牙人所专据的夷人租居已初具规模，澳门已由原来的各外国船只停泊交易场所变成了葡萄牙人在东方的贸易基地。澳门也是亚洲地区重要的国际港口，贸易活动的兴盛吸引了世界各地的商人前来，一个"华洋杂居"的国际城市因此诞生。张天泽称：

在东亚近代商业史上，澳门的兴起称得上是个奇迹。在短短的几十年内，这个位于香山海岬顶端与珠江出海处南端的默默无闻的渔村就上升到甚至连广州港也相形见绌的地位。④

（三）明末清初中日葡贸易的形势

14世纪初期起，日本开始在朝鲜半岛和中国沿海地区进行海盗式的掠

---

① 申良翰：《（康熙）香山县志》卷五《县尹》，康熙十二年（1673）刊本。
② 俞大猷：《正气堂集》卷十五。
③ 张天泽著，姚楠、钱江译：《中葡早期通商史》，页119。葡人经营贸易的主要地方是日本、马尼拉、暹罗、马六甲、果阿和欧洲。
④ 张天泽著，姚楠、钱江译：《中葡早期通商史》，页102。

夺活动，其主要根据地在壹岐、对马、肥前松浦地方，其规模从两三艘乃至数百艘有组织的船队不一。当时日本九州岛不少封建大名领略到海外掠夺能带来巨大利益，便积极充当倭寇侵扰中国大陆行动的幕后主使，例如位于平户的松浦家族。明太祖朱元璋创立明朝后连续派使者到日本，以恢复两国关系，其主要目的就是为了消灭倭患，使沿海免受侵害。不幸的是日本当时正处于南北朝的分裂对抗时期，两朝割据对峙，频繁发生战事，明朝廷多次出访都无功而返。后经朱元璋再次派遣使者，两国始恢复自元朝以来中断了一百多年的政府邦交。历史上中华帝国历来实行怀柔政策、"羁縻"邻近各国。明朝政府为恢复以中国为中心的传统东方国际秩序，呼吁近邻诸国与明交通并开展贸易。明太祖派人到各国联络，给各国君主加封封号，更以大统历赐给各国，与他们建立友好关系，使其奉中国为正朔。这样的联络既招徕各国的通商，以海外诸国频繁入贡来造成"万国来朝"、"四夷威服"的形象，更发扬了中华帝国的威信。联络的国家大抵为临近中国东部及南部由海道而来与中国通商的国家，他们之所以前来中国当然有"大树底下好乘凉"寻求庇护的意味，但主要目的还是在于通商。在明朝与日本恢复邦交初期，两国政府间的往来并不密切，其主要原因仍是倭寇持续侵扰中国沿海地区的安宁。在几次遣使与日本交涉无效的情况下，明廷不得不采取闭关政策，严令禁止军民出海贸易，海外贸易完全由政府控制。后朱棣废除闭关政策，新创一种国营对外贸易政策，夺取商人的利益。他利用政府的力量，自备船只货物武器，派遣强大武装舰队到南洋诸国去招谕和贸易。这支船队的领导者就是著名的航海家郑和，造就了举世闻名的"郑和下西洋"。

洪武十六年，明政府开始采取朝贡贸易政策，给朝贡各国"勘合号簿"。这种形式的朝贡贸易又称"勘合贸易"，是明朝睦邻友好对外政策在经济贸易上的具体体现，它吸引了海外诸国纷纷前来朝贡贸易。有鉴于明政府这项宽厚的政策，完成国内统一并自诩为日本国王的足利义满以取缔倭寇为条件，于1401年派遣使者至明，意欲拓展对明外交，加强贸易往来。①足利义满对中日贸易关系的重视为后来的丰臣秀吉和德川家康所实行的对外政策起到了一个启蒙和示范的作用,从此也拉开了朱印船贸易②的序幕。1549年,当十二代将军义晴派遣最后一位官方使节完成出访中国的任务返回日本后,持续了百余年的勘合贸易宣告终结。③导致勘合贸易结束的直接原因是中国海上走私贸易的兴起,一度困扰明朝廷的东南海防和财政危机,间接原因是西方殖民者到来东方后,占领了许多先前同明朝保持贸易朝贡关系的南洋国家,从而瓦解了中日两国持续百余年的朝贡关系。来自于欧洲大西洋畔的葡萄牙,正是在这样一个历史背景下,与东亚"不期而遇",先后进入日本和中国,并且开始在亚洲地区的殖民政策。

葡萄牙人于16世纪40年代到达日本,他们发现中日间的丝银贸易④可以获得巨大利润,于是积极参与其中,开展了活跃的中介贸易,并将贸易范围扩大到欧洲。早在1543年"发现"日本之前,葡萄牙人就和日本有了瓜葛,他们在中国沿海进行不正当的秘密交易。日本人还把南安、暹罗和吕宋作为转口贸易的重要据点,跟葡萄牙进行香料贸易。正如同荷兰人在日本登陆时一样,葡萄牙人最初抵达日本据说也是因船只在暴风雨影响下偏离航线而被迫在日本登陆,后九州岛沿海逐渐成为东方贸易中心的港口之一。当时的日本给葡萄牙人的印象是"一个白银的国度"⑤,16世纪30年

---

① 作为室町幕府第三代将军,足利义满统治时期,可以称得上是足利氏最辉煌的时代。1392年他统一了南北朝,压制住了山名、大内氏等强有力的守护大名,确立了幕府权力和绝对统治地位,也为以后的幕府统治打下了牢固的根基。中华文明的博大精深无疑令足利义满十分醉心,并且他深刻认识到中日之间的贸易交往所蕴含的巨大商机和经济利益,对于日本市场具有着不可估量的重要意义。大庭脩:《江户时代的日中秘话》,页36,东方书店,1986年。
② 庆长六年(1601),朱印船制度确立。日明贸易中,中国输出的主要商品有生丝、绢织物、棉织物、砂糖、皮革、铅、香料、药种、象牙、毛织物,从日本输入的商品则是银、铜、硫黄、刀剑、工艺品等。大庭脩:《江户时代的日中秘话》,页36。
③ 虽说日本方面并没有严格的遵守勘合贸易中所规定的限制条款,但是在这种带有很大局限性、许多具体而烦琐的规定而且非常机械呆板的体制约束下,日本从中所获得的贸易利润远远没达到他们所企望的数目,根本无法满足日本国内外经济发展的需要。大庭脩:《江户时代的日中秘话》,页37。
④ 中国海外贸易的开展,特别是日本对中国丝与丝织品的巨大需求,直接刺激了日本银矿的发现和开发。大庭脩:《江户时代的日中秘话》,页37。
⑤ 由于日本是除美洲以外的又一大量出产白银之地,因而欧洲人称之为"银岛"。大庭脩:《江户时代的日中秘话》,页38。

代末，日本开始开采大森银矿和生野银矿，且当时日本的银价要低于东方其他地区。中国这样一个庞大市场对此不可能熟视无睹，尽管有皇帝的禁令，他们仍利用九州岛的萨摩港和大隅港去采购银子。另一方面中国出产的精美丝绸织品和瓷器等商品在国际市场上同样有着极佳的声誉及销路，日本人特别青睐中国出产的丝绸织物，这种双向的需求正好满足双边贸易的需求。当时中国仍旧是日本最重要的贸易伙伴，日本商人主要从中国进口黄金和丝绸，用日本的白银与之进行交易。在这种供求关系的作用下，日本成为以中国为轴心的世界白银贸易中的重要一翼。因为用丝绸在日本港口换取白银，要比在广州合算得多。反之，同样一件丝绸产品，在中国花少量白银就能买到，在日本则要花上几倍的价格。据当时来华的葡萄牙人门德斯·平托（Mendes Pinto）记述：

> 日本盛产白银，中国货可以在那里赚大钱。当时一担生丝只有四十两白银，八天中竟然涨到了一百六十两。就是这样，还要千方百计才能购得，且质量不佳。[①]

以独占对东方的贸易为东侵主要目的的葡萄牙人自然不会错过这个巨大的商机，因为葡萄牙国内并不能生产出多少可以销往东方的商品。自16世纪起，葡萄牙中介商在中日贸易中表现得极其活跃，并从中谋取高额利润。有资料显示，在中国沿海的葡属澳门与日本之间的贸易利润高达45%。[②]澳门港在中日丝银贸易中起到至关重要的作用，它是东方最大的市场，也是中国和白银产地日本经济利益的汇合点，它对于葡萄牙人从印度、马六甲海峡通往中国和日本都是不可缺少的港口和中转站。从商品供应的角度来讲，澳门可以为向远东的航行提供后勤补给和技术上的支持。据称，1585至1591年这一时期，日本生产的白银每年约有五六十万至一百

---

① 门德斯·平托著，金国平译：《远游记》，澳门基金会，1999年。
② 贡德·弗兰克著，刘北成译：《白银资本——重视经济全球化中的东方》，页193，中央编译出版社，2000年。

余万两经葡萄牙人运往澳门而流入中国。①葡萄牙人以日本的萨摩、平户作为其港口，建立了以澳门和长崎为轴心的葡日贸易网络，但他们仍不满足，继续在日本寻找其他港口，作为其殖民侵略的新据点。

中国的明朝末年、日本的江户初期，正值世界大航海时代的鼎盛时期，葡萄牙人开拓印度航线向东推进，1517年到达广州谋求通商，1543年漂泊到日本种子岛带去枪炮，1550年葡萄牙船进入平户进行贸易，1553年葡人入居澳门开创基地。中国的澳门和日本的长崎迅速崛起，渡海来港通航贸易的中外商船给澳门港、长崎港带来了居民热切期盼的经济效益，也由于这些商船的频繁驶入，给明朝政府和日本岛国带来经济的繁荣、城市的发展。从大航海时代以来，中日的历史已经不能在原有的框架内书写，中国的丝绸通过西班牙大帆船运往欧洲，直接冲击了欧洲的纺织业市场，日本的白银也通过"唐船"（中国商船）、"红毛船"（荷兰商船）源源不断地运往国外。

三、天主教远东地区传教形势与背景

当葡西两国的势力分别经由太平洋和印度洋到达亚洲大陆及其周边岛屿时，一个属于"亚洲地中海"的时代开始形成，地理上这是由中国、朝鲜、日本、琉球、台湾、菲律宾、印尼、马来半岛和中南半岛所圈出的广袤"内海"，其中与中国大陆接壤或邻近的地区，主要受到中华文化的熏陶，至于南半部的岛屿带，则是由深受印度教、佛教和伊斯兰教（源自附近的印度和阿拉伯世界）影响的南岛语族（Austronesian）所主导，欧亚两大文明于是在这"亚洲地中海"地区展开种种接触、冲撞或融合的过程。

（一）天主教的东传和中国传教形势

作为16世纪最主要的海权国家，葡萄牙和西班牙以坚船利炮为后盾，

---

① 大庭脩：《江户时代的日中秘话》，页36。

登上面对印度洋以及"亚洲地中海"的每个重要（就战略或经济之意义而言）海岸。接着，不仅点状地在四处建置商港和堡垒，更开始进行面状的殖民扩张。1580年起，西班牙国王菲利普二世因继承父位而兼领葡萄牙王位，形成一个表面上无与匹敌的大帝国。但随着1588年西班牙无敌舰队征英的惨败，西葡两国在亚洲所拥有的优势，开始受到欧洲新教国家的挑战。1581年脱离西班牙而独立的荷兰，在1600年航海至日本，两年之后更成立了荷兰东印度公司。而1600年成立的英国东印度公司，也在爪哇岛上的万丹建立据点，往来欧洲、东南亚和日本进行贸易。追随着荷、英两国的脚步，在此后的两三个世纪，西方各海权国家开始陆续整合国家与民间的军事及经济力量，将其触角强有力地伸入亚洲，它们不仅展开殖民掠夺，彼此之间也不断发生激烈冲突，亚洲只不过是其全球权力斗争的环节之一。伴随欧洲海权扩张进入亚洲的天主教，也持续与当地的印度教、佛教、伊斯兰教和所谓的儒教产生了激烈的对话与冲突。在面对这一波波由欧洲强势文明所掀起的海啸冲击时，几乎所有与大洋接邻的亚洲国家都不再可能自我封闭，而此一地区过去的四五百年历史，遂渐与欧洲的历史密切关联在一块。

　　1510年，葡萄牙占领中印度西岸的卧亚（今果阿），并很快沿着海岸向南发展；1511年攫获马来半岛上的满剌加（今马六甲），且于同年将其势力范围伸入今印尼的香料群岛（Spice Islands）。随着葡萄牙帝国在亚洲的快速膨胀，天主教传教士们也积极前往此一区域开创新局面。1517年，一批方济各会士（Franciscans）首先到达印度，在殖民当局的大力推动之下，教徒人数急遽增加。1534年，教廷在卧亚成立主教区（Bishopric Suffragan）。然而，这一蓬勃的表象之下却有许多隐忧，因为在卧亚及Fishery Coast（位于南印度）等地，大量皈依的教徒不愿放弃一些不能被教会接受的传统礼俗来完全皈依天主教教义。正如陆若汉所称：

　　　　圣伴天连弗朗西斯科（即沙勿略——笔者注）在马六甲热情奔走布教，劝说侨居马六甲的普通葡萄牙商人要从心里进行忏悔，皈依上帝，不然的话，上帝的道义会驱使近邻的异教徒对他们进行惩罚。但是……那些商人们照旧保持着以前的生活和习惯，一点也没有改变。①

1542年，耶稣会士②圣方济各·沙勿略（San Francisco Xavier）航海抵达卧亚发展，多明我会士（Dominicans）和奥斯定会士（Augustinians）③亦随后于1548和1572年分别到来。1557年，卧亚升为大主教区（Archdiocese）。1576年，归卧亚大主教区管辖的澳门也成立主教区，兼领中国、安南和日本等地。1588年，日本也分置为独立主教区。

西班牙在亚洲的传教活动则是以菲律宾为根据地。五名奥斯定会士于1565年首先抵达此一地区，1568年他们成功地替宿雾（Cebu）国王领洗。1578年、1581年、1586年和1606年，方济各会、耶稣会、多明我会和奥斯定追忆团（Augustinian Recollects）④亦分别到达。1581年，菲律宾成为主教区，至1591年，奉教人口已达65万，主要为托钵修士的贡献。1595年，菲利普二世更获教宗授权设立大主教。为突破由西葡两国所拥有的保教特权，17世纪兴起的另一个海上强权法国亦极力扩张其在远东的影响力，巴黎外方传教会（Société des Missions Estrangères de Paris，缩写为M. E. P.）在法王路易十四世（Louis XIV）的支持下成立，并于1664年获得教宗亚历

---

① 陆若汉著，土井忠生等译注：《日本教会史》下册，页537，岩波书店，1978年。
② 耶稣会是1540年由罗耀拉创立的天主教修会，目的在"愈显主荣，服务人群"。其教团是依照军队的榜样建立的，要求绝对效忠教皇和服从总会长，并须立"三绝（绝财、绝色、绝意）"誓愿。耶稣会的传统虽然不若托钵修会久远，但成立不久即开始向亚洲、美洲、非洲派遣传教士，并很快就与欧洲各国的权力核心建立良好关系，但也常卷入政治斗争的漩涡。教宗克莱门特十四世（Clement XIV）在教内外权贵的压力之下，于1773年宣布解散耶稣会，直到1814年，耶稣会才被允许重新恢复。
③ 13世纪，天主教出现方济各会（Order of Friars Minor，缩写为 O. F. M.）、多明我会（Order of Preachers，缩写为 O. P.）、奥斯定会（Order of St. Augustine，缩写为 O. S. A.）等托钵修会（或称行乞修会，Mendicant Orders），强调神贫，并重视献身传道、杜绝异端。这些修会在当时教会内掀起一阵革新的风潮，并逐渐成为深具传统与势力的传教会。
④ 16世纪自奥斯定会分出的新传教组织。

山大七世（Alexander VII）的批准。此传教会在17世纪的最后四十年间总共透过传信部①派出约一百名的传教士至亚洲，影响亦颇深远。

沙勿略启程赴亚洲是受耶稣会派遣，时年35岁。他1542年5月到达卧亚，开始天主教近代在东方传教的拓荒工作，他的足迹遍及印度、马来半岛和新几内亚等地。沙勿略致力于教育年轻人与奴隶，培训印度人用当地语言宣扬教义，他每归化一区，便委托其他会士接续其传教工作，自己则前往新的地方开教。1549年，沙勿略带着两名耶稣会士、一名翻译、两名仆人毅然转往日本发展，短短两年停留期间，他虽领洗了千名教徒，却深深体会作为远东各国文化中心的中国，对天主教在东方弘教工作的重要性，他曾致书在欧洲的同会会士曰：

> 如谋发展吾主耶稣基督的真教，中国是最有效的基地。一旦中国人信奉真教，必能使日本唾弃现行所有各教学说和派别。②

虽然沙勿略抱定进入中国的决心，但因当时明朝政府正施行海禁，故尽管多方努力，始终事与愿违，并在1552年12月卒于广东外海的上川岛③，此岛距离他殷盼开教的中国大陆仅约十公里之遥。沙勿略的去世引发了天主教会对入华开教的重视，在此后的三十年间，耶稣会、方济各会、奥斯定会和多明我会均相继派出会士，但都无法在中国立足，直到万历八年（1580），传教士才稍稍打开僵局。

1583年，耶稣会士罗明坚（Michele Ruggieri）与利玛窦（Matteo Ricci）

---

① 明末，正当耶稣会士努力在中国传教之际，欧洲的政教局势出现重大变革。教廷于1622年成立了传信部（Sacred Congregation for the Propagation of the Faith），希冀能直接掌控所有传教工作，该机构拥有至高权力处理世界各地与传教相关的事宜，并可取消先前赋予教中其他组织的特权，以致到17世纪末叶时，在中国的传教士，除耶稣会士和西班牙籍的道明会、方济各会、奥斯定会会士之外，都是由传信部直接派来的。
② 许明龙主编：《中西文化交流先驱》，页2，东方出版社，1993年。
③ 位于今台山市西南方的海域，是广东省沿海最大的岛屿。

贿赂知府王泮，获准在当地建造教堂，他们将教堂取名为"仙花寺"。利玛窦等人剃头去鬓，身穿僧袍，一副洋和尚打扮，在传教之前，先举办欧洲文化展览，将西方各种奇巧物品，如自鸣钟、天文仪器、地图、三棱镜、洋装书籍等陈列满室，供人观赏。许多人出于好奇心，纷纷前来拜访洋和尚，参观西方奇器，询问西洋文物制度和风俗习惯。此后，其他耶稣会士陆续入华传教，并发展成明末清初在华影响力最大的天主教团体，至1773年教宗下令解散该会为止，共有多达472位的耶稣会士先后抵华传教。罗明坚、利玛窦入华传教之初经历曲折，因为阻挠西方传教士的势力非常强大，中西方两种文化对抗激烈。罗明坚在绍兴、桂林均遭到当地官绅的反对铩羽而归，同时肇庆当地官员因害怕惹祸上身也放弃对传教士的支持，肇庆、广州进而爆发针对传教士的抗议活动。于是利玛窦等人采取彻底中国化的妥协手段，穿儒服、兴建中国式教堂，尽可能研习中国文化，将天主教教义融合进中国的古代经籍之中，从《中庸》《诗经》《周易》《尚书》等书中摘取有关"帝"的条目，等同于西方基督教义中的天主，但反传教士事件依旧层出不穷。利玛窦决定到别处争取支持，他试图进入北京和南京，但未果。[①]在沿江返回途中，利玛窦出人意料地在南昌取得了极大的成功，他与分封在南昌的皇族后裔建立起友好关系，王室成员、各级官员对其赠送的地球仪、玻璃器皿、西式装订的书籍等礼物极感兴趣，利玛窦便在自己的住宅举行"科普"展览，公开展示西方先进的机械制造产品和科技成果，这引起了中国人的浓厚兴趣。利玛窦继续利用在西方的所学知识，致力于制造天球仪、地球仪，在不知不觉间成为西方先进自然科学知识的传播者。他同时掌握了与中国士绅相处的技巧，颂扬中国文化的博大精深，糅合中西方两种哲学观念，并用西方钟表、三棱镜、地图等先进科技产品作为"敲门砖"敲开贵族、官员的大门。为了迎合中国人"中国是中央帝国"的观念，利玛窦还改变世界地图在西方的原始面貌，将中国放置于地图中央，深入到中国的知识分子中间探讨各种哲学问题。万历二十八年（1600），当利玛窦再次进发北京，终于得到

---

① 当时的情形是一个外国人除非进贡，否则在北京和南京两个都城无法立足。

明朝政府允许在北京长期居住，由此，他开始了更为广泛的传教活动。利玛窦等西方传教士的足迹上至达官贵人的府邸，下至穷乡僻壤，大量发行教义的宣传物。万历三十五年（1607），在北京的教徒已有四百多人，徐光启、李之藻等著名人物也受洗礼入教。与此同时，各地的抗议活动依然此起彼伏，两种文化的冲突仍在继续。

在耶稣会入华半个世纪后，多明我会、方济各会和奥斯定会也相继派人至中国传教。明末以耶稣会士为主的天主教传教士的入华，开启了近代中欧两大文明第一次较大规模的接触。有史可考的著名传教士有意大利人龙华民、毕方济、艾儒略、熊三拔、罗雅谷、王丰肃，葡萄牙人阳玛诺，日耳曼人邓玉函、汤若望等人。万历三十八年（1610）三月，利玛窦因病在北京去世，万历皇帝在北京拨出一块墓地，利玛窦今天依旧长眠于北京阜成门外。利玛窦之死并没有停止传教士们传教的步伐，天文、历法、地理、医学、水利等各种西方学术著作被翻译到中国，利玛窦本人与徐光启合译《几何原本》、《测量法义》，与李之藻合译《浑盖通宪图说》、《同文算指》等书，带给中国人新的思维方式。西方传教士介绍洋炮技术、火器和西洋学术的初衷是取得明王朝的信任，从而获得在中国传教的合法权。而西学的传入，在中国封建文化高度发展的基础上，对中国经济文化的发展无疑起到了一定的促进作用。同时，中国的文化也借传教士之笔传到欧洲，影响所及使得法国启蒙思想家认为中国是理想的乐园。直到清初乾隆实行严格的锁国政策之前，中西方的文化交流不断，为世界文化史添上了灿烂的一页。

（二）日本列岛的发现和天主教的传入

16、17世纪正是日本的近世，即战国时代。对日本而言，这是一个战火纷飞、诸大名争做统一天下美梦的时代。随着16世纪中叶葡萄牙航海家发现日本列岛之后，在日本也毫无例外地产生了东西方文化的交流和撞击。东西方文化的交流是多种多样的，涉及社会思想、宗教信仰、文化教育、文学艺术、科学技术、风俗习惯等各方面。这一时期影响较大的有三个事件：铁炮的传入、天主教的进入、天正遣欧使节团访欧。

关于"铁炮"(火铳或火绳枪)传入日本种子岛的时间和过程,不同史料有不同记载。葡文史料方面,葡萄牙人平托的《远游记》中谈到葡萄牙商人来到种子岛一事,声称这些商人随后又访问了九州各地;安东尼奥于1563年所记录的《诸国新旧发现记》的地理书中,有"1542年安东尼奥、弗朗西斯科等三人从暹罗逃脱往宁波的途中遇到暴风雨,随后漂至日本"的记载,全书并无关于"铁炮"的记录;耶稣会士身份的南蛮通辞陆若汉编撰的《日本教会史》对此有较为详细的叙述,"1542年三人漂至种子岛,并带来了铁炮"。由此看来,葡萄牙方面认为葡萄牙人1542年到达日本并带去"铁炮"的主张似乎有相当的可信度。日本方面的意见完全不同,《详说日本史研究》称,1543年9月23日有三名乘坐中国船只准备前往宁波的葡萄牙人因台风的影响而漂流到了日本九州鹿儿岛南端的种子岛。种子岛岛主时尧收到葡萄牙人作为礼物送上的一支口径16毫米、长718毫米的火药枪,人称"种子岛枪"。① 而《铁炮记》对此事是另外的记述:

  天文十二年(1543)八月二十五日,一艘大船飘到我(日本)西村的入江,不知从哪国来。船客一百余人,容貌不同于日本人,语言不通。见到他们的人都觉得奇怪。……其中有两名似外国商人的船长,一位谓之牟良叔社(Francisco Zeimoto),另一位是喜利志多佗孟太(Antonio da Motta)。他们随身携带一种物件,该物长二三尺,内部空洞,外侧笔直,显得十分的沉重。……闻其声如雷贯耳……尽管价格昂贵,种子岛岛主仍求购了两挺"南蛮铁炮"(南蛮火绳枪)作为家藏珍宝。②

据后来的史学界对此时间问题多方考证,逐渐形成较为统一的意见,即葡萄牙人初次登上日本岛的时间应为1543年。正如日本学者冈本良知的《十六世纪日欧交通史的研究》所称:

---

① 笹山晴生等:《日本史史料集》,页218,山川出版社,1994年。
② 笹山晴生等:《日本史史料集》,页154。

一五四一年以前没有葡萄牙人渡来日本岛，这一点几乎是没有疑问的。①

葡萄牙人首次漂至种子岛，岛主时尧是用二千两白银的高价购得两支葡萄牙人的"铁炮"，并迅速学会使用和制造的方法。这种新式武器很快传遍日本各地，为战国大名所喜爱。不久，和泉的堺市、纪伊的根来和近江的国友等城市便以生产枪支驰名。枪支的使用，使当时靠使用刀、剑、长枪、弓箭等原始武器作战的战术为之改变。随着"铁炮"在日本全国的推广，葡萄牙商人也接踵而至。16世纪40年代以前，日本在世界上的活动范围还仅限于亚洲，直接交往的国家只有中国和朝鲜半岛等，跟和日本人同样黑头发黑眼睛的东亚民族进行东洋文明的交流。从16世纪40年代起，随着同欧洲人的接触开始，日本人的活动范围扩大了。

1549年沙勿略登上鹿儿岛被认为是天主教最早进入日本的时期。1547年，沙勿略在视察印度、传教香料群岛之后回到马六甲时遇到畏罪潜逃的日本萨摩武士池端弥次郎。沙勿略了解到去日本传教极有希望，便将弥次郎送到印度的果阿接受宗教教育。②陆若汉在《日本教会史》中提到此人时这样介绍：

> 在当地（马六甲——笔者注）民众中有一名叫弥次郎的日本男人，这个名字被很多书籍误写为"Angero"。他为表明自己已遁世出家、献身于拯救生灵，仿效当地人把头发、胡须都剃掉，改名为安西（Anxey），接受洗礼后又改名为保罗，从此被人们称为"圣徒保罗"。是主派遣这个男人来令那个王国（日本）的人民逐渐相信我们的神圣教义。……这个弥次郎出生在位于日本最南端的萨摩国的首都——鹿儿岛……这个男人年轻时候做过很多坏事，因为多行不义，弥次郎害

---

① 冈本良知：《十六世纪日欧交通史的研究》，页104，弘文庄，1936年。
② 弥次郎后来受洗，教名为保罗，成为日本最早的天主教徒。

怕自己会被打入他原信仰的宗教所宣扬的地狱，受到良心谴责，希望自己最终能够进入极乐世界。他抱着对极乐世界的憧憬，开始寻找赎罪和拯救自己的方法。①

日本天文十八年（1549）八月十五日（圣母升天节），沙勿略乘坐一艘中国人的帆船抵达萨摩的鹿儿岛，同行的还有两名西班牙传教士，托雷斯（Cosme de Torrès）和费尔南德斯（João Fernández），弥次郎及其弟约翰，以及仆人安东尼奥一共六人。沙勿略得到领主岛津贵久的盛情接待，并获得传教的许可。②沙勿略与当地的日本人广泛接触，他眼中的日本国民是杰出、优秀的、尊重武器、信赖武术、视名誉高于金钱的有着良好素质的人民，沙勿略通过书信将自己对日本人的印象向欧洲做了详细的报告。沙勿略在鹿儿岛召集群众传道之初，人们以为他宣讲的天主教不过是佛教的一个派别，静心听讲，从而获得百余名信徒。当人们明白真相是排斥佛教的天主教后，引起佛教徒的强烈不满，反抗情绪迫使岛津贵久不得不禁止传教。③沙勿略在鹿儿岛传教前后不满一年。

日本天文十九年（1550），沙勿略带领托雷斯和费尔南德斯转向日本平户。为向日本的统治者谋求在日本合法传教，沙勿略先后到了山口和堺市，其最终目标是京都。但当时的京都在"应仁之乱"后屡遭战祸④，且日本天皇的势力衰落，传教无望，沙勿略返回山口。山口是掌握中日

---

① 陆若汉著，土井忠生等译注：《日本教会史》下册，页295。
② 岛津贵久支持沙勿略神父传教的目的是希望借助外力加强自身力量，他曾处心积虑阻止神父前往京都朝见天皇，目的就在于尽可能挽留他，并从传教士身上得到所需的物品，以免他人捷足先登。海老泽有道：《日本基督教史》，页6，日本基督教团出版局，1970年。
③ 岛津贵久非常清楚传教士所能带给他的利益，也知道怎样才能获得这些利益。他从不隐瞒他的想法，至少已用行动提醒神父，招来葡萄牙商船不仅是他的真诚愿望，而且也是神父用来换取传教许可的筹码。最后由于前往平户的沙勿略神父并没有为领主带来与葡萄牙商人的交易，致使岛津贵久在希望破灭后立即翻脸。海老泽有道：《日本基督教史》，页6。
④ 围绕将军继承权问题展开的将军足利义政和其弟足利义视两派的争斗，全国的武将权衡自己的利害关系，各自呼应，战乱波及全国。这一年正是应仁元年（1467），史称应仁之乱。海老泽有道：《日本基督教史》，页6。

勘合贸易①的日本大名大内义隆的居城，人口四万，相当繁荣。沙勿略二次谒见大内义隆，递交了果阿的印度总督和大主教的信简，献上钟表、铁炮、绸缎、眼镜、玻璃器皿等西洋礼物，遂得到传教许可，两个月内受洗的信徒达五百人。②后沙勿略又前往丰后的府内，得到领主大友义镇（宗麟）的极力支持和保护，传教进展顺利，不久府内成为日本天主教传播的一大中心。

受到沙勿略等人撰写的关于日本、日本人的信函和报告的强烈震撼，许多西方传教士怀揣向日本人传授天主教的目的，抱着远大理想和期望，不顾远渡大洋的重重艰辛和危险来到日本，其中不乏像陆若汉那样年仅十几岁的葡萄牙少年。如《日本基督教史》所记载：

> 天主教传教士自沙勿略登上鹿儿岛以后的七十余年间，足迹踏遍日本几乎所有的区域，例如京都、九州、四国的伊予和土佐，形成了遍及日本整个地域的规模。16世纪末期，关东、东北地区在禁教迫害的狂风暴雨之中，天主教势力仍从东北一直扩大到虾夷地松前。③

1601年时日本天主教的信徒大约为30万人。④1602至1613年的皈依者仅耶稣会就大约有64,500人，其他修会的皈依者数量不明。据报告推定1614年1月禁教令颁布时的天主教信徒概数为37万人。由于日本统治者丰臣秀吉及后来的德川家康在全日本范围内实施禁教令，天主教的大部分信徒或弃教，或遭迫害，大部分人开始表面上放弃信仰，但最终彻底地离开天主教。随着禁教和迫害的加剧，天主教信徒无奈只能放弃信仰，信教人数急剧减少。同时殉教者众多，1614至1624年间有550名，且每年递增，

---

① 邓钟所撰写《筹海重编》中的解释是：勘合贸易（又称朝贡贸易）是指海外诸国与明政府间进行的以朝贡为名的有限制的贸易。明政府明文规定："贡船者，法所许，市舶之所司，乃贸易之公也；海商者，王法之所不许，市舶之所不经，乃贸易之所私也。"
② 现在山口市竖立有传教纪念碑。
③ 海老泽有道：《日本基督教史》，页7。
④ 范礼安1601年10月16日的信函，Jap.Sin.14I，81–82v。转引自海老泽有道：《日本基督教史》，页7。

到1633年达到950人。另外，德川幕府时代究竟再建、新建了多少教会，其数字难以确认。但是禁教令之后，残存于长崎邻近的教会到1620年也全部遭到破坏，消失殆尽。①

纵观天主教在日本近世约百年的传播历史，大致经历了三个主要时期。1549至1570年，由于许多传教士的不懈努力，天主教开始传入日本并为日本人民所接受的发展时期；1570至1587年，天主教在日本飞速发展的鼎盛时期；1587至1638年，天主教受到统治者的迫害而趋向消亡的衰落时期。天主教之所以能够在日本传播、逐渐被日本人民所接受，且兴旺发展十七年，究其原因首先当属耶稣会自上而下式的传教方式，他们以贸易利益为诱饵，吸引战国时代群雄割据、急需战略物资和增加财富的大名信教。当时日本与明朝的勘合贸易因为倭寇的扰乱而断绝，只有依靠南蛮贸易维持经济，而接受天主教是进行南蛮贸易的先决条件。其次是传教士自身的品行和学识，当时的耶稣会成员充满朝气，坚守清贫、贞洁、服从、献身于传教事业。他们绝大部分是道德高尚、学问渊博的人，与墨守成规、贪图安逸的佛教僧侣形成鲜明的对比。再者是传教方式的日本化。日本耶稣会强调传教士必须先学习日语和日本的思想文化风俗，穿和服，不吃肉，尽量迎合日本人的风俗习惯。大部分教堂使用的是原先的佛寺，仅仅更换里面的佛像、祭坛等。传教用语也尽量从佛教借用，因此深得人心。更为重要的原因是天主教还广泛开办社会慈善事业，如设立医院②、孤儿院、赈济灾民、创办学校等，收到很好的效果。同时，天主教的传播也带来了哲学、法学、论理学、法律学、神学等欧洲的思想。这些思想通

---

① 海老泽有道：《日本基督教史》，页12。
② 耶稣会最早进行的活动就是创办医疗事业。最初开设山口救贫院，后因为陶晴贤的叛乱被烧毁。1556年阿尔梅达在府内设立了孤儿院，得到好评。后又将两幢耶稣会的住宅改建为施疗院，分为内科、外科、儿科和麻风病专科，阿尔梅达任主治医师。他出生于里斯本，1548年医科大学毕业并取得外科医生开业证书，有较高的医疗水平。之后由于教会的大发展，在各地都出现了医院，并很快形成了有特异传统的南蛮医学，特别是南蛮外科，出现了栗崎道喜、中条带刀、坂本养安等著名的西医。现存最古的南蛮派医书是元和五年（1619）山本玄仙的《万外集要》。海老泽有道：《日本基督教史》，页13。

过耶稣会创办的神学院传入日本人的心中。其中最著名的哲学书籍，就是1605年耶稣会日本传教士不干斋巴鼻庵的《妙贞问答》。

当然，天主教思想也有与日本封建思想存在对立的地方。日本封建社会的一大重要支柱是主从关系，主君对家臣有绝对权威，家臣绝对服从主君，对反叛的家臣的处罚一般是赐予切腹。但是天主教认为生命是神的恩赐，自杀是对神亵渎的犯罪行为，因此信仰天主教的武士公开拒绝切腹，破坏了严格的主从制度，动摇了封建社会的支柱。另外，在伦理道德方面，天主教所带来的思想大多与日本的封建理论格格不入。天主教主张男女平等、一夫一妻制，重视贞节反对淫乱，这严重地破坏了男尊女卑、一夫多妻制的日本封建社会秩序。天主教强调个人的人格和家庭的神圣，这与日本的抹杀人格、家庭附属国家的封建准则相对立。天主教还主张兄弟之间平等友爱，这与封建的长子继承制度相违背。可以说，天主教思想明显威胁到日本封建社会的统治，它一定会受到统治阶级的压制和排斥，所以天主教在日本传播的近百年中，有一半以上的时间是在为生存而艰难挣扎。天主教在日本的传播，给战国时代的日本带来极大的变化，日本从一个国家变成了世界大家庭的一部分。南蛮文化的传入给日本的社会文化带来了翻天覆地的变化，进而影响到政治、经济、军事等方方面面。南蛮贸易则是天主教带来的附属品，它推动了江户初期日本经济的发展。通过南蛮贸易，带来了欧洲先进的武器装备，其代表就是铁炮。铁炮的传入大大改变了日本传统的作战方式，同时使得拥有铁炮这一先进武器的大名强盛起来。军事的发展，使得许多亲近天主教的大名逐渐掌握了政权，也大大影响了日本当时的政治格局。也许正是由于这些威胁，导致了天主教在日本的最终消亡。

葡萄牙人的到来让日本人有机会看到欧洲人，得以接触欧洲文化。接踵而来的是西班牙人、荷兰人、英国人、美国人和法国人，日本从此开始了与西方各国以及欧洲文化的交流。西方文化进入的最早的体现形式就是南蛮学的形成。16至19世纪日本西学的历史，大致也可分为三期来加以考察：第一期是16世纪中叶至17世纪中叶的一个世纪，即"南蛮学时代"；

第二期是17世纪中叶到19世纪中叶的两个世纪,即"兰学时代";第三期是19世纪最后三十年,即"洋学时代"。日本的西学发展史是历经上述三个时代的连续,而非断续的历史。

南蛮文化由耶稣会传教士等传入日本的西方科技、文化和一般知识形式构成,主要包括教育、医学、天文、历法、语言学、文学、艺术。1559年以后,耶稣会等在日本相继设立了一些教理教育机构。从1561年开始除教理外,教授语言学、数学、艺能等科目的初等教育机关也开始形成,日本全国附属教会的学校达到二百所。"可以说,在这些机构内得以系统教授的最新的西欧学艺,是日本近世文化的开端。"[①]1557年,传教士路易斯·德·艾梅达在丰后府内(今大分县)开设了施疗院,特别治疗金创、肿疡。翌年,他又开始临床教授外科学,使日本人首次了解欧洲外科。传教士宣扬的以地球为中心的天体运行秩序的说教,虽然并不符合科学实际,但它批判了作为朝廷秘学的日本传统的天文历学,唤起了合理、实证乃至批判的精神。尤其重要的是由于这种说教的影响,西川如见在《天文义论》中将自然法则和道德规范分离开来,并因此承认了西欧自然科学的自立性,为以后广泛吸收西欧的自然科学文化提供了一个非常重要的条件。在语言学方面,由传教士组织编撰的一些辞典、文典,如《日葡辞典》、《落叶集》、《日本大文典》等,"第一次在学术上使日语体系化"[②]。在文学方面,由耶稣会传布的世俗文学和教会文学作品,如《伊曾保物语》等,则"如实地显示了耶稣会的人文主义主张"[③]。1549年沙勿略登上鹿儿岛时,曾带去圣母玛利亚的油画像,开创了西洋绘画传入日本之先河。嗣后,西洋艺术不断传入日本。在美术方面,狩野派、土佐派、住吉派等,均受到西方美术的深刻影响。在音乐方面,日本人在传教士的帮助下,不仅学会了自己制作西洋乐器,组织了唱诗班,而且将能乐、舞蹈等日本传统文艺同西洋文艺结合起来。此外,日本在其他许多领域也受到

---

① 宫崎道生:《近世近代的思想和文化》,页31,鹈鹕出版社,1985年。
② 田村圆澄等:《日本思想史的基础知识——从古代到明治维新》,页414,有斐阁,1974年。
③ 海老泽有道:《南蛮学统的研究》,页16,创文社,1978年。

了"南蛮文化"以及包含在南蛮文化内广义的西方文化的影响。这些影响不仅使日本人在历史上第一次真正感觉到他们并非处在闭塞的海岛上，而且构成了日本西学历程的始基。

日欧早期交流的另一有意义的事件是"天正遣欧少年使节团"的访欧。这是日本同西方第一次正式的交流，无疑称得上是日欧交通史上具有划时代意义的重要事件。当时正处于日本天主教发展高潮时期，由于天主教在日本的传教事业取得丰硕成果，由耶稣会巡视员范礼安组织、九州天主教三大名大友、有马、大村亲自组建的"天正遣欧少年使节团"，四名年轻的日本贵族少年肩负重要的使命，被派往天主教发源地欧洲。通过这些异国使者的欧洲之行，衬托耶稣会在遥远的亚洲皈依天主教事业中所起到的重要作用，从而得到罗马教皇和葡萄牙国王持续的物力和人力上的支持，使日本的传教事业更加兴盛，同时让这些日本少年领略辉煌的欧洲天主教文化，亲身体验天主教教会在南欧各地的主导作用。"天正遣欧少年使节团"在罗马受到教皇格列高利十三世和欧洲诸侯的礼遇，罗马市民隆重欢迎从遥远国度来的东方使者，罗马市民还授予四位少年使者公民权，列入贵族。在罗马逗留的三个月期间，少年使者参拜了各地的教堂，参观了学校、工厂和兵营，接触到西欧的文化。"天正遣欧少年使节团"离开罗马后，还历访北意大利的威尼斯、米兰等城市，对先进的西方文化赞叹不已，深受感铭。这是日欧人民有史以来第一次友好接触，使节团往返途中先后在澳门、科钦、果阿等地长期停留，一路记下了大量对中国情况的感触。[1]四名少年使节带着虔诚的信仰和强烈的好奇心游历南欧各国，给当时欧洲文化引入日本国带来不小的影响。同时不容忽视的是，他们也将日本文化介绍到了西方各国。这次遣欧使节团打开了日本人的眼界，同时也加深了欧洲人对日本的理解，意义重大。另外，使节团携

---

[1] 孟三德神父：《天正遣欧少年使节团》，载《十六和十七世纪伊比利亚文学视野里的中国景观》，页116，澳门文化司署，1997年。

带回国的印刷机、地图、绘画、乐器、器具等欧洲文物，给日本文化和社会带来很大的影响。

1633至1639年，日本德川幕府的第三代将军德川家光连续颁布五个以禁教和贸易统制为主要内容的所谓《锁国令》[①]，日本开始进入"锁国时代"。但日本在锁国时代并没有完全停止西方文化的流入。正如山室信一所称：

> 在考察德川时代吸收西洋学术的情况时，有必要留意通过荷兰文译本从欧洲直接导入，以及通过汉文译本经由中国导入这两条渠道。[②]

事实上，正是南蛮学时代的沉淀以及这两条渠道的存在，使日欧文化交流进入一个新的时代——兰学时代。在锁国时代，由于荷兰是日本唯一直接交往的西方国家，因此早在17世纪前半期，日本就出现了以传译荷兰文和日文为职业的所谓"阿兰陀通词"（荷兰语翻译）。他们在吸收荷兰文化方面，做了一些开创性的工作。之后经过几代人的努力，兰学不断得以深化和扩展。为兰学的草创做出贡献的主要人物有新井白石、青木昆阳和野吕元丈。新井白石通过对意大利人西多蒂的审议，详细了解到西方文化各方面的情况，撰写了《西洋纪文》和《采览异言》这两本"洋学（兰学）史上古典中的古典"，对西方文化作了凝练的概括：

> 由此可知，彼方之学唯精于其形和器，即仅知所谓形而下者，至于形而上者，则尚未预闻。[③]

[①] 五个《锁国令》分别是锁国令Ⅰ号1633（宽永十年）——禁止奉书船以外的日本船海外渡航；锁国令Ⅱ号1634（宽永十一年）——制限海外往来通商，在长崎筑造出岛；锁国令Ⅲ号1635（宽永十二年）——全面禁止日本船海外渡航、日本人的归国，明商船受限制仅允许停港长崎；锁国令Ⅳ号1636（宽永十三年）——责令葡萄牙人移居出岛，日葡混血儿遭流放；锁国令Ⅴ号1639（宽永十六年）——禁止葡萄牙商船来航。至此日本的锁国全部完成。
[②] 松本三之介、山室信一：《日本近代思想大系·10·学问和知识人》，页475，岩波书店，1989年。
[③] 新井白石著，村冈典嗣校订：《西洋纪闻》，页24，岩波书店，1979年。

这一概括在作为"形而上学"的儒学和作为"形而下学"的西学之间划了一条界线，从而使两者并存，也使西方自然科学的传入在理论上成为可能。青木昆阳和野吕元丈的功绩主要在于开了通词（翻译）以外的日本人学习钻研荷兰文化的先河，为兰学的正式形成准备了知识基础。正是在这一基础上，产生了"正式的"兰学创建者前野良泽、杉田玄白等兰学大家。前野良泽、杉田玄白等通过约翰·亚当·库尔姆斯的《解剖图谱》和人体实体解剖的对照，确信了该书的真实性，并以《解体新书》的书名将其译出。他们的这项工作不仅向社会宣布了"吾人形态之真形"，而且是对传统观念的一种挑战，是思辨哲学的一场革命，它正式拉开了兰学的帷幕。"兰学"这个名词，也是在翻译过程中产生的。1771年被视为日本西学史一个划时代的年份，《解体新书》问世以后，兰学如"滴油入水而布满全池"，从医学发展到各个学科，从长崎、江户（东京）扩展到京都、大阪以及各个大名领属国。如西方人多尔所称：

  至18世纪末，日本人对西方的关心已不仅仅是表面的对异国情趣的追求，而是努力认真地追求并转化他们认为比以往从中国的文献中学得的知识更优秀的西洋科学知识。①

  进入19世纪以后，"兰学"呈现出令人瞩目的进步和变化，开始正式成为幕府的御用学问，其具体标志就是1881年幕府设立了"藩书和解御用挂"这一专门从事兰学翻译和研究的机构。"这一机构的设立，意味着原先仅作为自身爱好而产生的私学，开始作为服务于权利的知识而得到承认。"②

  明治维新后，随着文明开化运动的开展，西方文化潮水般涌进日本，日欧文化交流更加广泛深入。16至19世纪的日本历史经历了从开放到封锁，

---

① R. P. 多尔著，松居弘道译：《江户时代的教育》，页174，岩波书店，1978年。
② 田村圆澄等：《日本思想史的基础知识——从古代到明治维新》，页421。

又从封锁到更大规模开放这一过程，并经历从封建社会走向近代社会的剧烈变革。在这段历史中，兰学及后来的洋学、西学的产生，使日本岛国在保留其传统民族文化的同时，逐渐转向西方寻求新的文化模式，并开始从早先的文化权威中解放出来，使日本文化"多元"的性格进一步强化。

在近代中西文化交流史上，主动要求消除东西方之间隔离状态的是西方国家，而第一个沟通了东西方联系的则是葡萄牙。15世纪欧洲资本主义的产生，诱发了一股寻找东方新航路的热潮。西方人普遍希望到东方来获取黄金，以解决欧洲金矿枯竭之困，并企图打破土耳其人的封锁，开辟同东方直接贸易的新渠道。在这一漫长的过程中，最引人注目的哥伦布发现新大陆、达迦马开辟新航线从根本上改变了东西半球隔绝的状态，在历史上第一次出现了东西半球的汇合、全球一体化的进程。新纪元的开始成为定局，史学上将其定为世界近代史的开端，西葡两国从此展开争夺海上霸权的空前竞争。1507年葡萄牙开始对东印度大举侵略，1511年以东印度为据点攻占马六甲，控制了东亚与南亚之间的航路，1553年后葡萄牙人又强租澳门。至此，葡萄牙成为16世纪最强大的海上王国，这个霸权维持了长达九十年之久。另一方面，美洲的发现、麦哲伦的环球航行使西班牙也开始实施新的海上政策，对美洲大陆的开拓成为新政策的主要内容。其中臭名昭彰的奴隶贸易给西班牙人带来新的契机，南美洲几乎全部落入西班牙人手中，包括大量的金矿。强大的海上实力使得西葡两国的势力剧增，而不断发展的海上贸易又使海上霸权成为强国的决定性因素。英国、荷兰、法国等传统强国紧追其后，迫不及待地开始谋求海上贸易。然而，西葡两国对海上的控制权很难让这些国家得到自己所企望的利益。西葡之间签订《托尔德西拉条约》和《萨拉戈萨条约》更使得两个霸权国的海外势力划分趋于合法化，像葡萄牙这样一个当时人口仅为150万的蕞尔小国竟囊括了东大西洋、西太平洋以及整个印度洋及其沿岸地区的贸易和殖民权利。

新航路的开辟和地理大发现是世界历史上的重大事件，成为五个多世纪以来各国学者研究不辍的重要课题，其中不乏有关海上冒险动因的讨论。"寻求黄金说"认为，15世纪前后随着商品经济的发展和贸易的扩大，资本主义经济在西欧萌芽，黄金作为货币的职能越来越重要，日益取代土地成为社会财富的象征。哥伦布曾在日记中写道："黄金真是个奇妙的东西！谁有了它，谁就可以为所欲为。有了黄金，甚至可以使灵魂升入天堂。"①这就是当时欧洲人的心理写照。提出"宗教扩张说"的学者认为，天主教具有的扩张性是地理大发现的重要动因。天主教自认为是一种世界性宗教，甚至使用武力进行"圣战"，发动了以征服异教为目的的十字军东征，但受到了当时正在崛起的伊斯兰教势力的阻碍。于是欧洲的天主教世界采取了一种新的方略，联合东方的蒙古帝国对土耳其人形成夹击之势，这也就促成了新航路的开辟。②主张"土地扩张说"的学者认为，15世纪前的西班牙是一个封建专制国家，封建的经济基础和上层建筑决定了掠夺土地是他们海外扩张的主要目的。15世纪后期，"光复战争"的胜利加快了农奴制的发展，使得国内的土地矛盾日益加重，更加剧了封建领主到海外掠夺土地的欲望。③其次，围绕大航海时代形成的主客观条件以及由此产生的巨大影响等方面的研究成果在我国史学界亦层出不穷。总括之，世界大航海时代彻底破除了传统观念的束缚，使得人类活动的舞台由大陆转向海洋，这是人类文明发展取向的创造性突破，标志着"人类社会走向现代化世界的最早起步"④。世界的面貌越来越清晰地呈现在人们面前，"人类对世界及对自身的认识随之发生了深刻的变革"⑤。在经济上，地理大发现引起了商业革命和价格革命，促进了资本原始积累的过程，"加速了西欧封建制度的解体和资本主义生产关系的发展"⑥。在政治上，欧洲资产阶级走上

---

① 马志荣：《十字架与黄金：哥伦布航行美洲的目的》，载《拉丁美史研究通讯》第17、18期合刊，1988年5月。
② 裴培、李在芹：《新大陆发现的宗教因素》，载《世界历史》1990年第2期；吴长春：《新航路开辟的宗教动因》，载《史学月刊》1989年第1期。
③ 马志荣：《土地欲——西班牙西航美洲的重要动因》，载《拉丁美洲研究》1991年第3期。
④ 罗荣渠：《十五世纪东西方航海取向的比较研究》，载《历史研究》1992年第1期。
⑤ 李运明：《哥伦布的冒险与开拓精神》，载《拉丁美洲研究》1991年第6期。
⑥ 周一良、吴于廑主编：《世界通史·中古部分》，人民出版社，1962年。

了殖民掠夺的道路，确立了欧洲主宰世界的国际政治格局。

这一时期中国经济约占当时世界经济总量的三分之一，其富足和强大令第一次踏上中国国土的葡萄牙和西班牙人吃惊，中国人给他们留下了深刻的印象。葡萄牙当代历史学家洛瑞罗所编的《十六和十七世纪伊比利亚文学视野里的中国景观》中展现了一幅幅丰富的历史画卷，这里有历史学家如实的记载，有冒险家在中国的亲身经历，有商人们贪婪的眼光里对中国财富的描述，有传教士的日记，有文学家的梦想。皮雷斯在《东方概要》中说："中国物产很多，土地辽阔，人口众多，宝藏丰富，讲究排场，铺张奢华，使人以为那是我们葡萄牙而不是中国。"①言语中多少有点夜郎自大的味道，但不到三十年，奥索里奥在《光荣之歌》中就已经变为："我们中间那些曾经同中国人有过某些接触的人说，在城市的雄伟方面，在建筑的华丽方面，在生活水平和文明程度方面，或在对各种艺术的浓厚兴趣方面，在如今世界上很难找到某个民族能同中华民族匹敌。在印刷术方面，人们几乎不知道他们在多少个世纪之前就开始使用金属活字印书了，而我们只是在不久之前才开始使用这种技术。"②巴洛斯在《亚洲十年》中对中国的技术也给予了高度的评价，他认为："特别是在治国之道和在金属、木工、纺织、丝绸织造方面的技术，必然会感到这个世俗国家的一切皆可与希腊和拉丁媲美。"③

在16、17世纪，大量精美绝伦的中国产品的输出以及许多介绍中国的著述出现，使欧洲人增加了对中国的了解，随之出现了一股"中国热"。这股狂热包含三个方面：一是崇尚模仿中国的生活方式和文化习俗，二是吸收中国的儒学思想，三是学习中国语文。当时的欧洲人视收藏中国的瓷器、漆器和纺织工艺品为一种时髦④，仿制中国产品的风气亦十分流行。尤

---

① 洛瑞罗等：《十六和十七世纪伊比利亚文学视野里的中国景观》，页15。
② 洛瑞罗等：《十六和十七世纪伊比利亚文学视野里的中国景观》，页41。
③ 洛瑞罗等：《十六和十七世纪伊比利亚文学视野里的中国景观》，页57。
④ 法国创办中国公司，派人到广州订造标有法国甲胄纹章的瓷器，放在凡尔赛宫专室展览。德国和英国王宫也竞相收藏中国瓷器。

其是在英、法、德、意等国，一些手工艺人认真研制中国瓷器和漆器，仿制生产出青花软瓷和漆器。欧洲国家还仿制中国墙纸、丝绸等，在他们制造的家具、车、轿、手杖等物品上，也往往漆上中国的花鸟图案，室内装饰盛行贴中国花鸟画、壁纸和版画，室外则兴建带有假山、瀑布、曲径、丛林、宝塔的中国式园林。1685年，荷兰医生出版《奇妙的草药——茶叶》一书，介绍饮茶有利于健康以及饮茶之道，由此中国的饮茶习惯传入欧洲，风靡荷、法、英、俄等国，无论高低贵贱人士，都以饮茶为乐。中国服装开始受到青睐，连路易十四也曾身着中装参加宫廷举行的庆典。中国的轿舆传入欧洲后，也被欧洲人效仿，法国贵族和官吏出行都兴乘坐中国轿，并以不同的轿顶围披区别贵族身份和官职的高低。①

　　这个时代引领潮流而获得发展的国家是那些力争海权、重视商业和海洋贸易的国家，如葡萄牙、西班牙、荷兰及后来的英国，他们无一不是通过争取海权、发展海洋贸易而走向世界的。反观中国这个当时并非不具备航海技术条件和发展海洋贸易内部动力的世界文明古国，却在这段时间里与时代潮流相悖，采取了固守海岸，限制甚至是禁止海外贸易的保守主义政策。究其原因，既有文化历史传统方面的原因，也有现实政治、经济发展阶段及大国经济等方面的因素在起着作用。

　　随着西方传教士利玛窦、罗明坚等人陆续入华传教，沙勿略、托雷斯和费尔南德斯等先后抵达日本传教，将西方的天主教思想、科学技术和南蛮文化源源不断地导入中国和日本，以其不可抗拒的理性，公开地与中世纪以来的神学相对抗并且取得压倒性的优势。西学的实用性使得执行禁海和锁国的中国明清政府和日本德川幕府也不得不辟出专门的空间，以求得对它的了解、学习、研究、使用，并从中获得利益。同时，西学所容载的西方知识、西方思想让在国门封闭状态下沉睡的中日国民逐渐觉醒，有识之士开始用一种新的眼光、新的思想来审视百年来锁国的利弊，抨击国门封闭所造成的落后与愚昧。

---

① 黄鸿钊：《明清时期澳门海外贸易的盛衰》，载《江海学刊》1999年第6期。

这一时期对于东西方关系的交流起着重要纽带作用的当属西方传教士，如沙勿略、利玛窦，以及身兼传教士、南蛮通辞双重身份的陆若汉、弗洛伊斯等人，他们活跃在中国明清和日本江户时期的历史舞台上。另外，在西方传教士开设的神学院、修道院学习葡萄牙语和拉丁语的中国人、日本人也在此后的中日葡文化传播和对外贸易交往中起到了举足轻重的作用。为使先进的西方技术、西方知识被当时中国和日本的知识分子所了解，西方传教士、从事翻译的译员，以及西学研究的学者发挥了不可替代的作用。在相当的一段历史时期内，西学的传播与普及改变了中国和日本知识分子阶层的世界观，这批人在后来的改革维新运动中担负起了领导者的责任。西学的传入甚至改变了明清政府以及日本德川幕府将军们的政治目光，当时一些著名的启蒙主义者都曾接受西方教育，因而具备了改革所必需的开明变通的目光，能够正确地审视当时的形势，做出合乎世界大势的决策和举动。

第二章　陆若汉在日本

一、耶稣会神学院中的葡萄牙少年

陆若汉，葡文名João Rodrigues，译名若阿·罗德里格斯，葡萄牙耶稣会士，16至17世纪著名的"南蛮通辞"（葡萄牙语译员），生于1561年，卒于1634年。

（一）陆若汉的出生时间

陆若汉的家世、家人以及他的幼年时代经历均无详细的记载，或许是因为他出身贫寒，有别于许多豪门世家出身的贵族传教士，也或许是他十三四岁左右就离开葡萄牙，在亚洲度过五十多年岁月再未返回故国的缘故，陆若汉在葡萄牙短暂的生活经历偶尔有史学家提起，材料比较零星散乱，教会文献中对他的记录更是不完整。根据姓名有人推测说："他也许是10世纪塞尔南赛尼埃城的城主弗拉姆拉罗德里格斯夫人的子孙。"[1]实际上，"若阿，或是罗德里格斯，在葡萄牙都是极其普遍的洗礼名"[2]，这个姓氏分布很广，葡萄牙和西班牙都有。国内外史学界倾向性的意见认为，陆若汉只是一个出生于农民家庭的孩子，因缺乏早期教育，不具备优雅的气质。其证据之一是由于贝拉地区的方言晦涩难懂，少年时期未受过良好教育的

---

[1] 迈克尔·库帕著，松本玉译：《通辞·罗德里格斯》，页1。
[2] 土井忠生：《吉利支丹论考》，页62。

陆若汉日后虽有过人的语言才能，但却终身为自己的母语粗俗、写不出优美而标准的葡萄牙语文章而苦恼不已。①

据推测，陆若汉出生在葡萄牙丘陵地带贝拉（Beira）的塞南赛尼埃（Sernancelhe）镇②的一个叫作金特拉达拉帕（Quintela da Lapa）的地方。法国人费赖之的《在华耶稣会士列传及书目》中称：

> 若阿1561年生于葡萄牙拉美古（Lamego）教区之塞南赛勒（Sernancelle）。③

土井忠生在《日本教会史》解说部分中提到：

> 若阿·罗德里格斯，拉美古司教区塞尔南赛尼村出生的葡萄牙人。④

土井忠生后又详说：

> 日本文典的著者若阿·罗德里格斯1561年生于葡萄牙中部山岳地带属于Beira的Lamego教区的Cernancelte。他来到日本之前的成长经历全然不明。

陆若汉曾在自己66岁高龄时写给罗马教会的信中称：

> 感谢你们对我这个来自塞尔南赛尼埃的拉帕圣母之镇的教士厚爱，

---

① 土井忠生：《吉利支丹论考》，页63。
② 塞尔南赛尼埃是贝拉主教区的巡礼地之一，当地有一座极受尊崇的古代圣母像。相传此像作于8世纪，后来为防止落入伊斯兰教徒之手，被藏匿在一洞窟之中，由于年代久远，逐渐被人遗忘，直到1493年，才被一位牧羊女偶尔发现，随后教会特别为之建造了一座小教堂，用于圣像的安置与礼拜。迈克尔·库帕著，松本玉译：《通辞·罗德里格斯》，页1—2。
③ 费赖之著，冯承钧译：《在华耶稣会士列传及书目》上册，页217，中华书局，1995年。
④ 土井忠生：《吉利支丹论考》，页73。

我之所以这样自称，是因为我是在那里长大的。①

四份史料提供的信息大致相同，仅在地名的书写和翻译上稍有差别，费赖之写成Sernancelle（塞南赛勒），土井忠生书中是Cernancelte（塞南赛特），库帕则为Sernancelhe（塞南赛尼埃）。从1588年、1593年、1616年的耶稣会士名册来看，陆若汉的出生地都是贝拉教区塞南赛尼埃。对此地名迈克尔·库帕考证认为：

若阿·罗德里格斯1561年出生于葡萄牙的塞南赛尼埃。塞南赛尼埃是葡萄牙北部边远地区人口一万人的城镇，邻接流经一个名叫拉美各（Lamego）的小镇东南方约25英里处的达吾拉河东岸，位于距奥波特（Oporto）东边40英里的地方。②

土井忠生谈及陆若汉的出生地时这样描述说：

他（罗德里格斯）的出生地贝拉地区是葡萄牙中部的丘陵地带，这里出生的人多为农民，一般体格健壮。贝拉方言处于北方方言和南方方言之间，没有特别的区域划分，不如北方方言那样古色古香，非高雅语言之类。③

土井忠生称：

通辞伴天连若阿·罗德里格斯出生于葡萄牙拉美各教区的塞南赛尼埃村。该地位于葡萄牙中部，贝拉地区北部边界附近，连接着山区。

---

① 《中日古风俗系列》，耶稣教会档案18，第86卷，罗马，1627年11月30日。
② 迈克尔·库帕著，松本玉译：《通辞·罗德里格斯》，页2。
③ 陆若汉著，土井忠生等译注：《日本教会史》上册，页31。

贝拉人都不够文雅，但是性格倔强，据说是典型的乡下人。①

陆若汉晚年也回忆说，自己是"一个粗野的贝拉人，不具备写漂亮流畅葡萄牙语文章的能力，贝拉地区是有名的方言色彩浓厚的地区"②，没有在祖国接受过很好早期教育的陆若汉似乎一辈子都为出生地的方言感到烦恼。

陆若汉的出生年月在耶稣会的会员名册中没有准确的记录，仅附有传教士们的年龄、工作和住处，但"当时会员名册上的有关记录都很模糊，编写者的认真态度，记录的准确性，都值得怀疑"③。陆若汉的年龄在很多书中都有记载④，综合各种记录来看，可以推算他是1561年出生，具体的月份和日期不详。正如迈克尔·库帕考证所称：

> 罗德里格斯是一个家境贫困没上过学的少年，出生在葡萄牙的一个小村庄里，连他本人大概也不知道自己的准确年龄。⑤

土井忠生对此也有推论：

> 耶稣会为协助传教士工作往东洋输送孤儿，或许他（罗德里格斯）是其中一人。⑥

土井忠生称：

> 罗德里格斯通辞来日本之前的经历完全不知道。来日本的日期根

---

① 土井忠生：《吉利支丹论考》，页63。
② 土井忠生：《吉利支丹论考》，页63。
③ 迈克尔·库帕著，松本玉译：《通辞·罗德里格斯》，页4。
④ 荣振华的《在华耶稣会士列传及书目补编》、土井忠生的《吉利支丹论考》，以及迈克尔·库帕的《通辞·罗德里格斯》都有注明陆若汉的出生年为1561年。
⑤ 迈克尔·库帕著，松本玉译：《通辞·罗德里格斯》，页2。
⑥ 土井忠生：《吉利支丹论考》，页73。

据文献的记述也未必准确,出生年代也同样,只能依靠推测。但至少可以认定他1576年已到达印度,在日本登陆的时间是在1577年。①

陆若汉本人在《日本教会史》中证实了以上各种推论:

> 最初踏上日本的土地是否长崎不敢确定,但1578年夏天自己的确待在丰后。领主大友宗麟那时期正接受洗礼,一个月后大友宗麟援助被岛津氏攻击的伊东氏,同时胸怀开辟天主教新天地的梦想,率大军向日向发起了进军。②

戚印平在其相关论文中提出这样的见解:

> 陆若汉在弱冠之年前往东方之事,很容易让我们想起后来盛极一时的奴隶三角贸易,关于这两者间是否有某种关联,我们还可作进一步的研究,但它至少证明,在15—16世纪的所谓大航海时代,西方列强不仅贩卖过亚洲和非洲的儿童,而且亦没有放过本国同胞。当时曾有许多的欧洲青少年,尤其是陆若汉那样的孤儿,在并非自愿的情况下,像猪仔一样被带往遥远的东方,成为传教士(应该还有商人)的侍从与助手。③

陆若汉是否如戚文所称惨遭被贩卖的厄运,不得已来到日本?这是一个值得商榷的问题。这个年幼的欧洲乡村少年,为什么要踏上前往亚洲这个当时被认为十分危险的旅途,这一点不清楚。笔者认为陆若汉向往同许多葡萄牙青少年特别是孤儿们一样,做一个在亚洲各地工作的传教士的童仆而自愿走上这一旅途。1597年在长崎受刑的方济各会殉教者冈萨洛·加

---

① 土井忠生:《吉利支丹论考》,页73。
② 陆若汉著,土井忠生等译注:《日本教会史》上册,页32。
③ 戚印平:《陆若汉的学业及其知识背景》,未刊行。

西亚（Gonçalo Garcia）就是一个先例，他15岁时来到日本，在耶稣会传教士们的身边当童仆和译员①，直至成为传教士。耶稣会士招募一些年轻的志愿者一同前往亚洲开发新的教区，一方面耶稣会需要培养新生力量来扩大教会的势力，另外一个更重要的原因是耶稣会当时的传教士人数远远不能满足远东传教的需要，这点在后面的章节中也有提及。因此，陆若汉、加尔西亚以及其他命运相同的葡萄牙少年极大可能是受耶稣会前辈的影响，凭借对宗教的狂热，满怀出人头地的抱负踏上赴亚洲的旅途，并非被自己的葡萄牙同胞当作"猪仔"贩卖至日本。从目前所接触到的日本史料看，耶稣会士携带童仆赴东方是当时很普遍的现象，与东方的奴隶三角贸易有着本质的区别，另据陆若汉的有关自述也可以印证笔者的观点②。迈克尔·库帕对葡萄牙少年踊跃追随耶稣会传教士赴亚洲一事亦有论述：

    尽管如此，到亚洲传教从来都不缺少志愿者。一位后来跟罗德里格斯一起工作的意大利籍传教士就是请求他的上级派他到亚洲去的。③

  葡萄牙山区的人们都有一副结实健壮的身体，凭着十三四岁的年纪要平安经受从葡萄牙到亚洲的艰难旅程，身心确实必须非常坚强才行。据耶稣会士弗朗西斯科·维埃拉（Francisco Vieira）在1619年所写的私信中称，少年陆若汉到达日本是在1577年④，即日本天正五年。陆若汉本人也在由长崎寄出的信中确认了这一点，他写道："自己在日本长大成人，已经在日本待了21年。"⑤1622年又从澳门报告说："自己在45年前来到日本。"⑥

  如上所述，陆若汉在葡萄牙的生活经历十分短暂且很不清晰，土井忠生认为：

---

① 陆若汉著，土井忠生等译注：《日本教会史》上册，页32。
② 陆若汉曾说过："是主将幼年的我召到了日本的主自己的会（耶稣会）。"
③ 迈克尔·库帕著，松本玉译：《通辞·罗德里格斯》，页13。
④ 迈克尔·库帕著，松本玉译：《通辞·罗德里格斯》，页3。
⑤ 《中日古风俗系列》，耶稣教会档案25，第107卷。
⑥ 《中日古风俗系列》，耶稣教会档案18，第8卷，澳门，1622年10月31日。

罗德里格斯通辞受遥远的他国语言教育成长，在故国没有获得掌握学识教养的机会，少年时代他便去到国外。……身为葡萄牙传教士，罗德里格斯却因为故乡的语言烦恼了一生。①

（二）赴日途中的经历

当时从欧洲到日本长崎的海上旅行，即使在最好的条件下也要花两年多的时间，因此陆若汉在1575年之前应该就已经离开了从葡萄牙前往亚洲的唯一港口里斯本。少年陆若汉是以什么样的身份来到印度，然后又登上日本岛的？从他的年纪来看不会是天主教传教士的身份，这一点基本可以肯定。极有可能是作为传教士的童仆，或者出于天主教教会的某个目的被选送到了日本。

有一位在里斯本开设孤儿院并因此德高望重的佩德罗·德梅奈克（Pedro Domenech）神父曾经在1550年受命于葡萄牙国王约翰三世，从孤儿院抚养的160名失去亲人的少年中挑选出7人送到了巴西的传教士身边。后来又接到命令将9名孤儿送到印度，进入在卧亚（Goa，今果阿）、巴赛因（Bassein）和戈兰加诺尔（Granganor）的三个天主教学校，每个学校3人。少年们在那里学习做弥撒，学语言当译员，并作为当地孩子们的榜样，协助进行传教工作。这些孤儿中有一名出身里斯本、名叫吉里埃尔默·佩雷拉（Guilhermo Pereira）的年轻人，他跟另外4名少年于1556年踏上日本的国土。正如传教士努奈斯·巴莱德（João Nunes Barreto）所写：

> 他们的任务是庄严地歌唱、祈祷，并为从罗马到日本来的神父们充当译员。②

---

① 陆若汉著，土井忠生等译注：《日本教会史》上册，页31。
② 迈克尔·库帕著，松本玉译：《通辞·罗德里格斯》，页4。

佩雷拉到日本两年后加入耶稣会，直到1603年去世为止，作为传教士在日本各地巡查，从事传教工作达45年。由于他日语非常流利，取得了显著的成绩。在耶稣会士马特乌斯·德·考洛斯（Mateus de Couros）执笔的死亡记录中有这样一句话：

> 吉里埃尔默·佩雷拉的日语极好，说话就像日本人一样。①

陆若汉与佩雷拉至少有四个共同点：第一，二人均为葡萄牙人；第二，少年时代就渡海来到亚洲；第三，二人都是到日本后才加入耶稣会；第四，他们都能说一口流利的日语。从这些共同之处很容易让人联想到陆若汉的身世"或许也是个孤儿"②，在故乡得不到学习和受教育的机会，年少便离开葡萄牙偏僻的小乡村，从某个孤儿院被选送往国外，充当在亚洲工作的传教士的童仆。陆若汉本人则称：

> 是主将幼年的我召到了日本的主自己的会。③

1610年陆若汉被驱逐到澳门以后，他曾提出希望回到"少年时接受使命的"日本耶稣会的请求。④但仅凭陆若汉本人的两句话，不能确定年轻的他从一开始就接受了教会的使命。一种可能是他因为想要脱离欧洲乡村的生活，成为一名天主教传教士而离开葡萄牙。另一种可能是他到达日本之后，为耶稣会士的生活所吸引而最终走上传教道路。

当时葡萄牙少年前往亚洲的最简单办法就是随船远航，常常谎称自己是士兵或水手混上远航船，尽管这些青少年完全没有特技和经验。乘坐过里斯本和印度之间定期往返的大型帆船到达卧亚的法国人弗朗索瓦·皮拉尔（François Pyrard）曾记述道：

---

① 《耶稣教—亚洲系列》，阿儒达图书馆，里斯本49—IV—59，第120卷。
② 迈克尔·库帕著，松本玉译：《通辞·罗德里格斯》，页4。
③ 《中日古风俗系列》，耶稣教会档案13，第132卷，长崎，1598年2月28日。
④ 《中日古风俗系列》，耶稣教会档案18，第9卷，澳门，1622年10月31日。

士兵全部都是从老百姓,或身份卑贱的父母亲那里招募来的10岁到12岁的孩子们。说是士兵,但大部分都很年幼,没有经验,连武器都拿不动。航程中有的晕船,有的生病,一点用处都派不上。①

弗朗索瓦·皮拉尔的"士兵都是孩子们"的说法未免夸张,不过当时在加利翁船上,像他所描述的葡萄牙少年最多时竟达到全部水手的一半左右。迈克尔·库帕对此也有考证:

少年们胡乱地睡在主桅杆和前桅杆之间的空间里,被当成最下等的人。力小的做打扫工作,力大的操作水泵。有时被当作船医、木匠、防漏水工,或是木桶匠的助手和徒弟。天一亮,少年们就必须在甲板上集合,用一个小时的时间代替乘客和职员唱诵赞美歌。另外,进行祈祷也是他们的工作。②

不管少年陆若汉是以怎样的身份来到日本,他一定是经历过漫长而严酷的航海旅行。即使他乘坐的是大型的2000吨级大帆船,航行中仍然会充满惊险和艰辛。当时的航海技术还处于精确测定经度的罗盘尚未发明的起步阶段,如果船舶偏离航线,就会面临在地图上没有标明的海域沉没的危险,海上的航行主要依靠船长的运气、技术和经验来决定能否成功。此外,还依赖于有经验的领航员根据水面漂浮的海草颜色,以及在每个海域飞翔的海鸥等鸟类的颜色和种类来判断船舶所处的位置是否危险。有的领航员则通过阅读前人留下的航海日记,参考他们的经验和教训。依靠这样简陋的航行机器和模糊不清的航海指南,每年至少有四至五艘大帆船远洋航行,最终竟平安到达卧亚,现在看起来令人不可思议。不过,很多船只虽然最终到达卧亚,但"往往船体都已经变得破烂不堪"③。

---

① 迈克尔·库帕著,松本玉译:《通辞·罗德里格斯》,页5。
② 迈克尔·库帕著,松本玉译:《通辞·罗德里格斯》,页6。
③ 迈克尔·库帕著,松本玉译:《通辞·罗德里格斯》,页6。

另外，船上的生活环境极其恶劣，令人难以想象。如迈克尔·库帕所称：

> 乘客和船员大都挤在狭小的空间里，卫生设备极差，几乎没有厕所，伙食都是一些令人难以下咽的东西。①

饮用水和葡萄酒都靠每天的配给，食物每个月只能分到极少的一部分。船上的咸肉由于热带高温腐烂变质，发出难闻的臭味。旅行家林斯霍顿（Linschoten）回忆说：

> 不仅仅是食物腐烂，在炎热或船舶航行不顺利的时候，船上的水都发出一股臭味，大家不得不拧着鼻子喝水。②

当时的英国船和荷兰船比较干净，西班牙船和葡萄牙船却脏得令人窒息，到处都是垃圾，疾病很容易蔓延开来，这应该是每次航行要死掉很多人的原因之一。皮拉尔称：

> 这些船实在是太脏了，发出一股恶臭味。死亡率也特别的高，这些都已经不足为奇了。有时一艘船在到达卧亚之前，要死掉好几百人。③

曾有一个搭乘了一千多名乘客和船员的船队，在礼炮、祈祷、高唱赞美歌的队伍和嘉年华化装队伍的欢送下，浩浩荡荡离开里斯本的港口，但航行中由于败血症和痢疾蔓延，很多人身体变得极度衰弱。六个月之后船

---

① 迈克尔·库帕著，松本玉译：《通辞·罗德里格斯》，页7。
② 迈克尔·库帕著，松本玉译：《通辞·罗德里格斯》，页8。
③ 博瑟：《历史的悲剧》，载《Rogers》，页131—140。

队终于到达卧亚时,活下来的已经不足二百人。①

此外,远洋航行中遭受的苦难不仅限于糟糕的食物和传染病,更由于船员和士兵大都是乌合之众,在这种发出各种怪味、拥挤不堪的船舱里纪律失控,偷盗、打架的事情几乎每天发生,常有人被指控有罪而被绑在柱子上遭受鞭笞。

更令人难以忍受的是海盗和风暴,从葡萄牙船的亚洲通航年鉴中可以看到如实的描写。瓢泼的大雨和山一样高的巨浪,还有凄厉的暴风,连续多日袭击船队。从1579年到1591年的12年间,在葡萄牙到印度的航线上沉没船舶22艘,损失了许多人命和货物。从1580年到1640年,去印度途中下落不明的加利翁船约有70艘,回来时由于装载了不计其数的商品,所以有更多的船只沉没或失踪。②

1574年,第一次离开里斯本就经历了类似的严酷航行的耶稣会巡视员范礼安,谈起那次航行时回忆道:

> (我们)被关在狭窄的船舱里,吃的是腐败的食物。不知不觉中就迎来了长达两个月的寂寞而平静的季节,船上变得闷热起来,使人难以呼吸,衣服都湿透了,从来也不会干,而且缺乏饮料水,流行着讨厌的疾病。③

范礼安记录了亚洲航线上发生的一些危险事件,如到处隐秘着令船搁浅的浅滩、连续多日的狂风骤雨、突如其来的海盗袭击等。很多西方人带着淘金梦踏上前往亚洲的旅途,他们中的某些人甚至"来不及整装,只拿着两条面包、一块奶酪、一瓶果酱就上了船"④。或许他们以为很快就能到达彼岸,没料到将要面临和伴随的是风暴、疾病、饥饿,甚至死亡。在当时的

---

① 迈克尔·库帕著,松本玉译:《通辞·罗德里格斯》,页9。
② 博瑟:《历史的悲剧》,载《Rogers》,页131—140。
③ 弗洛伊斯著,柳谷武夫译注:《日本史》,页11,平凡社,1987年。
④ 弗洛伊斯著,柳谷武夫译注:《日本史》,页13。

记录中，偶尔也记载一些遇到好天气、经历一次较为愉快的旅行的内容。不管航海旅行是怎样的情形，总之，当时远航船上的生活处于一种原始的极其艰苦的状况，乘客和船员要依赖健壮的体力才能经受住风浪等各种考验。

迄今为止，史学界对陆若汉离开里斯本的日期并无明确考证，而在陆若汉1577年到达日本这一点上意见较为统一。如果是这样，那他最迟在1575年春天之前就已经离开葡萄牙，在同年下半年到达卧亚。1574年，曾有一支船队把范礼安及41名耶稣会士送往印度，有学者认为陆若汉当时就在五艘船中的某一艘上。主要理由之一是，陆若汉"后来可以作为一名亲信被选中担任范礼安跟日本权威人士交涉时的私人译员，从这一点考虑意义非同寻常"①。陆若汉是否跟随这一批船来到亚洲并不确定，但跟陆若汉一样于1577年到达日本的14名耶稣会士中（7名司祭和7名修道士），至少有5人——佩德洛·拉蒙（Pedro Ramón）、弗朗西斯科·卡莱翁（Francisco Carrion）、格雷格里奥·德·塞斯佩德斯（Gregorio de Céspedes）、弗朗西斯科·德·拉格纳（Francisco de Laguna）、巴尔特罗美乌·莱顿德（Bartholomeu Redondo）是在三年前跟范礼安一起离开了里斯本。因此，推测陆若汉是1574年乘上离开里斯本的船，并在耶稣会传教团的带领下前往印度也不无道理。这支船队3月10日离开里斯本，7月14日到达莫桑比克，9月6日顺利到达卧亚港。迈克尔·库帕称：

> 一行人到达长崎是1577年7月4日，当时天主教徒们的欢迎场面非常壮观，有的人跑到齐胸深的水中，来到传教士们的面前抢先接受祝福。搭乘同一条船的11名商人看到这个场面深受感动，当场就向耶稣会提出了入会的申请。②

（三）初到日本经历的两件事

1577年，即陆若汉来到日本的那一年的活动情况不甚清晰。也许是待

---

① 迈克尔·库帕著，松本玉译：《通辞·罗德里格斯》，页10。
② 迈克尔·库帕著，松本玉译：《通辞·罗德里格斯》，页11。

在长崎休养，"由于多数船员和乘客到达时样子都很惨，所以不得不在当地医院休养一阵"①。此后，陆若汉有可能在葡萄牙商人家里当童仆。在当时的屏风画里，画有在长崎停泊的大帆船中干杂活的少年。②但更有可能是作为传教士的弟子，那么他或许住在传教士加斯帕尔·维莱拉（Gaspar Vilela）建造的"诸圣人"会馆。

陆若汉来到日本最初两年的经历比较清楚，一是访问京都，二是目睹"耳川战役"。这一期间陆若汉去过京都这点毫无疑问，因为在他的《日本教会史》里有关于京都的详细描写，其中提到：

> 自从师父（沙勿略——笔者注）于1551年从日本去了印度以后，过了26年来到日本的京都，参观了这个城市的每一个角落。③

从以上描述看，似乎陆若汉去京都和到日本的时间是同一年，即在他到达日本的1577年的下半年，或1578年初去了京都。

第一个到达日本京都的耶稣会士是圣方济各·沙勿略（San Francisco Xavier）。1551年1月沙勿略欲通过拜见天皇，争取在日本全国传授天主教的许可，但事与愿违，他没得到拜见天皇的机会。1559年加斯帕尔·维莱拉也前往京都，在此工作一年半时间也没有取得传教的成果。1565年，曾一度因战乱离京都而去的路易斯·弗洛伊斯（Luis Frois）再次回到京都，1569年3月终于在京都修建了一个小教堂，跟奥尔冈蒂诺（Organtino Gnecchi-Soldo）一起开始传教。弗洛伊斯是葡萄牙耶稣会士，并且是陆若汉之前的耶稣会首任南蛮通辞，他撰写的《日本史》具有很大的影响力。1576年，意大利传教士乔万尼·斯蒂芬尼（Giovanni Stephanonio）取代了

---

① 迈克尔·库帕著，松本玉译：《通辞·罗德里格斯》，页13。
② 在大阪的南蛮文化馆保存的漂亮屏风画里，在停泊的船上，以及在舰队司令官的带领下，进入长崎的行列中，都可以清楚地看到有欧洲少年的身影。
③ 陆若汉著，土井忠生等译注：《日本教会史》上册，页223。

弗洛伊斯在京都工作。①

陆若汉刚经历过漫长艰辛的航海，又即刻踏上前往京都的长途旅行，其中的原因不得而知。若当时他是耶稣会的弟子，随同传教士访问京都的可能性很大，因为之前"在京都的一个角落已经出现天主教村"②。不管出于何种原因去京都，陆若汉初次见到的是一片令人悲哀的废墟，曾经号称具有世界上最多人口的京都已经变成像五百多年前紫氏部在《源氏物语》中所描述的一样：

> （一处）具有灿烂的表象，但已是绝迹很久的无人城镇。皇室的威望已经衰落，天皇只是徒有其名，京都已经变成了想要夺取天下的野心勃勃的大名的战场。③

陆若汉在《日本教会史》中惋惜地记叙道：

> 城市的大部分已经遭到破坏，残留下来的房屋以及所有的东西都让人看了痛心。④

根据陆若汉在《日本教会史》中的记载，京都位于三面环山的广阔平原，由于模仿中国传统的建筑风格，非常注重建筑的对称。皇宫坐落在整个城市的北半部分，四周环绕着重臣或贵族的宫殿和住宅。曾经辉煌的宫殿在不断的内战和叛乱破坏下已经满目疮痍，陆若汉所见到的京都仅有一条贯穿南北的大道以及交叉的两三条马路可以通行，历史悠久、曾经繁华的京都当时的面积仅为鼎盛时期的十分之一，跟一个中等城镇的规模不

---

① 劳力斯编：《教会文档》导言，页603—609。
② 迈克尔·库帕著，松本玉译：《通辞·罗德里格斯》，页16。
③ 迈克尔·库帕著，松本玉译：《通辞·罗德里格斯》，页16。
④ 陆若汉著，土井忠生等译注：《日本教会史》上册，页223。

相上下。衰败的京都似乎反映出同样衰落的天皇家，陆若汉在《日本教会史》中如实地描写出天皇家的衰败情景：

> 天皇和公卿的官殿是用老朽的松木建造的破房，墙上钉着松木板，公卿的生活看上去非常清苦。皇宫是用芦苇和粘土垒起来的，非常陈旧，好像马上就要倒塌似的。四面通风，一片破败的景象。因为没有人守卫，所以任何人都可以随意出入。①

据说当时正亲町天皇②邀请军事、政治力量都非常强大的大名织田信长来完成天下统一的大任。此时的将军名义上是1568年就任的足利义昭，他原本是在信长支持下当上将军的，1573年由于试图轻率地推行自己的主张，结果被废黜，直到去世为止，被迫过了二十四年的隐居生活。这样直到17世纪初，将军的职位一直空闲，统治着日本六十六州中半数领地的织田信长自然而然地成为最高的统治者。织田信长曾对传教士夸口道：

> 掌握实权的是我，天皇和将军说的话没必要听，只要按我说的去做，你们到哪儿去都行。③

织田信长一直都支持天主教，他曾多次召见被叫作南蛮人的欧洲传教士和商人，和他们亲密交谈。④另外，织田的友好还体现在让传教士在京都建造教堂一事上。当时织田信长正投入极大的人力和物力来努力恢复京都的面貌，故禁止动用资金建造更多的私有房产。但当耶稣会提出要在京都建教堂的计划时，京都的将领不仅接受了织田信长的指令要为传教士们提

---

① 陆若汉著，土井忠生等译注：《日本教会史》上册，页223。
② 1569年在佛教徒的唆使下，颁布天主教禁教令的也是这个天皇。
③ 迈克尔·库帕著，松本玉译：《通辞·罗德里格斯》，页17。
④ 松田毅一：《南蛮史料研究》，页416。

供方便，还要捐赠建设资金，并提供免税运送物资的许可。①

陆若汉在京都逗留时日的长短无从考证，基于从长崎来京都的旅途辛苦，可以推测他至少停留了几周，甚至更长，以便有充分的时间参观这座城市。此后陆若汉就随传教士或商人一起回到九州，没有任何史料记载织田信长见过陆若汉。

史料中记载比较清晰的有关陆若汉来日后经历的第二件事便是"耳川战役"。这场战役的发生源于日向的伊东家和萨摩的岛津家持续了几代人的宿仇，两家一直处于敌对状态，时常突发战争。有传言说欧洲人1543年漂流至日本种子岛时，将长枪的使用方法传授给了萨摩，从此一直处于彼此分不出高低状态的两地兵力被打破了平衡。岛津贵久的儿子岛津义久在1573年打败伊东家，五年以后占领日向，直逼近伊东至丰后的边界线上。丰后领主大友家与伊东家有联姻关系，当被赶出领地的伊东家投奔到丰后向大友求援时，当时占据九州九分之五地盘的大友家认为正是扩充自己领地的极好机会，便以赶走萨摩军队为借口，集结起约六万人的兵力攻打日向。

大友军队最初的进攻很轻松，一连攻下三个城市。但丰后的最高司令官田原亲贤开始陶醉于胜利中，由于轻敌而贻误了战机，在关键时刻打了大败仗，在12月2日的"耳川战役"中受到前后夹击，大友军的阵地全线崩溃，士气受挫的残兵败将纷纷撤退回丰后。弗洛伊斯认为，之所以会出现这样的结果，其根本原因应追究胆小无能的田原亲贤的责任，他忧郁地写道：

   就这样，丰后王经多年积累起来的东西，一日之间就丧失殆尽了。②

"耳川战役"中有两个值得关注的人，一个是丰后的领主大友，一个

---

① 这座教堂是为圣母升天建造的，在日本的历史上被叫作南蛮寺。
② 弗洛伊斯著，柳谷武夫译注：《日本史》，页13。

是刚到日本不久的陆若汉。大友义镇原本是一名禅宗的虔诚信徒，削发时取法号宗麟，史书中一般称其为大友宗麟。当时大友宗麟在九州很有势力，在他的保护下，自1543年起葡萄牙商船就出入丰后别府湾附近的府内海湾（今大分县），天主教的传教活动最初也以丰后大友的领地为根据地。由此段经历"可以推测陆若汉也是在府内上的岸"①，因为"耳川战役"发生时他正在丰后并参与其中。大友宗麟在1578年以弗朗西斯克的教名接受洗礼，自此以后给予天主教更加优厚的待遇，成为耶稣会坚定的拥护者。陆若汉在丰后前后逗留八年，这期间跟大友宗麟相处非常亲密。弗朗西斯科·沙勿略曾于1551年在丰后逗留期间会见过大友宗麟，对此人印象很深。迈克尔·库帕称：

> 如果没有大友宗麟的支持，最初来到日本的传教士可能无法顺利度过那个极其不稳定的时期。②

大友宗麟不仅对传教士，对所有的欧洲人都表现出了格外的友好。他曾经阻止杀害葡萄牙商人，并且积极支持耶稣会在府内建造会馆，让天主教徒在府内学习日语。

大友宗麟率大军攻打日向一般认为有三个目的。声援有亲戚关系的伊东家是其一，借此机会扩大领地是其次，"开拓理想的天主教王国"③是其三。出于这三个目的，大友极力邀请接替克斯梅·德·托雷斯（Cosme de Torrès）④的弗朗西斯科·卡布拉尔（Francisco Cabral）⑤加入远征军一同

---

① 土井忠生：《吉利支丹论考》，页64。
② 迈克尔·库帕著，松本玉译：《通辞·罗德里格斯》，页22。
③ 土井忠生：《吉利支丹论考》，页64。
④ 沙勿略于1551年离开日本之前，将日本耶稣会的传教工作交给了同事托雷斯。出生于巴莱恩西亚的托雷斯可以说是跟沙勿略一样，是日本传教活动的先驱。他不仅是跟沙勿略乘坐同一条船来日本，而且在此后不稳定的二十年中，一直负责耶稣会不断扩大的传教活动，最终搞坏了身体，于1570年将工作交给了弗朗西斯科·卡布拉尔，两三个月之后便去世了。
⑤ 卡布拉尔于1533年出生在亚索莱斯，跟陆若汉一样，少年时来到亚洲，1554年在果阿成为耶稣会士。不久，他的行政工作能力受到重视，被派遣到日本，接替生病的特鲁莱斯掌管耶稣会事务。

前往日向，到那里开展传教。卡布拉尔立刻响应，并备齐在新传教地所需要的各种资料，于1578年10月3日从臼杵乘船前往集结地。弗洛伊斯报告说，跟随卡布拉尔前往的有若安·德特尔莱斯通辞[①]、有病在身的前辈路易斯·德·阿尔梅达（Luis de Almeida）、17岁的安德莱·多利亚（Andrés Douria）修士和陆若汉，还有好几名葡萄牙少年也在卡布拉尔一行人当中。土井忠生称：

> 受过洗礼的宗麟当年秋天为了实现开拓天主教理想国的梦想，召集队伍向进驻在日向的岛津军队发起进攻。罗德里格斯也和其他外国传教士一起参加了这支队伍。[②]

"耳川战役"以萨摩军队的胜利、丰后军队的失败而告终。陆若汉亲眼目睹这次败仗，在他所著的《日本教会史》有关日向的章节中，有一段关于此事的记载：

> 于是，弗朗西斯科先生（大友宗麟——笔者注）根据他非常推崇的葡萄牙王国的法律，将该国全部民众改为天主教徒，抱着按照天主教的法律来统治的意向，率领五万人（军队）前往该地。他为了达到这一目的，将日本教区的上长弗朗西斯科·卡布拉尔，以及耶稣会的其他巴德莱和神学生全部派去。我们也加入到这一行人中。但是吾祖智慧超群，由于丰后的人都是异教徒，且傲慢无礼，全托上帝的保佑，使萨摩能够在耳川附近打败丰后军队，成为胜利者。[③]

战败后，在丰后军队里有很多人抱怨大友宗麟一路进军中采取的破

---

① 此人是出生于山口的日本人，并非欧洲人。
② 土井忠生：《吉利支丹论考》，页64。
③ 陆若汉著，土井忠生等译注：《日本教会史》上册，页260—261。

坏佛教寺庙的政策，甚至断言"耳川战役"的失败一定是"佛祖给予的报应"。① 为此，耶稣会士们担心刚刚接受洗礼的大友宗麟会由于这次败仗而怨恨天主教徒。"耳川战役"之后，出现了许多不利于天主教的舆论，不少人的信仰发生动摇。大友的家臣中有人起来谋反，导致战败的田原亲贤更是发起将传教士驱逐出丰后的运动。耶稣会士经常会受到无礼的谩骂，怀有敌意的人们甚至要毁坏圣堂，事态骤然变得十分严重。此时的大友宗麟虽然丧失了往日的权威，但他依然勇敢地坚持自己的立场，拥护天主教士和耶稣会。而他的儿子大友义统则一方面私下跟传教士表白他在内心仍是一名天主教徒，可实际上他已经屈服于实权人物的压力，又再次参加佛教的祭日，并向寺庙布施。

"耳川战役"失败之后，陆若汉也许仍留在丰后，跟其他传教士一起遭受来自异教徒的指责和谩骂，抱着随时可能死于反天主教暴徒之手的精神准备。第二年年底，即1580年12月他确实是在臼杵，从那年起他先后进入臼杵的修炼院和府内的神学院学习。陆若汉进入神学院以后的活动，随着史料中陆续出现有关的记载而逐渐变得清晰起来。

（四）范礼安神父与日本教会学校

范礼安（Alessandro Valignano）神父，是一位在日本教会或远东教会的历史上值得特别关注的关键人物。他1539年出生在当时属于意大利的那不勒斯（Naples）王国，曾在帕多阿（Padua）学习法律，1566年3月加入罗马耶稣会，在1551年创建的罗马学院（Collegio Romano）② 继续深造，1570年成为神父。范礼安的行政才能很早就受到耶稣会总会长的赏识，

---

① 过了三十多年，叛教者不干斋巴鼻庵（Fabian）仍然把耳川战役的失败作为反驳天主教徒的一个例子。
② 包括利玛窦在内的众多传教士都在该学院接受过系统的学习与专业技能训练，学校不同于中世纪修道院模式，颇具现代人文主义色彩的课程设置不仅使学生掌握了当时最先进的科学知识，为此后的西学东渐提供知识来源，而且在教育过程中令学生们具备了不同于托钵修道士的人文气质，对他们此后采取的传教策略产生了内在的影响。

而且他还被认为是一个"大度、直觉敏锐的人"①。1573年，年仅34岁的范礼安被任命为包括中国、日本在内的亚洲耶稣会巡视员，其职责是研究在亚洲各地传教的组织和方式，必要时有权力对不合理的方法进行改革，从某种意义上可以说范礼安相当于教会总会长的位置。范礼安声称他发现中国和日本的文化"在某些方面要比欧洲的文化优秀"②，正如迈克尔·库帕所称：

> 范礼安认为，如果想让中国人和日本人理解天主教一般的教理，就必须抛弃在欧洲的悠久历史中随着宗教而产生的细枝末节的东西，并努力使天主教理和与欧洲完全没有联系的两种国民的性质和传统相适应。③

范礼安前后三次到日本，他的足迹遍及日本各地，为日本耶稣会的建立打下了坚实的基础。他对远东教区的首次巡视（1579—1583）不仅使得日本教会进入了一个发展高峰期，而且还对日本教会的学校建设贡献极大。当时日本大约有15万改教者，随着人数的明显增加，传教过程中出现了许多不尽人意的地方，首先是耶稣会面临人手不足的困难。于是便有人提出用学校教育来培养大批的传教人士。有史料表明，最初提出这一设想的是1570年被任命为日本教区上长的卡布拉尔神父，他在1571年9月5日写给罗马总长的信中首次提出创建神学院的建议，信中说：

> 在某处设立一种神学院，有与神父数量相同的二至三名修道士常驻于此。从印度来到此地者应该在那里被培养成为符合我会顺从及清贫（原则）的人。④

---

① 迈克尔·库帕著，松本玉译：《通辞·罗德里格斯》，页32。
② 迈克尔·库帕著，松本玉译：《通辞·罗德里格斯》，页32。
③ 迈克尔·库帕著，松本玉译：《通辞·罗德里格斯》，页32。
④ Hubert Cieslik：《府内神学院》，页66，吉川弘文馆，1987年。

1578年10月16日，卡布拉尔再次在写给巡视员范礼安神父的信中明确建议在丰后臼杵设立修炼院和神学院。① 出于相同的认识，范礼安亦意识到在日本建立教会学校应视为当务之急，范礼安在其写给罗马总会长的报告中也直言不讳地称：

> 正如我们在所有土地上的经验所表明的那样，在耶稣会看来，圣公会所提倡的最好方法之一，就是对孩子们的完美教育。它能够使大人们按照他们的想象引导孩子，正如俗话说的那样，如果从乳房中吞下道德，那么良好的教养和学问在他们长大成人后也会成为习惯。……这种神学院是在日本保卫和培育天主教唯一而真正的方法。②

范礼安这一观念代表了当时日本耶稣会传教士的一种共识。在1580年度的日本年报中，我们也可以看到几乎相同的观点，撰写者声称：

> 这是维持日本天主教教团，并使之发展的唯一确实的手段。③

1580年9月，范礼安在耳川惨败的余波下转移到局势依旧持续不稳的丰后，他在臼杵会见了大友宗麟，接着召集散布各地的传教士举行到达日本后的首次协商会议。范礼安将开办教会学校等有关议题提交与会的全体会员讨论，获得一致同意。此次会议决定将日本传教区分为丰后、九州和京都三个教区，并将丰后定为中心教区，同时在各教区设立教育机构。④

---

① 松田毅一主编：《十六、十七世纪耶稣会日本报告集》第三期第五卷，页101，同朋舍，1994年。
② 范礼安著，松田毅一译注：《日本巡察记》，页77、337，平凡社，1985年。
③ 松田毅一主编：《十六、十七世纪耶稣会日本报告集》第三期第五卷，页219—220。
④ 三个教区分别为下教区（包括九州地区的有马、大村、天草、平户等地）、丰后教区和都教区（京畿地区）。当时有信徒150,000多人，教堂200余座。日本全境共有75名耶稣会神父和修士。此外，各地住院中还有500名同宿和仆人，协助他们的传教或是照料他们的生活。村上直次郎译：《耶稣会日本年报》上册，页31—104，雄松堂，1984年。

范礼安本人在丰后教区亲自与大友宗麟商议办学事宜，得到大友家的积极支持和声援，于1580年在府内设立神学院①，在臼杵设立修炼院。丰后处于长崎和京都的中间，是一个非常便利的地方。

修炼院和神学院落成后，不断有日本人和葡萄牙人前来学习。当时颇负盛名的养方轩保罗（Paulo Yōhōken）不仅任教于神学院，他的儿子法印维森特（Vicente Hôin）也进入修炼院成为修道士。父子俩极富文才，曾将日本的古代典籍翻译成口语，那些珍贵的原稿后来由耶稣会印刷出版。弗洛伊斯从臼杵提出的报告书称：

> 在各处会馆里还有很多正在培养的人。见习期满，到了适合的年龄，如果是有能力的人，将会得到入会的许可。②

弗洛伊斯没有说明这些接受"培养的人"是日本人还是欧洲人，应该二者都有。

日本耶稣会经过约三年的努力，在日本教区建立起了由不同层次学校构成的立体教育体系。由设在有马和安土的神学校（Seminario）③负责入门和初级阶段的教育，住在学校宿舍中的日本贵族子弟在严格的作息制度下

---

① 黄鸿钊在其著《十六至十八世纪的澳门与东西方文化交流》中提出"澳门圣保禄学院（前身为创办于1565年的圣保禄公学）是远东第一所西学堂，是培养西学人才的摇篮"，这也是中国澳门史学者的一般看法。但是此看法不够准确。圣保禄学院始建于1567年，当时只不过是个修道所，1594年才扩展为学院，它比1580年范礼安设立于日本府内的神学院整整晚了14年。应该说耶稣会远东教区的教会学院首创于日本，在丰臣秀吉开始禁教、传教士被陆续驱逐往澳门以后，澳门的圣保禄学院便随之建立起来。学院的办学方针、课程设置、办学形式，以及生源的组成基本都是仿照日本神学院的规模。府内神学院和澳门圣保禄学院的课程设置大致相似，均设有拉丁语、音乐、神学、天文等课程，不同的是在府内神学院日语是必修课，而在澳门圣保禄学院汉语为必修课程。学院的学生主要都是来日或来华的耶稣会士以及中国、日本等远东地区教徒。尽管这所学校的办学目的是培养传教士，但实际上学生结业后，为中西文化交流做出不少贡献。
② 迈克尔·库帕著，松本玉译：《通辞·罗德里格斯》，页24。
③ 神学校是日本教会教育体系中最为重要的基础部分。这种全日制寄宿学校的主要教育对象，多为十几岁出身名门的日本青少年，其中也有一些来自其他葡萄牙属地的欧洲少年。松田毅一主编：《十六、十七世纪耶稣会日本报告集》第三期第五卷，页220、237、264。

进行学习①。臼杵的修炼院（Noviciado）的教育对象多为神学校毕业后的学生，教育内容是对学生施以脱离世俗生活的特别修炼。而在设在府内被视为这一教育体系顶端的神学院（Collegio），其教育对象则是修炼期满后的耶稣会士。为了培养出合格而优秀的圣职人员，教会学校不仅安排了当时所能找到的最优秀的教师，而且还参照欧洲的教会学校，为学员们制订了正规的教学计划。

据有关学者的考证，陆若汉大约经过一年时间初级神学校的训练，和另外五名葡萄牙人一起进入设立于府内的圣保禄学院，接受更高程度的学习。土井忠生在《吉利支丹论考》中提到：

> 被认为一直在教堂内协助做杂务的罗德里格斯也在这一时期得到许可加入耶稣会，作为传教士最下等级的伊鲁曼，在新开设的府内神学院学习。②

关于陆若汉进入府内神学院的具体时间，尚无确凿的记录可资证明。但据1581年12月20日的会员名册，当时神学院中的耶稣会员有院长菲盖雷多（Melchior de Figueiredo）神父、葡萄牙人，安东尼奥（Antonio Prenestino）神父、教师、意大利人，阿瓦罗·迪亚斯（Alvaro Dias）神父、葡萄牙人，曼努埃尔·波拉里（Manuel Borralho）修道士、副监事、葡萄牙人，养方轩保罗修道士、日本人、说教老师，米盖尔修道士、日本人、说教老师。另有五名学生都是刚入会不久的葡萄牙修士，他们是苏亚雷斯修士（Miguel Soares）、科埃廖修士（Pedro Coelho）、戈伊斯修士（Amador de

---

① 神学校制定的作息规定：6时到7时半学习，记忆课文，幼年者学习拉丁语单词。7时半到9时半，去拉丁语教师处检查作业、背课文，听老师朗读。其间，低年级学生做作业，或是完成老师下达的任务。无论高年级或低年级学生，教师都应要求他们充分记忆，不能互相打闹或浪费时间。……下午3时到4时半，学生们再次前往拉丁语教师处，教师让学生写一段文章。7时至8时，学习拉丁语的学生复习。其间，低年级学生学习日本文字以及罗马字，或从事更适于此段时间的其他事。范礼安著，松田毅一译注：《日本巡察记》，页329—331。

② 土井忠生：《吉利支丹论考》，页64。

Gois）、出生于交趾的20岁青年路易斯·德·阿部列（Luis de Abreu）和陆若汉（João Rodrigues）①。这批1580年入会的葡萄牙人中后来成名的仅有陆若汉一人，据称进入神学院学习的陆若汉已经年满18岁。

修炼院开设当初没有指定的教科书，修炼者专心致志地聆听传教士前辈的讲课和说教。作为教会学校的创始人，范礼安身体力行亲自给学生上课，内容包括耶稣会会规、祈祷和品德。精通日语的弗洛伊斯也是教师之一，他为了准确地传授耶稣会的用语，呕心沥血，给日本籍修炼者翻译范礼安的讲义。授课期间，范礼安甚至将在安土城访问织田信长时信长赏赐的屏风画多次拿给修炼者观赏，也许他是想借此告诉修炼者织田信长对待天主教的友好态度。②

和臼杵的修道院相比，1581年在府内设立的学院条件有些简陋，"校舍设施残旧，学生在东拼西凑租借的破房子里凑合着上课"③。范礼安曾试图将学院转移到条件稍微好一点的地方，因为苦于财政困难而无能为力。葡萄牙国王曾向范礼安许诺每年向学院捐赠一千杜卡特，但由于局势持续动荡不安，捐赠总是不能如期到位。

此时的陆若汉也被选送进入新开设的府内神学院学习，进修以拉丁语为中心的人文课程。对此，土井忠生称：

> 他当时已是近20岁左右的年龄，第一次能够在异国他乡接受正规的教育，勤奋好学的青年罗德里格斯的愿望终于实现了。因此可以想象他一定是一心一意从事学业。④

---

① Hubert Cieslik：《府内的神学院》，页106—134。
② 那扇屏风画有京城和安土城的繁华景象，是织田信长向当时的名工匠，好像是画了安土城七层中三层壁画的狩野永德，提出要精心绘制一幅美景图而订购的。织田信长不但命令画师要细致无误地绘制美景，自己还根据作画的进展情况给予指示，屏风之事不久便成为话题。织田信长虽知正亲町天皇对那幅画期盼已久，但还是将它送给了范礼安，受此殊荣的范礼安很快受到众人瞩目。
③ 迈克尔·库帕著，松本玉译：《通辞·罗德里格斯》，页36。
④ 土井忠生：《吉利支丹论考》，页64。

参照欧洲教会的教育体制①，范礼安根据日本的实际情况和需要对府内神学院的课程作了调整，他称：

> 首个神学院已在丰后的府内建立起来。我的意见是，目前那里仅开设语法、人文课程。此外，还应学习几种（日本）文字及其书写方式，并学习日本修士必须掌握的其他知识。另一个神学院应尽可能早地开设于京都，在那里应该学习哲学和其他的高级学问。……在丰后学完人文课程的人应该被送到那里去。……所有的神学校都应该设置统一的文法课程。年长的学生和年青的学生不应混合在一起，如果有适当的设备，年长的学生应该进入设在府内的神学院。同时，最好有另外一所神学校，教授学生们必须掌握的人文课程和有关日本文化的知识。②

此后，正如日本的耶稣会代理管区长、在府内神学院教授哲学课程的佩德罗·戈梅斯（Pedro Gómez）神父③所说，日本教会遵循范礼安"要像学习拉丁语和艺术那样用心、刻苦地钻研日语"④的宗旨，在日语教学方面下大力气，同时让日本本土的神学生也参加日语和日本文学课的学习。范礼安认为努力学习日语、尽早流利地说日语是传教士们的当务之急，并对日语学习给予明确指示。此外，他严格要求传教士要适应日本的风俗习惯和生活方式，和日本人交往时必须遵守当地的礼节。但当时被任命为日本

---

① 欧洲教会的教育体制是一个由浅入深，逐次推进的完整体系，分别是以拉丁语和希腊文学为核心的人文课程（Humnanioa），以自然科学知识为基本内容的哲学课程（Artes，Philosophia），以天主教神学为核心的神学课程（Theologia）。学生们在入学后的前两三年中，首先学习基础的人文课程，然后再进入分别需要四年的哲学课程和神学课程。泉井久之助等译：《天正遣欧使节记》，页251—252，雄松堂，1984年。
② Hubert Cieslik：《府内神学院》，页79—80。
③ 戈梅斯神父1553年加入耶稣会，曾在葡萄牙科英布拉大学中教授了十五年哲学，期间曾协助罗马耶稣会最著名的学者冯塞卡神父（Pedro de Fonseca）编写过八卷本的哲学概论。后于1557年被葡萄牙国王授予Magister Artium（M.A）学位，两年后入升任为神父。1570年戈麦斯前往亚速尔群岛传教，1581年至中国澳门，任修道院院长。1583年10月来到日本长崎，随即被科艾廖准管区长任命为丰后地区的上长，同时开始在府内的神学院里讲授哲学。Hubert Cieslik：《府内神学院》，页102。
④ 迈克尔·库帕著，松本玉译：《通辞·罗德里格斯》，页37。

教区管区长的卡布拉尔并没有响应范礼安的指示，他宣称"欧洲人掌握日语是不可能的，需要兴建学院培养日本译员"①。不仅如此，卡布拉尔还不理解日本文化，不赞成培养日本人神父，时常表现出歧视日本籍修道士和"同宿"的姿态。范礼安领悟到让这种人来实施自己所主张的宽容适应政策绝无可能获得成功，于是1580年任命葡萄牙人加斯帕尔·科埃廖（Gaspar Coelho）为上长接替卡布拉尔的工作。

府内神学院在人文课程的基础上，于1583年10月21日起开设经院哲学的课程，神学生们聆听了戈梅斯讲述的宇宙论和自然科学等课程。陆若汉应该记下了很多戈梅斯讲授的内容，他在《日本教会史》中三次引用克里斯托弗·克拉维乌斯（Christopher Clavius）对萨克罗波斯科（Sacrobosco）的批判，由此可知陆若汉系统学习过东洋和西洋的天文学，该书稿也有几处涉及到气象学。②不可否认，戈梅斯是一位不可多得的天才，他对葡萄牙神学生的影响是不可估量的。他的影响不仅限于哲学，他还跟学生一起讨论教会事务，向学生讲述教会的构成。府内神学院计划开设的为期18个月的逻辑学、神学等课程，后来都因为丰后的局势变化而被迫中止。

范礼安不仅亲临学校给学生上课，还主张为学生编写适用的教科书，他在1583年写给耶稣会总会长的报告中这样写道：

> 为日本人写一本关于所有学问的特殊书籍是必要而适当的。……为了让他们从孩子时代就领会优秀的教义，我们不应以异教的诗和西塞罗的文章教授拉丁语，而必须采用那些憎恨恶德、记载基督教操守和出色宗教材料的书籍。这些出色的宗教材料应选用圣人和基督教著者的散文和诗歌作品，尤其是那些专门为日本人编写的新书籍。这些

---

① 松田毅一主编：《十六、十七世纪耶稣会日本报告集》第三期第五卷，页101。
② 戈梅斯所写的讲义有部分幸存，所以还能了解讲稿的内容。这本讲稿主要依据13世纪英国天文学家约翰·奥伯·霍里伍德（拉丁名为约阿尼斯·德·撒克罗包斯考）所著的《天球论》，主要涉及天文学和气象学方面的内容。

书籍中应批判日本人的恶德和伪善的宗派，让孩子们在学习拉丁语的同时，学习与我们神圣信仰之奥义有关的出色教诲。①

当时编辑发行的拉丁语书籍有《日本的教理书》（Catecismode Japon）、《关于儿童教育》（Deinstitutone puerorum）、增订版《日本使节对话录》（Dia-logos de Misseone Legatorum Japonioru）、《西塞罗名文集》（Orationes de Cicero）等。②

1581年底府内神学院着手为葡萄牙神学生编写语法书，似乎出了几个手稿本。在府内出语法书是件令人振奋的事，科埃廖神父曾在《1581年度年报》中兴奋地报告说：

> 日本语的文法书已在本年完成，此外还有辞典和日本语著述数种。圣教要理也已经译成日本语，这样我们可以使日本修士对于我们的圣教更为了解。此外，使用这些书籍亦有助于我们教育那些试图改教皈依的人。③

有学者认为陆若汉在府内神学院求学过程中读过这些书籍和文典，并深受其影响。后来同样以拉丁语语法为蓝本，编写出了著名的《日本大文典》。迈克尔·库帕称：

> 罗德里格斯在府内大概学了两年的人文课程，正因为他少年时期就离开葡萄牙，没有在学校接受正规教育的机会，这两年便成为一般教养的弥补。④

萨摩势力入侵丰后，耶稣会教士不得不从府内迁出，神学院和修炼院都随之转移到山口，但是不到一年又被迫搬走。雪上加霜的是1587年的

---

① 范礼安著，松田毅一译注：《日本巡察记》，页78—79。
② 范礼安著，松田毅一译注：《日本巡察记》，页229。
③ 松田毅一主编：《十六、十七世纪日本报告集》第三期第六卷，页287。
④ 迈克尔·库帕著，松本玉译：《通辞·罗德里格斯》，页35。

夏天，丰臣秀吉突然颁布伴天连驱逐令，这对耶稣会会士简直如同晴天霹雳。丰臣秀吉原本对传教士持优待的态度，曾多次接见有关人士。不知是否因为他意识到传教士和天主教徒将成为一股不可抗衡的势力而心生不快，或由于别的什么原因，使他改变了宽容的政策？耶稣会不得不转移到平户。有文献说是被责令在那里等待遣送回国的船只，但此后驱逐令不了了之，似乎执行力度并不大，耶稣会会士便又暗地里继续开展起传教活动来。

陆若汉应该经历了因丰臣秀吉对传教士态度的改变而引起的各种变化和动荡。这两三年间，有关陆若汉的学习情况在各种史料中均缺乏详细的记录，只能在耶稣会会士名单中寻找有关他的行踪。在1588年1月发行的会士名单中，学习神学的8名欧洲会士中有陆若汉，当时陆若汉在学习的同时，还教授33名葡萄牙和日本神学生学艺。神学生名单的最后写有三木保罗的名字（陆若汉后来见证了三木保罗的殉教[①]）。在1593年1月公布的会士名单里清楚地写着"罗德里格斯用了一年半的时间学完神学课程"[②]，同一份名册簿中还记载有他教授两年语法的经历。迈克尔·库帕考证道：

> 他曾两次中断神学的学习。1585年因丰后发生纷争，两三周后便停止了神学的学习。1587年再次开始学习不久，又因教师人手不足，在上面的命令下当了老师。[③]

陆若汉先后在京都和有马的学院教日本学生学习拉丁语，他曾在信中写道：

> 在有马和京都附近的安土的两个学院是范礼安于1580—1581年建立起来的，跟府内的学院一样，迫于不稳定的政治形势多次迁移。[④]

[①] 迈克尔·库帕著，松本玉译：《通辞·罗德里格斯》，页38。
[②] 土井忠生：《吉利支丹论考》，页66。
[③] 迈克尔·库帕著，松本玉译：《通辞·罗德里格斯》，页39。
[④] 迈克尔·库帕著，松本玉译：《通辞·罗德里格斯》，页40。

京都的学院在"本能寺之变"的1582年夏天被烧毁,在天主教大名高山右近的领地高槻重新开设,后又搬到大阪。有马的学院于1587年搬至浦上,同年的12月这两个学院合并,从1588年3月至1589年4月设在有马的一个叫作八良尾的地方,后来迁到加津佐。1591年5月,学院又迁回八良尾之后便一直持续到1595年5月。

日本耶稣会教育机关迁移表		
序号	时 间	教育机构
1	1581年—1587年	有马修道院 ⟶(合并)安土修道院
2	1581年—1582年	安土修道院 ⟶(迁往)京都修道院
	1582年—1582年	京都修道院 ⟶(迁往)高槻修道院
	1582年—1584年	高槻修道院 ⟶(迁往)大阪修道院
	1584年—1587年	大阪修道院 ⟶(合并)有马修道院
3	1587年—1589年	有马安土合并修道院 ⟶(迁往)八良尾
	1589年—1590年	八良尾 ⟶(迁往)加津佐
	1590年—1591年	加津佐 ⟶(迁往)八良尾
	1591年—1596年	八良尾 ⟶(迁往)有家
	1596年—1598年	有家 ⟶(迁往)长崎
	1598年—1612年	长崎 ⟶(迁往)有马 ⟶(迁往)长崎
4	1581年—1586年	府内神学院 ⟶(迁往)山口
	1586年—1588年	山口 ⟶(迁往)有家
	1588年—1589年	有家 ⟶(迁往)加津佐
	1589年—1592年	加津佐 ⟶(迁往)天草
5	1581年—1589年	有马神学院 ⟶(迁往)有家 ⟶ 加津佐
	1589年—1592年	加津佐 ⟶(迁往)天草
	1592年—1598年	天草 ⟶(迁往)长崎
	1598年—1612年	长崎 ⟶(迁往)有马 ⟶(迁往)长崎

陆若汉教书是在八良尾学院开学之际,在1589年1月卧亚发行的会士名册中,学院的教师队伍中记载有陆若汉的名字。他不仅担任拉丁语教

师,还受命负责学生的管理,肩负的责任相当重要。范礼安本着对日本武士后代实施天主教精神教育的目的设立起这些学院,并按惯例对学院的组织和管理给予详细的指示,他认为只要按照天主教的精神严格教育学生,以后这批人作为信徒或者圣职人员都能发挥极大的作用。范礼安甚至强调日本比欧洲更需要这样的学校,因为掌握日本教育的是佛教的僧侣们,如果少年们进入佛教学校,"就会增加道德上的危险"①。后来陆若汉也称:

> 僧侣尽教学生一些不好的东西,并且学生们意识不到那些东西有什么不好。不仅如此,僧侣还教导学生,听从自己的就是善人,不听从自己的就是可恨的恶人。②

八良尾学院的管理很严格,学院每天的起床时间夏天是4点半,冬天晚一小时,上床时间是8点半。在这期间,对上课和休息的时间做了恰当的分配,但也不是教条死板的,游戏、音乐会、戏剧等娱乐的种类也很多。

陆若汉在八良尾执教的时间大约持续到1589年的春天,学院夏天迁移到加津佐后,他便提出辞职,从秋天开始整整坚持了一年神学课程的学习。1591年,他大部分时间都在京都从事外交方面的工作,神学课程的学习再次停顿下来。进入1592年,陆若汉在迁移到长崎的神学院终于完成神学课程的学习。此后一直在该处居住,一边积累作为伊鲁曼的修养,一边开始发挥他精通日语的能力。陆若汉担任译员工作是在随同准管区长戈梅斯到地方巡回之时③,这期间他常常因为外交方面的事务出现在名谷屋丰臣秀吉的私人豪华别墅聚乐第。

1593年写成的关于耶稣会会士活动的报告书中,有关陆若汉仅记录了

---

① 迈克尔·库帕著,松本玉译:《通辞·罗德里格斯》,页42。
② 迈克尔·库帕著,松本玉译:《通辞·罗德里格斯》,页43。
③ 土井忠生:《吉利支丹论考》,页65。

他完成一年半的神学课程，身体健康，用日语进行传教等。可以作为参考的是当时由书法娴熟的弗洛伊斯执笔、并有范礼安署名的一份秘密报告。弗洛伊斯用他那手漂亮的字仅写了一句：

（罗德里格斯）完成了一年半的神学课程，身体健康，用日语进行了传教。①

而由范礼安署名的同一日期的简短私信中，第一次明确地描述了31岁的陆若汉的为人：

很聪明，有品德，又有善心，但是天生略微缺乏判断能力和思考能力。成绩中等，成熟起来的话，一定能很好地工作。②

善于用人的范礼安后来启用陆若汉作为自己的私人译员，来代替年老病弱的弗洛伊斯。在34岁就已经升到领导地位的范礼安看来，尽管陆若汉还很年轻，但他并不认为年龄会成为启用陆若汉的障碍。他认为做译员对陆若汉来说，正是十分恰当的工作。因为按照当时的记录，可以知道陆若汉已经非常精通日语，"日语非常棒"，"经常用日语传教，写东西"③。后来作为巡视员来到日本的弗朗西斯科·维埃拉也说过，"在耶稣会里日语最好的非罗德里格斯莫属"④。

归纳各种史料可基本复原当时的概况。陆若汉幼年时期的经历没有详细的记载，离开葡萄牙的具体时间也不清楚，综合各种记录来看，可以推测他是1561年出生，父母亲早早去世，很小就成为孤儿，或许是由耶稣会抚养长大。十几岁时，陆若汉随耶稣会远东地区巡视员范礼安与41名耶稣会士一起，乘坐由五艘帆船组成的船队中的某艘船只前往东方，踏上去亚

---

① 《中日古风俗系列》，耶稣教会档案13，第132卷。
② 土井忠生：《吉利支丹论考》，页65。
③ 迈克尔·库帕著，松本玉译：《通辞·罗德里格斯》，页41。
④ 迈克尔·库帕著，松本玉译：《通辞·罗德里格斯》，页42。

洲传教的旅途。陆若汉于1575年到达印度的卧亚，两年之后的1577年，即日本天正五年到达日本，此时恰逢日本教会史上极为重要的发展时期，即织田信长刚刚建立霸权并修建起安土城的安土桃山时期初期。① 自沙勿略神父1549年8月进入日本后，耶稣会士经过二十八年的奋斗，不仅在九州地区建立起较为巩固的基地，而且还成功地进入京都，与日本的实权人物织田信长建立起良好的关系。在织田的公开支持下，新任京都教区上长的奥尔冈蒂诺神父于同年8月，在日本政治文化中心的京都城中修建了被称为"京都南蛮寺"的著名教堂。

陆若汉等葡萄牙少年抵达日本的初期由于年少无知、缺乏经验，只是默默充当传教士的随从，从事一些低层次的辅助性的教会工作，居住在当时九州很有势力的大友宗麟占据的臼杵城。大友宗麟是一位接受过洗礼、极力拥护天主教的日本实力派人物，在他的保护下，天主教的传教活动进展顺利，教徒众多。1577年来到日本的陆若汉在此地逗留达八年之久，这期间跟大友宗麟交往甚密。虔诚信教的大友宗麟为实现开拓天主教理想国度的梦想，召集队伍向进驻在日向的岛津军队发起进攻，陆若汉和当地的外国传教士一起参加了这支队伍。然而事与愿违，在"耳川战役"中败退的大友宗麟失去了往日的优势，让一直依赖大友宗麟的耶稣会以及踏上日本国土不久的陆若汉都遭受了很大打击。

16世纪从里斯本乘船来到亚洲的欧洲少年大部分内心都带有世俗的目的，生长在被时代抛弃的偏僻的贝拉地区没有受过教育的少年陆若汉，因为在葡萄牙没有出人头地的希望，大概跟四十年前离开里斯本的门德斯·平托（Mendes Pinto）一样，也是为了财富和名声前往亚洲。如门德斯·平托曾伤心诉说的那样：

> 我远渡重洋到印度传教，是为了改变在葡萄牙悲惨的生活，可没想到，到了印度我的麻烦和面临的危险却与日俱增。②

---

① 土井忠生：《吉利支丹论考》，页65。
② 松田毅一主编：《十六、十七世纪耶稣会日本报告集》第三期第五卷，页229—230。

1580年是陆若汉一生中的重要转折点。这一年11月，年仅18岁的陆若汉和六名年龄相仿的葡萄牙少年以及六名日本人，被送入刚刚在臼杵建成的修炼院。同一年经巡视员范礼安批准，陆若汉获得耶稣会士的身份，并作为伊鲁曼开始接受正规的学校教育，学习拉丁语为主的人文学课程。年近20岁才在异国他乡接受正规教育的陆若汉先后学习了哲学、神学等课程，并跟随神学院的日语教师养方轩保罗等名师学习日本事务、日本文学和经院哲学，并很快就能够用日语进行传教。然而，陆若汉这种安静平稳的学习仅维持了数年，很快便又陷入颠簸无序的生活中。1586年由于岛津军队进攻丰后，耶稣会的传教根据地被彻底摧毁，教育机构也因此不得不离开丰后，不断在各地迁移，伊鲁曼的学习遇到阻碍。为了适应这一变化加强传教，努力打开困难的局面，伊鲁曼也只能服从时局的需要在各地间断性地学习。由于严酷的政治形势与条件限制，传教士无法在日本从容接受科学教育，教会各教学机构不得不对欧洲教会学校的完整教育体系做出修改和压缩，在尽可能短的时间内向学生们传授最为基本和必要的科学常识。

陆若汉从1587年开始，在有马的八良尾的神学校担任拉丁语教师，给日本学生教授拉丁语，由此可见他很有语言天赋。陆若汉在丰后的学习是接受获得传教士资格的基础教育，同时为了摆脱母语教养程度低的自卑感，他在学习日语方面表现出了异常的热情和欲望，他在与日本人的交往中很快掌握了一口标准的日语，或许他的日语比母语都要流利。府内神学院正好具备能够满足他这一愿望的良好条件，这对陆若汉来说是极其幸运的，因为当时担任日语教师的就是精通日本语言和文学的日本籍修士养方轩保罗。这位年过七十的老者不仅精通汉学和古典文学，而且还拥有多方面的知识，被公认为是神学院最好的日语教师。就连对日本人极为鄙视的卡布拉尔神父，也认为保罗的学识和品德已无可挑剔。他在1581年9月15日写给总会长的信中由衷地称赞道：

（神学院）除了拉丁语的授课外，每天还有日本语的授课，教他们的日本修士保罗精通日本语及文章写作，他还通过书籍的翻译为教会做出了巨大贡献。保罗已经年过七十，虽已年迈，却以他的谦逊和高德向我们提供了典范。愿主使他长寿，再让他多活几年。①

从这位老学者身上，勤奋好学的青年陆若汉所受到的激励是极大的。可以认为保罗对陆若汉后来在语言方面的成就产生了深远的影响，这名神学院学生由最初一个近乎文盲的农家孩子，迅速成长为掌握各种知识和综合技能的著名的传教士通辞。

在日本教会及远东教会的历史上成为核心人物的范礼安，在首次巡视远东教区时就构建了适合日本的传教基础，对日本教会学校的建设做出了很大的贡献。日本耶稣会秉承以往重视学校教育的宗旨，仅用三年时间就在日本建立起了由各种神学校、修炼院、神学院等不同层次的教育机构构成的教育体系。与耶稣会欧洲各学校的教育体制相比，无论是师资力量还是课程设置，虽然日本的教会学校的教学状况尚有很大差距，但范礼安及耶稣会传教士在面临重重困难和严峻政治现实的形势下，已经竭尽全力，尽可能提供了较为完整的正规教育，让包括陆若汉在内的众多传教士在这些教会学校接受了系统学习和专业技能训练。学校仿照欧洲教育的办学方针，采用具备现代人文主义色彩的课程设置，令学生在教育过程中具备了不同于托钵修道士的人文气质，对他们此后采取的传教策略产生了内在的影响。

澳门圣保禄学院也是由于范礼安的提议，于1594年创建的。创建该神学院的初衷是为了向日本和中国传教培养传教士，但在创建初期亦反映出了对日本传教士事业抱有极高热情的范礼安的个人意志。可以说，该机构的主要机能是负责日本的传教事业。范礼安在1593年11月12日从澳门写给耶稣会总会长的信中说："该学院纯粹是为了日本耶稣会和天主教教会的利益，是为了给日本修道士以良好教育。"他还宣称，由于其财政来源主要来自于日本耶稣会的经费，所以它必须处于日本耶稣会的全面"指挥之

---

① 土井忠生：《吉利支丹论考》，页70。

下,并必须从属于它"。①范礼安在1593年1月1日从澳门写给耶稣会总会长的信中,对日本人进入澳门神学院接受教育的必要性作了详细说明。②其中有两点至关重要:第一是为了让日本人掌握作为天主教徒的"坚定操守"并精通欧洲的学问,必须前往澳门,在一定时期内专注于欧洲及天主教知识的学习;第二是因为日本人与欧洲人在生活习惯、行为方式上有着天壤之别,因此必须在教会内部努力让日本人适应欧洲人。为了让日本人"在葡萄牙人中间生活,在实际需要中学会葡萄牙的语言与习俗,就必须让他们暂时离开日本"。假以时日,让所有人都在澳门接受教育,他们就会"以全新的面貌重返日本"。③

日本教会创办的神学校、修炼院及神学院所开设的课程必然带有传教士传教的明显目的,同时也显现出另外两个特色:

第一,重视语言学习,重视拉丁语尤其是日语的学习。范礼安等人在授课中教导学生应该重视对传教对象国传统文化的关注和学习,从而为耶稣会提倡的"文化适应策略"预留下足够的心理空间。

第二,传授综合知识。教会学校的学习内容被视为神性表现的综合知识,不仅使学生掌握当时最先进的科学知识,同时在客观上促进现代西方科学的传播,为后来的西学东渐提供知识来源,从而引发东西方思想及文化的实质性交流。

如上所述,陆若汉在本国没有受过任何教育,他的全部知识都来自于耶稣会在日本的教会学校,从陆若汉的成长可以窥见日本教会所取得的教育成果非同一般。由于缺乏史料,我们尚不清楚陆若汉接受语言培训的具体过程,但从他此后的发展情况看,他的语言学习成效显著。从他完成学业后被留在学校里担任拉丁文老师这一点来看,他应该学得不错,具备了较高的拉丁语素养。也可能正因为此阶段的学习经历,后来他才会被委以编纂《日本教会史》的使命。在日本语言的学习方面,陆若汉似乎更充分展现了过人的

---

① 高濑弘一郎:《基督教时代的文化诸相》,页223—234,八木书店,2001年。
② 高濑弘一郎:《基督教时代的文化诸相》,页206—215。
③ 高濑弘一郎:《基督教时代的文化诸相》,页249—263。

天赋。1591年春，陆若汉在范礼安带领遣欧青年使节拜见丰臣秀吉时担任随行译员，以此为契机，他受到日本当时的统治者丰臣秀吉的青睐，此后陆若汉接替弗洛伊斯，开始出任日本教会的"通辞"一职，负责与丰臣秀吉等日本统治阶层的交涉工作。不仅如此，他还成功地编写出《日本大文典》（1604—1608，长崎）、《日本小文典》（1620，澳门），于1596年晋升为"伴天连"，1601年担任日本副管区司库的重要职务，确立了在耶稣会内部的地位，担负起处理日本耶稣会和丰臣秀吉，及后来和德川家康之间的外交事务重任。陆若汉后来更是备受德川家康的信任，受命参与长崎的葡萄牙商船和日本商人之间的贸易往来。因此，陆若汉被日本人称之为"通辞伴天连"（传教士译员）。因为当时在耶稣会还有一个名叫罗德里格斯的人，所以传教士们都称陆若汉为"通辞罗德里格斯"。这个称号是何时开始的并不清楚，总之陆若汉终于作为一名传教士译员承担起了跟日本最高实权人物打交道的重任。

二、丰臣秀吉时代的陆若汉

随着1550年葡萄牙船进入平户，沙勿略、托雷斯和费尔南德斯等西方传教士先后抵达日本传教。被当作异国神教的天主教进入日本后，一面受到佛教寺院、天皇、公家阶层的反对和压迫，一面却在短时间内获得了众多信徒，扩大了势力，原因在于当时的日本人身处时代大变迁的过渡期之中，其思想和觉悟产生动摇迷茫，他们试图寻求一种强势的信仰来拯救自身。他们在期盼来世救助的同时，也渴望能够在混乱状态的社会中生存下去，即现世的拯救，强烈希求得到现世的利益，这是天主教信仰在日本被接受的一大要因。[1]

年少时就踏上日本国土的陆若汉及耶稣会传教士身处乱世的社会政治形势下，他们的思想和行为究竟呈现怎样的一种状态？陆若汉是否像很多

---

[1]　海老泽有道：《日本基督教史》，页16。

书中所描述的那样，总是以耶稣会和丰臣秀吉的"通辞"以及德川家康的贸易代理人的身份出现在各种社交场合？他作为天主教传教士、作为耶稣会神父的作用是否微不足道？一直以来很少有研究者涉及。笔者在此拟通过对当时天主教几件大事的梳理，来了解陆若汉成为丰臣秀吉与耶稣教会沟通的"桥梁"的经过，以及他在耶稣会的日本传教事业中所起的作用。

（一）日本史上的南蛮通辞

1. 双重身份的传教士通辞

在西方人纷纷来到亚洲淘金的大航海时代，最初在东西方文化及贸易交流中起到重要纽带作用的是南蛮通辞。例如身为耶稣会传教士的弗洛伊斯、陆若汉等人，他们均为日本天主教传播的重要人物，长期定居日本，与幕府时代三大统治者织田信长、丰臣秀吉、德川家康都保持了很好的关系，先后见证了日本时代的变迁，其著作《日本教会史》、《日本史》等堪称研究日本古代史和早期天主教传教史的重要史料。弗洛伊斯、陆若汉二人均生于葡萄牙，早年来到日本，身兼传教士和南蛮通辞的双重身份，活跃在中国明朝末期与日本江户时期的历史舞台上。

"南蛮通辞"路易斯·弗洛伊斯（Luis Frois）1532年生于葡萄牙的里斯本，16岁时加入耶稣会，被派往印度卧亚学习，成为传教士后很快便在教会的圣保禄学院担任院长和教区长的秘书，同时作为耶稣会的第一位南蛮通辞，深受赏识。神学院院长在1559年写给耶稣会总会长的信中对弗洛伊斯作出了高度评价：

> 有能力，擅长所有的文字工作，判断力优秀，是天生善于丰富言辞的传教者。[1]

弗洛伊斯1563年到达西彼杵半岛的横濑浦，时年31岁，1565年进京，

---

[1] 丸山真男、加藤周一：《翻译和日本的近代》，页76，岩波书店，1998年。

很快便获得了日本统治者织田信长的信任。① 当时在织田信长的保护下，京都天主教教会极为兴盛，大肆兴建教堂，后来在安土城也建了教堂。到1580年，京都地区信徒人数超过九州地区。在弗洛伊斯后来的信中，关于织田信长有如下的描述：

> 信长是尾张国三分之二主君殿（信秀——笔者注）的第二个儿子，统治天下时37岁。他中等身材，身体魁梧结实，胡须很少，说话调子很快。极其好战，军事经验丰富，极富名誉心，正义而严格。他对敢侮辱他的人一定会施以惩罚，但也多次显示出人情味与慈爱。他的睡眠时间很短，起床很早，没有贪欲，非常果断。战术方面也很老练，但非常性急，平常也会表现得情绪激昂。他能够听从家臣的忠言，但使其保持敬畏。喝酒，但很节制，对日本的王侯非常轻蔑，要求人人绝对服从于他。在战场上局面对自己不利时仍能够保持心气开阔，忍耐力强。他的理性思维很好，判断力强。对神佛崇拜尊敬，轻视占卜迷信等异教。他起初属于法华宗，居大位后又听从禅宗的见解，相信灵魂不灭，来世的赏罚。他喜欢的东西有著名的茶器、良马、刀剑、鹰狩，不分身份裸体与人相扑。②

据弗洛伊斯的报告，织田信长对天主教深感兴趣，十分信任南蛮人，他会见传教士的次数总计不少于31次，其中在京都15次、安土12次、岐阜4次。见面次数最多的传教士就是弗洛伊斯，达18次之多，会见过意大利

---

① 织田信长与弗洛伊斯的初次见面是经家臣和田惟政介绍的，和田惟政是高山飞驒守的好友。1569年4月19日（日本永禄十二年四月三日），弗洛伊斯与和田惟政在二条城的掘桥上见到了织田信长。弗洛伊斯献上了欧洲产的大镜子、美丽的孔雀尾、黑色的贝鲁特产帽子和印度孟加拉产藤杖作为礼物。不知出于何种原因，织田信长仅仅接受了帽子，招待弗洛伊斯饮食后，并没有和弗洛伊斯会谈便离去。之后不久，织田信长在二条城的工事场正式会见弗洛伊斯，详细询问了许多有关天主教的问题，由此弗洛伊斯获得了信长的信任。弗洛伊斯著，松田毅一等译注：《日本史》第一册，页3—41，中央公论社，1992年。
② 松田毅一：《南蛮史料研究》，页415—416。

传教士奥尔冈蒂诺17次，此外还会见过其他的葡萄牙、西班牙、意大利的传教士。[1]随着"本能寺之变"的爆发和织田信长的死亡，丰臣秀吉顺利继承织田信长的统治，登上日本的历史舞台。早在织田信长时代，丰臣秀吉就会见过外国人，在织田信长于二条城会见弗洛伊斯的十六天后，丰臣秀吉曾在京都妙觉寺见过弗洛伊斯，当时，弗洛伊斯正与日乘上人进行宗教方面的辩论。[2]

弗洛伊斯是日本天主教传播的先驱，他对后人的影响极大。这可能是因为他长期定居日本，擅长文字工作，撰写过大量信简发给罗马教皇，并且他还是日本耶稣会年报的主要撰写人的缘故。此外，弗洛伊斯与织田、丰臣两位统治者都保持了很好的关系，亲眼见证了当时两个历史时代的变迁，其著作《日本史》、《日欧文化比较》均为重要的研究史料。弗洛伊斯撰写的文书准确度很高，与日本的其他史料以及南蛮史料所描述的史实基本一致，经得起历史的考证。而且他的文书较之于日本史和南蛮史料更加详细，补充了很多内容。他撰写的信简和年报比起《日本史》可信度更高，更加严密，所以极具史料价值。[3]

弗洛伊斯不仅作为传教士，同时也兼任耶稣会重要人物来日本时的译员。1856年耶稣会日本准管区长科埃廖神父前往大阪拜访丰臣秀吉时担任葡语译员的就是弗洛伊斯，他对此次会谈的过程回忆道：

（丰臣秀吉）声称他已经征服了日本全国，并达到今天的地位。……自己欲渡海去征服朝鲜和中国……（他）要求神父从中斡旋，向葡萄牙人租用两艘大型战舰，帮助他实现这一计划。如果计划成功，（他答应）将允许在各地建造教堂，命令所有的人都皈依我们的圣

---

[1] 松田毅一：《南蛮史料研究》，页417。
[2] 日乘上人在辩论中非常冲动，甚至拔出刀来要砍向弗洛伊斯。丰臣秀吉挺身上前将两人分开，并夺下日乘上人的刀。这是丰臣秀吉在南蛮记录中最早出现的场面。松田毅一：《南蛮史料研究》，页418。
[3] 弗洛伊斯著，松田毅一等译注：《日本史》第四册，页194。

教……让传教士在中国的传教能得到保护和支持。①

2. 第一个日本通辞——池端弥次郎

1549年8月15日圣母升天节，从驶入日本西南部鹿儿岛的一艘中国帆船上，下来三个身穿黑色服装的外国人：圣方济各·沙勿略（San Francisco Xavisr，耶稣会创始人之一）、克斯梅·德·托雷斯（Cosme de Torres，西班牙神父）、若阿·费尔南德斯（João Fernandez，传教士），紧随他们身后的是鹿儿岛武士池端弥次郎，此人是日本第一位天主教徒，几年前因杀人罪而避祸海外。1547年，弥次郎在马六甲遇到沙勿略，被带到印度卧亚的圣保禄神学院接受天主教教育，并最终受洗入教，教名保罗。弥次郎的勤奋好学给沙勿略留下很深的印象，他曾兴奋地告诉卧亚的天主教士：

> 如果所有的日本人都如他般是同样好学的国民，那我认为，日本人将是新发现的各国人民中最高级的民族。保罗来听我的圣教说教，用自己的语言记下所有的信仰条文。他一再来圣堂进行祈祷，向我提出无数的问题。他有着旺盛的求知欲，对任何问题都刨根问底。他进步神速，在很短的时间里就达到对真理的认识。这给我留下了深刻的印象。②

沙勿略从弥次郎处初步获得有关日本的信息，激发起沙勿略对日本极大的兴趣，甚至确信天主教的传播会在那个新近发现的岛国取得成功，并促使沙勿略两年后终于登上日本岛，开始了他的传教生涯。当时弥次郎作为随行译员一同到达日本。

此时正值室町后期的战国年代，沙勿略的到来虽然受到鹿儿岛领主岛津贵久的热烈欢迎，但最初的传教活动并不十分顺利。《日本教会史》中对

---

① 弗洛伊斯著，松田毅一等译注：《日本史》第四册，页195。
② 《1548年1月20日沙勿略于科钦致罗马耶稣会士的信简》，载《基督教书——排耶书》，页552。

此有一段详细的描述：

> ……镇上有个被称为福昌寺的宏伟寺院，它属于禅宗的僧侣所有。寺院面前是广场，广场边有一座山门，与围绕着寺院的围墙相连，还有登上寺院的石头台级。神父来到寺院，为了使大家看到他的形象，听到他的声音，他站在石级的最高一层。神父眼望天空，为驱赶恶魔、不使它们妨碍圣言的效用，神父对自己和听众划了十字。神父打开（用罗马文字）书写的有关信仰玄义的书，高声朗读书中的玄义。书中的内容已经得到翻译，通辞弥次郎在向听众说明。

> ……由于日本人与生俱来的傲慢心理，说教者的教理、风度、服装、容貌、奇特的动作，以及用他们从未听到过的语言读书时的奇怪发音，使他们产生轻蔑和揶揄的心情。有人大笑，有人说"我不懂这伙人在说些什么"。也有人嘲笑或辱骂神父说的话，"这个家伙说的真是些糊涂的昏话"。甚至还有人质问弥次郎："这个人神经正常吗？他不是在胡说八道吧。"[①]

在最初的传教活动中，弥次郎的作用是显而易见的。他是沙勿略到各处传教最为重要的助手，他不仅为沙勿略的街头说教充当译员，还协助沙勿略编写最初的日语教义，将教义中至关重要的条文译成日文。尽管按当时他的翻译水平自然会存在不少错误，但是没有弥次郎的帮助，沙勿略在日本的传教必然寸步难行，难以实施。而且，弥次郎还将他的亲戚朋友介绍入教，在很短的时间里鹿儿岛的天主教徒就发展到百余人之多。

南蛮通辞作为日本历史上最早出现的译员群体，究竟有多大的规模还不清楚，南蛮通辞的人数更是无从考量。目前已知通辞的具体姓名还很少，因为没有太多的历史资料可以参考，而且有关日欧史学的研究也较薄

[①] 陆若汉著，土井忠生等译注：《日本教会史》上册，页370—371。

弱。①但是不容置疑的一点是，南蛮通辞在东西方交通史和西方传教史上写下了辉煌的一页。从字面意义上看，南蛮通辞一职似乎是单纯技术性的译员工作，但在大航海时代的特定环境中，其工作性质和内容远比我们想象的要复杂得多。除了一般的语言翻译，南蛮通辞还肩负多项重要职能，兼有教会代言人、教会事务代理以及教会使节等多种使命，并负责与日本的统治者沟通联络、调解或处理日常事宜和各种突发事件，其职能大致包括了当今的外交部新闻发言人、外交事务密使以及贸易谈判代表等职位的内容，经常出现在各种场合。另外，由于工作的特殊性，出任此职者非一般单纯精通语言者所能胜任，通辞不仅要了解当地的文化传统、生活习俗，还必须具有高度的公关与沟通能力。从某种意义上说，通辞实际是教会传教策略与方针的传递者和集中体现者。日本的译员事业从此蓬勃发展，唐通事（汉语译员）、荷兰通词（荷兰语译员）等先后涌现，形成了一支庞大的外语译员队伍。虽然各个时期对于译员的称呼不尽相同，但他们发挥的作用基本上大同小异。透过贯穿于整个时代的外语译员的活动，可以了解和研究那个时代的政治、经济、文化、科学、宗教、艺术等的动向。

（二）日本耶稣会的外交使者

到了16世纪90年代，陆若汉在迁移到长崎的耶稣会神学院完成所有神学课程，这期间开始发挥他的日语才能，先后随同神学院教师戈梅斯、巡视员范礼安担任南蛮通辞工作。在1591年3月"天正少年遣欧使节团"返日后拜见当时的统治者丰臣秀吉之际，担任译员的陆若汉的语言能力得到高度评价。后来在日本耶稣会与丰臣秀吉及德川家康进行外交谈判时，都主要由陆若汉担任译员，甚至直接参与谈判。他流利的日语、令人欣赏的

---

① 关于同为译员群体的唐通事、荷兰通词的研究在日本比较活跃，出版了不少研究书籍。南蛮通辞研究较为薄弱的原因可能还是与缺乏史料有直接关系。

人品、丰富的知识和超群的才能很快引起丰臣秀吉这位"关白"①的好奇心。这一点在德川家康时代也是如此。

1. 少年使节团的归日赴京成为契机

1582年2月20日耶稣会的巡视员范礼安离开日本前夕，亲自制订了派遣日本少年使节团访问罗马的计划，此计划因得到各地大名的响应和支持故进行得非常顺利，九州的三位天主教大名大友、有马、大村随即着手挑选自己的代表作为第一次派遣使节赴欧洲。由被选中的成员组成的"天正少年遣欧使节"均为十几岁的风华少年，正使乃日向当地贵族子弟13岁的伊东满所（祐益）、大村纯忠胞弟千千石左卫门、佐直员之子千千石米开罗，副使是14岁的中浦朱立安和13岁的原马尔奇诺，此外还有两名日本仆人以及译员美斯基达。"天正少年遣欧使节团"在范礼安的率领下乘葡萄牙船于1582年从长崎扬帆出发，在漫长的航海旅途中及在澳门、科钦和卧亚等地停留期间，少年使节们突击学习拉丁语、葡萄牙语及文学、音乐等，还有欧洲以及世界各国的地理、历史、政治、经济、风俗、人情等知识，同时还学习天体观测法及观辰仪、平面球型图、海图和指南针的使用法和制造法。天正少年遣欧使节团赴欧洲途中以及由欧洲返回日本途中，都曾在澳门停留过相当一段时间，对此经历，文德泉神父记述道：

> 他们3月9日到达澳门，受到了里昂纳多·德萨、澳督阿尔梅达及耶稣会士的欢迎。他们下榻于耶稣会馆，在澳门停留近十个月，在此期间读书、写作、演奏音乐、同耶稣会神甫交谈。……

---

① 关白，是日本公家、武家最高的三个官职之一，日本天皇的摄政。此官职始于平安时代，887年藤原家族开始控制朝政的时期，藤原基经最早使用这一职称。在律令制度下，公家最高的职位是太政大臣，看日本官职表就可以得知，太政大臣"一枝独秀"、"一人之下、万人之上"，是律令制度下的最高官职。这个官职的定义是"天皇的老师"，属于"如果没有适当人选，可以保持缺位"的极高荣誉。当天皇年幼时，太政大臣主持政事称摄政，天皇成年亲政后摄政改称关白。在"关白"一职出现之后，天皇的政治权力被架空，成为一个"荣衔"。丰臣秀吉从1585年起自称"关白"。

他们于1586年4月13日自里斯本返回，于1588年7月28日到达澳门，仍在大三巴教堂下榻，1590年6月23日在范礼纳诺（范礼安——笔者注）陪同下返回长崎。①

关于组织少年使团访欧的目的，范礼安在1583年12月17日于卧亚致信埃武拉大主教的信中解释如下：

一、向罗马教皇和葡萄牙国王请求援助；二、向教会和其他欧洲人展示传教成果，从而获取耶稣会独占日本的传教权；三、希望这些少年亲眼目睹欧洲天主教的文化，领略天主教会的威势，从而有助于教会在日本的发展。②

《天正遣欧使节记》关于派遣少年使节赴欧访问，亦详细陈述了三点原因：

一、让少年使节亲身体验欧洲各国的强大、王者权力的威严，并将亲眼目睹的事实带回来告诉本国的人民，消除日本人对于欧洲文化的陌生和误解；二、将辉煌的欧洲天主教文化带回日本本土，让日本人们认识到天主教的威望和势力的影响力之大；三、代表日本天主教大名向罗马教皇和葡萄牙国王表示敬意，并进一步希望得到他们的支援，使日本的传教事业更加兴盛，让日本的传教事业能够登上罗马这个世人瞩目的大舞台。③

一般认为第三点理由是派遣少年使节赴欧洲的最主要原因，包含有范礼安的良苦用心，以及当时天主教大名们期望振兴的迫切心情。

---

① 文德泉：《澳门的日本人》，载《文化杂志》第17期，1993年。
② 松田毅一主编：《十六、十七世纪耶稣会日本报告集》第三期第六卷，页172。
③ 五野井隆史：《日本吉利支丹教史》，页136，吉川弘文馆，1990年。

据说选拔少年组成使节团出于两种考虑：一是考虑往返欧洲的旅途充满艰辛坎坷，年轻人能够吃苦耐劳战胜旅途困难；二是少年处于感受力强的年龄，容易接受派遣、指令和新鲜事物。① "天正少年遣欧使节团"从长崎出发两年半之后在1584年8月到达里斯本，随后为觐见西班牙国王又前往马德里，翌年2月抵达目的地罗马。到达欧洲的"天正少年遣欧使节团"被包围在华丽奢华的欢迎浪潮中，受到了"像欧洲君王使节般的款待"②。少年使节团历访罗马、威尼斯、米兰、巴塞罗那、里斯本等城市，所到之处受到教皇和国王的热情接待和赏赐。据说少年使节团的到来令教皇格里高利十三世极为高兴，他为此授予耶稣会传教日本的特权，并在20年间每年给予4000克卢扎德的津贴。2月21日，少年使节团成员身穿金线刺绣的日本绸服，在军乐队和骑兵卫队的护送下，穿过罗马的街道，在如潮的围观人群中进入圣彼得教堂。使节团向教皇呈上九州三位大名的信简，并通过译员向教皇致意，年迈的教皇与东方少年的这一历史性的会面使许多在场群众激动万分。在罗马，四位少年使节还被罗马的贵族特别地授予了"市民权"。在此后的两个多月中，这些少年参加新教皇的加冕典礼并参观各地的教堂、兵营、学校和新式工厂。5月，"天正少年遣欧使节团"遍访意大利北部的城市、遗迹和玻璃工场，在当地的一个寺院中至今仍保存着记载当年少年使节团来访的大理石纪念牌。③1586年，少年使节团圆满完成出访任务启程返日，4月18日离开里斯本。在前往印度的途中因大风受阻，只得停留数月等待顺风季节，终于在1587年5月29日到达卧亚，一行人在此与将去日本第二次巡视的范礼安会合。范礼安自前些年在赴欧途中与少年使节团分别后，一直都在等待他们的归来。范礼安同少年使节团一行人于1588年（日本天正十六年）7月抵达澳门。④

---

① 《中日古风俗系列》，耶稣教会档案，罗马9（Ⅱ），页204，1627年11月30日。
② 新村出：《日本吉利支丹文化史》，页28，地人书馆，1941年。
③ 由于少年使节团在这次拜访的欧洲三个国家都受到了盛大的款待，并取得了超过预期的效果，所以与该遣欧少年使节团有关的文书现在还大量保存在巴奇坎教皇厅的古文书馆内，还有小部分保存在这一行人所经过的各国的文书馆中。
④ 迈克尔·库帕著，松本玉译：《通辞·罗德里格斯》，页48。

范礼安带着第二次赴日本的使命①，率领"天正少年遣欧使节团"1588年离开卧亚，于7月28日到达澳门，此时却获知丰臣秀吉一年前颁发传教士驱逐令一事，一行人顿感愕然。②此前的日本已经发生巨变，天主教在日本的地位一落千丈。在日本天正十年（1582）的"本能寺之变"中，一直保护天主教的织田信长自杀身亡；1587年5月，派遣少年使节团的天主教大名大村纯忠、大友宗麟先后去世；同年，丰臣秀吉下达"伴天连追放令"③。丰臣秀吉后来虽然没有严格地实施该驱逐令，但估计他也不会默许赫赫有名的耶稣会巡视员范礼安等人再次在日本登陆，事态骤然变得十分复杂。据说丰臣秀吉在大阪城曾向葡萄牙商人弗朗西斯克暗示过，所有的传教士都不得滞留日本，一旦发现便下令处以极刑。④当初范礼安接受葡印总督使命时以为是件好事，得到了返回日本的机会。可事态发展至此，若再向丰臣秀吉处敬献礼品无异于自找没趣。

为了继续履行使命，范礼安通过各种关系作了多方努力⑤，"天正少年遣欧使节团"一行终于获得丰臣秀吉的许可返回长崎，此时已是日本天正十八年（1590）六月十八日⑥，少年使节团在国外历经了八年半的岁月，当年十三四岁的少年此时都已是二十出头的青年人了。不过这四名少年使节以虔诚的信仰和强烈的好奇心，游历南欧各国，给当时将欧洲文化引入日本带来不小的影响。同时不容忽视的是，他们也将日本文化介绍到了西方

---

① 当日本天主教发展到最高潮的时候，日本耶稣会曾写信给在印度的范礼安商量是否派遣使者前往日本的统治者丰臣秀吉处拜访，作为来自果阿的致意。葡印总督对该提案十分赞同，并任命刚好预定赴日的范礼安作为自己的特使，带去献给丰臣秀吉的书信和礼品，这封信包含不少关于陆若汉随同的少年使节访问丰臣秀吉的起因的信息。《中日古风俗系列》，耶稣教会档案，罗马10（IIb），页338—339。
② 新村出：《日本吉利支丹文化史》，页29。
③ 即"传教士驱逐令"。笹山晴生等：《日本史史料集》，页164。
④ 《耶稣教—亚洲系列》，阿儒达图书馆，里斯本49—IV—57，第11—12卷。
⑤ 范礼安到达澳门之前，就拜托舰队司令官贝雷伊拉（Beleiyira），请他先行去日本试探一下此次拜访日本统治者的可能性。故此，司令官待船舶靠停长崎港，便即刻写信拜托平日关系亲近的日方官员打听丰臣秀吉对待范礼安本次来访的态度，当他了解到丰臣秀吉已做好迎接葡印总督特使的准备时，便立刻通知在澳门的范礼安。迈克尔·库帕著，松本玉译：《通辞·罗德里格斯》，页49。
⑥ 由于1589年没有前往日本的船只，天正少年使节团和范礼安一直等到翌年才离开澳门返回日本。

各国。遣欧使节团打开了日本人的眼界，同时也加深了欧洲人对日本的理解，意义重大。使节团携带回国的印刷机、地图、绘画、乐器、器具等欧洲物品给日本社会带来了不小的影响。这些少年使节在日后的国际交往中发挥了较好的语言文化传播作用，少年使节团归国后都先后加入了耶稣会，并在有马的神学院学习。据1606年耶稣会人员的调查书中显示，伊东、中浦作为有马神学院的教师帮助教学授业，中浦一直工作到日本宽永十年（1623）殉教为止。原马尔奇诺在语言学上有很高的造诣，在翻译方面颇有成就，只有千千石后来成为叛教者。

"天正少年遣欧使节团"返日三周后①，为改善因"伴天连追放令"阴影带来的不利形势，范礼安开始精心做前往京都拜访丰臣的各种准备。第一是确定谒见人员，第二是安排行程和批次，第三是整理和确定赠送的礼物。在随员人数的确定上，范礼安非常慎重，决定只带4名牧师、3名修道士，还有通辞费尔南德斯和陆若汉。此外，4名少年使节和12名衣着华丽的葡萄牙商人也在访问团之中。范礼安带上这26名"会让人留下很好印象的随员"②于12月初离开长崎，前往京都。③献给丰臣秀吉的赠品，主要是投丰臣秀吉所好，大多挑选了一些与战争有关的物品，例如身披黑色天鹅绒褂袍的阿拉伯战马一匹（另一头死于途中）及全套金质鞍具、镶嵌金银的意大利米兰制华丽铠甲二领、一对带有黄金饰物的银剑、两支在日本从未

---

① 到达日本后，少年使节团的亲朋好友和大名给予范礼安一行人以热情洋溢的欢迎，祝贺使节团成功访问欧洲，有马晴信兄也专程前来拜会了范礼安。不过，范礼安欲拜访丰臣秀吉的打算并未能马上付诸行动，因为他托付疏通关系的两位大名黑田孝高和浅野长政肩负同关东的北条氏交战使命，无暇做好拜访的安排，范礼安只好暂缓去京城，回到长崎。在长崎，范礼安先去秘密访问长崎近郊的有马和大村，给他们带去了教皇的祝福之言，此后范礼安便一直卧病在床，耐心地等待两位大名的信息。11月底，也就是三周以后，范礼安等人盼到了来信。《中日古风俗系列》，耶稣教会档案，罗马11（Ⅱ），页226、309。
② 弗洛伊斯在他的信中详细的描述了使节团出使和被召见的过程。《耶稣教—亚洲系列》，阿儒达图书馆，里斯本49—Ⅳ—57，第149—189卷。
③ 考虑到找旅馆方便等若干因素，访问团分成海路、陆路两批向京城进发，陆若汉的名字不在走陆路的一组人当中，在后来描写范礼安拜会丰臣秀吉的记载当中，有一处把陆若汉称之为"我的通辞"，可以认为这位29岁的神学院学生当时已经成为耶稣会数一数二的通辞，并可能和巡视员一起赴京。《中日古风俗系列》，耶稣教会档案，罗马11（Ⅱ），页248。

见过的火药枪、一顶非常美丽的野战帐篷、四幅珍贵的油画，以及若干金色锦缎、钟表等。①

2. 随范礼安进京都初会丰臣秀吉

在前往京都觐见的途中，不断有人来拜访范礼安，小西行长、黑田长政、有马晴信的弟弟，以及其他知名人士纷纷前来致意。这些人一来欲面见范礼安，二来也想听听少年使节团的欧洲奇闻趣事。担任通辞的陆若汉和费尔南德斯忙于接应和翻译。访问团2月27日进入京都，一行人被分别安置在不同地方住下。范礼安和主要成员分别住在丰臣秀吉的华丽住宅和小西行长的家中，其他随员安排在相邻的漂亮住宅中。前不久，丰臣秀吉刚刚平定小田原的北条氏，同仙台的伊达政宗缔结了和约，成为"天下无双的第一统治者"，历经一个世纪的战国时代宣告终结。此时的丰臣秀吉应该是以一种轻松的心情等待范礼安一行的到来，他命令奉行前田玄以做好迎接的一应准备。

丰臣秀吉的接见安排在日本天正十九年闰正月初八（1591年3月3日），在京都的聚乐第进行，访问团一大早抵达聚乐第。陆若汉三十年后回想起这一天，在书中写道：

队列行进的沿路，人们奉秀吉之命夹道欢迎。②

即便没有丰臣秀吉的命令，人们同样会蜂拥过来看热闹，因为这是首次欧洲的较大型访问团来京都。无数人涌上街来争睹南蛮人和少年使者的仪容。库帕在转述这一情形时这样写道：

---

① 卡布拉尔在写给总会长的信中，指责范礼安为这次会面准备的礼物过于破费，他指出"仅赠给丰臣秀吉的丝织品与礼物就价值一万多塔艾尔……"。高瀬弘一郎：《耶稣会与日本》，页122—123，岩波书店，1981年。
② 《耶稣教—亚洲系列》，阿儒达图书馆，里斯本49—IV—57，第33—34卷。

老百姓前呼后拥地争相观看这一充满异国情趣的情景，担任警卫的武士们没有办法，只好沿路排成一排，尽力阻挡着要冲出来的观众。在队列通过的沿路，因为前一晚被雨淋湿，所以官府急忙召集人员扫水、铺沙，把路面弄干。

在队列的前面，是穿着漂亮服装的两名葡萄牙人护送着阿拉伯战马，马由两名印度侍童牵着，后面有七个骑在马上的侍童引路，紧跟着是四名少年使节，穿着教皇赐给的镶着金边的黑天鹅绒礼服，接下来是范礼安乘坐的大轿子，在后面的是安东尼奥等人，也穿着黑色修道服，戴着披风，乘坐着轿子，紧跟其后的是通辞罗德理格斯和费尔南德斯，在队列最后压阵的是十二名葡萄牙人，都骑着马。①

访问团一行人来到聚乐第，豪华的聚乐第是丰臣秀吉1587年建造的别墅。说是别墅，其实更像是一座宫殿。②出迎访问团的是丰臣秀吉的22岁的外甥，当时被认为是其接班人的丰臣秀次③及重臣们。秀次把来宾引至专门接见贵宾的大厅④，范礼安走上前向丰臣秀吉行日本式大礼，献上葡印总督签署的国书。用葡文书写在羊皮信纸上的国书装在用绿色缎子包扎的漂亮盒子中，信纸周边镶嵌着彩色的花纹，并附有一份译文。信封上用葡语写着"关白"的字样。国书中称颂丰臣秀吉统一天下的丰功伟绩，感谢秀

---

① 迈克尔·库帕著，松本玉译：《通辞·罗德里格斯》，页53。
② 据史料描述，四面的塔端像星星一样地光芒四射，屋顶的砖瓦被风一吹就会发出声音。库帕著，松本玉译：《通辞·罗德里格斯》，页54。
③ 得到天主教大名欣赏的弗洛伊斯认为秀次是位很不错的能干的年轻人，并很详细地描述过他的为人，但即使是弗洛伊斯也不能消除巷间的流言蜚语。据说秀次招人喜欢但却异常嗜血如命，经常对犯人以及不能保护自身的孕妇实施令人发指的残酷行为。在经历了辉煌的四年之后，落得个悲惨的结局。丰臣秀吉不但命令秀次剖腹自杀，还将他无辜的妻子儿女及一门九族在公众面前处死。最后还把令人心旷神怡的漂亮的聚乐第拆毁了，将建筑物的碎片扔到京城郊外。迈克尔·库帕著，松本玉译：《通辞·罗德里格斯》，页54。
④ 该房间的墙壁、隔门、屏风上都画有狩野派画家们创作的镶金画。丰臣秀吉端坐在大厅的金色屏风画前，包括大名在内的心腹们曲腿坐在低一层的地板上，臣仆们站在更低一层的地上。松田毅一主编：《十六、十七世纪耶稣会日本报告集》第三期第一卷，页223。

吉对传教士的热情友好，希望今后继续给予照顾之类的寒暄语。最后，范礼安呈上礼品和礼品清单。①

　　此次会见自始至终充满轻松融洽的气氛。出于外交礼节和对外贸易的需要，丰臣秀吉对范礼安一行的来访给予了正式而隆重的接待，为访问团的来访举行了盛大宴会，以表示对重访日本的范礼安的敬意。②据陆若汉的记述，这应该是最高规格的接待了。③丰臣秀吉通过陆若汉的翻译，跟范礼安以及访问团的成员热切交谈起来。他特别关心从欧洲返回的四名少年使节，问了他们很多问题。丰臣秀吉还诚恳地邀请少年使节团团长伊东满所留下来为自己工作，但此时的伊东已经和三名同赴欧洲的少年使节提出了加入耶稣会的申请。盛情难却之下聪明的伊东找到了一个很好的理由委婉地回绝了丰臣秀吉的好意④，丰臣亦未强迫伊东跟随自己。

　　宴席完毕，四名少年使节用早已准备好的竖琴、风琴、小提琴和吉他演奏了西洋音乐⑤，丰臣秀吉非常认真地倾听了他们的演奏，露出极为欣赏的表情，还用手抚摸乐器询问了许多问题。⑥演奏结束后，秀吉让两个臣仆带领客人们参观聚乐第的建筑规模。一行人走过装饰华丽的房间和豪华的

---

① 葡印总督的那封信已作为国宝被完整地保存在京都的妙法院里，从上面可以看出有1587年的日期被改成1588年的痕迹，关于这一日期的修改有各种各样的意见。五野井隆史：《日本吉利支丹教史》，页167。
② 欢迎宴会上，宾主频频交杯换盏，陆若汉和弗洛伊斯后来对此次会面情景都作了详细的记载。首先由秀吉举杯喝一口酒，作为友谊的象征将同一杯酒传递给范礼安，这被视为是非常荣耀的事情，全场人都不禁肃然起敬，从没有其他使节受到过如此隆重的招待，就在两三个月前来访的朝鲜使节团也没有受到如此的优待。范礼安接受秀吉赠予的各放着一百根银条的两个盘子和放着四件丝绸棉衣的另一个盘子，通辞罗德埋格斯和费尔南德斯各接收三十根银条和两件丝绸棉衣，梅斯基塔和罗佩斯各接收一百根银条和两件丝绸棉衣，其他使节和葡萄牙人也都各接受银条五根和一件丝绸棉衣。《中日古风俗系列》，耶稣教会档案，罗马10（Ⅱb），页244、338。
③ 据陆若汉回忆，他到日本以后经常受到参加小型宴会的款待，宴请的形式是在客人面前摆上八个小菜。他说这样的招待与其说是吃饭，不如说是赏心悦目地欣赏菜。
④ 伊东声称自己从小就受到范礼安的养育之恩，已把他当作自己的再生父母，若离开范礼安将会背上不孝之名。迈克尔·库帕著，松本玉译：《通辞·罗德里格斯》，页58。
⑤ 四名使者都在有马的神学院里接受过正规的音乐训练，在赴欧洲的旅行中也没有间断练习，所以他们的演技相当不错，四人在澳门也曾举办过演奏会。
⑥ 《中日古风俗系列》，耶稣教会档案，罗马11，页46。

走廊，参观了按照自然状态装点着树木、石头、池塘的花园。正如弗洛伊斯所言：

> 这些花园很少人工雕琢的痕迹，似乎越接近于大自然，就越受到重视。①

看到丰臣秀吉为显示自己的最高权力，动员巨大的人力物力，不惜工本建造起来的这个庞大"宫殿"，范礼安等人感受颇深。陆若汉后来虽有多次机会因外交上的事务来到聚乐第，并得以参观其他的建筑和别墅，但他一直忘却不了这第一次拜访聚乐第的情景。中年以后，陆若汉在流放地澳门留下了大量关于日本建筑设计和装潢的记录。②

丰臣秀吉发出传教士驱逐令不到四年就如此隆重地会见西方的访日代表团，如此高档地招待范礼安等人，访问团成员在满意之余，多少有点受宠若惊。③虽然范礼安此次的头衔是作为葡印总督的特使身份来日访问，但聪明的政治家丰臣秀吉内心很清楚，范礼安其实是作为耶稣会巡视员第二次来到日本视察。丰臣秀吉之所以装作不知，是因为当时他很想继续进行葡萄牙贸易，只要传教士的活动不那么引人注目，他也乐得睁一眼闭一眼。当然，范礼安为讨得丰臣秀吉的欢心，在组团的准备上花费了很多的时间和金钱。④仅此次访问赠送给丰臣秀吉的礼品的档次和数量，就可以看

---

① 《耶稣教—亚洲系列》，阿儒达图书馆，里斯本49—IV—57，第157卷。
② 迈克尔·库帕著，松本玉译：《通辞·罗德里格斯》，页58。
③ 分别时，丰臣秀吉通过通辞陆若汉向访问团表达了欢迎再次光临的意思，对范礼安带来的大批珍贵的西洋礼品表示由衷的感谢，最后他遗憾地告诉范礼安，因战乱的缘故这次不能带领访问团参观京城。迈克尔·库帕著，松本玉译：《通辞·罗德里格斯》，页58。
④ 范礼安花费了很多的时间和金钱作了充分的准备，当时耶稣会中也有人提出是否有必要这样做，一位准管区长佩德罗虽然认为会见是成功的，但是他又指出豪华的超过了6000克卢扎德的金钱，即使用回赠礼品来冲抵，也花费了4000杜卡特，这一金额相当于耶稣会一年预算开支的三分之一。精明的范礼安认为与其半拉子节约，不如弄得豪华一点，让丰臣秀吉高兴高兴，这样对传教士的将来也许会有好处。迈克尔·库帕著，松本玉译：《通辞·罗德里格斯》，页58。

出范礼安高明的社交手腕。他是在充分研究接受方的独特个性后，仔细挑选了最具有象征意义、最能迎合接受者心理需要的礼物。从丰臣秀吉对馈赠物品的赏析和赞叹程度，就足以说明范礼安的这一社交行为的效用达到了极致。不过，丰臣秀吉对此次葡印总督信件中所提出的要求，即方便传教和缓和禁教，却丝毫没有让步的意思，这让少年使节团从西方带回的见闻没有机会发挥作用。

3. 深受丰臣秀吉赏识留驻京都

自从第一次见到随范礼安来访的陆若汉，丰臣秀吉便非常喜欢这位会说一口流利日语的年轻聪明的欧洲人。因此丰臣秀吉在与访问团告别时，向范礼安提出请求希望将陆若汉留在京都，理由是自己要写回信给葡印总督，需要陆若汉的帮助。[①]

此次访问，范礼安在京都前后共待三个星期左右。这期间他接受了各方有名人士的拜访，可以想象陆若汉作为通辞到处抛头露面、忙于应酬的情形。来访的客人接连不断，其中有丰臣秀次、毛利辉元[②]和织田信长的义子、松坂的天主教大名茶人蒲生氏乡等人，他们都为访问团能受到喜怒无常的丰臣秀吉如此招待而由衷地高兴。在天主教人士当中，有人特意从五十里之外赶来京都参加弥撒、倾听讲教，曾代表丰臣秀吉跟朝鲜进行谈判的对岛领主宗义智还偷偷地接受了洗礼。范礼安结束在京都的拜访活动后，应丰臣秀吉的再次要求决定将陆若汉留在京都，同时留下的还有一名修道士及几个欧洲人，他本人于3月24日左右带领其他的随行人员离京而去。[③]

在范礼安滞留京都期间，丰臣秀吉曾派人两次私下邀请陆若汉到聚乐第，一次是关于送礼物之事，那次闲聊了很长的时间。丰臣和陆若汉一起

---

① 《中日古风俗系列》，耶稣教会档案，罗马11（Ⅱ），页244。
② 毛利辉元后来成为五大元老之一。
③ 《中日古风俗系列》，耶稣教会档案，罗马51b，页323—325。

讨论如何撰写给葡印总督的回信，以及回赠什么样的礼品，两人一直聊到天亮，一定聊得十分开心，竟全然不顾在一旁守候的不知所措的重臣。第二次，陆若汉和少年使节团团长伊东满所一起被召到聚乐第。关于这次接见，五野井隆史记述道：

> 秀吉的初衷是请罗德里格斯来说明钟表的装置，因为秀吉老也调试不好作为礼物收到的钟表。等到罗德里格斯帮助调试完毕，秀吉仍挽留住二人，又问了很多有关欧洲和印度的可笑滑稽的问题，还谈起了他自己想要征服中国的话题，后来也许是想让罗德里格斯二人高兴，竟说起了僧侣的坏话。①

陆若汉深受丰臣秀吉的喜爱，常被叫去陪他聊天，往往一聊就是好几个小时，京城里人人都知道此事。陆若汉不但受命留在京都，他还得到默许可以重新开张耶稣会会馆。传教士都把该会馆称之为"罗德里格斯宅第"，也许他们认为只有在这所宅第里，耶稣会的活动才能得到安全保障。

4. 解除丰臣秀吉对葡印总督特使的疑惑

耶稣会传教士的担心不无道理，此后不久，丰臣秀吉听到一个不好的传言，范礼安的所谓葡印总督大使的头衔完全是无稽之谈。传言的根据是范礼安于1579年来日本后，就一直待在日本。可以想象年纪渐衰、脾气愈躁的丰臣秀吉听到传言会是如何的愤怒。3月27日回到京都的丰臣秀吉，便在重臣面前宣布道：

> 促进日本跟国外的贸易是可以的，但是如果传教士进行有损于神佛的说教，做出破坏神社寺庙的事情，是绝不允许的。②

---

① 五野井隆史：《日本吉利支丹教史》，页168。
② 迈克尔·库帕著，松本玉译：《通辞·罗德里格斯》，页61。

一些对耶稣会传教士抱有亲近感的官员立刻将此话传给陆若汉等人，嘱咐他们小心。京都的形势随之发生一系列明显的变化。迈克尔·库帕称：

> 有传言说秀吉在给葡印总督的正式回信中写有诸如发现传教士就要砍头，要攻打印度等的恐吓话语。某些对耶稣会传教士一直抱有反感的官员们便纷纷跳了出来，力劝天主教大名不要去充当传教士的后盾。①

在此容易起纷争的时候，长崎港口又出现了两个代理长官森胜信和锅岛直重包围葡萄牙商船阻止贸易通商的事件。因为船长不屈服于胁迫，写信给丰臣秀吉提出抗议，质问日本当局为何限制自由贸易。不久从丰臣秀吉处送来简短的回信，信上明确地写明可以自由贸易，并要对妨碍自由贸易的官员给予处罚。结果两名代理长官只好忍辱，承担起阻碍干扰通商贸易的责任。②

留在京都的陆若汉用急信向正在长崎的范礼安报告京都不稳定的局势，并告知范礼安说丰臣秀吉写给葡印总督的回信言辞过激。范礼安收信后马上回信吩咐陆若汉务必尽最大努力向丰臣秀吉澄清有关事实，同时设法让"关白"重新写信，否则那封言语唐突不礼貌的信件是无法转交给葡印总督的。范礼安此前曾经收到高山右近和增田长生派人送去的信，意思是劝他把修炼院和学院疏散到远处，大村和有马的教会也要设法隐蔽低调，因为他们听说丰臣秀吉似乎打算秘密派使者去九州暗中调查，如果让丰臣秀吉了解到1587年的驱逐令没有在当地实施的话，也许就会"以此为借口没收天主教大名的领地，将其作为丰臣秀吉自己统治的直辖领地"③。范礼安深知当时形势的危急，所以不得不让得到丰臣秀吉宠信的通辞陆若

---

① 迈克尔·库帕著，松本玉译：《通辞·罗德里格斯》，页62。
② 《耶稣教—亚洲系列》，阿儒达图书馆，里斯本 49—IV—57，第176—178卷。
③ 《耶稣教—亚洲系列》，阿儒达图书馆，里斯本 49—IV—57，第159卷。

汉充当从中斡旋的角色。

接到范礼安指示的陆若汉，随即与当时同在京都的奥尔冈蒂诺一起展开活动。他们首先找到曾经给予范礼安、陆若汉等耶稣会传教士多方照顾的京都所司代前田玄以请求帮助，前田答应了二人的请求。①有一次丰臣秀吉跟他谈起范礼安的身份来历时，前田玄以积极建议召唤留在京都的陆若汉来核实范礼安的真实来历，此建议得到丰臣秀吉的赞同。前田玄以成功地为陆若汉的御前辩解铺平了道路。

陆若汉十分清楚这次召见的重要性，因为此前丰臣秀吉已经宣布要把未遵旨随葡萄牙船遣返澳门仍滞留在日本的传教士全部处死，陆若汉知道倘若这次不能说服丰臣秀吉，讲明事情真相，也许很多欧洲人会有生命危险，自己的表现有可能决定天主教在日本传教的未来。陆若汉做好了充分的心理准备，但仍内心忐忑不安地跟两名耶稣会传教士再一次来到聚乐第别墅。

会见初始，陆若汉便遭到了丰臣秀吉的冷遇，这与几个月前在此受到隆重欢迎的情形完全是天壤之别。②丰臣秀吉开门见山地问，有传言说范礼安不是真正葡印总督特使，这传言是否属实？对此问题，陆若汉从容地回答道，范礼安的特使身份不容置疑，因为他被委任使命是众所周知的事，无须弄虚作假，特使带领众多随员从印度出发，经过许多异教国度才来到日本，一行人还在中国澳门停留了很长时间。陆若汉的有力证据之一便是范礼安等人此次带来了唯有在印度及印度以西的地方才能见到的阿拉伯马和大量的珍贵礼品。陆若汉强调说，如果没有葡印总督的赠予，范礼安不可能用其他方法弄到如此多的具有印度特色的物品。他进一步申辩道，特

---

① 原本是佛门僧侣的前田玄以最初对传教士抱有某些反感，但后来发生了转变，多次表示出友好的态度，愿意充当耶稣会的后盾，被陆若汉称之为"我们的朋友"。《耶稣教—亚洲系列》，阿儒达图书馆，里斯本49—Ⅳ—57，第182、242卷。
② 丰臣秀吉没有出面接见陆若汉，只是将他冷落在会客厅，出来接待的是前田玄以和另一位大名。丰臣秀吉以一种特殊的方式进行询问——由前田等大臣在自己和会客厅之间频繁传递他的提问和陆若汉的应答。

使与"天正少年遣欧使节团"一起归来，公开在长崎港登陆，只要派使者去长崎询问一下港口其他定期入港的航船，其真实性便能从许多葡萄牙商人处，甚至从欧洲返日的少年使节处得到确认，如此尽人皆知的公开身份绝不可能是伪装的。陆若汉还补充了一些其他的证据。丰臣秀吉好像对陆若汉的辩解很满意，便把陆若汉召至面前，再次一起进行了轻松愉快的交谈。弗洛伊斯这样叙述道：

> 我以前对此并不知情，看来神父们并无过错。但是，一部分天主教信徒由于过度的信仰热情，强迫自己的家臣成为天主教信徒，这是不够慎重的行为，所以才导致驱逐传教士的事态发生。秀吉又问起印度是个多大的国家，信奉什么样的宗教，在印度任何人都是天主教徒吗？对此罗德里格斯很谨慎地回答说，印度确实是一个大国，有各种各样的宗教派别，是否做一个天主教徒完全按照个人的意愿，只有愿意信奉者才能自由地成为天主教徒。在天主教教义里，无论对谁都不会用武力强迫其改教，所以神父们在印度进行传教不会有人加以反对。秀吉听到罗德理格斯的回答似乎放下心来，说日本也同样，也会给予信奉宗教的自由，日本有八九个宗教派别，谁都可以加入自己喜欢的宗教。他又问，我已决定将所有的传教士从本国驱逐出去，为何还有神父来此执行如此使命？罗德理格斯回答说，范礼安曾在织田信长时期来过日本，后来返回印度，他（葡印总督——笔者注）知道殿下成为日本君主后十分厚待并保护神父，所以才派遣特使前来日本。正因为范礼安有来过日本的经验，故总督将此使命赋予他。范礼安从印度出发时并不知道殿下已发出驱逐传教士的命令。
>
> 接下去秀吉又说，日本是神道之神的国家，普通的老百姓当天主教徒并无大碍，但是关于天主教徒的话题最好不要再提了。秀吉还保证说，如果传教士不再提这样的话题，他或许会帮助葡萄牙人。
>
> 罗德理格斯恭恭敬敬地应承秀吉说会将他的想法如实转告给范礼安，并说范礼安回到印度后，副王听到秀吉这番话，知道日本当权者

对自己很友好，而且愿意继续做葡萄牙的生意，一定会很高兴。关于禁止传教的事情，罗德理格斯非常圆滑地保证一定服从命令，会向范礼安转达。

　　……秀吉为了转换一下开始不好的心情，命令站在旁边的人将赠送给葡印总督的礼品拿一部分出来展示，还很愉快地向罗德理格斯的随从提议把一副很漂亮的武具穿上试试。罗德里格斯的随从便奉命把大小日本刀插在左边，手里拿着长柄大刀，怪模怪样地在会客厅里走了几步，在场的人都忍不住大笑起来。过了一会儿，罗德里格斯聪明地说一起来的欧洲人大概永远也不会忘记今天的事情，秀吉就让前田再一次带领他们参观了宫殿。参观结束后，秀吉很高兴地前来与罗德里格斯等人告别。[①]

　　经过这一场紧张而激烈的"答辩"，陆若汉终于以自己雄辩的口才和灵活的应变能力重新赢得了这位反复无常的"关白"的信任，并消除了他对葡印总督特使身份的怀疑，同时还让热衷于葡萄牙贸易的丰臣秀吉清醒地认识到，离开传教士的中介作用，日葡通商贸易很难顺利进行。此后，据前田玄以官邸传来的可靠消息，容易变卦的丰臣秀吉对传教士的态度完全改变，目前传教士的险境已基本解除，只要不太张扬，传教活动应该不会有大的阻碍。不过要让丰臣秀吉轻易撤销驱逐令是不可能的，因为他曾经在多个场合公开谴责传教士，所以不能奢望他的态度会有太大的转变。可以说陆若汉首次用他的聪明才智和语言才能成功地化解了日本教会史上的一次外交危机。

　　前田玄以作为传教士的朋友，继续在为推进日本同外国的贸易交流和消除丰臣秀吉对传教士的不满积极地努力。前田玄以首先答应设法劝说"关白"重新撰写给葡印总督的回信，并和陆若汉一起讨论被认为不妥的原信抄本，商量如何进行修改，可见前田玄以对陆若汉的信任以及对待耶

---

① 松田毅一主编：《十六、十七世纪耶稣会日本报告集》第一期第一卷，页261—264。

稣会传教士的友好诚意。当陆若汉再一次来到聚乐第时，顺利地从前田手中拿到了日期为1592年9月1日的修改后的回信及丰臣秀吉回赠葡印总督的礼物。这封修改后的回信主要包括几个意思：（1）表示对总督赠送礼品的感谢之意；（2）阐述日本是神之国度，日本社会是以神教和佛教建立起来的，所以欧洲传教士在此传教不受欢迎；（3）讲述秀吉自己实现统一天下的经过，谈话中还顺带地提到打算去征服中国；（4）附上一份赠送副王礼品的清单，其中详细记载有礼物的品种：漂亮的日本刀、长柄大刀，以及两副镶嵌着花和动物的盔甲。①

前田玄以深知丰臣秀吉迫切期望推进与国外贸易的心思，所以他向丰臣秀吉积极建议要设法保持跟葡萄牙人的友好关系，态度骤变后的丰臣秀吉很赞赏前田的提议。在前田的推动下，丰臣设宴款待陆若汉，席间再一次表示要推进日本与葡萄牙的贸易。他反复强调说，1587年发出驱逐令，并非出于传教士自身的原因，也非传教士传播的教义所致，简单的理由就是因为日本是神之国度，天主教是不适合日本人的宗教。虽然他本人很赞赏天主教的教义，但因为自己尚不具有日本绝对权威者的称号，担心日后天主教会变成一股分裂的力量，摧毁以忠诚为基础建立起来的日本社会，因此他认为有必要阻止天主教的进一步普及。丰臣秀吉说这番话时很认真，也许的确是他发出传教士驱逐令的真实意图所在，他的表白透露出内心从未放弃过继续与葡萄牙进行贸易交往的念头。由此可见，丰臣对天主教传教士似乎并没有特别的偏见和个人恩怨，这大概也是他一直未严格实施传教士驱逐令，也未做出残酷迫害天主教信徒行动的主要原因吧。②

这一次陆若汉同丰臣秀吉的外交斡旋在前田玄以的大力支持下取得出乎意料的好结果，丰臣秀吉在托陆若汉转交给范礼安的信中答应，在收到葡印总督回信之前，可以让10名传教士以人质的身份留在长崎，但要求

---

① 礼品第二年到达印度，然后又被运到西班牙，送到了菲利普二世的手中，两副盔甲1884年遭受火灾，破损了一部分，但是至今仍陈列在马德里的皇家兵器博物馆里。《耶稣教—亚洲系列》，阿儒达图书馆，里斯本49—IV—57，第187—189卷。
② 迈克尔·库帕著，松本玉译：《通辞·罗德里格斯》，页67。

这10名传教士尽量不要与日本人接触，只对葡萄牙人居留者和来访者做弥撒，传授教义。丰臣秀吉再三强调，滞留长崎的传教士不能在日本国内明目张胆地巡回传教，不能扩大传教范围，若传教士谨言慎行地待在长崎，是可以考虑留下来的。①在长崎的范礼安听到如此的"恩典"感到万分欣慰，正如当时他所言"由于这10名神父，使得全体人员都得到了平安"②。

总而言之，通过范礼安一行对丰臣秀吉的拜访，以及首次担任通辞的陆若汉同"关白"丰臣秀吉的成功外交，日本传教士的处境似乎又恢复到了原来状态。丰臣秀吉为稳定大局，继续与葡萄牙通商贸易，允许10名传教士作为人质长期滞留长崎的举措也收到了相应的效果。丰臣秀吉1587年颁发的"伴天连追放令"形同虚设，"只剩下一个空壳，失去其实际内容"③。耶稣会士实际上有130名传教士留在了西南的九州，谨慎地继续他们的传教活动。④

5. 出现在名古屋和九州的社交场合

1592年5月，丰臣秀吉因监督攻打朝鲜半岛的战备工作前往九州，随行的天主教官员们便与陆若汉联系，希望他能经常出面跟丰臣秀吉接触。接受了盛情邀请的陆若汉专程赶往名古屋，丰臣秀吉再一次热情地欢迎他，并询问起巡视员范礼安"现在何处，近况如何"，还问"送给葡印总督的礼物满意吗"⑤。这次谈话持续两个多小时，临别时丰臣秀吉客气地邀请陆若汉

---

① 五野井隆史：《日本吉利支丹教史》，页170。
② 冈本良知：《十六世纪日欧交通史的研究》，页684—699，六甲书房，1942年。
③ 五野井隆史：《日本吉利支丹教史》，页170。
④ 根据1592年制作的日本耶稣会目录，当时的天主教徒大概有217,500人，丰后、丰前22,000人，有马68,000人，大村40,000人，长崎30,000人，天草诸岛和肥后35,000人，平户、五岛、筑前、筑后7500人。冈本良知：《十六世纪日欧交通史的研究》，页684—699。
⑤ 丰臣秀吉还告诉陆若汉说他知道范礼安仍滞留在日本，说时他仅露出会心的微笑，并无责怪之意。当问起范礼安延长滞留日本的理由，陆若汉解释说由于出兵朝鲜的缘故，丝绸的销路不理想，所以范礼安准备乘坐的葡萄牙船一直无法返回澳门。丰臣秀吉表示能够理解，二人谈得似乎仍很开心。丰臣秀吉提出召黑人船员来唱歌跳舞助兴，司令官的随从还吹奏起笛子。松田毅一主编：《十六、十七世纪耶稣会日本报告集》第一期第一卷，页282。

就此一直留在名古屋,说:"修士罗德里格斯还是留在我这里好。"①

此后,在陆若汉逗留名古屋的一个多月期间里始终受到极好的待遇。每一次同丰臣秀吉会面都会聊上好一阵子,二人谈论关于朝鲜和中国的计划以及有关葡印总督特使范礼安的事情。但这种友好交往没有一直持续下去,由于陆若汉的一时疏忽,加上施药院的人从旁挑唆,丰臣秀吉又开始对陆若汉的行为表现出不满,进而因为其他事情重新产生了驱逐传教士的念头。②

陆若汉在名古屋和长崎期间还结识了当地的一些政界要人,如寺泽广高③、村山等安等人。后来,寺泽广高了解到所谓对葡萄牙人的"不满情绪"纯属一些毫无根据的猜测,可能是由于耶稣会士和多明我会士之间的不和所导致。事后范礼安一针见血地指出,耶稣会的建筑物遭到拆毁,是多明我会登上日本岛带来的灾难性后果。耶稣会士和多明我会士在日本第一次面对面遭遇就出现如此针锋相对的结果,导致耶稣会和多明我会的关系恶化。葡萄牙人和西班牙人之间出现矛盾冲突,后来产生了难以修复的恶劣影响,至于丰臣秀吉为何事生气,乃至命令寺泽广高做出那样的粗暴举动,这一点不得而知。总之,耶稣会受到了一次极大的重创,据说此时陆若汉再一次中断神学院的学习,受命去解决这一事件。④

1593年初,戈梅斯指示陆若汉、高井修士前去拜访寺泽广高。因为当

---

① 松田毅一主编:《十六、十七世纪耶稣会日本报告集》第一期第一卷,页283。
② 一向健康而精力充沛的陆若汉偏巧在名古屋患上了疾病,没跟任何人打招呼便返回长崎去了。丰臣秀吉知道此事后问陆若汉为何不在当地治疗,伺医施药院的人回答说可能是因为外国修士需要不同于当地的食物治疗的缘故。事后听到此事的丰臣秀吉很不高兴,很不服气地问道为什么不能留在名古屋。据弗洛伊斯所记,伺医施药院的人为了安抚丰臣秀吉,回答说陆若汉尽管日语很流利,但终归是外国人,他需要的药在名古屋买不到。如果此话确切的话,那么施药院对陆若汉和天主教的态度就发生了改变。松田毅一主编:《十六、十七世纪耶稣会日本报告集》第一期第一卷,页283—284。
③ 寺泽广高曾奉丰臣秀吉之命,作为长崎奉行带兵前往长崎港调查当地人对葡萄牙人的不满情绪。寺泽不顾长崎的葡萄牙商人希望跟丰臣秀吉交涉的要求,迫不及待地率领150名士兵拆毁了价值一万葡币的耶稣会建筑物。不过由于当地的天主教徒向官员们行贿,诸圣人会馆总算保住,免遭破坏。五野井隆史:《日本吉利支丹教史》,页172。
④ 《耶稣教—亚洲系列》,阿儒达图书馆,里斯本49—IV—57,第206—210卷。

时耶稣会士要在长崎继续工作下去,最需要得到寺泽广高的许可。这次给予陆若汉等人大力帮助的是长崎的一位有钱的天主教信徒村山安东尼奥①,据说寺泽广高每次去长崎都住在村山家。村山很得丰臣秀吉的欢心,因为他不会说"安东尼奥"这个天主教名字,便索性给他取了个绰号"等安"。在有关16世纪的日本史书及日欧交通史中出现的"村山等安"就是指此人。②

村山等安为让陆若汉等人跟寺泽广高会面,事先做好了必要的安排,寺泽后来多次在名古屋与陆若汉会面,与陆若汉的关系逐渐亲近起来。一方面,寺泽通过陆若汉劝说耶稣会士在任何事情上都要保持谨慎低调的态度;另一方面,长崎的官员逐渐开始遵从寺泽的指示,将没收的大部分土地归还给耶稣会。寺泽广高还允许葡萄牙人用捐款在长崎建造教堂,所以当年末,长崎港便建起了一座漂亮的天主教堂。通辞陆若汉的和睦外交在其中发挥了重要作用,据有关记载,从那时起陆若汉同村山、寺泽一直为长崎港和耶稣会的发展齐心合力,关系相当融洽。③

陆若汉大概是1591年到达长崎。库帕称:

在那里,他继续开始了中断很久的神学课程的学习,开始做向神父晋铎的准备。他的名字出现在1592年11月居住在诸圣人会馆的神学生名单中。④

陆若汉从1593年到1594年在长崎的诸圣人会馆师从西班牙神学者克鲁斯(Pedro de la Cruz)继续学习,他与西班牙人准管区长戈梅斯以及后来成为准管区长的巴范济(Francesco Pasio)住在同一所房子里,可以说陆

---

① 村山是出生于名古屋的一个和蔼可亲的人物,会做生意,头脑好使,因此很快变得非常富有。村山虽不会说葡萄牙语,同葡萄牙商人的关系却很好,他还会做西餐。迈克尔·库帕著,松本玉译:《通辞·罗德里格斯》,页67。
② 《中日古风俗系列》,耶稣教会档案,罗马12(Ia),第3卷。
③ 迈克尔·库帕著,松本玉译:《通辞·罗德里格斯》,页67。
④ 迈克尔·库帕著,松本玉译:《通辞·罗德里格斯》,页68。

若汉跟耶稣会管理层一直保持紧密的接触。这间房子里还住着日本神学生三木①，因为陆若汉已经具有耶稣会通辞兼外交官的经历，神学课程开始后仍然无法专心学习，经常应邀参与各种各样的外交活动。1592年10月范礼安回到澳门以后，获得逗留日本许可的耶稣会士仅陆若汉一人，因此很多重大职责自然落在他身上。1594年和1595年，陆若汉两次代表长崎耶稣会去拜访丰臣秀吉处理外交事务。1594年的拜访正当丰臣秀吉对葡萄牙贸易心急如焚之时，因为每年都从澳门来的葡萄牙商船这一年始终不见踪影。②会见时，丰臣秀吉焦虑地向陆若汉问起葡萄牙商船不来的原因。翌年1595年陆若汉再次访问京都时，首先向丰臣秀吉报告的便是米兰达（Manoel de Miranda）商船到达的消息，并说明去年葡萄牙商船未来日本的缘故是因遭遇了海难。当时随陆若汉一同赶赴京都的还有米兰达商船的代表，那次见到丰臣秀吉是在夏天。③

丰臣秀吉两次都隆重地迎接了陆若汉。尽管此前丰臣秀吉已发出天主教驱逐令，但他对天主教也开始展示出灵活的姿态。有一次，他听到手下亲信极力称赞1587年发出的驱逐令，并扬言传教士都是传播邪教的不轨之徒时便纠正道：

> （自己）发出驱逐令并不是因为天主教徒传播的教义不好，而是因为外国人宣传与佛教和神道不相容的思想，会使日本人的宗教和风俗习惯逐渐走向衰落。④

后来又有人问及日本人成为天主教徒是否好事，据说丰臣秀吉采取了更加宽容随和的回答：

---

① 三木当时27岁，1589年初入会以后，他学习拉丁语多年，仍然学得不好，可能是身心疲惫的缘故，当时已经中断学习任总管区长的助理。《中日古风俗系列》，耶稣教会档案，罗马53a，第188卷。
② 这一年预定来日本的弗朗西斯科·德·萨的商船斯马特拉号在海上遇难，但此事在日本无人知晓。
③ 《耶稣教—亚洲系列》，阿儒达图书馆，里斯本49—V—3。
④ 迈克尔·库帕著，松本玉译：《通辞·罗德里格斯》，页80。

灵魂的拯救是个人的问题，想成为天主教徒也没无大碍。①

无人怀疑弗洛伊斯转述的是否丰臣秀吉的原话，但是从考证中可以了解到丰臣秀吉对天主教的看法较之以前有所转变。对其他史料的调查结果也显示，丰臣秀吉及其接班人德川家康都并不那么敌视天主教教义。正如织田信长所说："日本有八个宗教流派，增加一个也无大碍。"②丰臣秀吉等统治者只是担心，如果天主教盛行起来可能会成为对自己的统治心怀不满的诸大名的精神堡垒。

肩负日本耶稣会巡视员使命的范礼安，第三次访问日本是在1598年。他于1597年4月23日离开卧亚，7月20日到达澳门，当时被任命为日本主教助理的路易斯·德·塞尔凯拉（Luis de Cerqueira）③与他同行。范礼安临行前已从主教马尔廷斯处得知日本的传教局势比上次访问日本时更加恶化。为等候搭乘前往日本的便船，范礼安等人在澳门滞留了一年多时间，终于在1598年8月5日同新主教塞尔凯拉一起到达长崎港。范礼安一到长崎，便马上任命陆若汉神父作为他的全权代表，和葡萄牙商人代表一同前往丰臣秀吉处。陆若汉作为耶稣会通辞，也作为葡萄牙商人和日本商人之间的贸易中介得到了丰臣秀吉的充分信任，被允许随时出入他的住地。陆若汉奉命赶往伏见城，在那里见到临终前躺在病床上的"关白"。尽管此前丰臣秀吉再度颁发了"伴天连追放令"，但陆若汉仍破例被日本"官方允许留驻日本"④。可见陆若汉在日本当权者心目中的地位以及他在日欧文化和贸易交涉中所充当的角色是何等的重要。丰臣秀吉于日本庆长三年（1598）九月十八日去世，在其统治日本期间，陆若汉作为这位日本最高权力者与葡萄牙商人之间的中介和葡语译员对丰臣秀吉帮助极大，深受这位"关白"的厚待和重视。

---

① 《中日古风俗系列》，耶稣教会档案，罗马52a，第133卷。
② 迈克尔·库帕著，松本玉译：《通辞·罗德里格斯》，页80。
③ 此人后接任马尔廷斯成为第二任日本教区的主教。
④ 五野井隆史：《日本吉利支丹教史》，页170—185。

两次遣欧使节的派遣，是给天主教传教历史上增光添彩的壮举，也是日欧交通史上划时代的重要事件。耶稣会巡视员范礼安率领使节团（成员多为"天正少年遣欧使节团"主要成员）1590年赴京都访问，给葡萄牙青年陆若汉踏入日本上层社会创造了很好的契机。作为随团译员的陆若汉在京都聚乐第见到丰臣秀吉以后，深得这位统治者的欢心。陆若汉后来频繁出入丰臣秀吉的府第，还有幸结识了丰臣秀次、毛利辉元、蒲生氏乡、小西行长等位高权重的大名。陆若汉天资聪颖，语言能力强，在与日本传教士的频繁交往中掌握了一口流利的日语，他作为耶稣会通辞活跃在京都、名古屋、长崎等各种对外交流的场合，同时很好地充当了丰臣秀吉与葡萄牙及其他西方国家交涉的辅佐，丰臣秀吉亲切地称他为"我的通辞"。[①]

　　当时丰臣秀吉既想维持与外国的贸易，又担心天主教传教活动的扩大，同时还面临西班牙天主教会等也相继来日本传教的局面。这一连串的政治和外交上的问题都急需一个像陆若汉这样精通日语的欧洲人来与西方使节团及各方面人士进行外交斡旋。陆若汉对这一切烦琐的事务都应对自如，他还充分利用自己与丰臣秀吉的私人感情，极力帮助耶稣会在日本开展传教事业。陆若汉置身于动荡的年代，经历了严酷的时代风霜的洗礼。1598年丰臣秀吉去世后，日本的统治大权转到德川家康手中，尽管耶稣会的交涉对象发生了变化，但在双方之间斡旋的主角仍然非陆若汉莫属。陆若汉当时的身份虽说已经是耶稣会传教士，但他主要仍然从事外交译员的工作。值得庆幸的是，陆若汉再次受到德川家康这位日本新当权者的赏识，被委派到很多更重要的场合，并被授权直接参与长崎的行政管理事务，为江户时期日本与葡萄牙、西班牙等西方国家的贸易和文化交流做出了极大的贡献。

（三）关于日本主教的设立问题

1. 天主教东传日本的初期

　　1549年天主教开始传入日本，这一年是葡萄牙人乘坐中国人的帆船漂

---

① 迈克尔·库帕著，松本玉译：《通辞·罗德里格斯》，页50。

流至九州南端的种子岛之后的第七个年头。1547年，犯杀人罪而逃亡国外的日本人弥次郎经葡萄牙商人介绍与沙勿略见面，并听从劝告赴卧亚神学院学习。出身萨摩的青年弥次郎成为最早接受天主教洗礼的日本人，并取天主教名保罗。保罗·弥次郎和沙勿略的相识在日本天主教历史上具有划时代意义，被称作是"辉煌第一页"的事件。[1]沙勿略通过弥次郎等三名日本人，对尚未到过的日本以及居住在那里的日本人产生了极大的兴趣。1549年7月，沙勿略终于在弥次郎的陪同下来到其故乡鹿儿岛传教，打开了天主教传教的通道。沙勿略在日本开始传教以后，很多优秀的耶稣会士步其后尘陆续来到日本，其中不乏具有政治才能的人。他们的努力使得传教事业很快进入繁盛期，即使在禁教迫害期间也收到不小的成果，特别是在传播天主教文化方面。其中最为活跃、最具影响力的人物当属1574年耶稣会派往远东教区巡视的范礼安神父。他在前往日本途中因故停留澳门期间，对中国的传教形势进行了深入的研究和考察。[2]范礼安发现，由于明朝政府的干涉，澳门的耶稣会传教士对进入中国内地传教几乎不抱有信心，他认为要在中国推进传教事业必须采取一种全新的方式。他在写给耶稣会总会长的信中这样写道：

> 到目前为止，教会使用于任何地区的传教方式都不能适用于中国。传教士在中国传教必须娴熟中文，不是地方方言，而是中国的知识阶级所通用的官话，他们必须研习并适应中国的文化和风俗习惯，他们必须了解这一伟大而可敬的民族的历史文化，并进一步与蒙受此文化熏陶的人们打成一片。[3]

---

[1] 海老泽有道：《日本基督教史》，页26，塙书房，1990年。
[2] 当时的澳门已经成为葡萄牙在东方的贸易基地，成为西方人在中国的一个落脚点，为1565年耶稣会在澳门建立自己的教会提供了良好的机会。但是在中国传教问题上，耶稣会传教士最初并没有找到适当的方法，再加上中国明朝当局闭关自守的政策和排外的心理，致使耶稣会的传教活动一直未能超出澳门的范围。海老泽有道：《日本基督教史》，页26。
[3] 贾天佑：《耶稣会传教士在中国》，载《天主教在华传教史集》，香港真理学会、徵祥出版社、光启出版社联合出版，1966年。

同时，范礼安也认为当时在澳门的耶稣会传教士无人有能力担当起这样的使命。于是在1579年和1582年，先后从印度卧亚调遣意大利籍传教士罗明坚和利玛窦二人来到澳门，命令他们专门学习中国语言文字，研究中国风俗习惯，等待进入中国传教的机会。范礼安本人则带领一行人[①]继续行程，前往日本视察传教工作。到达日本后，他组织日本各地的耶稣会传教士集会商议，重新规划各地教区的布局，创建耶稣会教育机构，积极联络各地天主教大名，组建"天正少年遣欧使节团"等，使日本的传教形势达到顶峰状态。1590年，在范礼安带领"天正少年遣欧使节团"结束访问欧洲返回日本，并第二次巡视日本教区时，他提拔已在耶稣会神学院经过系统学习和深造的陆若汉作为自己的私人译员，从此陆若汉开始正式参与耶稣会在日本的各种与传教和贸易有关的外交事务，活跃在耶稣会上层人物和日本统治者之间。

　　陆若汉直到35岁时，历经四年才断断续续学完全部神学课程。在他何时成为神父的时间认定上存在两种意见分歧：一种是法国人荣振华（Joseph Dehergne）记载的1594年，另一种则由葡文史料显示是1596年4月到7月期间。荣振华在《在华耶稣会士列传及书目补编》中称，陆若汉"1594年在澳门"，"1596年在日本，他在那里于宫廷中任官方翻译"[②]，但此说法不准确。因为据保存在阿儒达图书馆的《耶稣教—亚洲系列》记载，陆若汉曾于1594年和1595年两次前往日本的京城拜访丰臣秀吉，围绕葡萄牙商船是否继续来日贸易的问题跟丰臣秀吉商讨[③]，他不可能分身去澳门晋铎。1596年一共有六名耶稣会士被提拔为神父，从时间上看，陆若汉的晋铎很可能也在这一批，因为1596年随日本新主教马尔廷斯由澳门赴日本的人中间就有陆若汉[④]，说明在此期间陆若汉等人为晋铎神父职位到过澳门。与陆若汉同行的

---

① 如第二章所述，陆若汉很可能就在这一行人当中，也就是说陆若汉在去日本之前曾途经澳门，但当时他不过是一名十几岁的葡萄牙普通少年，故没有留下任何在澳门的有关记载。
② 荣振华著，耿昇译：《在华耶稣会士列传及书目补编》下册，页564。
③ 《耶稣教—亚洲系列》，阿儒达图书馆，里斯本49—V—3。
④ 《中日古风俗系列》，耶稣教会档案，罗马13（I），页18。

还有三位神父候选人，其中有考洛斯和巴洛斯，以及两名日本神学生。① 神学生中的一人就是后来殉教的木村塞巴斯蒂安（Sebastian Kimura）。②

2. 日本教区主教的设立

当时日本尚未设立常住主教，因此要晋铎为神父的人必须回到澳门。③ 澳门的第一任主教卡内罗（Melchior Carneiro）是一位圣人般的人物，到1580年辞去职务为止的14年间一直担任主教的职务，给陆若汉等人举行晋铎仪式的就是这位主教的临时代理人马尔廷斯（Martins）④。为提拔神父而专程将传教士送回澳门参加仪式存在诸多的不便。首先，海上航行就是一件非常危险的事情。1582年2月20日随范礼安前往澳门参加晋铎仪式的莫莱拉（Moreira）、阿瓦罗·迪亚斯（Alvaro Dias）二人在回日本途中于台湾海面遭遇危险，延至翌年7月25日才回到长崎。其次，影响耶稣会传教工作的正常开展。由于航海的危险、物资的缺乏等诸多因素，传教士常常会因为参加短短几个小时的晋铎仪式而离开日本十几个月，甚至几年之久，给本来就人手不足的日本传教工作带来加倍的紧张和忙乱。日本教区设立主教迫在眉睫，但此问题因受到来自耶稣会上层人物的干扰以及客观条件的影响，一直久拖至1597年才得到解决。

早在1580年范礼安第一次视察日本时召开的耶稣会协调会议上，就有人指出了任命一位常驻日本的主教的必要性。

　　日本有大约15万天主教徒，信徒已经达到如此多的数量，按常识

---

① 因为船舱过小等原因，六位耶稣会士分成两批前往澳门接受提拔。《中日古风俗系列》，耶稣教会档案，罗马52a，第133卷。
② 《耶稣教—亚洲系列》，阿儒达图书馆，里斯本49—V—3。
③ 教宗格雷高利十三世（Gregorius XIII）于1575年设立澳门主教管区，负责掌管中国和日本的教会事务。理论上，澳门教区长有对日本教会的管辖权，但实际上这种管辖权从没有被真正履行过。《中日古风俗系列》，耶稣教会档案，罗马52a，第133卷。
④ 但后来也有资料说是塞尔凯拉给这六人举行晋铎仪式，这也许是记录或者记忆的一个错误吧。

也应该任命一位统领全局的主教。如果主教一直定不下来，负责日本传教事务的耶稣会就会受到指责。为了让信徒们接受信仰的真谛，为了提拔欧洲人或者日本人的神父候选人，为了减少日本传教士前往澳门接受提拔过程中浪费的时间和面临的风险，设日本主教是必须的。①

但是，范礼安举出几点理由反对任命主教。

第一，即使给日本教会任命了主教，也没有能力给予跟主教地位相当的待遇。

第二，担任主教的人均为上年纪的教士，很难适应日本的风俗习惯。

第三，即使耶稣会士当上主教，如果跟耶稣会上层意见不统一，可能会对传教工作产生影响。②

范礼安强调其中最主要的是第三点，如果多明我会（Dominican）和方济各会（Francisco）来日本参加传教活动，就需要一个统领整个日本教会的主教。不任命主教的话，就有理由不接受除耶稣会以外的其他修道会传教士来日本。范礼安意欲拒绝其他修道会进入日本，故极力反对任命主教，但最终范礼安的意见被会议否定。

此后，教宗西克斯图斯五世（Sixtus V）于日本的府内设立教区。③印度耶稣会管区长马尔廷斯（Martins）接替1588年在里斯本接受任命却因病死于赴任途中的莫拉埃斯（Moraes），成为日本第一任主教，与他同行的是塞尔凯拉（Cerqueira）。教皇出于保险的考虑，同时任命塞尔凯拉为主教助理，并赋予他主教继任权。马尔廷斯主教1596年到达府内教区后便常住在日本天主教的中心地长崎。④马尔廷斯是位历经诸多变故、经历丰富的

---

① 《中日古风俗系列》，耶稣教会档案，罗马2，第5—7卷、第45—48卷。
② 《附加手稿系列》，大英博物馆9852，第16卷。
③ 因为该地领主大友宗麟一直很优待和照顾天主教传教士，作为感谢，教皇将教区设置于此。
④ 为此原因相继赴任的两名主教在给欧洲写信签名时都写长崎主教，而不是府内主教。

著名传教士,他曾随国王远征非洲,在战场上成为俘虏后又被赎回,赴印度传教途中在海上遭遇过风暴,担任过印度耶稣会管区长,并在卧亚被提升为主教。①塞尔凯拉则是埃博拉大学的神学教授,一直过着平静的学者生活,在出发来东方之前的1593年11月才在里斯本被提拔为主教助理。②两人的经历形成鲜明对照。

马尔廷斯虽受罗马教皇的任命成为日本教区的主教,但要前往已颁布天主教驱逐令、严格控制传教士自由出入的日本,单凭日本教会主教的身份很难获得入境许可。对此,迈克尔·库帕称:

> 马尔廷斯决定效仿范礼安,以外交官身份进入日本。于是,马尔廷斯于1593年4月离开卧亚之前,又被赋予梅内塞斯(Duarte de Meneses)总督特使的身份。罗德里格斯在澳门参加晋升仪式时,马尔廷斯正在澳门等待出发去日本。③

1596年7月21日,新晋铎为神父的陆若汉等六人随同马尔廷斯主教乘坐去日本的葡萄牙菲格莱多船离开澳门。④对于主教的上任,各方面似乎都很担心。澳门的天主教信徒当中有人怀疑主教能否应付日本的传教形势,因为日本仍然笼罩在丰臣秀吉驱逐令的阴影之下;耶稣会士担心主教是否能维护本会的利益,因为据说身为耶稣会士的马尔廷斯对于耶稣会不仅无爱心,甚至带有敌意;范礼安担心自己今后很难与马尔廷斯合作,因为马尔廷斯个性偏激、易动怒,常声称自己必须服从的只有教皇和国王。⑤相

---

① 马尔廷斯曾经随年轻的塞巴斯蒂安国王远征非洲。1578年8月,在阿尔卡萨尔吉维(Alcazarquivir)战败,被伊斯兰教徒抓住。后来由于西班牙国王菲利普二世将他赎回,得以自由。1583年,作为传教士前往印度的途中,在莫桑比克海峡,他乘坐的圣地亚哥号被风浪击碎,马尔廷斯及另外六人被冲上海岸,其中四人因为身体虚弱而死。马尔廷斯最终到达印度,担任印度耶稣会的管区长,直到1592年在果阿被提拔为主教。
② 迈克尔·库帕著,松本玉译:《通辞·罗德里格斯》,页84。
③ 迈克尔·库帕著,松本玉译:《通辞·罗德里格斯》,页85。
④ 《中日古风俗系列》,耶稣教会档案,罗马12(Ib),第156卷。
⑤ 迈克尔·库帕著,松本玉译:《通辞·罗德里格斯》,页86。

比之下，主教助理塞尔凯拉却心地善良，勤勤恳恳，受到广泛的称赞。派里斯（Pires）称：

> 即使拿他跟1583年去世、为教会奉献一生的卡内罗相比较也毫不逊色。①

预示着日本教会的前途充满危机的航行果然不平静。主教一行人赴日途中遇到风暴袭击，历经艰难，直到8月13日船才到达长崎港口的沙洲。此时日本的信徒们已做好了充分的准备，欢迎第一位主教的到来，戈梅斯率领耶稣会士乘小船到沙洲迎接主教一行人。②

马尔廷斯受到热情的欢迎非常感动，到日本不到一个月，他就改变了对耶稣会士的印象，并跟他们合作得很好。葡萄牙人耶稣会士卢塞纳在写给罗马的信中称：

> 主教认识到在澳门时的工作方式太过于形式化，所以没跟耶稣会士搞好关系。来日本之后，发现这些人都很谦虚、豪爽。因此在两个月当中，主教向四千名信徒说教，传授天主教信仰的真谛，每天忙于工作，尽到了只有主教才能尽到的职责。③

不过，在澳门时同样受到过范礼安欢迎的马尔廷斯仍固执地表示：

> 由于观点不同和管理权的冲突，自己和范礼安的对立关系永远也不会改变。④

---

① 《耶稣教—亚洲系列》，阿儒达图书馆，里斯本49—V—3，第2卷。
② 《中日古风俗系列》，耶稣教会档案，罗马52，第180卷。
③ 《中日古风俗系列》，耶稣教会档案，罗马13（I），页16。
④ 马尔廷斯曾明确地向戈梅斯和巴范济表示，如果范礼安回到日本，他将马上离开，因为他们两人不可能在一起。此后他还补充说，如果范礼安还带着塞尔凯拉来的话，他不仅会离开，还会马上向国王报告。《中日古风俗系列》，耶稣教会档案，罗马13（I），页8。

3. 随同新主教拜会丰臣秀吉

获得神父资格的陆若汉1596年回到长崎，他接到的第一个任务就是出发去京都为马尔廷斯主教会见丰臣秀吉做准备。① 日本方面由即将出兵朝鲜并忙于准备欢迎中国使节团的小西行长负责此项工作，他吩咐奉行寺泽广高具体安排马尔廷斯跟丰臣秀吉会面的行程。小西行长本人还专程从名古屋坐船到长崎跟主教见面，商谈有关拜见丰臣秀吉事宜。小西不仅出谋划策，还向主教赠送了两百石大米和两百石小麦。② 陆若汉的任务则是向丰臣秀吉传达新任主教的旨意，他在1593年建成的豪华的伏见城堡同关系密切的官员们反复协商，得到尽早带领马尔廷斯主教来京都的建议，以及具体拜见方式的指导。不久，马尔廷斯主教在陆若汉的陪同下，带着总督的书信和价值五百两银子的礼品乘船前往京都。长崎奉行寺泽广高和陆若汉乘坐另一条船同时前往，可途中突发的撞船事故给此次访问投下了阴影。迈克尔·库帕转述寺泽广高的话说：

这一事件是一个不祥的预兆。……马尔廷斯的访问也许要失败。③

正如人们预料的那样，马尔廷斯主教11月的京都拜访确实遇到了一个不合适的时期。因为9月五畿内一带发生大地震，京都两年前刚建起的大佛像倒塌，皇宫崩毁，重臣的房屋都被震坏，很多人被活埋，丰臣秀吉抱着年幼的儿子好不容易死里逃生，而且地震引起的巨大海啸给沿海地区造成了巨大的生命和财产损失。10月份中国使节团带来了明朝皇帝的一封口气傲慢且充满忠告言词的书信。④ 弗洛伊斯在一份英文资料中描述当时丰臣秀吉看完这封信时的情形：

---

① 也许是陆若汉与马尔廷斯主教同船回来的缘故，戈梅斯认为安排他负责主教和丰臣秀吉的会面比较合适。《中日古风俗系列》，耶稣教会档案，罗马13（Ⅰ），页7。
② 迈克尔·库帕著，松本玉译：《通辞·罗德里格斯》，页89。
③ 迈克尔·库帕著，松本玉译：《通辞·罗德里格斯》，页91。
④ 在这封信中，明朝皇帝在承认丰臣秀吉是日本统治者的同时，明确要求他好好治理日本这个中国的小小领属国。

> 秀吉气得发疯，不能自已。他口吐白沫，一边怒骂一边扯自己的头发，直到七窍生烟，冷汗湿透全身。①

马尔廷斯主教到达伏见城堡后，首先遭遇的是丰臣秀吉派来的前田玄以等官员责问为何葡印总督没有及时回赠礼品给丰臣秀吉，主教作了简单的辩解。接着陆若汉亲自来到丰臣秀吉御前，和前田一同极力解释总督回赠礼品迟缓的原因。丰臣秀吉的心情终于好转，同意接见主教，并派官员清点马尔廷斯带来的礼品。丰臣秀吉还向陆若汉问了两个问题，一个是冲上四国海岸的西班牙船是否从菲律宾来，另一个是墨西哥和菲律宾是否跟葡萄牙和印度一样都由一个国王统治。陆若汉认真地向丰臣秀吉报告，那艘船是从菲律宾开往墨西哥的途中进水而沉没的，另外菲律宾、墨西哥、印度和葡萄牙四国当时都在一个国王的管辖下。丰臣秀吉听完他的报告感到很满意，似乎平静了许多。②

马尔廷斯主教终于得以拜见丰臣秀吉，这次拜见虽不像范礼安来访时那样威风豪华，但二十年后据陆若汉回忆：

> 秀吉比起前一次表现出更加热情的态度。秀吉对不能够举行跟来宾地位相当的招待表示歉意（因受地震影响——笔者注），但保证说等到修缮完毕，一定要把他们接到城堡内。③

马尔廷斯主教在京都逗留了三周，向五畿内地区约二百名天主教徒说教，传授信仰的真谛。

马尔廷斯主教的访问团此次虽然不能说取得了成功，但能得到丰臣秀吉的知遇，让新主教充满乐观地期待丰臣秀吉在其统治期间允许耶稣会教会重新开始在日本的传教工作。但此次拜见并没有令热情的丰臣秀吉放弃

---

① 《中日古风俗系列》，耶稣教会档案，罗马52，页248。
② 《附加手稿系列》，大英博物馆9858，第2卷。
③ 迈克尔·库帕著，松本玉译：《通辞·罗德里格斯》，页93。

实施驱逐令，而且在主教还没回到长崎期间，丰臣秀吉便向长崎奉行寺泽广高下达指示，要把新主教送回澳门去。①应该说日本新主教的到任一开始就处于日本传教事业危机四伏的时期，且不受日本统治者的真心欢迎。

（四）耶稣会和方济各会的斗争

日本天主教传教史上最活跃的两大传教团体是耶稣会和方济各会。耶稣会是1534年由拥护旧教、与新教的宗教改革运动相对立的西班牙贵族伊纳爵·德·罗耀拉（Ignatius de Loyola）为代表的七名天主教徒创立的，1540年得到罗马教皇的许可，以IHS（Iesus Hominum Salvator，"耶稣人类之救世者"的简称）为纹章，其信条是"清静、纯洁、耐贫、忍从"，支持罗马教会。为使濒临瓦解的天主教开拓出一片新的天地，耶稣会把目光放在尚未接受天主教感化的东洋土地。日本天主教传教的开拓者沙勿略当时正在巴黎留学，他受到罗耀拉的感化，成为创立耶稣会、唤起天主教精神的罗马教会的拥护者七人之一，并被称为"东洋传道圣者"。方济各会是圣方济各在意大利开创的天主教一派，创立于耶稣会成立前的1209年。遵循开祖圣方济各的无所有主义之精神，称作以弊服裸足为会规的托钵僧团，该会的口号是"清贫、服从、纯洁"②。耶稣会和方济各会，以及各传教会之间因对解释教义的松紧、传教方法的运用常有不同，以致屡有一些摩擦，再加上各天主教国家间错综复杂的政教关系、彼此对传教势力范围所抱持的本位主义以及保教权所引发的权益冲突，均令天主教在亚洲的传教努力出现严重内耗，尤其是葡萄牙和西班牙两个国家在远东传教势力的争夺方面一直是矛盾对立、冲突不断。

1. 矛盾和冲突的渊源

在大航海时代的海外扩张中，为维护各自的利益和保护各自所占领

---

① 迈克尔·库帕著，松本玉译：《通辞·罗德里格斯》，页93。
② 新村出：《日本吉利支丹文化史》，页10。

的领地，西班牙人和葡萄牙人互不相让，曾多次发生冲突。为解决西葡两国之间的纠纷，教宗亚历山大六世（Alexandre Ⅵ）重新对两国的势力范围做了划分，于1493年划定了一条从亚速尔（Açores）群岛到南极的分界线，又称"教皇子午线"，以此界定葡萄牙在东方和西班牙在西方的势力范围。在教皇"保教权"①的庇护下，葡萄牙国王在非洲、东印度以及被葡萄牙占领的所有东方地区，拥有派遣传教士和任命主教的特权。从欧洲前往亚洲的传教士，不论什么国籍，都必须前往里斯本，得到葡萄牙国王的批准后才可以乘坐葡萄牙的船只前往印度的卧亚，再由葡王任命的卧亚大主教派往亚洲的各个教区。在相当长的一段时间里，葡萄牙国王牢牢地控制了天主教在东方的传教权。后来在其他教会的压力之下，教皇不顾葡萄牙的激烈反对，逐渐削弱了葡萄牙国王的海外"保教权"，并逐渐从耶稣会的传教范围内分出一部分传教的权力。为直接掌控天主教在全世界范围内的传教工作，罗马教廷于1622年成立传信部，取消了先前给予耶稣会的特权。教廷为摆脱"保教权"的干预，从1659年起在远东广泛实行"宗教代牧"（Vicar Apostolic）制，成立了东京、交趾和南京三个代牧区。这些由教皇直接任命的"宗教代牧"，其权责即视同主教，由此耶稣会在远东的传教范围和权力受到了相当大的影响，西班牙政府派遣的方济各会、多明我会的传教士相继进入远东各地传教，各教会之间的矛盾和冲突由此拉开序幕。

作为远东天主教重要传教区的日本也不例外地卷入到了这场教会之间的冲突中。在耶稣会东印度巡视员范礼安第一次巡察日本时召集的耶稣会协商会上，一个长时间成为议题的内容就是商讨是否邀请其他修道会合作推进传教活动的问题。②此议题产生的原因是：第一，天主教传入这个岛

---

① 所谓"保教权"，即指罗马教皇授予作为罗马天主教传教区及教会在亚洲、非洲、巴西等辽阔地域的产业之赞助人葡萄牙王室的权力、特权与义务的结合体。张国刚等：《明清传教士与欧洲文学》，页144—145，中国社会科学出版社，2001年。
② 这一系列会议分别于1580年10月、1581年7月和1581年12月在丰后、安土、长崎举行。《附加手稿系列》，大英博物馆9852，第72—73卷。

国已经三十多年，但在此开展工作的只有耶稣会一家，会上有人指出今后有待于增加传教士的多样性。如果各修道会能以不同的方式来传教，至少在理论上可以互相补充，有的到会者甚至认为已经到了实践这一想法的时候。①第二，传教士人数严重不足，1580年在日本的耶稣会士只有59名，其中有资格主持弥撒、传授福音的神父只有三分之一，他们只能起到照顾信徒的作用，没有余力专心于争取皈依者的工作。用范礼安的话说：

> 不管把多少传教士送到日本，都是不够的。②

会上，准管区长科埃廖举出具体数字证实了范礼安说的话。据科埃廖1581年留下的记录称：

> 仅大村一处就有天主教徒六千名，耶稣会派去四名神父，根本不可能照顾到所有信徒。四名神父一年最多聆听六分之一信徒的忏悔，大部分信徒直到去世也得不到传授福音。而且，由于传教士人手不足，无法定期巡回各个天主教村庄，有的日本人好不容易改教成为天主教徒，却根本不懂得天主教教义。③

提议者所列举的理由确实具有说服力。但对此持反对意见的耶稣会士尖锐地指出，让其他修道会加盟日本的传教隐患大于需求。首先，这些修道会跟耶稣会的传教风格方式不同，会令日本的信徒分不清楚，反而会出现不理想的结果，即缺乏传教的一贯性；其次，如果让方济各会士和多明我会士加入日本的传教，信徒的一体性就会削弱；再则，各修道会夹杂一起，互相之间一定会像在印度所经历过的那样产生冲突和竞争，但是日本

---

① 《附加手稿系列》，大英博物馆9852，第72—73卷。
② 《中日古风俗系列》，耶稣教会档案，罗马45（Ⅰ），第15卷。
③ 《中日古风俗系列》，耶稣教会档案，罗马9（Ⅰ），第44、45卷。

既无神父也无法官来判决这种无聊的争吵；此外，初到日本的其他修道会的传教士肯定会重犯耶稣会士当初犯过的错误，其结果可能会引起日本统治者乃至国民的怀疑，认为天主教传教士是来加强欧洲的殖民地扩张政策的。① 此次协商会的主持人范礼安也一直抱着排斥其他修道会传教士加盟日本传教的态度，这一点与会的耶稣会士十分清楚。最终作为耶稣会的正式方针，协商会决定拒绝其他修道会进入日本传教。②

在耶稣会是否与其他修道会（主要是方济各会）同处一个教区传教产生争执的背后，本来就隐藏着强烈的民族情绪，因为葡萄牙人和西班牙人之间的矛盾和冲突由来已久，有着一定的历史渊源。按照《托尔德西拉条约》和《萨拉戈萨条约》，为避免海上霸主葡萄牙和西班牙之间的纷争，对这两大国在亚洲的政治和通商方面的权益范围作了划定。包括陆若汉在内的耶稣会士都认为日本是属于葡萄牙的势力范围，西班牙的方济各会士和多明我会士只能在菲律宾活动，日本岛是绝对不能容许他们涉足的。③ 1580年，菲利普国王继承葡萄牙的王位，葡萄牙和西班牙均由该国王一人来统治。但是两国的竞争意识和敌对情绪并未因此减退，反而由于两个国家的合并，更加深了相互间的反感。④

2. 斗争的焦点问题

造成两个国家产生对立的因素有很多，其中最触动国民感情的是通商问题，两个国家虽然由一个国王统治⑤，但在涉及各自殖民地的利害关系上是针锋相对、互不相让的。葡萄牙人不仅仅垄断了欧洲和日本的贸易，而且还打算阻止西班牙和菲律宾缔结通商关系。

双方另一个尖锐的矛盾反映在各自教会的传教范围方面。事实上，罗

---

① 后来其他修道会先后进入日本传教发生的很多事情验证了此次协议会上反对者们的担心和忧虑。
② 迈克尔·库帕著，松本玉译：《通辞·罗德里格斯》，页97。
③ 《耶稣教—亚洲系列》，阿儒达图书馆，里斯本 49—Ⅳ—53，第29卷。
④ 《中日古风俗系列》，耶稣教会档案，罗马12（Ib），第126卷。
⑤ 西班牙人称之为菲利普二世，而葡萄牙人称其为菲利普一世。

马教皇和菲利普国王一开始就从中起到了有影响力的作用。曾经接见过九州"天正少年遣欧使节团"的教宗格雷高利十三世（Gregorius XIII）为维持和平，于1585年1月28日发出一封教皇信简，禁止耶稣会以外的修道会在日本国范围内活动。①菲利普国王曾要求葡印总督梅内塞斯（Duarte de Meneses）关注教皇的命令是否得到遵守，于是梅内塞斯给当时的舰队司令官蒙蒂洛（Monteiro）下达命令，不准放一个托钵修道会的会士进入日本，若发现即刻送回澳门。由于这封教皇信简的发布，日本的传教由耶稣会管辖已经成为一个不争的事实。但就在1586年的年末，教宗格雷高利十三世的接班人教宗西克斯图斯五世发出了另一封信简，将菲律宾的方济各会传教士的身份升格，为该会的西班牙长老颁发许可令，允许他们在中国、菲律宾等亚洲各国开设修道院。②这两封教皇信简有一部分意思大致相同，但如何正确理解教宗的命令，两个修道会出于不同的立场，有着不同的解释和意见。

令双方矛盾变得更加复杂的一个重要原因是耶稣会内部对于方济各会的态度一直就存在分歧。西班牙籍耶稣会士夹在自己的修道会和同胞之间感到非常的尴尬和痛苦。葡萄牙籍耶稣会士坚持认为西班牙籍准管区长戈梅斯对方济各会士一直心存好感，陆若汉的西班牙籍神学老师克鲁斯（Pedro de la Cruz）亦把方济各会士当作朋友，非常支持他们，不断催促耶稣会长老尽早让西班牙籍传教士来日本。事实上，当时在葡萄牙籍耶稣会士中，也有人不赞成把其他修道会赶出去，甚至怀疑耶稣会的方针是否明智。例如随同"天正少年遣欧使节团"出访的葡萄牙人梅斯基塔（Diogo de Mesquita）和意大利人克里塔纳（Antonio Francisco Critana），就曾分别写下自己的意见寄往罗马。③

对于是否让方济各会进入日本这一问题，耶稣会中的西班牙人和葡萄

---

① 迈克尔·库帕著，松本玉译：《通辞·罗德里格斯》，页98。
② 《中日古风俗系列》，耶稣教会档案，罗马41，第13—14卷。
③ 《中日古风俗系列》，耶稣教会档案，罗马12（Ib），第120—121卷。

牙人之间还有更多难以解开的心结。日本虽属葡萄牙的势力范围，但实际上创立日本耶稣会的是三名西班牙人——沙勿略（Francisco Xavier）、托雷斯（Cosme de Torrès）和费尔南德斯（João Fernández）。不仅如此，从1590年到1600年一直担任准管区长的戈梅斯以及各地的教会长老，大部分都是西班牙人。范礼安在1598年给罗马的报告书中如此写道：

> 葡萄牙人和西班牙人互相不信任。具体地说，葡萄牙籍耶稣会士认为西班牙籍耶稣会士不仅赞成方济各会士的进入，还掌握着日本教会的实权，故对此很愤慨。①

范礼安为改善耶稣会内部的人际关系，曾经召集西班牙籍会士，试图说服他们要和葡萄牙籍会士合作，齐心合力开展工作。正如范礼安在报告书中所称：

> 日本的教会在组织方面存在很多问题，其中之一就是印度耶稣会当局为了给自己留下有能力有学识的会士，采取从来不向东方派遣（葡萄牙籍会士——笔者注）的方针。有一时期，甚至在八名做过庄严宣誓②的耶稣会士中，四名意大利人，三名西班牙人，而葡萄牙人只有一人。③

最初踏上日本国土的方济各会士是坡伯勒神父（Fray Juan Pobre），时间可能是1582年或1583年。④当时他的船在航海中遇到暴风雨，不得不停靠到平户。坡伯勒上岸停留了约两三个月，这期间对各处的天主教信徒施

---

① 《中日古风俗系列》，耶稣教会档案，罗马14（II），第279卷。
② 所谓做过庄严宣誓的耶稣会士就是除了四个修道宣誓（即清贫、纯洁、耐贫、服从）之外，还要对教皇做特别宣誓。耶稣会的长老以及教授就从这一身份的人中选拔。
③ 《中日古风俗系列》，耶稣教会档案，罗马14（II），第279卷。
④ 访问的日期晚至1584年到达日本的可能性最大。《中日古风俗系列》，耶稣教会档案，罗马41，第9卷。

加了一定的影响。1592年，作为菲律宾总督的代理来到日本的多明我会士高母羡（Fray Juan Cobo）也没有在日停留很久，他后来回马尼拉途中在台湾海面遭遇海难事故去世。① 1593年，以布拉斯凯斯（Fray Pedro Baptista Blázquez）为首的四名方济各会士不顾马尼拉的耶稣会反对，分成两批从马尼拉来到日本。为躲避丰臣秀吉的传教士驱逐令，他们效仿三年前的范礼安，以外交使团的身份成功进入日本，布拉斯凯斯本人则以菲律宾总督大使的身份，带着总督给丰臣秀吉的书信和礼品来到长崎，一行人受到耶稣会方面的热情款待。不久，当耶稣会士了解到方济各会打算在日本长期居留的意图后，便断然采取了冷淡的态度。②

耶稣会和方济各会的分歧还表现在传教的方式上。自颁布驱逐令以来，耶稣会士得到各天主教大名和友好官员的劝告，为谨慎起见一定要保持低调，只要活动不太张扬，也许可以保证他们在日本永久待下去。丰臣秀吉很聪明，他认为没有必要对自己公布的驱逐令是否得到严格执行过于苛刻要求。为了进行葡萄牙贸易，只要不出现极端的情况，便不必太在意传教士在日本的逗留。迈克尔·库帕转述弗洛伊斯的话称：

> 秀吉其实很清楚知道我们大家都留在日本，但是他佯装不知。③

稣会这种非常日本式的妥协精神，在保持圆满的人际关系方面很有效果。以此心态和方式来处事，双方的面子都能得到维持。此时的耶稣会已经完全掌握了丰臣秀吉容易动怒的脾气，他们明白只要忍辱负重，传教事业就可能顺利地发展下去，坚持到对天主教抱有好感的接班人掌握日本的大权，将会迎来一个美好时代。

然而，方济各会士进入日本后，很快于1594年10月在京都建起教会，

---

① 《中日古风俗系列》，耶稣教会档案，罗马41，第72卷。
② 《耶稣教—亚洲系列》，阿儒达图书馆，里斯本49—IV—56，第24卷。
③ 迈克尔·库帕著，松本玉译：《通辞·罗德里格斯》，页106。

并公然做起礼拜，对此耶稣会士感到非常担心和紧张。赫苏斯（Jerónimo de Jesús）曾记载道：

> 秀吉似乎格外注意圣方济各建立的修道会，方济各会士好像是在西班牙一样安全地生活着。①

布拉斯凯斯的想法也跟他相同，据他称：

> 秀吉允许修建修道院和教会，允许像在西班牙那样举行唱歌弥撒和其他信仰活动，并敲响钟声。②

陆若汉出于对丰臣秀吉的了解，曾好意奉劝方济各会士不宜太张扬地表达传教热情，更不要太相信丰臣秀吉的话，因为丰臣秀吉听不进任何他不乐意的事情，而且谁告诉他这类事情谁就将遭殃。③但布拉斯凯斯却固执地坚持，他1593年在名古屋拜见丰臣秀吉时，已经得到了修建教堂和传播天主教福音的许可。不知是当时的译员差劲，还是布拉斯凯斯的一厢情愿，事实上丰臣秀吉从未讲过布拉斯凯斯公开宣扬的那些话。丰臣秀吉的表态始终是暧昧而含糊的，连布拉斯凯斯自己也描述不清楚：

> 国王（秀吉）欢迎我们，说要给我们提供住房和粮食，把我们当朋友交往下去，还说要时常跟我们通信，并要我们也这样做。④

耶稣会士主张说，丰臣秀吉并没有给方济各会传教的许可，这个主张

---

① 迈克尔·库帕著，松本玉译：《通辞·罗德里格斯》，页106。
② 《中日古风俗系列》，耶稣教会档案，罗马41，第36卷。
③ 《耶稣教—亚洲系列》，阿儒达图书馆，里斯本49—Ⅳ—57，第190—192卷。
④ Michael Cooper, THEY CAME TO JAPAN An Anthology of European Reports on Japan, 1543—1640, p.112, Center for Japanese Studies, The University of Michigan Ann Arbor, 1995.

主要依据陆若汉的证言。陆若汉在1593年9月28日至30日的一次听证会上发誓说，他听到丰臣秀吉在名古屋的宴席上说过"方济各会士不能在日本传教"①。听证会由耶稣会方面召开，作为证人被询问的五人均做出了有利于耶稣会的证言。不仅如此，主持人本身的陈述也立足于偏袒耶稣会的立场。陆若汉作为资深的传教士通辞，又亲临拜见丰臣秀吉的现场，他的证言对明辨是非无疑起着决定性的作用。而且，在此次听证会召开的两三周之前，名古屋拜见时也同时在场的前田玄以奉行写信告诉戈梅斯，说丰臣秀吉禁止方济各会传教。这封信的原文被保留下来，其中有一句引用了秀吉的原话，即：

彼之教义禁止之，故于日本自然不可传授彼之教义。②

前田玄以奉行在这封信中两次使用了由两个汉字构成的名字"寿安"，就是指陆若汉。

马尔廷斯主教在1596年带领陆若汉等六名新神父回到长崎后，便明确表明对方济各会会士的态度。他公开威胁说，要将方济各会士开除出宗教，禁止欧洲来的商人们进入长崎的方济各会圣堂。③曾经跟随幻想家塞巴斯蒂安国王率领十字军远征非洲的马尔廷斯对于菲利普二世继承葡萄牙王位非常拥戴，明确表示日本属于葡萄牙国王，并始终表明自己的态度，要阻止马尼拉的西班牙人在通商贸易和传教方面建立据点。④然而，方济各会士决意要在日本逗留，主张在日本活动的权利。迈克尔·库帕引述布拉斯凯斯的话说道：

我得到主、菲利普国王、代表日本天皇的太阁、京都长官法印

---

① 《中日古风俗系列》，耶稣教会档案，罗马31a，第84卷。
② 《中日古风俗系列》，耶稣教会档案，罗马31a，第84卷。
③ 《中日古风俗系列》，耶稣教会档案，罗马13（Ⅰ），第16、18卷。
④ 《中日古风俗系列》，耶稣教会档案，罗马13（Ⅰ），第16卷。

（前田）殿下的许可留在日本。①

两个修道会之间的关系逐渐恶化，还因为耶稣会士和方济各会士在具体政策方面的冲突。方济各会士对耶稣会士给高利贷者赎罪、公然举行天主教徒与教外人士的结婚仪式感到不快。另外，在信徒应该遵守的大斋、小斋②的日期方面，两个修道会之间也有不同的看法。耶稣会和方济各会之间无休止的争论和互相诋毁，使得日本教会受到严重的损害。正如迈克尔·库帕所称：

> 虽然1600年年末，教宗克莱门特八世（Clement VIII）做出一个妥协，所有的传教士都可以经过印度前往日本。八年之后，教宗保罗五世（Paul V）进而全面撤销所有禁令，试图调和各修道会之间的矛盾，但那时已经处于一种无法收拾的混乱状态。③

（五）日本统治者对天主教徒的迫害

自1593年布拉斯凯斯等人顺利进入日本开始传教之后，1594年和1596年都有方济各会士陆续从马尼拉到达长崎，与先期到来的同会会士相聚。后又有两名会士乘坐因海上风暴而漂泊至四国浦户的西班牙船圣菲利普号到达日本。④圣菲利普号的靠岸，引起了一连串的事件。事情的最终发展结果令人瞠目，不仅满船的货物被没收，天主教会也因此受到牵连，造成26人殉教的悲剧。

1. 26名天主教信徒大殉教事件

满载货物和230名乘客的圣菲利普号原本是从菲律宾驶往墨西哥的，

---

① 迈克尔·库帕著，松本玉译：《通辞·罗德里格斯》，页116。
② 大斋、小斋都是一个赎罪的形式，给食物的种类和重量予以限制。大斋日是一天一次，摄取充分的食物，并允许在早饭和点心的时候，增加少量的食物。小斋日禁止吃肉或肉制品。
③ 迈克尔·库帕著，松本玉译：《通辞·罗德里格斯》，页100。
④ 迈克尔·库帕著，松本玉译：《通辞·罗德里格斯》，页115。

这艘船在马蒂亚斯·朗德乔（Mathias de Landecho）司令官的指挥下做了一次不幸运的航行，时间是在陆若汉和马尔廷斯主教离开澳门之后。由于巨大风浪的多次袭击，遭受重创的圣菲利普号漂至四国海面。这从天而降的商船，尤其是从船上卸下的贵重货物令日本当地的大名，甚至丰臣秀吉也蠢蠢欲动。商船停靠地浦户的大名长宗我部元亲一方面盼咐司令官马蒂亚斯·朗德乔携贵重的礼品前往拜见丰臣秀吉和诸位重臣，并通过布拉斯凯斯从中斡旋，安排将船员和货物早日送回菲律宾，另一方面却暗中联络在京都的友人增田向丰臣秀吉提议没收圣菲利普号的货物。① 由于出兵朝鲜一事久拖未决，又加上前一年的大地震，受损的建筑物需要大量的钱财重建，国库已经空空如也，圣菲利普号送上门的货物简直如同雪中送炭。丰臣秀吉决定听从增田的建议，没收全部的货物。于是，增田被派往浦户监督没收货物的工作，将圣菲利普号卸下的所有货物装上150艘小船驶离浦户。

此前，在马尔廷斯主教离开长崎去京都拜见丰臣秀吉的前一天晚上，丰臣秀吉曾把陆若汉叫去商谈有关跟主教谈话的内容，并告诉陆若汉关于菲律宾商船在日本海岸触礁一事，要他跟圣菲利普号方面交涉如何将商船送回菲律宾。事后，马尔廷斯将此事告知布拉斯凯斯，请他一定要在增田回京都之前去拜托陆若汉，请求丰臣放行商船。由于方济各会长老跟耶稣会士主教之间一直以来的冷漠关系，布拉斯凯斯拒绝听从马尔廷斯的忠告，认为耶稣会是在多管闲事。此时的布拉斯凯斯仍然很信任增田，因为增田向他做过保证。当增田在浦户没收货物的消息传出，布拉斯凯斯才匆忙求助于主教，希望通过陆若汉从中斡旋。尽管事后陆若汉也迅速找到关键人物前田玄以请求协助，但因为增田前往浦户一事并没有事先通告前田，木已成舟，一切都已经无法挽回。②

不仅如此，从浦户执行任务返回京都的增田向丰臣秀吉报告说，圣菲

---

① 有关菲律宾的事务原本是属于前田玄以的管辖范围。
② 《附加手稿系列》，大英博物馆9858，第2卷。

利普号装载的都是军队和弹药，并转述德奥朗西亚船长的话，称：

> 西班牙殖民政策的先头部队就是传教士，他们都是为日后征服者做先期准备的人。①

听到这一报告，丰臣秀吉顿时大怒，高叫要把全国的天主教传教士一个不留地全部处死。不知是否真是那位不幸的方济各船长的传话，还是增田故意危言耸听，这已无法考证。既然传出这样不利的说法，无疑给了日本统治者迫害天主教一个有力的口实，也成为耶稣会和方济各会争论升级的一个焦点。当时正好待在浦户的方济各会士坡伯勒称：

> 如果说船长有过失的话，那也是因为他的轻率而导致的。②

总而言之，在此次事件中起主导作用的增田播下了一颗对日本天主教会极为不利的悲剧种子。

马尔廷斯主教离开京都返回大阪时，大阪、京都的耶稣会和方济各会已经被前来执行丰臣秀吉命令的军队重重包围。虽然有前田玄以等人在旁极力为传教士辩解③，但性情多变的丰臣秀吉不愿听从前田的意见，固执地要处死传教士。后经受陆若汉等耶稣会士拜托的石田三成奉行再次出面说情，怒气渐消的秀吉终于同意不处死耶稣会士，并派使者告诉陆若汉、马尔廷斯和奥尔冈蒂诺让他们放心。但是丰臣秀吉拒绝赦免方济各会传教士，命令将在京都的方济各会士以及拥护该会的信徒全部抓起来在脸上刺青，并送到长崎处死。戈梅斯在记述这个事件时称：

---

① 《附加手稿系列》，大英博物馆9858第2卷。
② 迈克尔·库帕著，松本玉译：《通辞·罗德里格斯》，页116。
③ 当时前田并不是出于对外国传教士的友谊，而是因为他自己的两个儿子都是天主教徒，由此敬佩奥尔冈蒂诺的缘故。儿子们曾经对父亲讲过，如果需要的话他们也准备跟耶稣会士一起去死。迈克尔·库帕著，松本玉译：《通辞·罗德里格斯》，页116。

由于石田奉行的努力，将奉行所名单上天主教徒的人数尽量减少到最低的限度，最后被定罪的有6名方济各会士和15名信徒，以及陆若汉的教友三木保罗（Paulo Miki）和靠拢耶稣会的两名信徒——五岛约翰（Juan Gotō）和喜斋迪埃戈（Diego Kisai）。三木他们在大阪会所被抓，被错上了天主教死囚犯的名单。京都的耶稣会士曾为他们三人求情，但石田拿不定主意，理由是因为秀吉不知道大阪有耶稣会所，如果知道的话，一定会闹得更大。……秀吉的惩罚也改为割去罪人们的左耳。受刑的人们在京都和大阪游街示众之后，1月9日绕道长崎，在警卫的押解下踏上了灾难之旅。①

一行人经过从京都到长崎的艰难旅程，到达距离长崎港约35公里的彼杵，陆若汉、巴范济、村山等安带着弥撒用的祭器出来迎接他们。出于某种不清楚的原因，陆若汉等人没能做成弥撒，只好请求押解的警卫同意他们跟死刑犯说上几句话。此时的方济各会士和耶稣会士均尽弃前嫌，承认双方过去有过误解，请求互相原谅，陆若汉也与布拉斯凯斯挥泪告别。②很快，陆若汉等人又争取到一个特别的许可，在死刑犯到达长崎港口时，为三木等三名耶稣会士和信徒举行临终忏悔和圣餐式。巴范济被允许在附近的圣拉扎罗医院倾听三木和两名信徒的忏悔，其间两名信徒委托陆若汉转达他们一定要加入耶稣会的决心。巴范济深受感动，动用特权主持了19岁的五岛约翰和64岁的喜斋迪埃戈的入会宣誓，两人在临终前夜终于如愿以偿加入耶稣会。之后，巴范济再次拜访代理奉行，请求让陆若汉和自己为殉教者赴刑场送行，代理奉行半三郎答应了他的请求。③但是半三郎没有允许二人为所有的死刑犯举行弥撒，并禁止其他闻

---

① 《中日古风俗系列》，耶稣教会档案，罗马53a，第131—136卷。
② 《中日古风俗系列》，耶稣教会档案，罗马53a，第133卷。
③ 死刑犯被送到唐津后，就受到半三郎的一一会见，并亲自为他们做出安排。有记录说半三郎看到一行人当中的三木保罗竟难过得哭了，对于几年前认识的这个年轻的耶稣会士，半三郎从心里一直敬佩着。

讯赶来的天主教徒进入长崎城。他担心长崎的日本籍天主教徒，以及西班牙人和葡萄牙人会针对死刑判决发动强烈的抗议行动，同时命令部下尽快执行死刑，殉教的场所定在长崎港外的一个叫作立山的地方。① 在罗马的耶稣会档案中保存有戈梅斯对这一段历史的详细记录，迈克尔·库帕转述其描述称：

> 1597年2月5日星期三早上，26名天主教徒被绑在摆成半圆形的十字架上，为了防止人群靠近，手拿长枪的军队排成行列，将场地围了好几层。只有罗德里格斯（陆若汉）和巴范济进入到圆圈内侧，站在十字架旁边，为受痛苦的殉教者的灵魂祈祷。围观的人群情激奋拥挤过来，军队挥舞棍棒驱赶。罗德里格斯和巴范济常常被卷入混杂的人群，难免受到棍棒的袭击。……26名牺牲者当中，有4名西班牙人，1名墨西哥人，1名印度出身的葡萄牙人，其余都是日本人。有两名日本人本来并没有上天主教死刑犯的名单，但他们执意要一起殉教，半道上加入进来。②

据说这26名殉教者当时只要放弃天主教就全部可以免予一死，而且具有同情心的代理奉行半三郎千方百计试图挽救几位少年传教士的生命，但是14岁的小崎托马斯、13岁的安东尼奥和12岁的茨木路德比科三人却有着令人难以置信的勇敢和坚定，他们誓死捍卫天主教教义，在十字架上还高唱着诗篇：孩子们，赞美主吧。行刑当日的下午，马尔廷斯主教在陆若汉和巴范济的引领下来到现场，来到受难者的十字架前跪下为他们祈祷。③

这一天的悲壮和血腥令众多天主教徒难以忘怀。陆若汉在去世前半年

---

① 《中日古风俗系列》，耶稣教会档案，罗马53a，第134卷。
② 迈克尔·库帕著，松本玉译：《通辞·罗德里格斯》，页116。
③ 《中日古风俗系列》，耶稣教会档案，罗马53a，第134卷。

的殉教者纪念日写下的最后一封信的末尾，乞求神灵保佑自己三十六年前送走的三名耶稣会士灵魂的安宁。① 遗憾的是，陆若汉心里装的只是三名耶稣会士，这可以从另一个侧面看出陆若汉的个性。今天在长崎，当年的殉教场竖立着一座壮观的青铜纪念碑，为天主教传教事业献身的26名方济各会士和耶稣会士以及天主教的信徒，他们生前也许有过各种意见分歧，但是那悲壮的大殉教终于使他们互相和解，站到了一起。

26名殉教者在长崎被处死之后，传教士感到了身边的危险，日本各地陆续发生零散的迫害事件，不少信徒成为牺牲品。由于日本全国范围内禁教令的严格实施，天主教的大部分人或弃教或遭迫害。随着禁教迫害的加剧，日本许多天主教徒无奈地放弃信仰，信教人数急剧减少，出现了众多的殉教者。1614年到1624年间有550名，且每年递增，到1633年达到950人。残存于长崎邻近的教会也于1620年全部遭到破坏，消失殆尽。② 从1614年开始，大多数传教士被驱逐到澳门和马尼拉，潜伏或残留在日本的传教士，包括日本人在内不过45名。他们为了避难而潜伏下来，开展地下活动，足迹遍布日本许多地区。③

26名殉教者表④

姓名	生年	殉教年龄	国籍	身份
（1）佩德罗·巴普蒂斯塔·布拉斯凯斯	1549	48岁	西班牙	方济各会士

---

① 《中日古风俗系列》，耶稣教会档案，罗马18，第127卷。
② 五野井隆史：《日本基督教史》，页9，吉川弘文馆，1990年。
③ 天主教的人数曾经发展得很快。1601年当时天主教的人数大约为30万人，1602以后到1613年的改宗者，仅耶稣会就有大约64,500人，其他修道会的改宗者数量不明。据报告，1611年三个修道会的业绩是2000人。据此推算，1613年为止约有2万人左右的改宗者，可推定1614年1月禁教令颁布当时的天主教概数为37万人。五野井隆史：《日本基督教史》，页11。
④ 此表参照文德泉神父《澳门的日本人》一文提供的内容制作。文德泉：《澳门的日本人》，载《文化杂志》第17期，1993年。

续表

（2）马丁·德·拉·阿森西恩	1567	30岁	西班牙	方济各会士
（3）弗朗西斯科·布兰科	1569	28岁	西班牙	方济各会士
（4）冈萨洛·加西亚	1557	40岁	葡萄牙	方济各会士
（5）费利佩·德·赫苏斯	1573	24岁	墨西哥	方济各会士
（6）弗朗西斯科·德·圣·米格尔	1544	53岁	西班牙	方济各会士
（7）茨木路德比科	1585	12岁	日本（尾张）	茨木保罗之侄
（8）安东尼奥	1584	13岁	日本（长崎）	其父为中国人
（9）小崎托马斯	1583	14岁	日本（伊势）	小崎米迦尔之子
（10）茨木保罗	1543	54岁	日本（尾张）	木桶商，非传教士
（11）马蒂亚斯	?	不详	日本（京都）	非传教士
（12）乌丸莱昂	1549	48岁	日本（尾张）	传教士，茨木保罗之弟
（13）布纳文图拉	?	不详	日本（京都）	非传教士
（14）木神原若阿金	1557	40岁	日本（大阪）	武士出身，非传教士
（15）谈议者托马斯	1561	36岁	日本（伊势）	药商，非传教士
（16）绢屋约翰	1569	28岁	日本（京都）	织造师，非传教士
（17）加布里埃尔	1578	19岁	日本（伊势）	非传教士
（18）铃木保罗	1548	49岁	日本（尾张）	非传教士
（19）竹屋科斯梅	1559	38岁	日本（尾张）	磨刀师，非传教士
（20）佩德洛助四郎	?	不详	日本（京都）	非传教士，途中被捕
（21）小崎米迦尔	1551	46岁	日本（伊势）	弓箭师，非传教士
（22）吉弗朗西斯科	?	不详	日本（京都）	木匠，非传教士
（23）五岛约翰	1578	19岁	日本（五岛）	耶稣会士
（24）喜斋迪埃戈	1533	64岁	日本（备前）	耶稣会士
（25）三木保罗	1564	33岁	日本（摄津）	耶稣会士
（26）弗朗西斯科医生	1551	46岁	日本（京都）	大宗友麟的侍医

2. 天主教传教士被迫集中长崎港

在大殉教事件发生后的当月，12名耶稣会骨干聚集在长崎，探讨重新制订将来的传教政策，陆若汉也应邀出席此次会议。会议讨论的主要议题之一是关于是否允许马尔廷斯主教继续留在日本的问题。按日本教会的初衷，主教本应该永久居留日本。但是发生殉教这样的悲惨事件后，若继续实行原先的计划，恐怕有一天会触怒丰臣秀吉，再次招来灾难。因为前田玄以和长束正家两位奉行遵照丰臣秀吉的意愿已经通知马尔廷斯必须离开日本，并强调现在形势非常紧迫，无论如何主教一定要服从命令。①虽然前田玄以奉行一直都非常支持传教士，耶稣会士也一直当他是"同心之友"，但是前田担心如果丰臣秀吉知道马尔廷斯仍然滞留日本，自己将背负玩忽职守的责任，他不想为此失去作为政治家的前程。耶稣会方面也很清楚，事已至此，不能让一直友好合作的前田玄以等人为难，否则被那些不友好的奉行取而代之，日本传教的未来将更加凶多吉少。②戈梅斯在回忆长崎会议的讨论情形时如此说道：

> 鉴于这种形势，包括罗德里格斯在内，聚集长崎开会的耶稣会士经过反复讨论得出最后的结论，即为了天主教传教的未来，马尔廷斯应该回到澳门去。③

马尔廷斯主教于会议后的3月21日，跟同时被驱逐的另外四名方济各会士一起乘葡萄牙菲格莱多船离开日本，四名方济各会士中包括能说会道的赫苏斯。离开长崎以前，主教表示第二年要以普通传教士的身份再来日本，并特意留下主教服装和宝杖，但他的提议后来被澳门会议否决。④澳门

---

① 前一年的11月，主教拜会丰臣秀吉以后，前田和长束就已经听说对于主教永久居留日本之事丰臣秀吉并不乐意。五野井隆史：《日本基督教史》，页13。
② 《中日古风俗系列》，耶稣会档案，罗马53b。
③ 12年后在长崎召开了同样的会议，并得出同样的结论，只是12年后成为牺牲者而必须离开日本的是陆若汉。《附加手稿系列》，大英博物馆9858，第10—14卷。
④ 同年11月7日，从印度回到澳门的范礼安、马尔廷斯、塞尔凯拉，以及诸多年长的神父在澳门开会。会上就主教的去向进行了讨论，结果达成一致意见，认为主教回到日本去是不明智的，马尔廷斯要求返回日本的主张没有得到认可。会议还做出了决定，主教应该立刻离开澳门前往印度。但是这位曾经历过阿尔卡萨尔吉维尔（Alcazarquivir）战役、当囚犯受到过监禁、遭受海难时都大难不死的马尔廷斯主教在赴印度的船上得了热病，在新加坡海峡死去。遗体被运往马六甲，葬于耶稣会的学院里，迄今在马六甲的圣保罗教堂遗址还留着马尔廷斯的墓碑。迈克尔·库帕著，松本玉译：《通辞·罗德里格斯》，页118。

会议还决定由日本统治者尚不熟悉的继任者塞尔凯拉主教跟随将做第三次巡视的范礼安秘密进入日本，代理马尔廷斯主教的职务。

继续留在日本的传教士的处境从此变得非常艰难，因为丰臣秀吉坚信由于传教士的缘故，日本的国家安全受到了威胁，并再次做出了将耶稣会士驱逐出境的决定。另一方面，丰臣秀吉仍不愿放弃澳门贸易所能获得的巨大利益，于是采用了一个妥协的方案：

> 除去包括罗德里格斯在内、为葡萄牙贸易所需要的若干名神父之外，其余的耶稣会士都被命令遣返回澳门。①

这就是日本天主教传教士大殉教事件后接连不断遭到迫害的主要起因。身处朝鲜的寺泽广高奉行得到命令将所有耶稣会士集中到长崎，除去若干可以逗留日本的传教士之外，其余都将被驱逐出日本。同时，小西行长和大村、有马的大名也得到寺泽广高的提醒，必须尽快驱逐自己领地内的耶稣会士。天主教大名不敢反抗丰臣秀吉的命令，不得不劝告耶稣会士赶紧离开日本，等待形势的好转。②

由于陆若汉被排除在被驱逐的传教士之外，为处理善后事宜，同年4月他跟随前来解决丝绸滞销问题的安东尼奥·加尔萨斯（Antonio Garcés）一起忐忑不安地前往京都。丰臣秀吉热情欢迎二人的到来，带领他们参观刚刚重建的、在前一年地震中倒塌的伏见城（丰臣秀吉当时居住的城堡）。并邀请陆若汉单独作久别后的面谈。对于此次谈话，陆若汉有详细记录：

> 傍晚回到城里，丰臣秀吉跟我一直闲聊到深夜。其中一个话题是从增田处听说的圣菲利普号船长说过的话。丰臣秀吉用扇子比画着西班牙和菲律宾的位置说，西班牙国王派传教士打前站，于是建立起自

---

① 《中日古风俗系列》，耶稣教会档案，罗马52，页306。
② 《中日古风俗系列》，耶稣教会档案，罗马52，页306。

己的帝国，这样菲律宾岛就成为西班牙的领属。对此我解释道，即使在菲律宾岛，只有两个信奉天主教的地方服从西班牙国王的统治，而其他地方并不承认西班牙国王的统治。

....

丰臣秀吉说，要跟葡萄牙人永久保持友谊。作为友谊的象征，他向我赠送了一个象牙十字架。这个十字架形状很特殊，上面还带有圣人的遗物。丰臣秀吉强调说，他妻子很喜欢这个十字架，但他还是决定赠送给作为耶稣会士的我，丰臣秀吉还将从圣菲利普号得来的几块教堂的垂幕赠予我，此外还赠送了一百石大米。

....

接着，丰臣秀吉又谈到伊比利亚半岛的局势，问我西班牙人和葡萄牙人是否都由同一个国王统治。我回答说正是如此，还补充说西班牙人和葡萄牙人虽共有一个国王，但分别属于两个不同的国家。于是丰臣秀吉又问，这两个国家是否信仰同一个宗教。我回答说正是如此。于是丰臣秀吉说，这么说来日本、中国、朝鲜也一样，即中国、日本、朝鲜都信仰同一个宗教，但是不同的国家。说到这里，丰臣秀吉不由笑了起来。①

陆若汉的此次拜会不仅改变了丰臣秀吉的坏心情，其他大名如小笠原一庵、前田玄以奉行②得知陆若汉仍旧受到丰臣秀吉的款待并获得好感，都放下心来，答应重新出面帮助传教士。

耶稣会士以为从此可以过一段太平的日子，驱逐令也会像十年前那样被暂时搁置起来，但不久寺泽广高的回国打破了他们的希望。寺泽广高刚到名古屋就听到传言，说戈梅斯准管区长违背了耶稣会士必须全部集中在长崎的命令，正在天草巡回视察。寺泽广高非常生气，立刻派使者

---

① 迈克尔·库帕著，松本玉译：《通辞·罗德里格斯》，页119。
② 二人曾一直照顾各地的耶稣会士。

前去责问，同时要求就此事会见巴范济或原马尔奇诺（Martinho Hara）。当时耶稣会急需派人从中调停、平息寺泽广高的怒气，陆若汉接受了此项任务。他通过自己与寺泽广高的共同朋友村山等安从中牵线来到名古屋，跟寺泽广高做了一番平静的交谈。虽然未能改变寺泽广高的主张，坚持要传教士集中到长崎等待去澳门，但是寺泽广高已经答应不再进一步为难耶稣会士，传教士不必马上启程，可以等到葡萄牙商船返回澳门时顺便搭船离开日本。①陆若汉在完成与寺泽的交涉之后，1597年在博多港又两次见到寺泽广高，他衷心希望寺泽广高对传教士抱宽容的态度。②

1598年初丰臣秀吉在名古屋视察时，各地大名唯恐被察觉自己执行驱逐令不力，要背负怠慢的责任，便接连采取反天主教的措施。寺泽半三郎命令部下将有马、大村的130多所天主教堂和会所拆毁或烧毁。③一直待在京都的奥尔冈蒂诺也接到石田三成的指令，必须离开京都搬到九州去。丰臣秀吉在一次接见菲律宾使节团时，明确表示了他仍要限制传教士活动的意图。

3. 听证会上提供的证言

1597年对于日本天主教传教士来说，实在是一个多事的年份。西班牙人和葡萄牙人，或者说，耶稣会士跟方济各会士的关系并没有因为长崎殉教事件得到丝毫的缓和，反而互相之间开始正面发起攻击。在圣菲利普号被没收以及长崎殉教事件等的责任追究上互相推诿，展开了一场激烈的争论。葡萄牙人认为是方济各会无视警告公然传教，更由于西班牙人船长的傲慢无理惹怒了丰臣秀吉，给方济各会士，也给耶稣会士招来杀身之祸。西班牙人则争辩说是因为葡萄牙人在官府面前诽谤方济各会士，

---

① 《中日古风俗系列》，耶稣教会档案，第306—307卷。
② 《耶稣教—亚洲系列》，阿儒达图书馆，里斯本 49—V—3。
③ 为了不至于引起当时最有实力的大名小西行长的愤怒，唯有其领地内的教堂没有去碰。迈克尔·库帕著，松本玉译：《通辞·罗德里格斯》，页120。

因而造成如此的局面，还谴责耶稣会见死不救，危难之中不伸手援助同为天主教尽力的方济各会传教士。两个修道会为表明各自的见解，分别召开调查听证会。① 马尔廷斯主教于殉教事件后不到两周内召开听证会，22名葡萄牙信徒作证说殉教者直到最后都保持了贞节，他们誓死捍卫了天主教教义。② 在同年6月初方济各会召开的听证会上，圣菲利普号部分乘客及商船司令官朗德乔等人提供证言，证实当时有耶稣会士和葡萄牙人向京都诬告说，圣菲利普号上的西班牙人怀揣占领日本的野心而来，西班牙人以同样的手段占领了秘鲁、墨西哥和菲律宾。丰臣秀吉正因为受此虚假情报的蛊惑，才没收了圣菲利普号，并导致殉教惨剧的发生。还有人提供证言控告陆若汉拒绝帮助西班牙人，并详细描述了过程：

> 圣菲利普号遭难时，罗德里格斯在京都见过秀吉。据说当时秀吉讲过，如果罗德里格斯提出请求的话，就会把船送回菲律宾，给主君（菲利普王）留点面子。……罗德里格斯认为，郎德乔以及乘坐圣菲利普号的其他西班牙人不通过耶稣会的斡旋，直接向秀吉赠送礼品，也不跟在日本从事多年传教的、有经验的耶稣会士商量便自行其是，所以耶稣会不愿意介入这件事。③

其他证人也作证指责耶稣会士和葡萄牙人，并写成报告书。信徒马尔多纳多（Maldonado）所写的报告十分极端，报告中到处可见近乎歇斯底里的言辞：

> 马尔廷斯、奥尔冈蒂诺、罗德里格斯对秀吉的重臣传话说，西班牙人一到国外，就变成小偷和海盗等恶人，西班牙国王是一个不断侵

---

① 当时采取这样的诉讼程序是非常普遍的做法，陆若汉在日本逗留期间，至少参加过六次这样的听证会。迈克尔·库帕著，松本玉译：《通辞·罗德里格斯》，页122。
② 《附加手稿系列》，大英博物馆9860，第13—20卷。
③ 迈克尔·库帕，松本玉译：《通辞·罗德里格斯》，页125。

占别国的暴君。三人还对秀吉说，他们不是菲律宾国王的子民，而是向波斯公爵的公子、向继任葡萄牙王位的安东尼奥（Antonio）宣誓效忠的人。①

方济各会的赫苏斯也愤恨地控诉说：

> 据说耶稣会三天之前就知道此事（方济各会士很快被逮捕之事——笔者注），但是可恶的神父们什么也不告诉我们。②

耶稣会士在方济各会的听证会上以及后来形成的报告书中受到如此多的指责和非难，不难想象很多有悖事实的证言就是当时流言蜚语的根源。毋庸置疑，耶稣会的威信因此受到了极大的伤害。为此，耶稣会于1597年8月至10月在长崎又召开了两次仅有本会传教士出席的听证会，分别讨论与圣菲利普号事件和殉教事件有关的问题，主要目的是表明在这两个不幸事件中耶稣会的态度和立场，澄清大家的疑虑。有14个证人就第一次会议的17份报告书和第二次会议的10份报告提供证言，陆若汉作为耶稣会证人之一出席听证会③，他做过庄严宣誓后提供了如下证词：

> 圣菲利普号的代表没有寻求留在京都的耶稣会士的合作。……如果该船代表不去增田处，而是直接跟前田接触的话，秀吉就不会没收船上的货物。当时奥尔冈蒂诺就跟布拉斯凯斯说，对方济各会士不跟耶稣会士商量便进行这一微妙的交涉表示遗憾，布拉斯凯斯自信地说

---

① 这次听证会就日本的方济各会士的传教和殉教，写成了13篇报告书，包括马尔廷斯来回乘坐的船的司令官菲格莱多（Figueiredo）在内，总计有15名证人证明了报告书的记载准确无误。报告书中记载着方济各会士第一次到达日本时的情况，以及在京都、大阪和长崎开展活动期间被逮捕，然后被处刑的情况。《耶稣教—亚洲系列》，阿儒达图书馆，里斯本 49—V—3。
② 迈克尔·库帕著，松本玉译：《通辞·罗德里格斯》，页126。
③ 证人中还有巴范济、佩德罗·莫雷洪和两名奥古斯丁会（Augustinian）的神父，以及若干名信徒。信徒中也有乘坐圣菲利普号来到日本的人。

方济各会能处理好一切。……他（布拉斯凯斯——笔者注）继续说道，在自己和主教到达京都之前，增田就已经去了浦户，留在京都的只有奥尔冈蒂诺一人。那种所谓耶稣会士劝秀吉没收船上货物的说法是无稽之谈。他推测说，关于葡萄牙人跟秀吉说过充满敌意的话的传言一定是增田编造出来的。

陆若汉进一步称：

> 自己的确告诉秀吉同一个国王统治着西班牙和葡萄牙。秀吉命令我处理圣菲利普号事件，并说如果我希望归还那艘船，就可以满足他的愿望。我强调说，马尔廷斯主动向布拉凯斯提到此事，但布拉斯凯斯没有搭理。几天后，布拉斯凯斯前来请求自己跟前田交涉这个问题，自己也照办了。我补充说，耶稣会事后还给遇难船只的乘客赠送了捐款。葡萄牙商人和耶稣会士因为商船的货物被没收也同样遭受到损失。因为市场供应过剩，澳门产的丝绸卖不出去。①

在第二次关于长崎殉教的听证会上，陆若汉再次提供证言说：

> 在京都和九州自己再三向方济各会的人提议，要他们采取低调的姿态从事传教活动。前田也曾经对两名方济各会士提出警告，劝他们不要做出引发问题的事情。……耶稣会和方济各会的住处被军队包围时自己并不在京都，回到京都才听说关于增田向秀吉报告西班牙船长轻率言论的传言。事后见到秀吉时，自己还直接询问过此事。（陆若汉接着说）被处刑的人们在前往长崎的刑场途中，自己曾经尽力帮助他们，甚至想设法营救他们。②

---

① 迈克尔·库帕著，松本玉译：《通辞·罗德里格斯》，页127。
② 迈克尔·库帕著，松本玉译：《通辞·罗德里格斯》，页127。

陆若汉作为耶稣会和葡萄牙传教士通辞，又基于跟丰臣秀吉非同寻常的亲近关系，不用说他被视为是这一事件的中心人物，无论是方济各会士受到毁谤，还是关于唆使丰臣秀吉采取极端手段的指控，首先被怀疑的自然是陆若汉，因为他一直处在能够向丰臣秀吉进言的位置上。陆若汉在圣菲利普号事件中究竟扮演怎样的角色，虽然当时他的行为举止无法清楚了解，但是根据史料的考证，圣菲利普号被没收的责任确实不在陆若汉。① 当时出于经济利益的考虑，即使没人从旁出谋划策，丰臣秀吉也一定会没收圣菲利普号的货物，类似的例子过去也曾经发生过。至于是什么原因促使丰臣秀吉执意要将方济各会士处死，日本史学界大都认为圣菲利普号船长轻率的言论是导火线。但令人不可思议的是，丰臣秀吉一方面处死了在京都安静生活的方济各会士以及他们的信徒，另一方面却将当事人圣菲利普号船长、船员以及乘客，于当年宽容地送回菲律宾。从1597年8月丰臣秀吉寄给菲律宾的正式信函中也许可以看到丰臣秀吉此举的理由：

> 我听说在贵国，所谓的传教，只不过是征服他国的一种策略。②

如传言那样，西班牙传教士成为一群间谍，为征服殖民地打前站。尽管当时澳门的葡萄牙人和马尼拉的西班牙人几乎没有可能进攻日本，但是作为统治者的丰臣秀吉总是担心日本的安全受到威胁。由大殉教引起的天主教受迫害的事件自此之后不断发生，传教士更加难以在日本立足，即使到了非常重视日葡贸易的德川家康时期，天主教传教事业也是步履艰难，逐渐走向低谷。全日本开始大规模禁教，大批天主教传教士和信徒被驱

---

① 陆若汉于8月15日从澳门回到长崎，为安排主教的拜会来到京城，9月20日跟卡尔塞斯一起回到长崎。9月底，马尔廷斯正访问耶稣会学院，不在长崎，陆若汉在给主教的信中报告了京城的最新形势，为安排拜会又一次先期到了京城。圣菲利普号在浦户进水沉没是10月20号的事，船上的代表到达大阪是在10月29日，当时陆若汉不在京城，这件事不仅他本人，还有巴范济、莫雷洪和梅尔卡多（Mercado）也都提供了证言，可以认为陆若汉10月29日之前还没有回到京城。增田奉行于10月27日贴出布告，为搬运没收的货物，要征用许多运输船。也就是说，圣菲利普号的命运是在陆若汉回京城以前就已经决定了。《附加手稿系列》，大英博物馆9860，第51卷。

② 《中日古风俗系列》，耶稣教会档案，罗马45，第159卷。

逐，赴日商船受到限制，统治者连续颁布锁国令，日本终于进入了闭关锁国的时代。

（六）1598年从长崎写给耶稣会总会长的信

16、17世纪的天主教耶稣会士向罗马教皇寄出了大量的信简，这些信简为欧洲社会提供了亚洲这个既神奇又引人入胜的世界的丰富资料。传教士努力在中国和日本传播福音的尝试确实为东西方之间卓有成效的文化交流提供了机会。耶稣会士所写的信简以其内容的多样性、丰富性和严肃性，可以"与18世纪的那些不朽著作相提并论"①。耶稣会士作为文化传播使者，在欧洲传播有关中国和日本的信息，维持了知识界的亚洲热，并带动西学向东方渗透。这些信简如同"真正的、客观的、几乎是雏形的编年史"②，清楚地展现出各个传教区的宗教、文化、贸易、外交以及科学发展等趋势，欧洲人通过信简了解亚洲各国的文化、宗教、科学。

向罗马寄信的大部分是在耶稣会中处于重要岗位的负责人，信中谈到传教所存在的缺陷涉及各教派，修道会之间产生争议在所难免，因为向耶稣会总会长如实反映情况是长老级传教士的义务。在日本和澳门集耶稣会通辞、司库等重要职务于一身的陆若汉也曾经给罗马寄出过十封信简。据迈克尔·库帕考证：

其中六封是写给耶稣会总会长克劳迪奥·阿奎维瓦（Claudio Aquaviva）及其继任者木茨奥·维特莱斯基（Mutio Vitelleschi）的。用罗德里格斯特有的字体写成的亲笔信保存有六封，另有两封被抄写进入其他的书简，还有两封为当时复写下来的。十封信当中，一封写于长崎，一封写于北京，两封发自广东，其余六封均写于澳门。除现保存在马德里的澳门第一封信，其他均保管在罗马的耶稣会文书馆

---

① 安田朴、谢和耐等著，耿昇译：《明清间入华耶稣会士和中西文化交流》，页1，巴蜀书社，1993年。
② 安田朴、谢和耐等著，耿昇译：《明清间入华耶稣会士和中西文化交流》，页15。

里。罗德里格斯从日本寄出的信只剩下一封，但是，在逗留日本的三十三年当中，很明显他另外还写过好几封信。①

另据日本史学家土井忠生考证：

> 通辞伴天连若阿·罗德里格斯从日本和中国发往欧洲的信函在罗马耶稣会总部保存有以下七封亲笔原信。②

土井称：

> 以上各信函都是被Schurhammer神父的著作或论文所引用，或者是通过私信了解到，没有一封是亲眼看到的。只有唯一的一封——1598年从日本长崎发出的信函幸运地得到了全文的图片。③

从中国发出的六封信函均用葡萄牙文书写，唯有从日本寄出的这封信函是用西班牙文写的，十分之珍贵。据说陆若汉出生的贝拉地区至今仍使用近似西班牙语的方言，陆若汉写下这封西班牙文的书信，确是件颇有意义的事情。④

1598年2月28日在长崎写成的书信称得上是现存十封信当中极具意义且很有参考价值的一封。关于陆若汉的能力和性格，如其他章节所述，他的日语非常流利、善于交际，另外如范礼安1593年的简短报告中描述的，"很聪明，但是判断力上略欠思考，不够慎重"⑤。但是有关陆若汉的人物特

---

① 迈克尔·库帕著，松本玉译：《通辞·罗德里格斯》，页150。
② 土井忠生抱着想了解陆若汉笔迹的热切期望，曾通过在广岛修道院学习的沃斯（Voss）神父跟罗马的克雷舍（Kleiser）神父取得联系，得到了被认定为1598年长崎亲笔书信的末尾六行的图片。后又经过多方努力，设法得到罗马耶稣会的理解，为其提供了陆若汉书信的全文图片，实现了他很久以来的心愿。土井忠生：《吉利支丹论考》，页257。
③ 土井忠生：《吉利支丹论考》，页259。
④ 虽说是西班牙文，其中也混有葡萄牙文的用法，仅就这一点进行考察也极有价值。
⑤ 《中日古风俗系列》，耶稣教会档案，罗马25，第42卷。

性和思想观点却含糊不清。1598年的这封信写于他生病期间，字里行间可以看出是他因心情郁闷一气呵成写就的，第一次以一个有血有肉的人物形象展示出陆若汉的喜好和憎恶。当然仅凭一封信或许不能完全正确地评价一个人，但此信确是研究通辞陆若汉所不可缺少的史料，可以成为研究其性格和思想的较为恰当的资料。这封信中所记述的史实，以及所表现出来的陆若汉的为人，跟从其他资料得到的信息完全相符。

陆若汉在信的开头先介绍自己"生于葡萄牙国，有其国籍"，由"吾主引导"加入耶稣会，被"派遣来到日本，在此国家居住至今已逾二十一年"，称自己"略通日语"，相伴"不觉有语言之障碍的副管区长伴天连（佩德罗·科埃廖）巡回各地"，后随同"由葡印总督派来的巡视员伴天连范礼安一起去京都"拜见丰臣秀吉。因为"具备语言知识"，"直至今日，神圣之使命令"他"担任起太阁（丰臣秀吉）及其重臣面前的日本天主教会及其宗门方面的联络人"。在迫害发生的八年间，一直负责耶稣会跟丰臣秀吉以及日本官府之间的交涉。在此信中，陆若汉主要谈到两件事，其一为"天主教会之事"，其二为"国民改教之事"。①

陆若汉首先谈到跟长崎会所直接有关的问题，会所的院长"以病弱之躯从事诸多公务"，因年事已高，体力不支，"不能完全履行职责"，在监督会规方面"亦有所怠慢"，却"依然在此任上长达十七年"。陆若汉指出长崎会所位于日本跟海外进行贸易的中心城市，"此地每年有葡萄牙船及其他各国船舶（多数是来自中国的航船）"，由此产生与耶稣会有关的诸多业务，任何事情必须迅速处理，故此会所的院长"需要具备健康的体魄和丰富的知识，能够处理紧要事宜"。在大村、有马和京都也存在同样的问题，由同一个人长期担任院长"二十年未变"，因此产生各种各样的问题。②陆若汉信中阐述了诸多不利，他称：

---

① 土井忠生：《吉利支丹论考》附录。
② 土井忠生：《吉利支丹论考》附录。

第一，此等人长年位居统治地位，身心疲劳，故对遵守会规产生怠慢之心，在以身作则、勉励部下方面也缺乏热情，反而获得许多违反教规的豁免和特别许可。第二，他们一生都垄断如此重要职位，据为己有，而将其视为理所当然，遇事就颐指气使，擅自决定。第三，有的人既已辞去长老之职，仍在某种程度享受同样待遇。位居其上的长老，对他们表示同情，不服从其他人管理，以一种特殊伴天连之身份留在该地，不得从事改教及其他业务。数日前曾发生一件事，由于遭受迫害而某一神学院被废除的同时，一名伴天连被免除了院长的职务，他仍留在有马地方，同有马院长属下六七名伴天连一起住在同一地方，因他曾为院长之故，便直属副管区长管辖。从欧洲来到日本居住之我等，因为人数少，成为神父者不足五十名，而得不到如此豁免，留下者更少，因此恣意放纵者甚多。第四，贵台已派遣许多年龄适当且有才能者来到此地，然而常由同样的四五人占据长老职位，长期不变，因此他们（新来者——笔者注）不能经历本会的管理事务，埋没其才能，最终不能成为这方面的合适人选。任何事情均缺乏活力，他们对于我会章程的热情也自然消失，仅仅对忏悔和洗礼有用。如此，在日本适合管理之人或能够胜任本会职务之人在我会会员中寻找不出，是因为具有才能者在应当使用时也将其隐藏起来之故。①

该信措辞严厉，指出了各天主教会领导层的问题。不仅因为陆若汉年轻气盛，说话用词尖锐，更因为长崎的院长的确不善于管理。陆若汉未点出姓名的这位长崎院长就是安东尼奥·洛佩斯（António Lopes）。洛佩斯出身于里斯本，比陆若汉早一年来日本，当时五十多岁。②安排职务的范礼安并非欣赏洛佩斯的行政能力，因为范礼安曾说过洛佩斯跟其他地区的两名院长一样，"不善于统治"，但范礼安认为"再找不到其他有能力的人

---

① 土井忠生：《吉利支丹论考》附录。
② 安东尼奥·洛佩斯一直担任长崎耶稣会会所院长的职务，直到陆若汉写这封信以后六个月，1598年8月去世为止。

选"①。可见陆若汉对洛佩斯的评价和批评并非苛刻，反而十分贴近事实。

陆若汉接着又把目标转到日本籍会士身上，对发展他们入会阐明了自己不同的意见：

> 若不进行严格考试挑选，亦不认真考虑，便允许多数日本人成为伊鲁曼，余认为于我会不利。日本人比之我等来自欧洲者，缺乏天生的才能，品德能力也不健全，乃天性优柔寡断、易于动摇多变之国民。而且，我神圣之信仰尚未深深扎根，改教也是最近才有之事，故对修道生活尚一无所知，无法理解。若我会允许此等一知半解者大量入会，乃极为不妥之事。彼等之人一旦受到诱惑，便可能轻易离我会而去。若无制度能在教会以外给予处罚，便无法给予施加压力。如此成为异教徒而无法作为修道会背离者加以处罚之实例，可以举出很多。更可悲的是，其中还有抛弃信仰者，如里诺（Lino）、西蒙（Simon）、近江约翰（Õmi João）、安东尼奥（Antonio）等，他们不但抛弃信仰，而且还广为散布连自己都不信仰的邪教，甚至还有同异教徒结婚生子者。听从吾主德乌斯之教义而最终走到如此地步，不能不说是我会极不名誉之事。②

四名"抛弃信仰者"的情况是，里诺，河内出生，21岁时进入修道院，和陆若汉同期修炼者。1588年后，不经过正规手续私自退会、背叛教义，被列入"逃亡者"名单。西蒙③，1580年进入臼杵修道院，1585年至1590年期间背叛教义。④近江约翰，1586年8月入会，1592年请求批准退会，没得

---

① 迈克尔·库帕著，松本玉译：《通辞·罗德里格斯》，页150。
② 土井忠生：《吉利支丹论考》附录。
③ 叫西蒙这个名字的人，在不同的时期有好几个人入会，但是陆若汉所说的西蒙，大概是摄津的西蒙。
④ 据考洛斯称，西蒙修士在退会时顺手牵羊地带走了很多东西。西蒙后来经过劝说，曾经复会过一次，但是很快又退出，之后再也没有回来。迈克尔·库帕著，松本玉译：《通辞·罗德里格斯》，页151。

到范礼安批准便自行退会。安东尼奥，平户出生，修炼两年后被分配到志岐的会所，六个月后退会。关于日本人的入会问题，陆若汉信中继续说道：

> 余多年来一直抱有如下拙见。关于与我会有关之事，该国民尚未完全理解，虽说入会之日本人已逾百人，在如此众多人中，尚无具备统管之才能者，亦无适应修道生活者，更无具有拯救灵魂之热情者。更何况具备能够授予神圣职位之能力者，至今尚未发现一人。将来日本人能否具备统管之才能，令人质疑。然而，来自欧洲者为少数，而彼等为多数，而且品德不全面者均未经洗礼而进入我会。即彼等大多数自年幼时就在圣学院接受教育，不知在教会中应做何事，也不懂被挑选入会者的天职如何重大。在承担教育者的说服之下，有时是同时接受十三人，有时是一次接受同样的人数，又有时是接受六人。但是，其中既无虔诚信仰者，亦无乐于祈祷者，他们之间经常有的是伪善。作为日本人之天性，表面极其谦虚而温和，我会会士常为其所惑，不知其热情不如欧洲人强烈，修行也不积极之真相，而且也不能识破这一点。余虽如此认为，但丝毫无贬低或谴责该国民之意，仅仅是自己多年与其相处，从事教育，在京都与有马的神学院教其拉丁语，从为我会着想出发，将自己所想之事进行陈述而已。①

有关院长任职年限太长的批评属于行政上的问题，在必要时也许容易得到解决，但是信函这部分所涉及的则是一个带有根本性的问题，更能提请罗马教皇的深思和注意。如前所述，跟欧洲公开出版的书信相比，未发表的私信内容清晰、更加真实。陆若汉1598年写的这封信在今天读起来，虽有不甚明白之处，但确是陆若汉毫无掩饰的真实表白，其中也暴露出欧洲传教士和日本传教士之间的某些隔阂，产生问题的根源似乎在更深层次的思想文化领域。欧洲和日本的修道生活方式存在相当大的差异，特别是

---

① 土井忠生:《吉利支丹论考》附录。

耶稣会和佛教寺庙的修行有明显的不同。许多寺庙对入教者不像耶稣会那样提出各种要求,例如佛教僧侣中,几乎没有人遵守不准接受外人礼品这一清规戒律。① 另外,许多日本人认为:"天主教会所强调的绝对顺从政策在日本没有实施的必要。"② 正如范礼安和陆若汉所说,日本人从来不把内心表白出来,更不要指望他们通过译员来间接地表达自己内在的思想。日本信徒往往觉得按照外国,即非日本的形式来追求灵性和修身养性是一件很烦琐的事情。③ 欧洲传教士若不具备这种问题意识,过早地将天主教思想、行为和传统固定下来,强加于信奉天主教的日本人,最终将遭到失败。

范礼安承认在日本的会规中他设置了很多在欧洲是不被允许的例外条款,耶稣会士也根据范礼安的指示非常努力地顺应日本人的生活。④ 尽管做出如此多的让步,但可以说并没有一个欧洲人认可欧洲生活方式以外的东西,而这种欧洲生活方式以外的东西既改变了欧洲风格的灵性,也未必符合日本的文化传统,东西方在宗教、文化上的差异仍不时会撞击出火花。范礼安曾坦率地承认欧洲会士和日本会士虽然表面上没有对立,但是在他们之间几乎没有友谊和爱,并列举了六年后陆若汉在信中提到的那些缺点,"日本志愿者不喜欢祈祷,没有热情,对尊长不敢开心扉"⑤,用范礼安的话说,卡布拉尔用"皮鞭加抱怨"来管理日本人的政策起不到任何作用。他说道:

日本人心里到底在想什么,一点都抓不住,不知道该如何是好。⑥

陆若汉这封以居高临下的口吻写的书信也充分反映出欧洲传教士的抵触情绪,但他认为日本传教士"没有拯救灵魂的热情"的看法是偏激且有

---

① 《中日古风俗系列》,耶稣教会档案,罗马14,第278卷。
② 《中日古风俗系列》,耶稣教会档案,罗马2,第163卷。
③ 《耶稣教—亚洲系列》,阿儒达图书馆,里斯本49—IV—56,第6、9卷。
④ 《中日古风俗系列》,耶稣教会档案,罗马25,第53卷。
⑤ 陆若汉长崎1598年书信。转引自土井忠生:《吉利支丹论考》附录。
⑥ 迈克尔·库帕著,松本玉译:《通辞·罗德里格斯》,页156。

失公允的。尤其是在他一年前刚目睹了26人大殉教的悲惨事件之后，殉教者之一是他的同学，年仅33岁的日本传教士三木保罗无论在牢狱中，在赴刑场的途中，甚至钉在十字架上，仍在向人们宣讲天主教的教义，而当时陆若汉就站在他的十字架旁。

在书信的最后，陆若汉提到耶稣会士学习日语的问题，他说道：

> 我所想起的一件重要之事是贵台曾经建议过定居日本的长老都要学习日本语言。学习语言是与日本伊鲁曼交往所必须。因为他们把通过第三者进行交谈看作是一件极其烦恼之事，因此长老如不能充分理解其下属便不能面对其困难，亦不能给予安慰与帮助。另外，长老要与其所负有责任之天主教徒进行必要的交往，如通过第三者则无法进行，为此也必须学习语言。①

陆若汉一直强调每位到日本来的传教士必须完成日语课程，从到达日本时起开始学习。最后陆若汉在信中简单陈述了丰臣秀吉正迫害天主教传教士，有的大名"毁坏日本的佛像"、"没收施主捐献"，破坏他们"学习教义的寺庙"等一系列事件后，仍以乐观的语气表示相信丰臣秀吉的迫害结束以后，天主教会就会兴旺发达起来。②

当16世纪天主教传到日本时，日本岛上已有从中国传入的佛教、儒教，以及称得上日本本土宗教的神道，应该说天主教在日本的扎根历史还很浅。但是这个宗教的传教和教派势力的发展并不畏惧时间和根基上的弱势，从未放弃过与其他宗教信仰的抗衡，并试图逐渐深入各阶层民众，给日本的多种信仰注入由西方社会传来的完全崭新的天主教精神。例如佛教，它作为镇护日本国家的宗教，经常在"国家和执政者的保护之下随心所欲地扩张自己的势力，且成功地改头换面为大众宗教"③。而且佛教以天

---

① 陆若汉长崎1598年书信。转引自土井忠生：《吉利支丹论考》附录。
② 《中日古风俗系列》，耶稣教会档案，罗马13，第132卷。
③ 五野井隆史：《日本基督教史》，页3。

主教在日本传教为契机,展开与天主教的对峙和宗教理论上的论争。如五野井隆史所称:

> 与天主教一方显示出来的诚挚地研究佛教的态度相比,佛教并没有认真地研究过天主教。随着德川幕府体制的确立,反而作为摧毁天主教的民众机构发挥作用,寺院和民众之间的纽带以檀家制度为基本轴心更加强化。①

与佛教相比,天主教在日本作为国民宗教或大众宗教的认识从未有过。据1986年的统计数据②,日本的信徒人数,新教徒为61万,天主教徒(旧教徒)为45万,共计106万人,仅占当时日本总人口11,000万人的1%左右。天主教曾经被认为是部分特权阶层的宗教,多数民众将天主教理解为外国人的宗教,感觉与天主教徒之间有一种无形的距离,至今仍隔岸远远地眺望着。佛教也曾经是外国的宗教,天主教为什么不能像佛教那样深入到日本普通民众的内心?我们从日本早期的天主教传教以及受容过程中的充满苦涩与艰难的历史多少能够了解其原因所在。

被称为"东洋传道圣者"的耶稣会士沙勿略由日本青年池端弥次郎陪伴,于日本的天文十八年(1549)七月来到鹿儿岛,开始日本传教的第一步。在鹿儿岛滞留一年期间,沙勿略虽得信徒百余名,却因遭到佛教徒的激烈反对,以及贸易上发生的问题,传教并不成功。后来他巡历平户、山口,赴京都谒见天皇,得到了传教的许可。但又因战乱之故未能达到目的,便暂时以山口为据点,最后移至丰后的府内。他在那里受到领主大友宗麟的欢迎,便以府内为传教根据地,主要向下层民众传播福音。在该地传教二年三个月后,沙勿略离开了日本,并根据这一阶段的传教经验,制订出更加周密可行的传教计划,特别是"耶稣会所实施的、利用贸易给予

---

① 五野井隆史:《日本基督教史》,页4。
② 五野井隆史:《日本基督教史》,页4。

传教很多便利的策略都是沙勿略所倡导的"①。随同沙勿略一起前来并永久留在日本的托雷斯，以及后来三次巡视日本的耶稣会巡视员范礼安等众多传教士先后在丰后、平户、博多、九州等地发展教会势力，为日本的天主教传教事业呕心沥血，他们都在日本天主教的传教史册上留下了英名。

比起史书上这些声名显赫的天主教耶稣会士，陆若汉作为传教士的作用和影响往往被忽略，究其原因可以总结出如下三点。

第一，陆若汉并非作为天主教传教士来到日本，只是一名来自葡萄牙偏远山区的贫寒少年，他并非奉使命而来。他的知识才华是来到日本后通过学习和体验形成，其基础有别于那些有名的传教士。

第二，陆若汉承蒙范礼安赐予机会及丰臣秀吉的赏识，在耶稣会担任通辞，成为架设于耶稣会与日本官府之间的一座桥梁，主要职责并非传播天主教教义。②

第三，被指定为德川家康的贸易代理人之后，更是忙于中日葡贸易的具体而烦琐的事务中，作为传教士的神职工作无暇顾及。

人们很容易由此得出这样的结论，即陆若汉作为耶稣会士名不副实，因此被忽视也在情理之中。笔者不赞同此种观点，证据来自有关陆若汉与天主教传教的各种史料。首先，如上所述，陆若汉作为通辞经常随同耶稣会的主教、巡视员、管区长等要人赴京拜会日本的当权者，没有他的斡旋、他的机智、他的良好的人际关系，耶稣会不可能从日本统治者那里得到哪怕是短暂的承认和传教的机会，更何况他的确挽救过几次危机。其二，身处当时不同国籍的各派传教士的激烈争执之中，没有相当的能力和影响力是很难立足于这些产生摩擦却又都为传播天主教教义而来的人们之中。这些带着信仰和勇气来到亚洲这个遥远地方的各会传教士，将欧洲人相互之间的偏见原原本本地带了过来。其三，作为贸易代理人和耶稣会司库，陆若汉为天主教会筹措资金，从奠定较稳固的经济

---

① 土井忠生:《日本吉利支丹文化史》，页18。
② 这或是史书中很少有陆若汉直接参与传教的记载之缘由。

基础的立场出发，来保证传教事业的顺利进行，真是功不可没。其四，由于陆若汉出众的日语能力和较扎实的哲学和神学基础，以及对于日本文化的深入了解，他在维护天主教教义的准确传播、与佛教徒的宗教辩论、日语语法书籍的撰写、日本教会历史的编撰等思想、文化和语言等深层次方面，做出了令人瞩目的贡献，当时的天主教传教士无人可与之相比拟。

的确，陆若汉在耶稣会的身份和地位不可能使他能像沙勿略、范礼安那样为日本天主教传教事业制定任何政策和方针，但是他对于天主教会做出的贡献体现在传教活动中看似平凡琐碎的点点滴滴之中。

三、德川家康时代的陆若汉

日本庆长三年（1598），德川家康成为日本新的统治者。一方面，耶稣会士期待着一直受官方迫害的传教形势从此得以改变，另一方面，为使日本天主教能够扎实稳健地发展和增加财政收入，耶稣会士继续促进葡萄牙商船的通航，并直接参与生丝贸易。各地的大名和领主为了得到武器弹药、生丝产品和黄金，以及征收入港税，也努力将葡萄牙商船招至自己的领地。丰臣秀吉推行的对外征讨在政治和外交上没有收到任何效果就宣告结束，但是丰臣对发展通商贸易一直非常热心，这一意图被接管政权的德川家康全盘继承下来。[①] 德川家康出于对外贸易的考虑，对天主教传教采取了较为宽容的态度。一段时期内，耶稣会的传教事业似乎重见天日，传教士也逐渐开始公开自己的身份。这期间，传教士通辞陆若汉也被德川家康赋予了新的重要使命。

（一）经历丰臣政权向德川统治的转变

1598年在日本天主教传教史上很不寻常，这一年发生了不少事件。3月，十一名耶稣会士离开日本前往澳门；7月，马尔廷斯主教的继任者路

---

① 海老泽有道：《日本基督教史》，页115—116，塙书房，1990年。

易斯·塞尔凯拉（Luis de Cerqueira）主教乘坐一艘来日本的缅顿沙运输船从澳门出发，随主教一同前来的是作第三次日本巡视的范礼安和四名耶稣会士；8月，希尔·德·拉·马塔（Gil de la Mata）及四名耶稣会士乘坐的船到达长崎；同月底，耶稣会传教士陆若汉带领葡萄牙使节团前往京都参观，并携带贵重的礼物去拜见丰臣秀吉和多位重臣，但此时丰臣却是生命危在旦夕之中，日本的形势突然变得十分复杂和紧张。①据耶稣会的记录，丰臣秀吉从1595年底开始重病缠身，时好时坏。②有传言说丰臣秀吉在两年前被朝鲜使节下了毒，从此一病不起。对此传闻，迈克尔·库帕称：

> 虽是毫无根据的传言，却一直在流行，跟罗德里格斯同期晋铎为神父的弗朗西斯科·佩雷斯（Francisco Pires）几年后和英国商人理查德·库克斯（Richard Cocks）交谈时还提到此话。③

临近死期的丰臣秀吉千方百计想让五岁的儿子丰臣秀赖做自己的接班人，成为日本未来的统治者。但他也预感到一旦自己离世，丰臣秀赖继承权力的话，很难实现统一天下的梦想。虽然丰臣秀吉当时确实是日本无人可比的实力统治者，但各地大名依然掌握和控制着所属领地的权力，在丰臣秀赖长大成人之前根本不能保证他们会对丰臣家一直效忠。比起意外身亡的前任统治者织田信长，丰臣秀吉尚有时间考虑接班人的问题。他把丰臣家的势力和统一天下作为两件大事来考虑，在儿子长大成人能够独立统治国家之前，决定采取"控制和平衡"的政策，即把国事和后代托付给五位"大老"④共同掌管和照顾，同时任命三名"中老"充当诸大名的调解

---

① 《中日古风俗系列》，耶稣教会档案，罗马13（I），第154卷。
② 《中日古风俗系列》，耶稣教会档案，罗马52b，第234卷。
③ 迈克尔·库帕著，松本玉译：《通辞·罗德里格斯》，页166。
④ 五大老是丰臣秀吉临终前为了托孤而设置的官职，是政权机构中的最高决策人，由有威望的大名担任，有德川家康、前田利家、宇喜多秀家、毛利辉元、小早川隆景五人。丰臣死后不久，德川家康篡夺政权，此职也就取消了。

人，另外安排五名奉行处理日常行政事务。①日本教区管区长巴范济回顾当时的情况时如此描述道：

> 大老、中老和奉行都被召至秀吉面前，举行宣誓仪式，要求对丰臣家尽忠。五名大老于8月16日作了宣誓，家康被秀吉强行要求在9月5日和8日分别又作出宣誓。两三天之后，其他的大老们也被要求再次作了宣誓。②

德川家康在"五大老"中是很有实力的人物，无疑成为丰臣秀赖的权力竞争对手。丰臣秀吉亦感到德川家康是一个危险人物，丰臣秀赖在实力上难以与其抗衡。为了使德川家康的势力为己所用，丰臣秀吉设法让丰臣家和德川家联姻，他安排儿子丰臣秀赖与德川家康两岁的孙女千姬订了婚。③正如巴范济所作的冷静敏锐的观察那样：

> 秀吉是为了把秀赖作为自己的接班人才定下的这门亲事。④

据说德川家康听到丰臣秀吉赐婚的命令流下了眼泪。但是当时冷眼旁观事态发展的天主教管区长巴范济对德川家康此举抱有怀疑，心想他的眼泪是为丰臣秀吉死期将至感到忧伤呢，还是为自己掌握政权的日期临近感到高兴呢。⑤巴范济等传教士在丰臣秀吉尚未离世之前便对德川家康能否保持忠诚产生怀疑，十几年后残酷的事实无情地证实了他们的担心。⑥

---

① 五名奉行中的三人——前田玄以、浅野长政、石田三成对传教士抱有好感，第四人是因圣菲利普号出名的增田长盛，第五人是长束正家。
② 《中日古风俗系列》，耶稣教会档案，罗马 54a，第7卷。
③ 千姬的母亲是信长的外甥女，所以将来出生的小孩是16世纪日本三大统治者的子孙。
④ 《中日古风俗系列》，耶稣教会档案，罗马 54a，第7卷。
⑤ 迈克尔·库帕著，松本玉译：《通辞·罗德里格斯》，页167。
⑥ 德川家康完全不顾丰臣秀赖和自己的孙女已订婚的这一事实，在十七年之后，灭了丰臣一家。迈克尔·库帕著，松本玉译：《通辞·罗德里格斯》，页168。

死期将至、身体极度衰弱的丰臣秀吉头脑仍然很清醒,他听说葡萄牙使节团到了伏见,便让身边的奉行传话要单独见陆若汉。自从患上重病以来,丰臣秀吉满脑子都是权力继承问题,无心会见国内外来客,这次主动提出见陆若汉完全出乎寻常,可见丰臣秀吉对陆若汉的重视。关于此次会面的情形,迈克尔·库帕记述道:

> 秀吉将罗德里格斯叫到身边,感谢他每年不辞辛苦远道前来会面,秀吉安详地讲到自己临死前能够见到他非常高兴,声称恐怕这是最后一次见面了。接着向在场的人夸奖起罗德里格斯,并下令赠送丝绸衬衣、二百石米,以及用于往返京都的船。①

翌日,按照丰臣秀吉的盼咐,陆若汉还见了其五岁的儿子丰臣秀赖,并受到丰臣秀吉的设宴款待。席间,丰臣秀吉极力向他介绍自己正在推行的政策,即让重臣们的儿女们互相联姻,从而加强各家庭之间的结合,达到政治权力集中,乃至延续的目的。在这次气氛不同寻常的会见中,陆若汉已明显感觉到丰臣秀吉将不久于人世,他甚至准备向丰臣秀吉讲述拯救灵魂之类的话,但丰臣秀吉客气地拒绝了他的"临终祈祷"。离开迷宫一样的伏见城堡后,陆若汉内心十分失落,他意识到自己跟丰臣秀吉七年多的友谊即将结束,而自己竟一直未找到机会以朋友的身份向丰臣秀吉宣讲天主教教义。②

丰臣秀吉是一位非常精明的政治家,从理论上说,他的临终安排能够非常巧妙地防止个人特别是德川家康的权力过度集中。但从实际效果来看,由于安排过于复杂,反而起不到预期的制约作用。得知丰臣秀吉制定出这样的政策,不仅日本人,连消息灵通的外国传教士也暗地里预言这一计划无法实现。范礼安如是说:

---

① 迈克尔·库帕著,松本玉译:《通辞·罗德里格斯》,页169。
② 《中日古风俗系列》,耶稣教会档案,罗马 54a,第7—14卷。

日本的统一是建立在强势军阀武力压制弱势军阀的基础上的，受到压制的一方并未销声匿迹，秀吉一死，那些敌对势力必定死灰复燃，这点是毋庸置疑的。①

就连丰臣秀吉本人大概亦意识到自己死后可能发生的事情，从他的辞世和歌②中仿佛能听到一种预言的声音：

露と落ち　露と消えにし　　　（伴露水而落　伴露水而消）
わが身かな　　　　　　　　　（此乃我身也）
難波のことも　夢のまた夢　　（难波之事犹如梦叠梦）

正如人们所预料的那般，德川家康在丰臣秀吉死后不到两年，便违背丰臣秀吉的期待，不再愿意当一个"在同辈中处于首位的人物"③，而自认为是最高权力者。其他被丰臣秀吉托付重任的大臣们看到德川家康不断显露头角，感到无比愤慨，矛盾和冲突很快爆发。1600年夏天，德川家康的阵营同对立派石田三成的阵营终于开战。这场史称"关原之战"的著名战役很快决出了胜负，石田一派受到数量上处于劣势的德川一派的猛烈打击而出人意料地彻底崩溃。战败的敌军由于德川家康的宽宏大量未遭杀戮，德川家康仅下令处死俘虏中的三人。这三人均为一直与天主教传教士关系密切的支持者，即一年前曾拜见过陆若汉的石田三成、耶稣会通信中经常被提及的小西行长以及另一位天主教大名。此时的耶稣会陷于极为尴尬的境地，一方面痛惜三人的被杀给天主教传教事业带来的损失，另一方面更担心因此遭受池鱼之殃，加重丰臣秀吉时代的迫害，使原本就不稳定的教

---

① 《附加手稿系列》，大英博物馆9860，第69—70卷。
② 在日本的名人当中，有这样一个习惯，就是在生前写好简单讲述自己人生观的简短的辞世和歌，在去世的同时，将其公诸于众。
③ 迈克尔·库帕著，松本玉译：《通辞·罗德里格斯》，页176。

会遭受新的厄运。①

在谁将最终获得天下尚不明朗的那段期间，范礼安曾暗地派陆若汉先后拜访了有朝一日可能掌握重权的石田三成和德川家康。石田于繁忙的公务之中隆重地欢迎和接待了陆若汉，二人就传教的问题交谈长达几个小时。他劝告陆若汉在局势稳定之前，传教活动不宜太引人注目，并向陆若汉赠送了一处带院子的房子，以方便他来博多时随时居住。在博多逗留期间，陆若汉还拜访了其他大名和官员，其中有支持耶稣会的毛利秀元以及寺泽广高奉行。范礼安随即又派遣"对国王宫殿最为熟悉"，并"一再交涉太阁与我们耶稣会之间事务"的陆若汉前往京都拜访德川家康，并成功地获得了德川家康的支持。出于稳定争取势力、安稳大局的政治需要，这位即将掌握大权的实力人士不仅婉转地批评了丰臣秀吉对于天主教会的粗暴态度，而且还大度地表态说，今后"不会对传布福音的活动有任何妨碍"②。但是对于陆若汉提出的请求，即允许传教士可以自由居住在日本的任何地方，德川家康表现出了慎重的态度，声称他不能在此问题上妥协，并再三强调：

> 耶稣会士需要忍耐，不能因为秀吉已死，（自己）就马上公开许可耶稣会士的活动。但是，总有一天会允许他们永远居住在这个国家的。……（自己）无法确定满足他们要求的时代何时到来。③

"关原之战"后，在战役中大获全胜的德川家康全无责怪耶稣会之意，

---

① 《1599、1600年日本诸国记》有一段记述："关于这一切，神父们最为苦恼的，是害怕内府（德川家康）或许会对天主教团极为不满。因为阿格斯塔（小西行长）是天主教徒中我们寄予希望的主要官员，是日本拥有很高声望的人。由于与治部少辅（石田三成）的友谊，以及对太阁之子的忠诚，加入了反对内府的阵营，所以大家非常担心内府本人会变成天主教团的反对者。"费尔南·凯莱伊诺编：《耶稣会年报集》第一部第二卷，载《十六、十七世纪耶稣会日本报告集》第一期第三卷，页257。
② 弗洛伊斯：《1599年度日本年报》，载《十六、十七世纪耶稣会日本报告集》第一期第三卷，页128—129。
③ 松田毅一主编：《十六、十七世纪耶稣会日本报告集》第一期第三卷，页128—129。

更没有像"已故太阁（丰臣秀吉）那样对耶稣会士和天主教团发布残酷的法令"。相反，这位新君主在京都十分高兴地接受了奥尔冈蒂诺选派的日本修道士的来访，德川家康兴奋地同这名修道士共饮此人带来的庆祝胜利的葡萄酒。后来在大阪接见前来拜访的奥尔冈蒂诺神父时，又再次表示了对神父的好意，并承诺说在各个方面给教会以照顾，甚至吩咐随行的大名要保护位于京都和大阪的修道院。得到德川家康如此充满温情的保证，一直生活在迫害与恐怖中的传教士不免百感交织，"感到不可思议"。①

正在长崎的范礼安听到此消息，随即派陆若汉代表长崎耶稣会赶赴京都拜访这位新的统治者，德川家康热情款待了陆若汉。当时在场的一名重臣极力称赞耶稣会传教士，并强调说在决定江山的战役中，传教士始终站在德川一边。②不管是否事实，德川家康听说此言当然高兴。据教会方面的史料记述，陆若汉此行获得了出人意料的极大成功，凭着陆若汉出色的外交手段及友好官员的相助，德川家康不仅没有对教会横加指责，而且还颁布了允许保留京都、大阪和长崎等处耶稣会会馆的特许令，并承认教会对京都、大阪和长崎三地修道院的所有权。虽然直接受益的不过是长崎等地三处会馆，但由此耶稣会士获得了在全国各地享受同样特权的保证。③

1587年颁发驱逐令后，表面上耶稣会士已不被允许留在日本，只剩下

---

① 当寺庙和神社被挤满的士兵破坏时，神父及其修道院却幸免于难。《1599、1600年日本诸国记》，载《十六、十七世纪耶稣会日本报告集》第一期第三卷，页285—286。
② 有史料记载，谈话时一位曾为某一事务被派往长崎的德川家臣也在场。他当着（陆若汉）神父的面对德川说："殿下，在本人赴长崎时这位传教士与长崎其他的修道士因为我是殿下的家臣而极为亲切。当这个地方的大多数人都背叛殿下时，长崎的修道士始终援助并拥护殿下。"德川闻之大喜，对神父们支持自己表示深切的谢意。《1599、1600年日本诸国记》，《十六、十七世纪耶稣会日本报告集》第一期第三卷，页286—287。
③ 这三座城市最受到全日本大名的重视。由于得到了德川家康的确认并公布许可状，这三地的修道院被归还给了神父们。耶稣会士认为，这无疑意味着传教在全日本得到了恢复。卡瓦略神父在1601年2月15日于长崎写给耶稣会总长的《日本年报补遗》，载《十六、十七世纪耶稣会日本报告集》第一期第三卷，页332—333。

极少数人得到许可居住长崎，唯一的理由是为了促进同澳门的贸易。可以说，耶稣会士当时处于一个相当危险的状态。丰臣秀吉死后，德川家康推行奖励对外贸易的政策，由此默认了传教活动的存在。各教会纷纷行动起来，在各地建立小型的教会。耶稣会也积极活动，开始在影响力小或是未曾涉足的地区设立教会。① 从设置江户幕府的1603年至颁布全国禁教令的1614年，由于江户幕府继承了丰臣秀吉的禁教体制，天主教虽然仍面临被破坏和被驱逐的危险，但是由于德川家康的宽容政策享受了一段平安的缓冲期。

"关原之战"后，寺泽广高再次被派往长崎这一重要的对外窗口，出任长崎奉行一职。陆若汉又携带范礼安和塞尔凯拉的信函前往拜访这位老相识，陆若汉希望努力改变奉行对耶稣会的印象。② 寺泽广高奉行得知陆若汉不久前曾受到德川家康的隆重接待，处事圆滑的寺泽广高因此也表现出对教会的友好态度，故两人的会见始终充满友好气氛。在此次会面后写给范礼安的信中，寺泽广高热情谈到他到达长崎后，两度访问耶稣会会所和主教馆一事，并表明自己现在的立场，他比丰臣秀吉时代对传教士更抱有好感，并对神父们的热情招待表示感谢，并再次重申了德川家康对于教会的优待。据卡瓦略神父1601年2月15日的《日本年报补遗》，寺泽广高在访问修道院时明确表示：

> 对于你们的热情，我感到惊讶。……我佩服你们的勇气和热情，如有机会，我将帮助你们。③

实际上，性情易变的寺泽广高当时已明显感到长崎奉行的地位受到威胁，想得到天主教徒的支持，故一再表示要跟天主教徒保持友好关系。为

---

① 海老泽有道：《日本基督教史》，页11，日本基督教团出版局，1970年。
② 三年以前，寺泽奉行坚持要驱逐马尔廷斯（Martins）主教。迈克尔·库帕著，松本玉译：《通辞·罗德里格斯》，页175。
③ 松田毅一主编：《十六、十七世纪耶稣会日本报告集》第一期第三卷，页333—334。

证明这一点，他甚至允许耶稣会在长崎修建一座大教堂。①但寺泽广高奉行与耶稣会士的友谊持续时间不长，在替德川家康征服了不肯承认德川家康霸权的萨摩一族后，德川家康没有按照原先的承诺奖励给他朝思暮想的大村领地，寺泽广高便将怒气发泄到耶稣会士身上，认为是陆若汉等人从中作梗。寺泽广高又开始对天主教会产生敌意，并将不利于耶稣会的传言通报给德川家康，引起德川家康的极大反感，于是命令将耶稣会士全部集中到长崎，今后不准居住在长崎以外的地方，耶稣会士再一次感受到了面临绝境的压力。②

（二）获得新统治者德川家康的信任

丰臣秀吉去世后，在"五大老政治"中掌握绝对权力的德川家康取得了"关原之战"的胜利，确立了自己的霸主地位，于日本庆长八年（1603）在江户（今日本首都东京）设立幕府，逐渐建立起一套强有力的集权统治，以"足高制"、"兵农分离制"为基本国策确立了日本的幕藩体制。德川幕府在历时两个多世纪的发展过程中，一开始就打下了坚实的基础。

1. 同德川家康的相识过程

陆若汉初识德川家康是在1593年的夏天。当时，有传言说葡萄牙商人对前一年耶稣会的建筑物被长崎奉行寺泽广高带兵毫无理由地拆毁一事耿耿于怀，这一年大概不会再来日本。寺泽广高虽然是奉命破坏耶稣会建筑，但仍担心自己的将来。他担心或许会因为葡萄牙商船不来做生意而被丰臣秀吉转嫁责任，甚至会遭到革职的厄运。丰臣秀吉此时的确十分担心葡萄牙贸易的未来，为此经常召见陆若汉，询问有关葡萄牙商船的近况。陆若汉比较清楚澳门当时不景气的状况，不时宽慰丰臣秀吉要耐心等待，他相信葡萄牙商船一定会再来日本做生意的。终于在1593年的夏天，葡萄

---

① 松田毅一主编：《十六、十七世纪耶稣会日本报告集》第一期第三卷，页287—288。
② 迈克尔·库帕著，松本玉译：《通辞·罗德里格斯》，页179。

牙加斯帕尔船驶入长崎港，丰臣秀吉和寺泽广高，还有耶稣会士都总算放下心来。迈克尔·库帕称：

> 加斯帕尔船依照惯例，给秀吉和其他官员送上了豪华的礼品，并由身穿红衣服、拿着金枪的黑人合着乐器的伴奏尽情跳舞表演助兴，心情舒畅的秀吉命人赐给每个人白色的丝绸衣服作为慰劳品。①

这一年夏天，有五六个使节团来名古屋做礼节性拜访。其中有明朝的两个使节率领的150人使节团，中国使节团受到热烈的欢迎和丰臣秀吉的亲切会见。菲律宾使节团的第二批人员也接踵而至来到名古屋拜访，此次的团长是西班牙方济各会士布拉斯凯斯（Pedro Baptista Blázquez）。菲律宾使节团在名古屋逗留期间，陆若汉偷偷地穿着和服拜访了这些身穿修道服的人。布拉斯凯斯从菲律宾总督那里带来给丰臣秀吉的两封亲笔信，作为日方代表跟该使节团交涉的前田玄以奉行因为根本不懂西班牙文，便将书信送至陆若汉处请他翻译。

陆若汉不仅把前田玄以和寺泽广高当作朋友，平日与之交往甚密，还从保护天主教的立场出发，通过二人的帮助，积极活动当时逗留在名古屋的日本政界要人，并在一定程度上取得了成效。其中的重要人物之一，就是仅次于丰臣秀吉的实权人物德川家康。德川家康早就听说过这个日语流利、年轻有为的葡萄牙人通辞，便邀请他到自己家中相聚。在德川家康家，陆若汉受到极为热情的接待和关照，德川还特意请来两名负责跟中国通信的佛教僧侣与陆若汉一块儿讨论有关宇宙、世间、宗教的事物。陆若汉用坦然自信的态度向德川家康以及两位僧侣介绍了天主教思想，说明造物主和被造物是不同的，世间万物均受神的旨意所支配。这番言论无疑与佛教僧侣的信仰截然相反，尽管他们从内心在极力抵触陆若汉阐述的天主教思想，但两位僧侣并未当场进行反驳，只是冷静地聆听。也许是出于在

---

① 迈克尔·库帕著，松本玉译：《通辞·罗德里格斯》，页71。

德川家康家所需的礼貌,也许是因为一时找不出合适的言辞来反驳这位滔滔不绝、能言善辩的对手。

德川家康听完陆若汉的一番陈词,倒觉得他的话很有道理。几个人又从神学谈到宇宙论,德川家康问世界到底是一个还是有很多?陆若汉回答说世界只有一个,他讲述了其中的道理,同时还谈起由于世界航海技术的进步而发现的很多事物。像以前跟丰臣秀吉初次交往时一样,陆若汉给德川家康等人留下很好的印象:博学、善交际。这些在后来耶稣会的私人信件中亦得到了强调。①在名古屋逗留期间,陆若汉不仅在外交方面,而且在传教事务方面也很忙。曾极受丰臣秀吉重视的高山右近介绍过一位身份高贵的人与陆若汉相见,据说此人对天文学很有兴趣,于是陆若汉结合以前在府内神学院的神学、天文、地理等课程中学到的知识,跟此人大谈了一通日食、月食、春分、秋分,又讲起开天辟地和灵魂永存等。上至天文地理、下至神学理论的一番宣讲,让对方听得频频点头,深感佩服,竟然表示以后要好好学习,做一名天主教徒。后来德川家康再一次把陆若汉、戈斯梅修士请到家里,还赠送了丝绸衬衣给他们二人,并告诉他们在驱逐令解除之前,允许他们两位暂时待在自己的领地内。

当时日本的长崎港,乃至日本国内都在模仿西方风情,追随欧洲的流行服饰。为迎接西方的使节团,官员至少要备有一件欧洲式样的衣服。在上流社会中,有的人甚至还穿着一整套的西洋服饰,如披风、披肩、有褶皱领的衬衣、短裤,戴着西洋帽子。不仅西洋服装,西餐也大为流行,以前被人嫌弃的牛肉,也越来越受人欢迎。谁都试图学习欧洲,有的人甚至并非天主教徒,也在脖子上挂一串珠子,嘴里念叨着"上帝呀"、"玛丽亚"什么的。②这种情况很像后来明治时代昙花一现的模仿西洋现象。从这个极端走到另一个极端是人世间常有的事情,当时盲目崇拜西方的过激现象很快就让日本当权者无法忍受,最终天主教信仰遭到禁止也是历史的必然。

---

① 迈克尔·库帕著,松本玉译:《通辞·罗德里格斯》,页76。
② 迈克尔·库帕著,松本玉译:《通辞·罗德里格斯》,页78。

2. 受委托参与长崎的贸易和行政管理

陆若汉直接参与长崎的贸易和行政管理开始于1603年的正月。德川家康告诉前来伏见城堡恭贺新年的陆若汉和长崎实力派商人村山等安，打算委任村山及当地有实力的四名天主教信徒一起掌管长崎的事务，以取代丰臣秀吉任命的长崎奉行寺泽广高，并邀请陆若汉一同参与长崎港的行政事务管理。德川家康要求几位管理者遇到重大问题必须找陆若汉和教会准管区长巴范济商量，并划分出各自的分管范围。高木、高岛、町田、后藤四名长者负责管理长崎原有的旧城区，村山等安则负责在旧城区周围发展起来的新区域。这样的安排表示长崎实际上作为天主教影响的城市已经得到了德川家康这位新统治者的公开承认。[①]

1604年，德川家康派遣旧臣小笠原一庵前往长崎担任奉行一职，专门管理长崎的贸易。另一方面，为解决日本商人和葡萄牙商人生丝贸易上的纠纷，于同年5月颁布实施了"丝割符"制度[②]，目的是对葡萄牙商船的生丝交易施加某种限制。小笠原一庵在该制度的确立和执行方面扮演了重要的角色，这已被许多史料所证实。当然，长崎奉行的任务不仅限于葡萄牙商船的贸易业务，还行使对九州全区域进行监督的权力，以及收集有关来自中国的唐船情报等职责，同时也负责长崎港的行政管理。小笠原一庵考虑到该城市管理的方便，于日本庆长十年（1605）将原大村氏所管辖的长崎一部分区域，同幕府直接管辖的浦上做了土地交换。这次换地对大村十分不利，领主大村喜前固执地认定陆若汉以及耶稣会与此有重大关系，便开始向耶稣会发难。翌年，大村喜前甚至抛弃天主教信仰，转入法华宗，还将耶稣会传教士从大村领地内驱逐出去。一直反对耶稣会成员参与长崎政事和贸易的主教塞尔凯拉和奥尔冈蒂诺，为此愈加忧心忡忡。

同年，陆若汉两次从长崎赴京都造访德川家康，得到德川赠予耶稣会

---

① 五野井隆史：《日本吉利支丹教史》，页194。
② 丝割符制度是1604年日本幕府制定的以中国产生丝为主的生丝进口制度，详称"白丝割符商法"，此商法主要是针对江户时代中国丝绸进口贸易所定的制度。笹山晴生等：《日本史史料集》，页179。

的350塔艾尔（tael，相当于中国白银计量单位"两"）。另外，耶稣会还接受了5000塔艾尔的白银贷款，长崎也得到同等数额的贷款。因葡萄牙商船久未来港，耶稣会和长崎港均陷于经济萧条状态。德川家康以及他身边的重臣都参与了长崎通商贸易，此时的德川家康和当年的丰臣秀吉一样深切地感受到"没有耶稣会士从中斡旋，葡萄牙贸易很难顺利地进行"①。不可否认，由于陆若汉倍受德川家康的重用，耶稣会在长崎的市政管理和通商贸易中所占据的地位愈发显得重要，天主教会对于日葡贸易所起到的作用更令日本统治者不能忽视。从另一个角度来讲，德川家康一直以来巧妙利用日本耶稣会的作用和信用来管理长崎港，他在这方面的决策也是明智而具有成效的。

（三）斡旋于新统治者与耶稣会之间

年龄已近四十岁的陆若汉于1596年到澳门庄严宣誓后晋铎为神父②，并承担起耶稣会司库③的重任。他有幸得到新统治者德川家康的信任，其他各方面对他的期待也逐渐增加，他的工作也更加繁忙。他负责的主要工作包括：管理由葡萄牙商船带来的公私财物；出售并购买教会所需要的各种物品，为管区内的各教徒住院及学校提供物资补给；负责制作各种账本、管理耶稣会仓库和协助处理商业事务；在葡萄牙商船从中国运到长崎的生

---

① 五野井隆史：《日本吉利支丹教史》，页195。
② 此时的陆若汉作为一个耶稣会士已经度过了二十一年的见习期，之前他一直是以神学生的身份学习和工作。陆若汉作了四项宣誓：清静、贞洁、耐贫、忍从。此外他还被要求作特别服从教皇的宣誓。由他签名的宣誓书至今仍保存在罗马的耶稣会文书馆里。迈克尔·库帕著，松本玉译：《通辞·罗德里格斯》，页79。
③ 此职位的名称有不同叫法，松本玉翻译成"会计"，戚印平称之为"管区代表"，本研究根据该职务的性质和特征，采用国内习惯的说法"司库"。据松田毅一考证，承担这一司库职位的之前至少有五位：马塔（Gil de la Mata）神父（此人于1592年7月27日任此职，奉范礼安之命前往里斯本向葡王菲利普二世转交丰臣秀吉赠送的礼物，后在奉命前往欧洲途中遇难）、罗德里格斯（Francisco Rodrigues）神父（直到1603年离开长崎，在里斯本附近遇难身亡）、马托斯（Gabriel de Matos）神父、莫雷洪（Pedro Morejon）神父、维埃拉（Sebastião Vieira）神父。松田毅一：《南蛮史料研究》，页118—120。

丝贸易中，为日本商人充当译员；协助京都、长崎等地商人进行一揽子买卖。① 由于商业活动的需要，为保证司库能够完成此特殊使命，陆若汉被赋予了许多特权，例如当他处理这些事务时，可以不听当地住院上长，独断专行。德川家康十分看重在长崎贸易中陆若汉取得的成果，对其办事能力给予了充分的信赖。1607年，陆若汉随副管区长前往骏府拜见就任"大御所"官职的德川家康，赴江户谒见大将军秀忠，返回之际绕路伊豆并视察银山等一系列活动也是因为得到了德川家康的恩准和奖励。陆若汉试图通过与各方面的交往将耶稣会的处境向有利的方向扭转。②

德川家康之所以允许传教士留在日本，并非因为他喜欢天主教，唯一的理由是为了进行通商贸易，最先感觉到这一点的就是陆若汉。借用梅斯基塔的话说：

> 家康并不喜欢天主教，但是他认为传教士的存在对做生意有好处。③

从某种意义上来说，江户时代初期，即17世纪最初的十年间，日本教会似乎再次进入到一个新的繁荣期，天主教传教活动再一次低调地活跃起来。奥尔冈蒂诺两次得到德川家康的礼遇，并获得土地在伏见修建教堂。另据报告，京都内外的耶稣会士人数达到17人，日本天主教信徒人数增加到127人，其中70人是本地信徒。④ 这期间，陆若汉大部分时间待在长崎，忙于耶稣会司库和贸易代理人的工作。1602年8月8日，在范礼安召集的协调会上他作为司库出席，就耶稣会财政困难做了报告。

1603年10月5日，范礼安离开日本。两三日后，陆若汉和村山等安前往京都，目的是代表耶稣会和居住在长崎的葡萄牙人向德川家康等权贵问

---

① 1604年"丝割符"制度确立以后，京都、长崎等地的商人要想顺利地进行这一揽子买卖，很大程度上得依靠陆若汉的力量。松田毅一：《南蛮史料研究》，页117。
② 土井忠生：《吉利支丹论考》，页67。
③ 《中日古风俗系列》，耶稣教会档案，罗马14，第284卷。
④ 《附加手稿系列》，大英博物馆9860，第34—50卷。

安。此前日本商人因为不满葡萄牙船进口的丝绸价格过于高昂，而且达不到他们的数量要求，加上两名官员从中恶意挑拨，故陆若汉曾一度遭到德川家康的冷遇。后来这两名官员的不正当交易行为被发现，失去了信任，所以10月陆若汉等人前往伏见城堡时，德川家康已经息怒，非常客气地迎接他们，宾主颇有兴致地交谈了有关欧洲形势和天主教的问题。①

陆若汉在京都逗留期间，还拜会了德川家康的心腹大臣本多正纯。本多是一位尽心效忠德川的人，对德川家康很有影响力，就像1602年去世的在丰臣秀吉身边效力的前田玄以一样。本多正纯亦千方百计调解耶稣会和德川家康的关系，因此耶稣会士对他由衷地尊敬，对其人品给予很高的评价。就连喜欢批评人的塞巴斯蒂安·皮斯卡伊洛（Sebastian Vizcaino）也深感钦佩地称：

> 他不遵循日本以往的惯例，一直拒收收任何礼品。如出于礼仪不得不接受时，必定以双倍价格的东西来还礼。因此本多跟他父亲正信一样不落俗套，能保持清洁廉政，没有丝毫贪污的嫌疑。②

传教士约翰·塞利斯（John Saris）也称赞本多正纯是一个"不可多得的友人"。③

本多正纯会见陆若汉时一再提醒他，德川家康仍不喜欢天主教徒，若是身份低贱的人加入天主教，德川家康抱无所谓的态度，如果位居高职的大臣成为天主教徒，德川家康则不能容忍。并强调自己会尽可能支持传教士的活动，但要求天主教徒做事要深谋远虑、三思而后行。本多正纯的确遵守约定，在许多场合公开表明自己的意见，认为日本不需要天主教徒的说法以及要把京都市民全部皈依成天主教徒的说法都太极端和过激，如果要把葡萄牙贸易继续做下去，传教士的存在则不可缺少。④德川家康似乎很

---

① 《附加手稿系列》，大英博物馆9860，第34—50卷。
② 《耶稣教—亚洲系列》，阿儒达图书馆，里斯本49—IV—59，第119卷。
③ 迈克尔·库帕著，松本玉译：《通辞·罗德里格斯》，页184。
④ 《中日古风俗系列》，耶稣教会档案，罗马54b，第174卷。

赞成本多的观点。

　　这样为了双方的利益，传教士继续得到德川家康的有力关照。其中特别值得一提的是1604年德川家康在耶稣会困难之际给予馈赠一事。1603年7月，满载贵重货物开往日本的葡萄牙定期商船索扎号在澳门海面被荷兰人截获，船上超过40万杜卡特的丝绸被没收，耶稣会和长崎的葡萄牙人在财政上遭受了极大的打击。陆若汉1604年去伏见城堡做新年拜会时同德川家康谈起此事，德川家康当即无条件赠送给耶稣会350塔艾尔，同时还借出了5000塔艾尔，并申明教会可以在他们认为方便的时候归还这笔借款。①在场的官员对德川家康这种少见的慷慨解囊十分惊讶。正如一名耶稣会士称：

　　　　家康这个人一般情况下，是不会把任何东西给任何人的。②

　　德川家康的这些善举并非出于无私的仁慈，可以认为是他对利润不断上升的葡萄牙贸易所做的商业投资。就对经济利益的追求而言，德川家康与丰臣秀吉并无二致。所不同的是，德川家康的目标也许更长远些，他要通过间接投资或委托贸易的方式，更深地加入到葡萄牙贸易的过程之中，以便攫取更大的利益回报。而且，陆若汉认为德川家康当时拥有的家产和实力完全可以轻松地慷慨投资，因为他对德川家康家底的殷实程度多少有所耳闻。1609年陆若汉对德川家康的财产做过如下报告，称：

　　　　根据财产的目录，有白银8300万两，另外还有大量的黄金。③

---

① 一塔艾尔相当于六个特斯塔。《1603、1604年日本诸事》中称：这就像是来自上天的神授，因为虽然（处境）很困难，但这些施舍和更为充裕的天主教徒奉献的若干施舍，可维持到明年定期商船驶抵为止。松田毅一主编：《十六、十七世纪耶稣会日本报告集》第一期第四卷，页180。
② 关于德川家康的吝啬，范礼安和巴范济均有提及。见《中日古风俗系列》，耶稣教会档案，罗马14（IIa），第186卷；《附加手稿系列》，大英博物馆9860，第89卷。
③ 迈克尔·库帕著，松本玉译：《通辞·罗德里格斯》，页185。

陆若汉在1605年的活动情况不甚清楚，只知道1月8日他曾在主教馆里提供证言。①在若阿·罗德里格斯·基朗（João Rodrigues Girão）1605年的信中②有记载：

> 有一名长崎的耶稣会士去京都见了家康，将军和大臣们都认识他，热情款待他。后来这名耶稣会士沿着有名的东海道作了十二天的旅行，直到江户。到了江户后，城堡还正在建造之中，他在城堡内见到家康的儿子秀忠，并且收到银条作为礼物。此人日语很棒，不需要译员。③

根据该信函的记录，结合其他史料的考证，这名耶稣会士就是陆若汉。他于2月中旬到达京都，也许是为了给德川家康以及其他重臣问安。

若阿·罗德里格斯·基朗以同样的口吻继续记录到：

> 这名耶稣会士在江户还会见了六名荷兰商人和一名英国人（阿达姆斯——笔者注），他极力劝说他们改教，并对领头的英国人说，如果他们想从长崎回国的话，他一定设法请塞尔凯拉主教发放安全通行证。但这位英国人谢绝了这一建议。然后两个人开始背诵圣经，并且互相挑毛病，拼命贬低对方。不过这种神学的争论并不奏效，阿达姆斯直到去世仍是一个虔诚的新教徒。④

1606年9月陆若汉再一次去了京都。⑤此前葡萄牙船瓦斯康塞辽斯号

---

① 当时的调查也是关于耶稣会和托钵修道会的关系，有17名证人对23个问题作了证言。
② 此人跟陆若汉同名同姓，每年要给罗马教皇写几封信。他有一个很不好的习惯，就是从来不写跟内容有关的人名。
③ 迈克尔·库帕著，松本玉译：《通辞·罗德里格斯》，页187。
④ 阿达姆斯有很多天主教的朋友。新教为基督教的一个教派，英国国教。
⑤ 范礼安这位对日本传教史做出过重大贡献的伟人1603年1月离开日本前往澳门后，于1606年1月20日在澳门去世。

在长崎港的买卖秩序混乱、交易几乎破裂,在谈判无法达成协议的关键时刻,由于陆若汉从中斡旋,使双方交易成功,日本商人如愿买到了丝绸。① 闻知冲突得到解决,德川家康感到很满意,带着特别感激的心情款待了陆若汉,对陆若汉从长崎带来的一个精巧的钟更是爱不释手,命令将此钟悬挂于伏见城堡的天守阁。② 德川家康跟织田信长、丰臣秀吉一样对欧洲钟表非常感兴趣。

此后,陆若汉分别于1606年和1607年陪同塞尔凯拉主教③和耶稣会准管区长巴范济赴京都拜会德川家康。对主教盼望已久的那次拜会,库帕详细叙述道:

> 主教从长崎出发,花了两周时间到达大阪和京都,受到了京都官员的迎接。他乘坐小笠原奉行准备的豪华船只进入京都,在无比兴奋的天主教徒的引导下,来到了耶稣会的会馆。拜会大概是在1606年10月初进行的。拜会当天,塞尔凯拉身着主教的服装,乘坐轿子来到伏见城。作为一个荣誉的象征,塞尔凯拉的轿子被允许抬到会见厅的附近,在罗德里格斯(陆若汉)的陪同下,在事先安排好的贵宾席上就座。家康满面笑容迎接主教,通过罗德里格斯对所赠礼品表达谢意。会见结束后,家康命令家臣带领客人参观伏见城、京都的宫殿,并要求所司代理板仓胜重制订一个旅行计划,让主教一行参观京都的寺庙。④

---

① 《中日古风俗系列》,耶稣教会档案,罗马55c,第295—296卷。
② 据说制作这只钟的人是能工巧匠的乔万尼·尼克罗(Giovanni Niccolò),他是拿波里(Neopolit)出生的耶稣会士,此人在长崎一边教西洋画,一边利用空闲的时间制作西洋乐器竹风琴,以及精致的钟表。送给德川家康的这只钟制作精巧,不但能报时,还能看日期,可以了解太阳和月亮的运转情况。迈克尔·库帕著,松本玉译:《通辞·罗德里格斯》,页188。
③ 塞尔凯拉1598年悄来日本后,在九州度过了八年时间。他一直梦想有朝一日见到德川家康,把自己的地位和信徒身份明确下来。此次会见因为塞尔凯拉尚无外交官头衔,是以日本教会首领的身份出现的。另有研究称塞尔凯拉是"日本教会的首任主教"(见戚印平《日本早期耶稣会史研究》,页114)。实际上第一任主教应该是1596年由澳门去日本的马尔廷斯主教,当时耶稣会总会长任命塞尔凯拉为马尔廷斯的助理和接班人。
④ 迈克尔·库帕著,松本玉译:《通辞·罗德里格斯》,页193。

塞尔凯拉主教在京都逗留期间，在官员和陆若汉的陪同下，去板仓胜重和本多正纯处致意。返回途中，在小仓城受到有势力的细川忠兴的款待。耶稣会方面亦因为主教的访问大获成功而兴奋不已。

巴范济准管区长翌年的拜访改在骏河，因为那里的城堡尚未建成，德川家康在此视察监督工程。陆若汉照例事先做好一应准备，访问同样受到了德川家康和重要官员们的隆重迎接。德川家康回赠了丝绸衬衣作为礼品，安排客人与儿子秀忠见面，以及参观伊豆的银山。德川家康一直想让外国人看看自己前不久在伊豆发现的银矿，不仅出于自豪和炫耀，更希望引进西方先进技术来开采，以增加产量。巴范济准管区长的拜访始终洋溢着融洽的气氛，德川家康还数次在客人面前极力称赞陆若汉的才能。①

巴范济结束骏河的拜访后，同陆若汉一起去了江户。在赴东海道途中，他们观赏到白云萦绕的著名富士山。在以后的回忆录中，陆若汉充满激情地描写当时的印象，他称：

> 一片小小的云彩出现在富士山的山顶，像斗笠一样罩着富士山。……富士山是日本最高、最美、最有名的山。②

（四）德川家康的贸易代理人

陆若汉与日本新统治者及其他身居要职的诸多官员的交涉，表面上看似乎只是一些平常的交往，但在当时的历史大背景下，对于中日贸易、天主教的东方传教、日本国内政治经济形势都先后产生过不同寻常的影响。而且能够频繁地拜会德川家康等要人，跟德川家康促膝谈心，被认为是一件非常荣耀、非同小可的事情。因为当时最高当权者德川家康被当作神一

---

① 《中日古风俗系列》，耶稣教会档案，罗马14（Ⅱ），第280卷。
② Michael Cooper, *THEY CAME TO JAPAN An Anthology of European Reports on Japan*, 1543—1640, p.9, Center for Japanese Studies, The University of Michigan Ann Arbor, 1995.

样受人尊敬，被允许拜见德川家康的人仅限于最有实力的重臣。①即使是各地大名，在拜见德川家康时也要顶礼膜拜。1609年12月有一位大名上京拜见德川家康，当时恰巧比贝洛·伊·贝拉斯克亦在场，从他所作的记录中可以了解一二：

> 有一个很有地位的大名来到会见厅。他的地位之高、权势之大，从他所带来的礼品就一目了然。金条、银条，还有丝绸衬衣，以及其他各种物品，加起来大约超过两万杜卡特。礼品最初放在几个桌台上，但皇帝（德川家康——笔者注）连正眼都不看一下。这位大名在离家康殿下的宝座大约一百多步的地方趴下身来，头垂得很低，几乎要把脸贴到地板上。没有一个人跟这个大名说话，该大名从进入会见厅就没敢抬起眼睛看皇帝的脸。不一会儿，他便带着大批随从人员默默退出会见厅。……据说他的随从有大约三百人左右。②

通辞陆若汉竟然能够受到不同于他人的厚待，可见日本新君主对这位欧洲传教士的欣赏和信任，在以后的中日葡贸易中，德川家康更是委托给他一项重任，指名陆若汉做自己的贸易代理人，并宣布今后长崎的葡萄牙商人均需通过陆若汉来进行交易。③在1607年的日本耶稣会士名单中，陆若汉的名字旁边有这样一句简短的说明：

> 罗德里格斯神父从事官府的工作。④

---

① 地位低的官员只能通过近臣间接地向德川家康报告。
② 迈克尔·库帕著，松本玉译：《通辞·罗德里格斯》，页199。
③ 关于陆若汉出任这一世俗职务的起因，同时期的教会文献中有许多记录。大致是因为1601年寺泽广高没有按照德川家康的要求寻求陆若汉的帮助，结果用高价购买了假货，事后寺泽广高将责任归罪于陆若汉。真相大白后德川家康贴出告示，对事件的真相做出澄清，并特别规定，此后与葡萄牙人交易时必须有陆若汉在场。从此以后，陆若汉便名正言顺地成为幕府将军德川家康的贸易代理人。松田毅一主编：《十六、十七世纪耶稣会日本报告集》第一期第四卷，页13—15。
④ 迈克尔·库帕著，松本玉译：《通辞·罗德里格斯》，页200。

在协调耶稣会与日本新统治者和实力官员的关系，以及开展中日葡贸易的交涉中，陆若汉的外交手腕发挥得淋漓尽致，一切均进行顺利。但贸易代理人这种特殊的使命常常令他碰到许多不尽如人意的事情，使得陆若汉的处境逐渐艰难，其努力亦往往适得其反，甚至招致最终无法预料的结局。

据耶稣会的记录，1601年的夏末，陆若汉因故离开长崎去了京都。此时恰逢寺泽广高奉行接到德川家康命令，让其派遣属下官员前往长崎收购霍拉希奥·内赖特（Horatio Nerete）商船运来的中国丝绸。派去的官员虽得到指示必须通过陆若汉进行交易，他却自作主张随意买来一批丝绸带给德川家康交差。结果当该官员得知这批丝绸的质量和价格都不如德川家康意时，为避免受到指责，便将责任推到陆若汉和耶稣会士的身上，指责贸易代理人没有尽到职责，由此重新引起德川家康对耶稣会士的不满。幸好德川家康身边与陆若汉关系不错的官员从旁为之辩解，说明陆若汉当时不在长崎，跟此次交易失败毫无关系，才平息了德川家康的怒气。①

还有九州发生了传教士遭受打击的事件，有一位深受耶稣会信赖的朋友（大村喜前）突然转变友好态度加入了迫害天主教徒的行列，遗憾的是陆若汉也被无辜卷进这一事件当中。事件的起因缘于小笠原奉行的一个决定，出于行政管理的方便和维护法令秩序的必要，奉行提议将长崎附近的大村领地的一部分纳入长崎的版图，扩建成一个港口贸易城市。当时的长崎港在跟中国、葡萄牙等国家开展贸易中已逐渐繁荣，具备了一个大城市的规模。这一决定同领主大村喜前计划在其领地内建立长崎开拓村，借此增加税收的美梦相悖。大村领主基于陆若汉在京都官场中很有人缘，以及他的贸易代理人身份，便轻易判断该决定出自陆若汉的影响，于是发出通告禁止大村的百姓出入天主教堂，断绝跟传教士的交往。塞尔凯拉主教和小笠原奉行等人虽竭力澄清事实，仍无济于事。大村领主执意要将耶稣会士全部从大村领地驱赶出去，并谎称是德川家康的命令。事实上，陆若汉

---

① 《附加手稿系列》，大英博物馆9860，第155—156卷。

恰恰是主张撤销扩建贸易港口的耶稣会士之一，他只不过是"按照巴范济神父的要求画了一张给德川家康的长崎地图"①。这莫名的误会尽管最终得到化解，在大村喜前1607年2月15日写给巴范济信中②也承认自己驱逐传教士是一个错误③，但毕竟陆若汉以及耶稣会传教士遭受到了来自曾经的朋友的迫害，其精神伤害和由此产生的挫折感非同一般。

1609年，长崎港发生的葡萄牙船长安德烈·佩索亚（Andre Pessoa）成功获取朱印一事，更令陆若汉受到牵连。1609年7月29日葡萄牙大型商船④从澳门来到长崎，陆若汉作为商船指挥官安德烈·佩索亚的通辞，随同他率领该船代表团前往骏府拜访了德川家康。⑤安德烈·佩索亚虽是第一次来日本，但三年前马六甲被荷兰人包围时，他同日本人作过战，并且一年前在澳门发生日本船员和当地居民的冲突事件中，佩索亚指挥的军队跟日本船员有过一场激战，有马晴信大名手下的众多日本船员死于佩索亚的镇压中。⑥虽然此事件并非佩索亚引发，事后也由日本方面出具材料表示

---

① 《中日古风俗系列》，耶稣教会档案，罗马2，第164卷。
② 这封信的底稿被留下，保存于罗马耶稣会文书馆内。
③ 迈克尔·库帕著，松本玉译：《通辞·罗德里格斯》，页190。
④ 1609年，当时长崎日本人称此船为"马德来·德·德乌斯（Madre de Deus）号"。迈克尔·库帕著，松本玉译：《通辞·罗德里格斯》，页247。
⑤ 由于1608年葡萄牙的定期商船因故没有来日本，因此该商船这次运来了数量特别巨大的丝绸和生丝。陆若汉带领代表团一行人最后一次去骏府，葡萄牙人按照惯例给德川家康以及身边的官员们带去了丰厚的礼品。但此次会见被安排在比葡萄牙船晚五日到达平户的两艘荷兰船代表团拜见结束之后。这一情况表明葡萄牙垄断同日本的贸易的日子终于结束。德川家康清楚地知道今后不必只依靠葡萄牙的贸易，日本同葡萄牙以外的欧洲各国都可以开展自由的贸易往来。《附加手稿系列》，大英博物馆9860，第129—135卷。
⑥ 1608年有马晴信派遣的运输船在澳门港过冬，其间船上的日本船员和另一艘日本船上的士兵共有三四十人携带枪械在澳门街上游逛。当时澳门本地人因为倭寇的种种劣迹，一直很敌视日本人，故对此行径十分愤慨，遂向澳门政府提出抗议。葡萄牙官员立刻向日本人提出不要采取这样招摇的行为，但日本船员和士兵根本不予理睬。11月30日由一些小事再次引起骚乱，进而发生了暴乱。安德烈·佩索亚为维护澳门的正常秩序，调动了驻澳守备军队在一所建筑外筑起街垒，将肆意滋事且不听从劝告的四十多名日本人就地镇压。听说此事后，澳门的耶稣会士即刻赶到现场，经调解佩索亚同意释放投降的约五十名日本人，但四十多名日本人死于此次暴乱的惨剧已经无法挽回。事后日方在有关文件上签名，声明日本人承担此次事件的全部责任，葡萄牙人没有任何责任，事情总算平息下去。《附加手稿系列》，大英博物馆9860，第129—135卷；《中日古风俗系列》，耶稣教会档案，罗马31，第252—260卷。

日方船员应该承担此次事件的全部责任,但有马晴信大名仍对此事耿耿于怀,伺机报复。

安德烈·佩索亚借来日本的机会,以此前停泊澳门的有马晴信部下和当地市民发生激烈冲突事件为由,向幕府统治者成功取得禁止日本人通航澳门的朱印。这意味着日本商人从此不得前往澳门购买生丝,而葡萄牙商船独占生丝贸易特权得到确认。① 这个决定遭到日本贸易商一致强烈的反对。另外,安德烈·佩索亚对在澳门施淫威的日本暴徒进行严厉处置也一直令有马晴信心存不满。有马便借此机会将佩索亚在澳门杀死多名日本人,以及获取朱印意在控制日葡贸易特权等情况告知德川家康。德川家康接到有马晴信的上诉状顿时大怒,下令杀死佩索亚,并声称要追究耶稣会以及长崎葡萄牙人的责任。偏听一面之词的德川家康做出如此决断,立刻使耶稣会陷入十分不利的境地。作为无奈之策,耶稣会准管区长巴范济建议把责任归咎到陆若汉身上,因为他作为安德烈·佩索亚的通辞,可能在佩索亚获取朱印的事情上起到了推波助澜的作用。巴范济跟塞尔凯拉主教以及居住在长崎的耶稣会士进行商议,结果大家不得已做出了一个统一的意见,即为了继续传教活动,陆若汉必须离开日本。大家认为如果陆若汉在此关键时刻离开,今后几年中德川幕府以及长崎的官员大概就不会再给耶稣会施加压力了,其他耶稣会士继续留在日本将不成为问题。长崎奉行听到这一决定非常得意,他答应自己在长崎和骏府方面会尽力为耶稣会帮忙。但是巴范济心里十分清楚,这样的承诺经常是无法兑现的,后来几年中发生的一连串事实也让他终于明白,长崎奉行一开始就没有和耶稣会合作的诚意。②

此事的处理结果德川家康完全知晓,但他没有出面保护自己的贸易代理人——这位一直为德川幕府获取贸易利益尽心效力的葡萄牙传教士,一

---

① 土井忠生:《吉利支丹论考》,页68。
② 《中日古风俗系列》,耶稣教会档案,罗马14,第338卷。这件事的许多珍贵信件记录在Schwade的 *Destêrro* 里。

切就这么尘埃落定,那是发生在1610年3月的事情。① 虽然通过长崎贸易的圆满进行而从中获得利益的耶稣会和德川家康都有赖于陆若汉的巨大贡献,但由于他过分活跃,不仅在宗教活动方面,还在同世俗人士的接触方面,都引起了耶稣会内部一些人的胡乱猜疑,以及某些不满陆若汉深受重用的官员的刁难和方济各会传教士的恶意诽谤。这样一种气氛已经使陆若汉无法在日本立足,也是造成他在此事件中被追究承担全部责任的原因之一。正如土井忠生在《吉利支丹论考》一书中所称:

> 老早就对按照罗德里格斯的意思进行贸易心怀不满的长崎代理长官村山等安一直暗地里联络长谷川藤广企图将罗德里格斯驱逐到国外。②

陆若汉被任命为日本统治者德川家康的贸易代理人,在当时是一件值得耶稣会自豪的好事。但从后来的结果看,一个欧洲人且身为一名传教士,在长崎担任这样一个微妙的职位是一切灾难的根源。鉴于远东国际贸易与商业航线的特定情况,贸易代理人要肩负特殊的使命,他不仅是生丝等大宗货物的中间人,参与商品的定价和交易等更为具体的过程,并要充分运用他与耶稣会以及幕府将军和长崎地方当局的特殊关系,在很大程度上掌握并操纵着一系列商业活动,力争使各方从中获利。在这种特殊的背景下,陆若汉不仅因贸易代理人的特权而成为耶稣会士中极不寻常的特殊人物,还由于这种世俗行为与传教策略密切相关的缘故,他的行为举止不仅在日本教区具有影响力,并在一定程度上涉及到教会在日本的生存。单纯从天主教传教的角度来看,陆若汉能够担此重任无疑有利于教会的利益和发展。

从日本教会当时所处的特殊环境来看,陆若汉的不同寻常的新职务显然会被视为意义重大而深远,这表明德川家康已经充分意识到耶稣会与葡

---

① 《附加手稿系列》,大英博物馆9860,第129—135卷。
② 土井忠生:《吉利支丹论考》,页69。

萄牙商人的特殊关系，并试图利用这种关系为自己谋取实际利益。陆若汉能够担任日本统治者的贸易代理人，也因为他在日本的合法存在而合乎情理。从某种程度上说，也意味着所有耶稣会士的留日似乎又开始具有合法性，有可能改善耶稣会在日本的政治环境。①但从陆若汉个人的角度考虑，他担任日本统治者的私人贸易代理人与其传教士的身份极不相称，很容易身陷难以解脱的困境，成为各方利益矛盾冲突的牺牲品，最终不得不离开让他依恋的日本国。对此，传教士梅斯基塔在两三年后给罗马写信时，作了如下评述：

> 长崎作为国际商业城市开始繁荣起来，时常有从澳门满载着中国丝绸的大船进入港口。在这样一个时期，被指定为家康的贸易代理人，是一件非同寻常的荣耀之事，同时也负有重大的责任。在竞争过度混乱的市场中就任这一职位的人，在葡萄牙商人和日本官员利害关系的夹缝之中，肯定会受到双方的嫉妒和憎恨。将一个耶稣会士置于这样一个位置，从长远来看可以说是有百害而无一利。但是又不能拒绝这样的指定，因为家康的命令还从未有人敢于拒绝。而且如果不接受这一重任，传教活动就会马上受到影响。②

陆若汉作为德川家康的贸易代理人，其表面的荣光和内在的艰难由这份信函表达得淋漓尽致。

（五）参与耶稣会筹措经费的贸易活动

据高濑弘一郎的研究，日本耶稣会一年的活动经费是：1571年时为

---

① 作为这一新局面的重要标志是，寺泽广高失去了德川家康的宠爱，并被解除了长崎奉行的职务。由于新任奉行小笠原一庵并不长驻于此，当地的实际地方长官就是他的代官村山等安，加之作为其助手的四位城里的年长者都是天主教徒，教会又在一定程度上恢复了他们对长崎的实际控制权。迈克尔·库帕著，松本玉译：《通辞·罗德里格斯》，页184。
② 《中日古风俗系列》，耶稣教会档案，罗马14，第284卷。

2000杜卡特，1575年为4000杜卡特，1577年为6000杜卡特。①耶稣会在日本传教活动的经费主要来自四个途径。

一是依赖海外支持，即教皇和葡萄牙王廷的"馈赠"。此途径可行，但不及时也不稳定。以庞大的宗教权势自居、政治上也与诸王侯权力比肩的具有绝对势力的罗马教会，财政方面也因为与世俗王权的争斗，苦于战争经费的调配。随着货币经济的发达，教会的开支增大，由此产生的财政危机已使教皇陷于困境。②葡萄牙国王应给付的年金也经常迟迟不到位，况且这些"馈赠"远远不能满足每年递增的经费需求。葡萄牙国王给予的年金在1574年虽已增额至1000杜卡特，但在范礼安来日前的几年间一直未兑现。另外，塞巴斯蒂安国王曾赏赐给府内神学院1000杜卡特的经费，还有教皇格雷高利十三世及西克斯图斯五世也赠送过援助经费，可结果正如范礼安在1583年所抱怨的那样：

> 从九年以前开始没有收到过任何东西。③

海外援助资金不到位的原因很多，如没有定期航船导致经费运送被搁置多年、台风的影响、海上恣意横行的荷兰军舰的掠夺等。即使资金平安到达日本，由于"税金和外汇市场的波动，往往要损失三分之二的价值"④。

二是依靠地产收入。日本耶稣会分别于1570年、1574年、1575年、1577年在印度购买了四处地产，并从这四处地产中取得租金收入。据范礼安1575年12月4日和25日寄给耶稣会总会长的两书信，从印度购入不动产所得收入为1000杜卡特。⑤

三是依靠天主教大名的捐助。这些大名为传教事业已竭尽全力，他们

---

① 高濑弘一郎：《切支丹时代研究》，页177—181。
② 海老泽有道：《日本基督教史》，页31。
③ 海老泽有道：《日本基督教史》，页126。
④ 《中日古风俗系列》，耶稣教会档案，罗马21(Ⅱ)，第227卷。
⑤ 高濑弘一郎：《切支丹的世纪》，页72，岩波书店，1993年。

大多本来就不富裕。即使是每年有50万石收入的那些有财力的大名，因需要抚养十几个小大名，以及手下众多的仆人，还经常被迫捐款在京都等地建造豪华建筑物，囊中的钱财也所剩无几。当时中央政府的权力得到增强，而且采取从财政上削弱各地方大名以减低发动战争可能性的政策。①

四是通过借款救急。日本耶稣会多年来在长崎和澳门不断向葡萄牙、日本和中国的商人借钱，由此背上了沉重的债务。1611年耶稣会为筹措传教活动经费从葡萄牙借款4万比索，后因故变成3500比索。②1615年在日本国内借银约12,000两，在澳门借银6000两，此外在卧亚等地也筹借过不少钱。③陆若汉曾如此记述道：

> 巡视员弗朗西斯科·韦内拉1618年来日本，察看过耶稣会的收支统计，当他了解到有总额达三万两银的借款时忧心忡忡。④

三万两银的赤字，而且找不到一个可以支撑耶稣会收入的可靠途径，这些烦恼如同噩梦般困扰着负责管理耶稣会财务的司库陆若汉和耶稣会领导层，甚至巡视员范礼安、韦内拉等人。

随着传教士人数的增加和传教活动范围的扩大，作为管理机构的耶稣会各方面的支出越来越庞大。1592年，在日本的欧洲籍和日本籍耶稣会士共计136名，其中相当一部分日本籍耶稣会士还是学生身份。同时，耶稣会还需要负担180名住宿者以及分布在全国各会馆和200所教会里工作的380名信徒的费用。⑤耶稣会的财政负担还体现在向贫困者、寡妇、孤儿的施舍方面。1595年长崎的耶稣会接收照顾了670名信徒，他们中大部分是因为信仰问题而被驱逐出自己的家园。每当发生火灾、战争、海难、台风

---

① 迈克尔·库帕著，松本玉译：《通辞·罗德里格斯》，页223。
② 迈克尔·库帕著，松本玉译：《通辞·罗德里格斯》，页224。
③ 《耶稣教—亚洲系列》，阿儒达图书馆，里斯本49—V—7，第56卷。
④ 《耶稣教—亚洲系列》，阿儒达图书馆，里斯本49—V—6，第154卷。
⑤ 迈克尔·库帕著，松本玉译：《通辞·罗德里格斯》，页221。

等灾难，也会有受灾人员投靠天主教会。①传教活动的另一项重要开支是向日本上层社会送礼。在日本拜访位居高位的实力人物时，习惯上必须赠送礼品或回礼。虽然经常是无可奈何地勉强而为之，但若不遵守这一习惯，会令双方的交往变得艰难。同时为能继续传教活动，必须求得各地大名，尤其是非天主教大名的照顾。如不适时敬献一些有价值的礼品，往往会遭到莫名的阻挠。在这个问题上，巡视员范礼安曾努力争取让天主教大名同意免去赠送礼品，但大名都无意按照耶稣会的愿望来破除这种习俗。②

范礼安1583年就耶稣会的年度预算做过一份详细的报告书，计算出耶稣会每年最少需要12,020杜卡特的收入，其中还不包括突发的战争、火灾等所需的支出。范礼安称：

> 如果不依靠外部支援，全靠教会（耶稣会——笔者注）自力更生当然最理想，但实际上不可能做到。内战持续近一个世纪，日本已变成一个贫穷的国家，天主教徒亦都是一些没有财力来支援传教士生活的人。③

范礼安为使这一极不稳定的经济状态稳定下来，曾向罗马寄出多封请求信，要求得到更多的资金。1588年他在写给耶稣会总会长的信中暗示说：

> 葡萄牙国王若每年将一艘贸易船的货物赠送给日本耶稣会出售，便可获得15,000库尔萨德的经费。④

在两年后的信中，范礼安断言道：

---

① 1563年，一个教堂在落成典礼当天就烧毁；1605年，由于台风有五十座教堂倒塌；1573年，安东尼奥·德维莱纳的船因遭遇暴风雨，快到日本海岸时沉没，五名耶稣会士淹死，那次损失了属于耶稣会的相当于16,000杜卡特的货物。
② 迈克尔·库帕著，松本玉译：《通辞·罗德里格斯》，页222。
③ 《耶稣教—亚洲系列》，阿儒达图书馆，里斯本49—IV—56，第114—116卷。
④ 《中日古风俗系列》，耶稣教会档案，罗马10（II），第336卷。

> 如果没有奇迹发生，就不可能打破目前的窘迫状况。①

范礼安后来写信称"目前的情况已经到了令人绝望的境地"②。耶稣会有限的正常收入与逐年递增的经费开支③所形成的巨大差额，可视为日本教会介入长崎贸易活动的最初原因。

早期来日本传教的沙勿略就已看到葡萄牙商船通航日本对于传教活动是不可欠缺的④，他称：

> 假如日本的国王（天皇——笔者注）改宗信仰我们的圣教，那么在堺市——该城市聚集很多的商人和富人，比日本其他任何地方都更有大量金银——建造商馆，我以宙斯（神）的名义确信，它一定会在有大港口的地方给葡萄牙国王带来世俗的利益。根据我在印度取得的经验，如果没有其他任何的想法，仅仅只是为了宙斯的爱而派遣商船前往（日本）的人是没有的。⑤

沙勿略在传教经历中深切体会到，天主教在日本传教，没有葡萄牙商人的援助是无法进行的，因此他考虑要以确保对商人有利的市场为前提，强调如果在靠近京都有实力商人居住并实行自治管理的港口或城市设立商馆，就会为葡萄牙国王和商人带来巨大的利益。要实现此愿望就要确保通往日本的葡萄牙定期商船，同时传教士也容易搭乘商船前来日本。沙勿略

---

① 《中日古风俗系列》，耶稣教会档案，罗马11（Ⅱ），第227—228卷。
② 《中日古风俗系列》，耶稣教会档案，罗马11（Ⅱ），第288卷。
③ 根据高濑弘一郎的推算和统计，畿内传教活动开始以后日本耶稣会各年度的经费支出为：1579年6000杜卡特；1579—1582年32,000杜卡特；1583—1587年年均10,000—15,000杜卡特；1595年以后再度增长，每年约为12,000—16,000杜卡特。高濑弘一郎：《切支丹的世纪》页77、78。
④ 早在沙勿略远渡日本之际，马六甲地方当局赠送了30桶胡椒作为他在日本活动的经费。沙勿略曾于1552年7月从马六甲向果阿的东印度耶稣会写信，希望在翌年4月之前得到来自葡萄牙国王和教皇对传教活动的经费支持。30桶胡椒在日本换到的资金约1000杜卡特，这应该是耶稣会在日本最早的贸易活动。
⑤ 沙勿略1551年11月5日的书信。转引自海老泽有道：《日本基督教史》，页52。

还痛切地感到必须有葡萄牙国王的保护和罗马教皇的支持，以及贸易的一体化。①

投资澳门和长崎之间的生丝贸易，能得到丰厚的利润，这一点耶稣会士十分清楚。虽然海上生丝贸易充满风险，如荷兰船在海上横行霸道、随时可能遭遇台风袭击，货损人亡的情况时有发生，但通过生丝贸易也能聚集起极大的财富。耶稣会士为筹集传教经费，甘愿冒险参加到这种投机活动中来。

1556年，以葡萄牙富商路易斯·德·阿尔梅达（Luis de Almeida）加入天主教为契机，耶稣会决定将阿尔梅达带来的超过4000杜卡特的货物投放到生丝贸易之中，使传教的活动资金可以在日本得到调配。②根据保留下来的记录，耶稣会这一年首次参与到这一有利可图的贸易中，借用卡布拉尔上长的话说：

从此日本耶稣会福音式的贫困状况宣告结束。③

巡视员范礼安对于耶稣会士参与生丝贸易活动，一直采取鼓励和促成的态度。迈克尔·库帕称：

范礼安于1578年到达澳门后，很快就详细研究了耶稣会的实际情况，对于参与生丝贸易、保证固定收入的事情，向澳门议会进行咨询，得到每年投资90匹克尔（后减少为50匹克尔）生丝的许可。对耶稣会来说特别有利的一个条件是达成了一个协议，即使货物未销售完，耶稣会投资的份额都将作为已销售出去来对待，并获得付款。④

---

① 海老泽有道：《日本基督教史》，页53。
② 海老泽有道：《日本基督教史》，页136。
③ 《中日古风俗系列》，耶稣教会档案，罗马41，第79卷。
④ 迈克尔·库帕著，松本玉译：《通辞·罗德里格斯》，页227。

范礼安不仅得到了澳门当局有关耶稣会士参与生丝贸易的许可，1584年4月还得到了葡印总督弗朗西斯科·马斯卡雷尼亚斯·帕利亚（Fracisco de Mascarenhas Palha）的承诺。范礼安为进一步稳定贸易活动的开展，特意写信请求罗马耶稣会同意这样的决定。教宗格雷高利十三世以及耶稣会总会长克劳迪奥·阿奎维瓦为改变日本的传教士的窘迫处境，先后回信表明同意该项投资。耶稣会自参加生丝贸易的投资以后，每年得以保证大约有4000克卢扎德的收入，可以改善耶稣会经费的严重短缺的状况。①

生丝贸易因得到教皇和葡萄牙王室的认可，被视为合法的贸易参与。但当时日本耶稣会在范礼安的支持下，还私下从事着不为耶稣会总会和罗马教廷所知的"隐匿贸易"活动。据1593年柯钦和1596年12月卡布拉尔②发给耶稣会总会长的告发信简，日本耶稣会的"隐匿贸易"收入相当可观，包括澳门长崎间的黄金、珍珠等贸易的收入。1609年范礼安接到总会长的命令，要求全面禁止参加贸易活动，但他感到日本的传教事业如果没有来自生丝等贸易的收益便无法生存。在日本召开的第一次协商会议上，议题第13条研讨了"必须为维持日本的物质做出努力"，他认为如果有其他方法来解决，便应该从贸易收手，但是"能够废止贸易并获得救济的手段现在尚没有"，日本的耶稣会和天主教没有贸易利益就会面临因物质不足难以维持而导致事业消亡的危险，因此会议决定要将此情况报告罗马的总会长。③

在1614年于长崎召开的管区会议上，日本耶稣会更进一步做出了请求耶稣会总会和罗马教皇允许其"多种经营"的决议：

> 请容许把在日本的这类贸易作为天主教的物质性利益来看待。应当看到，这不仅没有弊害，而且对其他教区亦是良好的示范。为此管

---

① 1609年和1610年，葡萄牙国王下令给印度总督路易劳伦索德塔沃拉，命令停止耶稣会参加丝绸贸易。这一禁止令到了1611年以后才撤销。
② 此时的卡布拉尔已经不再担任日本教区管区长的职务。
③ 海老泽有道：《日本基督教史》，页126。

区会议全体成员一致决定，今后只进行黄金、生丝、麝香和龙涎香的贸易并加以限定，请总会长予以指示。①

为使上述要求能够顺利得到教廷的许可，日本耶稣会在上报这份决议的同时，附上了一份详细的理由说明书。主要理由之一是绢织物贸易量同生丝贸易量持平，其利润也同生丝的利润大体相当；理由之二是由于绢织物的交易较之生丝更难驾驭且风险大，不适合传教士经营；理由之三是从棉织物、陶器、砂糖、药品的贸易活动也能获取很大利益，并可委托耶稣会以外的人士经营；理由之四是日本管区会议有意将耶稣会的贸易活动除了规定数额的生丝之外，还可扩大至黄金②、麝香③、龙涎香④的贸易。日本耶稣会最后希望罗马耶稣会总会从澳门运钱到日本时不要直接运送白银，而是运送与钱款额度相当的商品，特别是像黄金和麝香这类商品。⑤对日本耶稣会的上述申请，耶稣会总会经过一段时间的沉默之后，于1621年做出了答复：

教皇和国王许可的生丝贸易之不足部分，由黄金和麝香贸易予以补偿，也可由澳门运往日本，以此救济管区的贫困状况。⑥

耶稣会参与生丝等贸易有时代背景的因素以及传教活动的需要。从理论上说，并不是违背法律和道德的不当行为，且得到天主教会权威人士的许可。而且，耶稣会所有的业务活动同正常的商业贸易完全相同，不存在特殊之处。虽然教会禁止圣职人员从事贸易活动，但由于日本的特殊情

---

① 《罗马耶稣会档案》日本卷45—Ⅰ，页234。
② 黄金贸易比生丝贸易具有更大的优点，利润率在50%—60%左右，同生丝几乎相同，特别是黄金体积小，在交易和经费方面也非常便利，且不属于不正当贸易。
③ 麝香需求量很小，投资1000杜卡特是少有的事，不属不正当买卖，货源本身也无问题。
④ 龙涎香从日本输往澳门，货源很少，日本的优质龙涎香很少，大都品质较差，故需要在澳门加工之后再反输日本。
⑤ 高濑弘一郎：《耶稣会与日本》，页456、515—521。
⑥ 高濑弘一郎：《基督教时代对外关系研究》，页255，吉川弘文馆，1994年。

况，所以罗马教廷赋予了特许令。然而圣职人员卷入互相竞争的贸易之中，是否一件明智的事情？圣职人员像商人那样"满脸都是欲望的神色"是否亵渎神灵？尽管许多信徒明白耶稣会参与生丝等贸易出于无奈，但在长崎和澳门仍有不少信徒对此抱有疑问，并持有异议。这些人认为：

其必要性和爱心使之合法化，但并不符合我们的事业。①

他们还认为，耶稣会由于参与了生丝贸易，自然容易陷入滥用权力的境地，如帮有背景的大名在澳门出售白银②，在耶稣会各个会所私下进行贸易，如京都会所就投入4000克卢扎德资金企图增加年收入③。但是成为激烈争论焦点的，正如库帕所称：

仍然还是耶稣会正式参与生丝贸易的正当性，以及其范围。④

塞巴斯蒂安·德·桑·佩德罗（Fray Sebastian de San Pedro）坚决反对耶稣会的贸易活动，但他也承认这些巨款都被用在"拯救灵魂的事业方面"。⑤

范礼安以及维护耶稣会立场的人对于那些言过其实的反对意见展开了辩驳，但是除了说要推进传教工作之外别无他法。对于这一点，耶稣会的大多数人认识是一致的，甚至连对生丝贸易感到极度厌恶的卡布拉尔也不得不承认这是"能够选择的唯一手段"⑥。在1580年召开的耶稣会协调会记录中如此写道：

---

① 海老泽有道：《日本基督教史》，页126。
② 《中日古风俗系列》，耶稣教会档案，罗马 11（Ib），第140卷。
③ 《耶稣教—亚洲系列》，阿儒达图书馆，里斯本49—IV—56，第12、24卷。
④ 迈克尔·库帕著，松本玉译：《通辞·罗德里格斯》，页228。
⑤ 迈克尔·库帕著，松本玉译：《通辞·罗德里格斯》，页229。
⑥ 《中日古风俗系列》，耶稣教会档案，罗马9，第167卷。

生丝贸易是不合适的、危险的，但是尚没有找到另外的收入途径。①

塞尔凯拉主教在1607年明确提出耶稣会只能选择贸易手段的苦衷：

仔细一想，将军（德川家康——笔者注）跟秀吉一样为葡萄牙贸易而利用耶稣会，实际上耶稣会也是在为将军服务。将军并非因为神父是圣教的传教者兼圣职人员而留下他们，而只是因为对贸易有用才留下他们。无论如何，为了继续传教，在当时的情况下除此以外，没有更好的办法。为了拯救灵魂，为了维持和扩大传教活动，最重要的就是要努力贯彻在神之下主宰万事的君主的意思。所以我坚信只要主没有另外的指示，放弃这一方法，对于耶稣会也好，对于神也好，都没有好处。②

耶稣会为了传教事业的顺利开展，不得不按照日本统治者的意愿，积极配合推进生丝贸易的政策。承担处理大部分贸易业务的是长崎耶稣会的司库，每当交易双方的利害关系引发激烈冲突时，司库都是处于首当其冲的位置要负责出面调解。司库的工作非常烦琐，从写礼仪信到订购针线等琐碎日用品、安排进口耶稣会所必需的各种物资、担任葡萄牙商人和日本商人的译员兼调停人、要跟澳门来的贸易商商量如何处理复杂问题等。范礼安曾经为日本的耶稣会司库制定了34条详细的工作职责，当时担任这一重任的正是被指定为德川家康贸易代理人的陆若汉。陆若汉1595年出任耶稣会司库起便开始正式介入葡萄牙和日本的贸易，经常卷入各种纠纷中。陆若汉本人究竟参加过多少次日葡贸易的正式交易，没有任何史料可以作为考证的依据，但如果按照当时中日葡贸易往来的一般程序，从"中国生

---

① 《中日古风俗系列》，耶稣教会档案，罗马2，第22、60、80卷。
② 《中日古风俗系列》，耶稣教会档案，罗马21，第137卷。

丝只能通过每年一次开往日本的定期航班运到日本"①以及德川家康的命令"长崎的葡萄牙商人均需通过陆若汉来进行交易"②这两点来推测，可以认为陆若汉从1595年正式介入葡萄牙贸易以来直至他1610年被驱逐出日本，他以耶稣会通辞兼司库以及德川家康贸易代理人的身份，至少参与过15场次的大型贸易活动。当时耶稣会司库是长崎港的实权人物，掌握着购买货物和决定价格的很大权限。引用当时记录中一句夸张的话说，"耶稣会执掌了日葡贸易的牛耳"③。范礼安虽警告过耶稣会士"不要太深地介入到买卖交易当中"④，但迫于当时的形势和处境，以及各方施加给耶稣会司库陆若汉的压力，往往无法完全遵守规则，不得不卷入每一件贸易纠纷之中，这也是导致他最终被驱逐的原因所在。

从战国时代末期开始，由于大量南蛮人来到日本，日本国内对南蛮的兴趣越来越浓，并在工艺和绘画方面表现出来。当时日本进口最多的商品仍然是中国产的生丝及丝织品，日本国产的生丝叫作和丝，而进口的生丝叫作唐丝或白丝。生丝贸易最初几乎都是由葡萄牙商人垄断的，后来荷兰商人也参与进来。

葡萄牙人在16、17世纪葡萄牙对日本长崎的通商贸易中，并不是把欧洲的产品远道运来卖给日本人，而只是充当亚洲贸易的中介商，即当时的所谓日欧贸易实际上都是中日贸易。日本人喜欢中国的生丝，而中国人喜欢日本出产的白银，于是葡萄牙人在日本和中国之间的转口贸易中获得了巨额的利润。如果仅仅考虑贸易的因素，中日两国之间便可进行这两种商品的交换。但由于涉及到国际关系，因此事情就变得复杂而微妙。在足利氏的末期，九州诸侯和明朝的交通贸易颇为频繁。到了织田信长和丰臣秀吉时代，尽管南蛮船通航日本的数量日益增加，但中国明朝商船驶到日本却几乎绝迹。日本庆长十一年（1606）九月萨摩岛津义久致琉球王尚宁的信中称：

---

① 迈克尔·库帕著，松本玉译：《通辞·罗德里格斯》，页228。
② 松田毅一主编：《十六、十七世纪耶稣会日本报告集》第一期第四卷，页13—15。
③ Carvalho：《辩解书》，《附加手稿系列》，大英博物馆9856，第9卷。
④ 迈克尔·库帕著，松本玉译：《通辞·罗德里格斯》，页230。

> 中华与日本不通商舶者，至十余年于今矣。①

明末清初，不断有倭寇出现在中国沿岸地区进行骚扰，丰臣秀吉也曾出兵亚洲大陆实施侵略，故中国人对邻国日本不再抱有好感。查阅当时的欧文记录，其中就有很多涉及中日两国对立的内容。长崎的一个西班牙天主教徒，名叫贝尔纳迪诺·德·阿维拉-吉隆（Bernardino de Avila-Giron），他回忆说曾在广东见过这样布告：

> 只要有太阳和月亮的照耀，中国人和日本人既不能住在同一个天底下，也不能喝同样的水。②

从1480年以后，明朝当局就彻底禁止同日本人的直接贸易，并警告说违反禁令者要给予严厉的处罚。

葡萄牙商人利用中日之间互不通商的机会，在广东市场上大量购进上等生丝，装上开往日本的定期航船，卖给从日本各地前来长崎购买生丝的商人。买卖交涉在葡萄牙官员和耶稣会有关负责人的严密监督之下进行，并有严格的规定：

> 首先，中国的生丝只能通过每年一次的、开往日本的定期航班运到日本，而通过其他方法运送商品是被严厉禁止的。第二，每年装船的生丝数量受到严格的控制，以免造成日本市场的供大于求，最高限量被定为1600匹克尔③。不仅如此，生丝原则上不准零售，由一名葡萄牙官员将装船的数量以一揽子特定的批发价出售。商人们可以各自参与投机，分得与利润成正比的份额。④

---

① 木宫泰彦著，胡锡年译：《日中文化交流史》，页620，商务印书馆，1980年。
② 《中日古风俗系列》，耶稣教会档案，罗马14（Ⅱ），第287卷。
③ 匹克尔是中国和东亚、西亚的重量单位，约为113磅。1600匹克尔的货物大约相当于63吨。
④ 迈克尔·库帕著，松本玉译：《通辞·罗德里格斯》，页228。

商人们投入交易时的狂热完全像赌徒一般,谁都梦想从中获得可观的利润。在进口中国商品中最重要的生丝方面,江户幕府为了管制其价格,让有实力的商人组成中间人团体,建立通过协商决定生丝价格的制度(1604),这就是被叫作"丝割符"的商法。即由丝割符中间人决定进口生丝的价格,以此价格将生丝一揽子购入,然后将其分配给该团体的商人。这一制度能够让幕府管制全国的大商人,并通过控制进行投资,从而获得极大的利益。① 这一受到严格控制的生丝贸易在一定程度上带来了澳门、长崎乃至整个日本的经济繁荣。

在生丝贸易进行得如火如荼之际,陆若汉被委以耶稣会司库的重任,并被指定为德川家康的贸易代理人,是何原因使他能够得到如此的信任和殊荣?按理说耶稣会中有能力的传教士并不止他一个。究其原因可以总结出四点。

其一,发展对外贸易并从中获取利益是日本历任统治者承袭不变的根本国策。丰臣秀吉、德川家康对于天主教会的表面宽容,无非是希望借助教会的渠道,通过对外贸易,获取现实的经济利益。而重视提拔陆若汉作为他们对外交涉的助手,也完全出自于他们世俗利益的需求使然。

其二,陆若汉出色的日语能力早已在教会内外广为人知,"通辞"几乎成了他身份的象征。② 陆若汉流利的口语、精明的办事能力使得他在葡萄牙贸易中游刃有余,很多贸易上的事情由他出面基本上可以顺利解决。

其三,此时陆若汉已开始撰写他著名的《日本大文典》、《日本小文典》两本语法书,此举足以掩饰他早年没有接受过正规教育的缺陷。陆若汉一直给接触过他的人以聪明博学、精明能干、诚实可靠、善于交际的好印象,无疑是担任贸易代理人的最佳人选。

其四,可以说是决定性的原因,耶稣会巡视员范礼安的刻意栽培。尽管日本教会受葡萄牙的直接管理,但范礼安很清楚日本教会的高层一直被

---

① 王晓秋:《近代中日文化交流史》,页115—116,中华书局,2000年。
② 当时耶稣会内外多数人都称他为"通辞罗德里格斯"。

西班牙人和意大利人传教士占据。看到自己的同胞一直期待的愿望，即葡萄牙人能在教会管理中发挥更大作用的愿望一直没实现，范礼安心里很不是滋味。他希望在决定日本教会政策时，耶稣会的影响力能够通过耶稣会士的人数充分体现出来。因此范礼安有意培养葡萄牙青年加入耶稣会，并创造机会让他们参与各种抛头露面的活动，以扩大其影响。正如库帕所称：

> 在1601年提升为耶稣会士的七人中，除仅有的两名西班牙人外，有一名是意大利人，四名是葡萄牙人。这一人数上的失衡在以后必将造成传教士之间的冲突。①

1591年范礼安拜见丰臣秀吉时，陆若汉被提拔担任其私人译员并随同代表团赴京。如果当时没有这个机会，也许他只能作为一名传教士默默无闻地度过普通的一生。

陆若汉作为一个出身低微的葡萄牙青年，得以与日本江户时期的两任权力者和许多掌握重权的人物相识相交，主要出于他"南蛮通辞"身份以及国与国之间的外交迫切需要这方面人才的缘故。历史的大背景造就了这位先后受到丰臣秀吉、小西行长、德川家康、前田玄以、本多正信等众多位高权重者的知遇，备受丰臣秀吉、德川家康的信任和宠爱，被认为是"有才能、知遇了活跃于16世纪末17世纪初当时所有政治家"的耶稣会传教士。②陆若汉在与日本上流社会的高层人物深入交往的过程中，积累了大量的经验和丰富的知识，他犹如一颗闪烁的明星，在日本的京都、名古屋，尤其是在长崎这个被丰臣秀吉和德川家康特许对外通商的唯一的自由贸易港，放射出璀璨的光芒。

---

① 迈克尔·库帕著，松本玉译：《通辞·罗德里格斯》，页231。
② 迈克尔·库帕著，松本玉译：《通辞·罗德里格斯》，页347。

第三章 陆若汉在中国

一、遭驱逐至澳门的陆若汉

1610年，由于受到诸多事情的牵连，陆若汉被驱逐到澳门。陆若汉对澳门并不陌生，曾经于1576年和1596年两次在澳门做过数月的逗留①，而且由于同葡萄牙贸易的关系，跟澳门的中葡商人有过密切频繁的交往。他很熟悉澳门的政治经济情况，因此在澳门受耶稣会委托，长期担任澳门耶稣会的司库和顾问，并协助澳门耶稣会做了大量的教会工作。在与中国内地的外交事务方面，陆若汉也是澳门方面一位十分重要的人物。他多次代表澳门方面进入广东，或经商，或外交，或处理澳门与广东的纠纷，展现了他"很善于交际"的外交才干，为疏通澳门当局与中国明朝政府之间的关系发挥了很大的作用。陆若汉到澳门后一直到因病去世，再也没有返回日本。

（一）陆若汉被驱逐至澳门的时间和原因考

1. 驱逐至澳门的时间

有关陆若汉被驱逐至澳门的时间，史学界一直存在两种说法。一是

---

① 一次是少年时期随范礼安等人由葡萄牙赴亚洲时，在澳门等待去日本的船舶，大约是在1576年（陆若汉到日本的前一年）；另一次是1596年为晋铎神父再次来到澳门，那次陆若汉同日本天主教会第一任主教马尔廷斯一起返回日本。

1614年，一是1610年。持前一种看法的学者有方豪和费赖之。方豪在《中国天主教史人物传》中称：

> 陆若汉，以明万历四十二年（一六一四）来华，崇祯七年（一六三四）阳历三月二十日前不久卒于澳门。①

在该传记的另一处，方豪仍如此称曰：

> （陆若汉）万历四十二年（一六一四）由日本至澳门，立即与龙华民通信讨论在汉文中称天主的最适当名词。不久即到南京，研究镇江的景教史。②

费赖之在其传记《在华耶稣会士列传及书目》中亦称：

> 陆若汉 葡萄牙人 一五六一年生——一五八〇年十二月入会——一六一四年至华——一六〇一年发愿——一六三四年三月二十日前殁于澳门。……一六一四年被逐后避居澳门，曾与龙华民神甫通信札，讨论汉文天主名称事。同年入内地，抵南京，采辑中国载籍所志之镇江景教遗迹。③

方豪、费赖之二人在陆若汉的来华时间和去世时间上的看法完全一致。与此观点相反，持"1610年"说的首先是英国人迈克尔·库帕的考证，他称：

> 1610年3月下旬，有一艘运输船离开了长崎港，船上乘坐的都是因

---

① 方豪：《中国天主教史人物传》中册，页34。
② 方豪：《中国天主教史人物传》中册，页35。
③ 费赖之著，冯承钧译：《在华耶稣会士列传及书目》，页216—217。

佩索亚商船沉没而滞留在日本的葡萄牙商人,在乘船的旅客中可以看到若阿·罗德里格斯的身影。罗德里格斯后来写道,在日本生活了33年,而最后"自己却走在所有耶稣会士的前面,并且是作为替罪羊被驱赶出去的"。非正式接替罗德里格斯、成为骏府通辞兼通商代理人的是出生于吉林汉姆的英格兰人威廉·亚当斯(William Adams)。①

日本史学家土井忠生与迈克尔·库帕持的观点相同,他在《吉利支丹论考》中如此记载道:

> 罗德里格斯的外交手腕发挥得淋漓尽致,长崎的贸易进行得很顺利。但也有好事多磨的事例,他的努力适得其反,招致无法预料的结局。1609年围绕进入长崎港的葡萄牙船长安德烈·佩索亚事件就产生出人意料的结果。……德川家康听信有马晴信单方面上诉而下令杀掉安德烈·佩索亚,并追究耶稣会以及在长崎涉及此事件的当事人的责任。……无奈之下,耶稣会副管区长提出把有关佩索亚的行为责任归咎到罗德里格斯身上,并建议将其驱逐到澳门。耶稣会对此事的处理结果,德川家康完全知晓,那是发生在1610年3月的事情。②

持"1610年说"的还有法国学者荣振华,他的《在华耶稣会士列传及书目补编》没有沿袭费赖之的说法,他提出:

> 陆若汉(费赖之书)。
> 诞生:1561年于拉美古教区的萨南赛勒。
> 进入初修院:1580年12月在日本③,1594年在澳门。1596年在日本,

---

① 迈克尔·库帕著,松本玉译:《通辞·罗德里格斯》,页254。
② 土井忠生:《吉利支丹论考》,页68。
③ 根据对其他史料的考证,此时间有误,陆若汉应该是1577年到达日本。

他在那里的宫廷中任官方译员，1591年—1596年任司库。1610年被迫到达澳门。①

从目前所掌握的外文资料来看，"1610年"的说法更为准确。理由之一，德川幕府于日本庆长十八年（1613）十二月二十三日颁布禁教令②，翌年留居日本的天主教传教士大部分被驱逐出日本。迈克尔·库帕对此有详细的考述：

> 天主教传教士必须全部从"神佛之国"日本撤出。1614年2月14日，传教士得到命令，京城的传教士都要到长崎集合，等待前往流放地的船舶。这一年的11月7日和8日，当时留在日本的115名耶稣会士中的88名分乘2艘船前往澳门和马尼拉，剩下的27名耶稣会士、15名方济各会士和多明我会士，以及5名教区神父潜伏下来，秘密地继续进行传教活动。③

结合其他各种资料的综合考证，陆若汉的确是"走在所有耶稣会士的前面"来到澳门的。理由之二，如本章后续小节所述，从1610年开始就有陆若汉在澳门活动的记载。1611年耶稣会让陆若汉负责当年的年报编辑工作，并同时担任圣保禄（大三巴）学院的拉丁文教师；1611至1613年间，陆若汉还可能担任过澳门司库助理，并主持司库工作。种种史实表明陆若汉在1614年之前就已经来到澳门。

---

① 荣振华著，耿昇译：《在华耶稣会士列传及书目补编》下册，页564。
② 迈克尔·库帕著，松本玉译：《通辞·罗德里格斯》，页256。
③ 德川幕府1613年颁布禁教令的内容是：日本原为神之国度。……天主教团来到日本，他们不仅派遣商船进行贸易，更随意扩张其邪教（天主教），试图蛊惑民心、改变日本政治、令其成为自己之领土。显而易见，（该邪教）是今后巨大灾祸之端倪，必须禁止之。……（该教）众多传教士公然违反幕府的政令、质疑神道、非难佛教……传播授予（国民）邪恶之教。此乃神道之敌、佛教之敌，若不立即禁止，必成为日后国家之祸害。笹山晴生等：《日本史史料集》，页180。

2. 驱逐至澳门的原因

陆若汉作为16世纪日本耶稣教会最有影响力的"通辞"传教士，并兼任当时的日本统治者德川家康的私人贸易代表，因此他的被逐事件虽未成为国内外有关研究的争议性话题（因为存在的分歧不大），但也引起了史学家的较大关注，在有关专著及论文中均有涉及，其中大多数看法倾向于陆若汉因过多参与长崎贸易和行政事务所致，但近日笔者从日本学者日埜博司的论文《欧洲传教士对于培养日本圣职人员的看法以及耶稣会士的真实形象》中看到一种新的提法，即陆若汉遭到驱逐的原因似乎跟他涉及与长崎代长官夫人的丑闻事件而得罪长崎官员有关。日埜博司称：

> 欧洲传教士认为，如果日本圣职人员能在贞操观念上有所追求，他们就必定成为纯洁无瑕的圣人。然而他们自己的所作所为又是如何呢？作为耶稣会首屈一指的日本通、通辞罗德里格斯离开日本一事的背后，就藏有他与长崎代官村山等安夫人（教名朱斯特——笔者注）关系暧昧的神秘内幕。①

类似观点还有阳马诺（Manuel Dias）有关陆若汉因涉及女性丑闻被送往澳门的指控，梅斯基塔神父亦提及有关耶稣会士风纪沦丧的问题。本研究不同意上述观点，结合有关历史资料，拟从以下三个方面作出论述。

（1）由贸易冲突受到责难

明万历年间，葡萄牙商船与澳门及日本的海外贸易主要是生丝和丝绸品的交易，商船从中国澳门将货物运到日本长崎港。1604年，日本幕府制定"丝割符"法，详称"白丝割符商法"。此商法主要是针对明万历年间（日本江户时代）中国丝绸进口贸易而拟定的制度。在以往的丝绸交易中，日本方面尽可能地将买入价压得很低，而葡萄牙方面则把卖出价定得尽可能的高，双方在生意场上的争执自然很激烈，价格的谈判总是很难确定，

---

① 日埜博司：《欧洲传教士对于培养日本圣职人员的看法以及耶稣会士的真实形象》，未刊行。

谈判会无休止地持续，最终成交的数字由澳门来的官员在长崎决定，直到双方都接受。"丝割符"出台后，明确规定：每年一次将进口生丝（也称白丝）由幕府指定"丝割符"同行按照其代理人"丝年寄"（丝绸长者）和外国商人交涉后决定的固定价格进行一揽子交易，然后再将其分散出售给参与交易的丝绸商人或江户幕府指定的专营商；在经过"丝年寄"等人交涉决定生丝价格之前，禁止所有商人（包括葡萄牙商船）进入长崎港口。[①]"丝年寄"由幕府指定堺市、京都、长崎等地有实力的商人出任。制定"丝割符"法只是为防止葡萄牙等外国商船垄断经济利益而采取的贸易政策，还是为压制以耶稣会为首的教会势力而采取的政策？当时有各种说法。此商法出台后，在日本商人中仍有人对不能如愿买到丝绸而感到失望，另外在耶稣会和葡萄牙人中卖出价不满者也不在少数，这使得亲身参与这些交易过程的耶稣会通辞兼德川家康私人贸易代理人陆若汉难免要得罪其中某一方，结果导致昔日的朋友变成了自己的敌人。正如迈克尔·库帕所称：

> 占据着德川家康贸易代理人这一重要的地位的罗德里格斯，在骏府和长崎想必会遭官员们的怨恨。实际上，早在几年前就已有人蠢蠢欲动，要将这个通辞驱逐出境。方济各会和多米尼克会自不必说，即使在同一个耶稣会，也有人抱此怀疑，即罗德里格斯的行为与其传教士的身份并不相符。[②]

德川家康听到商人的抱怨非常恼怒，迁怒于耶稣会，遂放出风声要迫害天主教徒。传教士因此惶恐不安，但陆若汉此时想从葡萄牙贸易谈判中脱身已经不可能。1605年，德川家康的两名重臣来长崎购买丝绸，因某些原因丝绸的质量出现问题，二人便将责任推到贸易代理人的身上，向德川家康递交了长达48条的控告信，主要针对陆若汉，但也牵连到耶稣会。当时

---

① 笹山晴生等：《日本史史料集》，页180。
② 迈克尔·库帕著，松本玉译：《通辞·罗德里格斯》，页236。

写信的不仅是这二人，长谷川奉行也写过一份长达9页关于长崎贸易处于不理想状态的报告书提交德川幕府，他同时还向塞尔凯拉主教和巴范济准管区长发出警告说，如果陆若汉不离开日本，就要对天主教徒进行迫害。

1607年3月，在长崎一直不太声张的奥尔冈蒂诺给罗马教皇写信。据这位资深传教士称，耶稣会在几年前就面临危机，根本原因就在于长崎的耶稣会参与了贸易。这件事不仅在日本人、葡萄牙人和西班牙人中，在耶稣会成员之间也成为一个话题。因为做生意原本就不符合天主教教义的宗旨和使命，产生怨言是自然的。另外，他还认为"若阿·罗德里格斯先生缺乏修道者的是非观念"①。奥尔冈蒂诺的这封信发出两三个星期之后，主教塞尔凯拉也口述了一封有关同样问题的信。由于塞尔凯拉对整个过程非常了解，这对弄清是非曲直非常重要。在这封信中，主教毫不隐瞒内心的不安，直爽地陈述自己的看法。他称：

> 我很重视耶稣会，吾主赋予我保护耶稣会和耶稣会名誉的热情，因此我想报告说，通过被称为通辞的若阿·罗德里格斯先生，耶稣会一直是作为一个顾问者来参与到包括葡萄牙商船以及贸易方面的业务在内的长期的行政事务中去的。罗德里格斯先生一直非常巧妙地处理这一类商业交易。②

塞尔凯拉指出日本耶稣会多年来一直处于一个困境，完全是因为住在长崎的耶稣会士不明不白的身份造成。对于很多纠纷和麻烦（例如前一章提到的受到大村举报之事），尽管陆若汉并没有任何责任，但是因为他参与管理长崎的行政和贸易工作并深陷其中，又跟长崎奉行一起去了骏府等缘故，理所当然会遭到有关当事人的怀疑和猜测。塞尔凯拉的书信向罗马教皇表明陆若汉是清白的，不过他也清楚耶稣会里有相当数量的人并不赞

---

① 迈克尔·库帕著，松本玉译：《通辞·罗德里格斯》，页237。
② 迈克尔·库帕著，松本玉译：《通辞·罗德里格斯》，页238。

成自己的看法。塞尔凯拉觉得耶稣会内部尚且如此，外界产生有关陆若汉的种种谣言更是无法说清的。

（2）介入长崎事务遭到非议

1608年5月，担任长崎奉行的长谷川佐兵卫与陆若汉一同前往骏府接受德川家康的召见。召见结束后，他打算跟陆若汉一起回长崎，但陆若汉却想在天主升天日那天留在骏府做弥撒，便申请了暂时逗留骏府的许可。陆若汉此举并不合长谷川奉行的心意，因为奉行对陆若汉在长崎发挥的作用原本就感到不快，他担心趁自己不在骏府时，陆若汉会煽动骏府的官员做出令自己尴尬的事情，所以千方百计想把陆若汉带回长崎。虽然与长谷川奉行的分歧令陆若汉颇为沮丧，但他仍然坚持留下，为该地区的天主教徒做了几天教义方面的指导。

1609年是中日葡通商史上值得关注的一年，发生了几件大事。第一件是荷兰人和西班牙人来到骏府，再一次提出希望幕府开放通商。第二件是有马晴信为了报复，命令手下士兵追剿满载生丝的葡萄牙人佩索亚的商船，造成商船中弹沉没长崎海港外。这一事件导致欧洲籍传教士和日本籍传教士出现分裂。第三件事是长崎奉行针对陆若汉等传教士的攻击达到了白热化的程度，"连罗德里格斯也终于丧失了信誉"[1]。陆若汉和巴范济准管区长受到指责，理由是他们干预长崎的行政事务过多，妨碍了奉行的工作。这些指控传到德川家康的耳里，已进入老耄之年的德川家康失去了理智，为此大发雷霆。事后主教塞尔凯拉描述称：

> 若阿·罗德里格斯先生不仅被这里（长崎）的奉行，而且还被住在这里的两名有身份的天主教徒指控了。这二人的指控毫无道理可言，怀疑很快便完全澄清，但是这二人指控的很多事情，令在日本各地的信徒和异教徒都感到脸面无光。[2]

---

[1] 五野井隆史：《日本吉利支丹教史》，页237。
[2] 陆若汉是由于不忠贞而受到指控。传说他跟长崎的代理官员村山等安的妻子关系暧昧，还得了性病，久治未愈。还有传言称："罗德里格斯神父的头上长出了好几个疙瘩，调养了一年多，才好不容易康复。但是脑袋后部长出的那个难看的洞，最后也没有长好。"迈克尔·库帕著，松本玉译：《通辞·罗德里格斯》，页239。

主教塞尔凯拉曾要求两人撤销指控，但遭到拒绝。没有资料显示两名写控告信的天主教徒是什么国籍。关于控告信的主要内容，塞尔凯拉主教仅称是"罗德里格斯先生受到贞节方面的控告"。不仅如此，这两人还企图将陆若汉从有关葡萄牙商船的业务和长崎有关的工作中排挤出去。

（3）丑闻事件的指控

1606年，陆若汉及耶稣会在好几件事情上再一次受到指控。对手竟是曾经的好友、贸易谈判的合作者长崎奉行长谷川，一个捏造出来的丑闻被嫁祸到陆若汉身上。① 几年后，耶稣会助理阳马诺在1615年12月6日从澳门写给总会长的书信中说陆若汉因行为不检点，与长崎代官村山等安夫人（教名朱斯特）有暧昧关系而受到指控。他称：

> 日本耶稣会士中的两个人（一名神父、一名修士——笔者注）因女性丑闻被送往澳门。……在日本，这个问题造成了某些人的堕落。他们告诉我，四誓愿神父若阿·罗德里格斯也是如此。他们还这样对我说……②

阳马诺本人从未去过日本，他不过是从考洛斯和卡瓦略处听到传言，所以"他写的材料很不可靠"③。但是，从阳马诺写的材料中至少可以了解陆若汉被驱逐之前在长崎曾经流传着怎样带有敌意的传言。1605年3月9日，梅斯基塔神父从长崎写给耶稣会总会长的信件中，亦提到有关涉及女性的风纪沦丧的问题。他告诉总会长，耶稣会士在住院内外时常与日本女性"亲密交往"，举止不慎，为此他希望总会长下令重振纲常。虽然此信声称

---

① 据传言，陆若汉在长崎时总是一个人，也不带同伴，去拜访仅次于奉行的人物村山等安的妻子，态度看上去非常暧昧亲密，女人去小便的时候他也随行，而且常常从和服的宽袖旁边伸进手去抚摸其乳房。看到这种情形的侍女告诉了村山等安，得知此情形的村山等安由此冷淡了妻子，并娶了好几房妾。不用说此事导致村山等安夫妻关系破裂，村山等安也因此和陆若汉绝交。最后做出了将神父驱逐国外的举动。迈克尔·库帕著，松本玉译：《通辞·罗德里格斯》，页241。
② 高濑弘一郎：《基督教时代对外关系研究》，页632，吉川弘文馆，1994年。
③ 迈克尔·库帕著，松本玉译：《通辞·罗德里格斯》，页240。

"听取女性忏悔的方式均已得到改善",但在提及"诸如用某些饮食或葡萄酒亲切招待她们"时,又声称"它已经成为习惯",所以有人不想禁止它。梅斯基塔还意味深长地写道:

> 因为它不会带来肉体痛苦,而是给予快乐。[①]

当时的耶稣会传教士大多是精力旺盛的中青年人,又身处一个动荡的日本社会,接连不断发生的迫害天主教徒事件造成他们精神上、生理上的压抑,某些传教士可能做出一些道德沦丧的事情也在所难免。陆若汉是否真如传言所称也是因行为不检点遭受控告,我们只能从德高望重、处事谨慎的当时日本教会主教的言辞中判明是非。塞尔凯拉主教曾对此事作了澄清说明:

> 奉行捏造了一个有关贞节方面的罪名嫁祸于罗德里格斯先生,企图随意控制长崎。……幸亏吾主明示真理,为罗德里格斯先生和耶稣会洗刷罪名,将军仍对先生表示出十分的友好,一直善待先生。然而从这一个事件可以明白地知道,这样的工作(耶稣会士从事贸易——笔者注)实在是危险,应该回避。[②]

主教塞尔凯拉认为长崎奉行此举目的在于除掉陆若汉,以便自己可以不受阻碍地随意控制长崎。塞尔凯拉在给罗马的信中强调了两件事:第一,在找到筹集传教活动资金的其他方法之前,耶稣会不得不继续参与丝绸贸易活动;第二,这类业务必须加以节制,分清是非,可以作为一项必不可少的工作,但决不能带有一丝一毫的欲望和贪婪。主教在信中进一步称:

---

① 高濑弘一郎:《耶稣会与日本》,页292—301。
② 迈克尔·库帕著,松本玉译:《通辞·罗德里格斯》,页240。

> 这一点一定要告诉准管区长（巴范济——笔者注），非常有必要对若阿·罗德里格斯先生提出劝告，要更加谨慎行事，举止应更像一个修道者，凡事要加以区别。由于平时注意不够，引起有关人士不快。为此，我们（耶稣会——笔者注）受到上述人士的指控，卷入到灾难之中。①

陆若汉究竟受到了怎样的指控？塞尔凯拉在信中始终未加以明说。但主教明确指出种种传言毫无根据，纯属污蔑。他指出，圣职人员受到如此指责时，作为主教的他有义务对此事进行调查，况且当时塞尔凯拉就在长崎，他还在信中声称：

> 假如果真如传言中所说，那么罗德里格斯就会受到退会的处分。阳马诺等人执意要收集那些不堪入耳的传言，确实是件非常令人遗憾的事情。②

实际上，陆若汉跟村山等安不和的根源在于陆若汉参与长崎的行政，工作中曾发生纠纷，而巴范济和陆若汉并未充分意识到可能出现的后果。据1605年梅斯基塔写给罗马的报告中说，村山等安对耶稣会似乎并无恶意，只是无法忍受过分干涉长崎政事的陆若汉和巴范济，因此他极力想要削弱二人以及塞尔凯拉主教的势力。村山等安多次指控和上告，都因没有根据而未果，于是信誉扫地的村山等安跟反天主教徒的长谷川奉行勾结起来，要将陆若汉等人赶尽杀绝。正如迈克尔·库帕总结的那样：

> 看上去很有才能，并且跟骏府的重臣们交往很深的罗德里格斯，

---

① 《中日古风俗系列》，耶稣教会档案，罗马 16（II），第252卷。
② 迈克尔·库帕著，松本玉译：《通辞·罗德里格斯》，页242。

越来越深入地参与到了葡萄牙贸易中，同时也参与到长崎的官府事务当中。由于耶稣会一直依赖着家康和葡萄牙贸易，因此即使有罗德里格斯这样的性格比较平稳的人出面，要想不卷入到这两件工作当中去，也似乎越来越不可能。……在当时的日本，贸易也好，行政也好，都处于一种错综复杂的状态。尽管罗德里格斯竭尽全力地参与这两项工作，但最终还是得罪了不少人，交不到朋友。①

陆若汉在各种舆论的压力下，不得不离开日本，巴范济由于长崎奉行顾及其他原因被允许留在日本。1610年3月下旬，陆若汉乘坐一艘运输船离开长崎港前往流放地澳门。②他后来写道，在日本生活了33年，而最后"自己先所有的耶稣会士一步，并且是作为替罪羊被驱赶出去的"。

巡视员弗朗西斯科·维埃拉在1619年撰写的报告中有这么一段：

> 他（罗德里格斯——笔者注）很有才能，很主动，考虑问题很全面，对丰臣秀吉和当今的皇帝（德川将军——笔者注），以及全日本的大名、小名都很有影响。神父们由于他的不断努力，至今能够留在日本。由于他是管区的司库，后来太深入地参与到贸易和长崎的政务中，犯下了错误。在外面树了很多敌，包括等安和左兵卫（长崎奉行——笔者注）在内，因此受到迫害，最终被驱逐出去。③

巡视员当时不在日本，没有受到周围杂音的干扰，冷静地写下了这段

---

① 迈克尔·库帕著，松本玉译：《通辞·罗德里格斯》，页254。
② 这位耶稣会士中最优秀的通辞和贸易代理人被当作替死鬼赶出日本之后，非正式地接替陆若汉成为骏府的通辞兼贸易代理人的是英格兰人威廉·亚当斯（William Adams），而代替陆若汉担任耶稣会准管区司库一职的则是建筑工程师、天文学家，后来殉教的意大利耶稣会士卡洛斯·斯皮诺拉（Carlos Spinola）。迈克尔·库帕著，松本玉译：《通辞·罗德里格斯》，页256。
③ 《中日古风俗系列》，耶稣教会档案，罗马25，第107c卷。

简短文字，可以说，是客观地评价实际情况的记录。虽然仅看这段文字不能正确把握当时的气氛和事件经过，但在一定程度上可以了解陆若汉被驱逐前后的复杂经过。

（二）澳门耶稣会的司库助理与司库

49岁的陆若汉带着失落感被迫从日本来到澳门，当时澳门是亚洲的贸易中心，非常繁华。①陆若汉对于澳门并不生疏，他曾多次来澳门，在长崎时亦由于贸易上的关系跟澳门的葡萄牙商人常有往来。当时的陆若汉在葡萄牙贸易中已是耶稣会知名度最高的通辞，经常活跃在日本上层贵族和长崎重要官员中，因此澳门耶稣会对于这位重量级人物的工作安排一直很伤脑筋，因为澳门的外交舞台能够提供给陆若汉的活动空间太小。如迈克尔·库帕所称：

> 在澳门，没有一个工作能够充分发挥陆若汉的才能和经验。正因为他经常旅行，并且经常接触高官，所以在这个狭窄而繁华的殖民地生活，对于陆若汉来说圈子太小，一定感到很不满足。②

据迈克尔·库帕提供的资料，陆若汉刚到澳门时耶稣会让他负责1611年的年报编辑工作，并同时担任圣保禄（大三巴）学院的拉丁文教师。③然而荣振华书中称陆若汉"1591年至1626年任传教区司库"④，这一说法是不准确的。据日本学者高濑弘一郎的研究，从1578年设立教区司库一职以来，先后担任此职者如下表。

---

① 同为葡萄牙的领地，但澳门不像果阿和马六甲那样靠武力征服而来，为了驱赶在这一地区猖獗的海盗，葡萄牙人从1555年起，得到非正式许可在这里定居。随着丝绸贸易的扩大，长崎成为丝绸的集散地，因此，澳门港在亚洲贸易中的地位显得愈发重要。
② 迈克尔·库帕著，松本玉译：《通辞·罗德里格斯》，页259。
③ 迈克尔·库帕著，松本玉译：《通辞·罗德里格斯》，页259。李向玉的《澳门圣保禄学院研究》（澳门日报出版社，2001年）第三章第二节"教师队伍"中没有提到陆若汉任教大三巴学院。
④ 荣振华著，耿昇译：《在华耶稣会士列传及书目补编》下册，页564。

澳门教区司库任职时间表[①]

姓　　名	任职时间
安德烈·平托（Andre Pinto）	1578年?月—1588年1月
米盖尔·苏亚雷斯（Miguel Soares）	?年—1600年9月
卡洛斯·斯皮诺拉（Carlos Spinola）	1601年3月—1602年6月
曼奴埃尔·卡斯帕尔（Manuel Gaspar）	1603年2月—?年
塞巴斯蒂安·维埃拉（Sebastião Vieira）	1606年?月—1608年初
若昂·科埃里（João Coelho）	1609年?月—1611年1月
曼努埃尔·帕莱特（Manuel Barreto）	1613年?月—1616年7月
曼努埃尔·博吉斯（Manuel Borges）	1616年8月—1619年
塞巴斯蒂安·维埃拉（Sebastião Vieira）	1619年?月—1622年11月
陆若汉（João Rodrigues）	1622年11月—?年
乔万尼·博莱利（Giovanni Battista Bonelli）	不详
巴尔德洛曼·德·西格拉（Bartolomeu de Siqueira）	不详

很明显，高濑弘一郎不同意荣振华的意见，他认为陆若汉1598年至1610年间在日本担任长崎管区司库12年[②]，而担任澳门教区司库一职仅在1622年11月以后的数年。在1617年和1620年的《耶稣会士在亚洲》49—V—7葡文档案中，分别三次提到陆若汉出任Procurador[③]一职12年。[④]这12年应指从1598年至1610年，即陆若汉转往澳门之前担任司库的数年。如果陆若汉从1622年11月出任教区司库到1626年11月被免去这一职务[⑤]，那么他担任澳门司库只有4年时间。

司库是耶稣会日本教省中一项极为重要的职务，由会长选拔和任命，

---

① 高濑弘一郎:《基督教时代对外关系研究》，页379—392。
② 高濑弘一郎:《切支丹时代研究》，页517—518。
③ Procurador一词，戚印平文译为"管区代表"，金国平先生译为"经理员"，还有译为"会计"的。《澳门记略·澳译》中"司库"一词的中文译音为"备喇故路多卢"，此"备喇故路多卢"当为Procurador的清代译音，故本书采用"司库"说。
④ 阿儒达图书馆《耶稣会士在亚洲》抄件49—V—7，页187 b、197。
⑤ 迈克尔·库帕著，松本玉译:《通辞·罗德里格斯》，页318。

其三项主要职责为:(1)负责管理日本教会的全部资金,这些资金包括来自于印度和马六甲的钱以及从属于日本(耶稣会)的房屋和店铺征收的钱;(2)为日本管区与住院补给公共必需品和(个别住院必要的)特别必需品;(3)运送由印度送往日本或由日本送往其他地区的书信等其他所有物品,同时还要保证从中国前往日本的神父与修士在航船中得到优待,不能欠缺必要的食粮。①

陆若汉先后两次担任此职,时间共计长达16年。值得注意的是,在1611年至1613年间,陆若汉还可能担任过澳门司库助理,并主持司库工作。②这可以说明陆若汉16世纪末17世纪初在日本教省中的地位。

陆若汉在澳门担任司库助理和司库期间,承担了一项十分艰难而重要的工作,就是安置到澳门避难的日本耶稣会士的生活与工作。从1597年丰臣秀吉颁布第一次禁教令并处死一批传教士信徒起,就开始有天主教传教士到澳门避难。1614年1月27日,德川家康下令驱逐所有的传教士。大约有115人被驱逐,其中有60人来到澳门避难,包括25名日本人。到1623年,属于日本耶稣会的会士有72名在澳门。③这些被驱逐者的涌入"就自然地组成了一条街",其中"除了葡萄牙人的妻妾和奴仆外,还有商人和教士"④。1623年澳门每个人一年的生活费需要45两白银。到1624年,由于通货膨胀,澳门一年的生活费涨到了55两白银,作为司库的陆若汉不得不为亡命会士的生活而奔波。而当时承担这批亡命者生活的圣

---

① 高濑弘一郎:《基督教时代对外关系研究》,页392。
② 1610年澳门教区司库若昂·科埃里去世后,"能够补充科埃里空缺的人选,只有在这方面具有丰富经验的陆若汉"。迈克尔·库帕著,松本玉译:《通辞·罗德里格斯》,页261。据库帕的书及高濑氏的表,1611年至1613年澳门司库一职空缺。库帕认为这一时间陆若汉很可能担任澳门司库助理。依据陆若汉当时在日本教区中受打击之境遇,刚到澳门先出任司库助理也是顺理成章的。
③ 具有先见之明的范礼安特别为日本的教会的将来感到担忧,在他的建议督促下,1594年12月澳门设立圣保罗学院,开设有神学、哲学、外语、人文学、数学以及科学的高等课程。果然不出他所料,日本很快就发生了迫害事件,在当地无法继续学习和生活的耶稣会传教士和日本圣职志愿者可以在澳门实现自己的愿望。迈克尔·库帕著,松本玉译:《通辞·罗德里格斯》,页276。
④ 博克塞著,黄鸿钊等译:《十六至十七世纪澳门的宗教和贸易中转港之作用》,载《中外关系史译丛》第5辑,页85,上海译文出版社,1991年。

保禄学院财政已极度窘迫，勉强能负担8个人的生活。在这种情况下，司库陆若汉采取了多种办法来渡过难关。一是由圣保禄学院院长出面向澳门的富商募捐；二是陆若汉以耶稣会名义向别处借款，1616年时借款是3万两；三是1624年初，陆若汉向罗马写信请求经济上支援，并提议说为了维持日本的耶稣会由耶稣会全体来分担必要的经费①；四是澳门当时正在建圣保禄教堂的前壁，工程巨大，投入了不少资金，故以日本会士参加部分建造工作，实行以工代赈的方法，来解决部分生活费用②。除了要解决在澳门避难的日本会士的生活与工作外，澳门还必须为正在日本遭受德川幕府迫害的会士提供各种援助。除了资金以外，还要赠送物资，如弥撒用的葡萄酒、纽扣、鞋子等，还有在澳门贸易中属于耶稣会的好几捆丝绸，也都赠送出去了。③

（三）代表澳门参加广州交易会

陆若汉担任澳门耶稣会司库助理或司库，另一个重要任务是必须亲自参加广州交易会。因为当时的耶稣会士是直接参与澳门海外贸易的，而陆若汉在日本时就一直参加长崎与澳门的日葡贸易，是一位颇有经验的经营者，因此陆若汉从1611年到1621年间几乎每年都要代表耶稣会赴广州参加交易会。陆若汉自称"为了澳门市场不断工作，每年都十分忙碌"④。由此可知，每年的广州交易会是开拓澳门市场的重要工作，而这一重要工作也就决定了他的"忙碌"。

关于广州交易会，1554年索札与广东海道副使汪柏签订协议后，同意葡萄牙人到广州来做贸易⑤，这就是广州交易会的开始。直到1580年前，广

---

① 迈克尔·库帕著，松本玉译：《通辞·罗德里格斯》，页313。
② 据说，为躲避迫害而来到澳门的日本教徒最终协助参加了这一工程建设，当地的葡萄牙人也慷慨地捐献出2500两银子作为建设资金，因此该教堂得以很快完工。范礼安于1603年的圣诞节，在新建的教堂中举行了第一次弥撒。王文达：《澳门掌故》，页95，澳门教育出版社，1999年。
③ 迈克尔·库帕著，松本玉译：《通辞·罗德里格斯》，页314。
④ 迈克尔·库帕著，松本玉译：《通辞·罗德里格斯》，页309。
⑤ 金国平：《莱奥内尔·德·索扎与汪柏》，载《中葡关系史地考证》，页40，澳门基金会，2000年。

州交易会只对葡萄牙人每年开放一次，到1583年时已增加到每年举办两次①，即如委黎多《报效始末疏》中所言，"两季入省贸易"②。广州市场每年对葡商开放两次，每次持续二至三个月。中国政府允许葡商白天可以在街上自由行走，但晚上必须回到停泊在珠江的船上。葡商在冬季市场出售从印度运来的货物，同时购进出口到印度和欧洲的商品；在夏季市场，主要是做中国丝绸与日本白银的生意。陆若汉于1611年冬季开始到广州参加交易会。据迈克尔·库帕称：

> 陆若汉是作为葡萄牙人的随行人员前往广东的，在生意方面也一定提出了有用的建议。中国官员认为，在商人中间加进一位神父，即使商人之间产生什么矛盾，也总能够得到解决，所以对此很放心。③

不排除陆若汉赴广州参加交易会有上述作用。但本研究认为，耶稣会派陆若汉参加广州交易会还有十分重要的经济目的，即澳门耶稣会自身也参入了澳门的海外贸易。1578年，为解决耶稣会日本管区的财政问题，巡视员范礼安与澳门商人签订协议，从每年澳门对日本贸易的1600担生丝中拨出100担的贸易额作为耶稣会的经费，这样澳门耶稣会每年可得到4000—6000杜卡特的稳定收入。④耶稣会士参与澳门的海外贸易遭到了多方面的指责和批评，1585年12月24日克劳迪奥·阿奎维瓦致范礼安的信中称：

> 在中国广东等地方弥漫着行商的恶臭与丑闻，一些耶稣会士与其

---

① 利玛窦著，罗渔译：《利玛窦书信集》下册附录《罗明坚致罗马麦尔古里亚诺神父书》及上册六《致罗马总会长阿桂委瓦神父书》，台北辅仁大学、光启出版社，1986年。
② 《守圉全书》卷三之一委黎多《报效始末疏》，台北傅斯年图书馆善本室藏崇祯刊本。
③ 迈克尔·库帕著，松本玉译：《通辞·罗德里格斯》，页261—262。
④ 博克塞：*The Christian Century in Japan：1549—1650*，页117—118，加利福尼亚大学出版社、剑桥大学出版社，1951年。

他葡萄牙商人一起也来到这里，各种协议、要求和商品多如牛毛，混乱不堪。①

耶稣会士参与海外贸易虽然从17世纪初就多次遭到葡萄牙王室的明令禁止，但是这些禁令对远东教会的影响是微乎其微的。为了教会自身的经济利益，直到17世纪中叶其"贸易活动依然如故"②。所以，当时澳门耶稣会派陆若汉参加广州交易会，绝不仅仅是一名"随行人员"，而应是代表耶稣会参与交易会的商务人员。之所以选择陆若汉，是因为陆若汉具有长期的日葡贸易经验。陆若汉去广州可以为耶稣会选购日本需要的生丝，"还可以做黄金或麝香的买卖，从澳门向日本运货，以此来补充（耶稣会）需要"③。从迈克尔·库帕公布的资料可知，1615年、1621年及1625年，陆若汉均随葡商代表团进入广州交易会。虽然这三次去广州陆若汉均负有处理其他澳门事务的重大责任，但不能排除他进广州同时负有为澳门耶稣会采购货物的经济目的。

由于陆若汉在日本上层社会及日葡贸易中长期担任重要工作，其"理解能力、判断能力、思考能力以及经验都超出一般人"，而且"很善于交际"④，因此澳门耶稣会还安排他担任澳门耶稣会的顾问。《耶稣会士在亚洲》称他"出任副省会长神父顾问数年"⑤。迈克尔·库帕在他的著作中多次提到陆若汉的这一职务：

（陆若汉）可能是在1612年2月或3月回到澳门的，但是此后18个月他做了什么呢？这一点不太清楚。也许是在学院教书，也许是当司

---

① 约瑟夫·维克、约翰·戈麦斯：《Iesu社会历史名胜—印度史料：1585—1588》第14卷，页151，罗马，Iesu社会历史协会，1979年。转引自安娜·玛丽亚·莱唐著，姚京明译：《耶稣会士与对日贸易》，载《文化杂志》第19期，页42，1993年。
② 安娜·玛丽亚·莱唐著，姚京明译：《耶稣会士与对日贸易》，载《文化杂志》第19期，页44。
③ 《日本巡查员路易斯致尊敬的达伽马神父的一封信》，阿儒达图书馆抄件49—N—56，页199。转引自安娜·玛丽亚·莱唐著，姚京明译：《耶稣会士与对日贸易》，载《文化杂志》第19期，页41。
④ 迈克尔·库帕著，松本玉译：《通辞·罗德里格斯》，页280。
⑤ 阿儒达图书馆《耶稣会士在亚洲》抄件49—V—7，页197。

库助理，也许是从事教会的工作。总之，从1615年1月的会员名册上看，可以明确知道他是在传教，同时还担任会长的顾问。①

迈克尔·库帕在另一处还称："他是学院院长的顾问，可能还承担传教工作。"②这里的学院是指圣保罗（大三巴）学院，而当时的澳门耶稣会会长兼任圣保罗学院院长，故耶稣会会长顾问与学院院长顾问实际上是一职。

（四）在中国内地做考察和研究工作

作为澳门耶稣会的顾问，陆若汉最重要的一项工作就是研究东方哲学，并对当时日本和中国两个传教区出现的在天主教教义中引入东方哲学思想的错误方法进行批判。③1616年陆若汉在澳门写的信中称：

> 从1613年6月到1615年7月，整整两年中，我从巡视员弗朗西斯科·巴范济（Francesco Pasio）神父那里接受特别任务，系统地研究了自古以来出现的东方哲学家的不同学问。④

巴范济是"1612年受命为中国日本两国传道会之视察员"⑤，他到澳门不足一年即去世。巴范济也是一位对利玛窦传教路线持反对意见者，他指出："在由入华神父们用汉文所写的著作中出现了类似异教徒那样的错误。"⑥他把对中国教区的调研工作交给陆若汉，也是因为陆若汉在上述问题上同他持基本相同的意见。带着这样的目的，1613年6月陆若汉利用随葡萄牙商人参加广州夏季交易会之机秘密北上，深入中国内地。到1615年7月止，他在中国内地进行了整整两年时间的调查研究。据陆若汉自己说：

---

① 迈克尔·库帕著，松本玉译：《通辞·罗德里格斯》，页264—265。
② 迈克尔·库帕著，松本玉译：《通辞·罗德里格斯》，页276。
③ 戚印平：《"Deus"的汉语译词以及相关问题的考察》，载《世界宗教研究》2003年第2期。
④ 迈克尔·库帕著，松本玉译：《通辞·罗德里格斯》，页265—266。
⑤ 费赖之著，冯承钧译：《在华耶稣会士列传及书目》上册，页30。
⑥ 谢和耐著，耿昇译：《中国与基督教——中西文化的首次撞击》，页17，上海古籍出版社，2003年。

> 我从事了整整两年这些宗派研究，其实在日本的时候，就已经投入这一研究当中。为了这个目的，我访问了中国各地耶稣会会馆。不仅如此，甚至连耶稣会的人从来没有去过的地方我都去了。①

1613年中国境内有20名耶稣会士，包括13名神父和7名修士，分散在北京、南京、杭州、南昌、南雄五个城市。陆若汉先后对这些城市的耶稣会都进行了拜访。据陆若汉的《日本教会史》，他在1614年还去过镇江。据陆若汉1616年的信称，在他18个月的中国旅行中，同他一起的伙伴是意大利人王丰肃（Alphonse Vagnoni）神父。王丰肃神父1609年是南京耶稣会会长，南京耶稣会是当时中国最发达的教会，故陆若汉当时有可能在南京逗留的时间最长。1615年，陆若汉到了北京，先后同北京天主教徒徐光启、李之藻、杨廷筠见面，并与徐、李、杨等人一起就一些天主教教义中出现的名词的翻译问题进行了探讨，还对当时在北京的意大利耶稣会士熊三拔（Sabbathin de Ursis）的新著的译名进行了讨论。②熊三拔于1614年在北京用中文发表了《上帝说》一文，"三拔以为上帝之称天下，足代表真主，主说与龙华民同"③。陆若汉同李之藻的讨论是最深入的，当时他还不懂中文，他们之间的讨论主要依靠熊三拔担任翻译。

作为利玛窦传教路线最坚决的批判者，陆若汉言辞激烈，容易冲动，且说话十分武断。在当时（即陆若汉提出批判利玛窦路线之时）来说，他还只是一位日本事务专家，对中国事务并不十分熟悉，因此在激烈的争论中他得罪了不少人，且交不到自己的朋友，他出任澳门耶稣会顾问不到一年，就成为同事怨恨的对象。④

陆若汉担任澳门耶稣会司库及顾问直到1626年。陆若汉在1627年11月的信中说，由于他再三请求免去不适合他的所有职务，司库及顾问之职均

---

① 迈克尔·库帕著，松本玉译：《通辞·罗德里格斯》，页266。
② 迈克尔·库帕著，松本玉译：《通辞·罗德里格斯》，页271—272。
③ 费赖之著，冯承钧译：《在华耶稣会士列传及书目》上册，页109。
④ 迈克尔·库帕著，松本玉译：《通辞·罗德里格斯》，页275—276。

被免去。但实际上耶稣会还在用他充当顾问，因1627年以后的几次耶稣会顾问会仍有陆若汉参加。①

（五）多次参加广州谈判的澳门代表

陆若汉到澳门不仅长期担任澳门耶稣会的司库和顾问，还协助澳门耶稣会做了大量的教会工作。在与广东政府的外事交往方面，陆若汉也是澳门方面的一位十分重要的代表。从1611年到1626年的十五年间，他无数次作为澳门代表进入广东，或经商，或外交，或处理澳门与广东的纠纷，展现了他"很善于交际"的外交才干，为澳门与中国明朝政府之间关系的疏通起到了很大作用，并为澳门当局和耶稣会处理了几件十分棘手的外交纠纷。

1. 1615年会见广东总兵及广东巡按御史及进献天球仪、地球仪事

明万历二十九年（1601），利玛窦、庞迪我（Didace de Pantoja）进京向神宗皇帝进献礼品，由此开创了在中国的传教事业。此事虽然对澳门耶稣会有很大的震动，但是随后中国传教事业的发展并非一帆风顺。1610年利玛窦去世后，中国内地的传教事业更加艰难了。如何继承和发扬利玛窦创立的中国传教事业，如何进一步打通澳门同中国政府的关系，这是当时澳门当局和耶稣会最为关注的问题。于是具有丰富外交经验的陆若汉就成为与中国政府沟通的最佳人选。迈克尔·库帕转述的1616年的一篇长篇通信记录，详细描述了这一事情的经过：

陆若汉带领葡萄牙商人于（1615年）11月底12月初出发去广东冬季市场，因为在广东的时间很多，所以他通过译员逐一会见了想同自己接触的中国人。他把庞迪我（Didace de Pantoja）用中文写的天主教伦理的书《七克》给广东总兵看，总兵非常钦佩地读了这本书，说能

---

① 迈克尔·库帕著，松本玉译：《通辞·罗德里格斯》，页318。

否请传教士向北京的皇帝赠送天球仪和地球仪，还说想看看陆若汉带到广东的日晷。这支日晷按中国方式记载了时间。陆若汉马上将它送到了总兵那里，并补充说把天球仪和地球仪送到北京之事必须问过澳门的会长。总兵因为事情很顺利，所以很高兴，第三天招待陆若汉吃了晚饭。陆若汉利用了这之前的空隙，总结了天主教教义概要和耶稣会士留在中国的理由，并且带着这些文件前往总兵的宅邸……

总兵问了几个关于中国耶稣会现状的问题，陆若汉拿出利玛窦制作的小型世界地图进行详细说明。当提到把天球仪和地球仪送给皇帝的话题时，陆若汉抓住机会回答说，澳门会长一定会很高兴把它献给皇上……①

陆若汉1615年到广州不仅拜会了广东省总兵，而且在广东总兵的引荐下，又拜会了直属于北京宫廷的广东巡按御史。

他（御史——笔者注）走下自己的椅子来到我（陆若汉——笔者注）旁边问道，是否能够为皇帝制作天球仪和地球仪，我的回答和以前一样，给他看了一份比以前更加简单的说明书，他从头至尾看完后笑了起来……我对他说，我们不是商人，是知识人，是为了传播天主的宗教和学问而来的。②

澳门耶稣会派陆若汉参加广州交易会除了经济目的之外，还有十分明显的外交意图，那就是希望通过具有丰富外交经验的陆若汉与广东官员接触，像利玛窦一样再次打开进入中国宫廷的门路。1615年底1616年初陆若汉在广州的活动是卓有成效的，"陆若汉在1616年1月下旬回到澳门，过了不久，住在澳门的中国官员接到广东方面的指令，说有关天球仪和地球仪之事要

---

① 迈克尔·库帕著，松本玉译：《通辞·罗德里格斯》，页277—278。
② 迈克尔·库帕著，松本玉译：《通辞·罗德里格斯》，页279。

跟耶稣会的管区长及葡澳舰队的总兵商量"①。然而，由于很快就爆发了万历四十四年（1616）"南京教案"，澳门耶稣会策划的向中国皇帝进献"天球仪和地球仪"之事未能成功。但通过陆若汉与广东官员的接触进一步加深了澳门与广东的关系，这一点是十分清楚的。

2. 1621年受澳门耶稣会之托为"青洲教产"之事到广州与中国官员谈判

青洲是靠近澳门内港北部的一个小岛，当时葡文文献称之为"鬼岛"②。1594年澳门圣保罗学院创办后，随着"教师、学生等人数的不断增加，膳宿供应显得不足"③。1603年和1604年，巡视员范礼安和圣保罗学院院长卡瓦略开拓了这座小岛。

> 他们建起了几座土屋和一座小教堂。一些中国人将这些建筑误以为是炮台，谣传说耶稣会将以此来实施自己的计划，使自己成为中国的主人。④

《明熹宗实录》是这样记录的：

> 万历三十四年（1606），于对海筑青洲山寺，高可六七丈，闳敞奇秘，非中国梵刹比。县令张大猷请毁其垣，不果。⑤

《明史·佛郎机传》所记大致相同，也称为万历三十四年（1606）行动"不果"。但耶稣会士王丰肃《论耶稣会对青洲所拥有的权利》一文关于此事有较详细的记录：

---

① 迈克尔·库帕著，松本玉译：《通辞·罗德里格斯》，页279—280。
② 阿儒达图书馆《耶稣会士在亚洲》抄件49—V—5，页344。转引自金国平、吴志良：《青洲沧桑》，载《东西望洋》，页306，澳门成人教育学会，2002年。
③ 龙斯泰著，吴义雄等译：《早期澳门史》，页161，东方出版社，1997年。
④ 龙斯泰著，吴义熊等译：《早期澳门史》，页161。
⑤ 《明熹宗实录》卷十一天启元年六月丙子条。

> 有了此约，视察员放下了心，更有了把握，开始斥资整治岛屿。约两年后，神父们已启用该岛。一些心术不正的华人想找他们麻烦，企图从神父及地主处获得更多的银子，于是到官员处去告地主的状，说他出卖墓地。官员出于对外人的忌妒与恐惧，设法阻止我们起造房屋，于是悄悄来到岛上，将所有草顶房屋付之一炬。这些房子里设有一圣米格尔小堂。但官员未有将神父们赶出该岛的想法。在焚烧房屋时，神父个个群情激愤，于是率领仆人及从外面赶来的学员向官员示威。后来得知，在广州不仅没有因此控告我们，反而惩罚了这些官员，革了他们的职。①

迈克尔·库帕引用的资料亦记载：

> 终于在1606年的一天，乘葡萄牙人全部都去了教堂的机会，一名官员率领暴徒来到岛上，将建筑物从内到外破坏殆尽。②

可见，万历三十四年（1606）张大猷是实施了行动的，而且确实捣毁了青洲的建筑。只是1606年第一次捣毁后，耶稣会又在青洲岛上开始重建房屋。

> 之后，神父们开始重建房屋，没有人再找他们的麻烦。他们已拥有该岛多年，不曾有人找他们的麻烦。过了一段时间，官员们又谈起了该岛，决定派一姓俞（指俞安性）的海道来澳门，巡视此地一带。他沿海围绕该岛转了一圈，笑着说那是什么，好像一只倒扣着的瓷碗，并称中国国王不会给人寸土。之后，官员们再未提起该岛。后来，又有一位姓刘（指刘承祧）的海道来巡视澳门，他见到该岛，亦未予以

---

① 阿儒达图书馆《耶稣会士在亚洲》抄件49—V—5，页345。
② 迈克尔·库帕著，松本玉译：《通辞·罗德里格斯》，页303。

理睬。如果不是后来盖起了楼房，也不会引起守澳官的注意。守澳官前去视察这些房屋，他们见到是盖在旧基上的，于是向上汇报了情况。前山官员们也如实禀告了海道。海道来到当地视察，证实情况与议事亭的公函相符。实际上，这位海道并不相信当地官员，认为他们有受贿之嫌。他命令香山县令来查看这些房屋，复实是建造在旧址之上，还是新建筑。香山县令来视察，糟糕的是正好看见几个佣人手持砍刀在劳动，他认为是蔑视他，向其示威。此外由于未向其献金，他耿耿于怀，向其上司大说坏话。他的确向海道及都堂这样做了，他说是新建筑，请下令拆除。就此，广州官员及守澳官与议事亭几经交涉，最后通过都堂的声威要求将其拆毁，但由于一再向其呈请，未实施。①

上文中的"香山县令"应该不是张大猷，因为张大猷任香山县令职止于万历三十三年（1605）。可见，关于万历三十四年后建的青洲房屋，广州官员与澳门方面已经有几次交涉，广州方面坚持要拆毁，但由于"守澳官与议事亭"的"一再向其申请，未实施"。在这种情况，耶稣会遂派陆若汉利用广交会的机会到广州同中国官员谈判，希望中国政府不要拆毁耶稣会在青洲的这一批建筑物，并希望通过谈判缔结一个协定，能够保证永久占有青洲。

陆若汉到广州拜见了管理澳门事务的海道副使刘承诩，并与之交涉。虽然没有资料显示双方谈判的过程，但当时谈判的结果是成功的。迈克尔·库帕称：

　　海道跟总督商量的结果，开始是命令拆去青洲所有的建筑物，后来这一命令放宽了，不再发放建新教堂的许可，但是说以前的建筑物可以保留，并且允许增建两处圣堂。②

---

① 阿儒达图书馆《耶稣会士在亚洲》抄件49—V—5，页345。
② 迈克尔·库帕著，松本玉译：《通辞·罗德里格斯》，页304。

王丰肃《论耶稣会对青洲所拥有的权利》一文称：

> 去年广州交易会时期，陆若汉在广州与葡萄牙人见了面，并在海道处办妥了此事。海道后见都堂，决定既然有言拆除那些房屋，但他作为澳城的上司，以他的权威为解决此事辟一蹊径，于是同意在那些房屋中设立两座小教堂，一座供奉圣母，另一座敬拜圣地亚哥。然后还下令复实此命令执行的情况。海道本人也将此情况告诉了来此取炮的两位加入天主教的杭州籍文官（指张焘与孙学诗）。通事弗朗西斯科·瓦雷拉（Francisco Varela）以海道的名义，将此以书面形式通知了议事亭。议事亭又提出请海道马上执行一切有关命令。海道也这样做了。①

可见，陆若汉这次广州谈判是成功的，基本上达到了澳门耶稣会的目的。然而由于海道副使刘承诺的突然去世，又导致了"青洲教产事件"的转向。迈克尔·库帕称：

> 这位很合作的官员不久就去世了，接着派来的官员，又再一次要求拆毁所有的建筑，并且说要把在广东的葡萄牙人都扣为人质，直到这一命令得到实施。②

王丰肃则称：

> 广州交易会结束后一切安宁，不再提及青洲之事。但在这位海道逝世后，与我们作对的那位县令因未达其目的仍不肯罢休，于是旧事重提，欲拆除那些房屋，但无从下手。他等到葡萄牙人参加广州交易会的时候，设法让福建商人扣留葡萄牙人的船，直至拆除那些房屋为止。③

---

① 阿儒达图书馆《耶稣会士在亚洲》抄件49—V—5，页346。
② 迈克尔·库帕著，松本玉译：《通辞·罗德里格斯》，页346。
③ 阿儒达图书馆《耶稣会士在亚洲》抄件49—V—5，页346。

1621年耶稣会年度报告也有这一事件的记录：

> 华人受到了挑拨，气势汹汹，拆毁了房屋，逼我们退回澳城。不仅如此，还想从我们手中夺走青洲岛这一本属学院唯一的去处。他们没有使用他们根本不会使用的进攻武器，而是玩弄一些卑鄙伎俩。主管本省的海道驻扎广州。当时葡萄牙人正投入大量银钱在那里工作、贸易及购货。华人以为这是达到他们目的的大好时机，于是派遣一官员来本澳，要求当政者下令拆除神父们在青洲建设的房屋。如果不这样做的话，将扣押在广州的葡萄牙人及其钱财。本城市政议员们个个束手无策，回答说对神父们的事情无法介入，因为他们是宗教人士，不受他们的管辖。这样回答也无济于事，华人一再坚持拆除房屋。为了进一步威逼，竟然禁止附近村庄供应必需品。受损失最大的还是穷人。议事亭成员向我们的人通报了所发生的情况，请求我们尽可能设法解决这个麻烦。我们看到只有我们可以平息这场暴风骤雨，保住我们的房屋。这房屋对我们来说十分重要。但华人并不善罢甘休，一直逼得我们同意将这些房屋拆除为止。为避免议事亭遭受更大的麻烦，我们同意了。①

可见，青洲第二次重建的房屋在1621年最终还是被中方拆毁。中文的资料亦可证明，《明熹宗实录》卷十一：

> （天启元年六月丙子）广东巡按王尊德以拆毁香山澳夷新筑青洲岛县状上闻，且叙将冯从龙、孙昌祚等同心任事之功，乞与纪录，部复，从之。②

---

① 罗马耶稣会档案馆《日本—中国档》114号，页268—269b，载若昂·保罗·奥利维拉·科斯达《澳门圣保禄学院年度报告（1594—1627）》，页236—238，澳门基金会，1999年。转引自《东西望洋》，页312—313。
② 《明熹宗实录》卷十一天启元年六月丙子条。

《明史·佛郎机传》称：

> 天启元年，守臣虑其终为患，遣监司冯从龙等毁其青洲城，番亦不敢拒。①

《明史·陈邦瞻传》亦称：

> 会光宗嗣位，即擢邦瞻兵部右侍郎，总督两广军务兼巡抚广东。……澳夷筑室青洲，奸民与通，时侵内地，邦瞻大燔其巢。②

徐如珂《望云楼稿》卷十一称：

> 青洲山事，仰仗威灵，尽撤而毁之。此数十年所姑息养成而不敢问者也。……中军孙昌祚效有微劳，得始终成就之，实大幸也。③

可知天启元年（1621）广东政府正式下令拆毁了青洲的耶稣会建筑，但是并没有将居住在岛上的耶稣会士赶走。前引王丰肃文又称：

> 经过这一大风波后，不仅因为失去了那些房屋，在那里休憩的人不得停留该岛，而且还因为饱尝了嫉恨我们的人给我们造成的苦果，我们只得随遇而安，幸好保住了青洲。但官员们又欲勒令我们从岛上全部撤退，将树木伐倒。然而，此时在广州的葡萄牙人已回到本城，危险小了一些，这才可以作些抗争。于是官员们至此罢休，在岛上竖起了一块石碑，铭文禁止无中国国王的同意不得在此兴建房屋。但时

---

① 《明史》卷三二五《佛朗机传》。
② 《明史》卷二四二《陈邦瞻传》。
③ 徐如珂：《望云楼稿》卷十一《复冯云冲道尊》，清刊本。

间可解决一切,现在在官员的同意下,我们又有了几间草棚,青洲似乎更加屹立了。①

据迈克尔·库帕称,保住青洲是因为贿赂了中国官员:

> 耶稣会向有关方面支付了相应的礼金,这一点是毫无疑问的。不久,小岛就正式成为耶稣会的所有物。②

这也就是《明熹宗实录》卷十一中所言:"至是稍夷其居,然终不能尽云。"③

3. 1625年关于拆毁澳门城墙与两广总督何士晋的谈判

澳门葡萄牙人修筑城垣进行防御应始于澳门开埠初期,但大规模的公开兴建则应是天启二年(1622)澳门葡荷之战后。1623年5月,唐·弗朗西斯科·马斯卡雷尼亚斯(Don Fransisco de Mascarenhas)出任澳门兵头,他以极快的速度完成了澳门城墙的建设。博卡罗(Antonio Bocarro)1635年《要塞图册》记载:

> 本市近乎完工的城墙都是唐·弗朗西斯科·马斯卡雷尼亚斯建造的,他是本市第一位兵头,对这一工程贡献最大。④

《明清史料》乙编有一残档:

> 环架大铳数十门,外望皆曰铳台,其实中虚,非垒基也。侦者屡

---

① 阿儒达图书馆《耶稣会士在亚洲》抄件49—V—5,页345。
② 迈克尔·库帕著,松本玉译:《通辞·罗德里格斯》,页304。
③ 《明熹宗实录》卷十一天启元年六月丙子条。
④ 博卡罗著,范维信译:《要塞图册》,载《十六和十七世纪伊比利亚文学视野里的中国景观》,页223,大象出版社,2003年。

报夷人筑城费银二十万，报知该国王，谓已据中朝一方地……兵头因筑此垣，虚中耸外，欲规画为殿基，后建塔，请封一王子居守，故兵头盘踞此中。护惜城台，每有存亡与俱之意。①

澳门议事会书记雷戈（D. C. Rego）1623年11月27日的手稿更称：

为了全面加强防务，对中国人做了艰巨的工作，再次给他贿赂后，才来了几个中国官员察看敌人的舰船和留在战场上的尸体，他们还把几颗人头带往广州，以证明我们要建的城墙只用于保卫本城，而本城位于中华皇帝的土地上，所以敌人要索取的是中国的土地。给钱就能办成一切事情。这样终于克服了最大的困难，开始动工。中国官员佯装不知，参加建筑的人越来越多，并且热情高涨，工程在进展，在一年多一点的时间里就建成了几大段十八柞宽、三十五柞高的长墙，上面有堡垒、雉堞等。这样一来，本城的陆地部分就几乎全都围起来了。②

据上述资料可以看出，1622年后澳门兴建城墙之事是在澳门葡萄牙人贿赂中国官员的情况下进行的。中国官员明知兴建城墙是非法的，因为万历四十二年（1614）广东海道副使俞安性在澳门议事亭勒石立约，其中之一即"禁擅自兴作"③。但中国官员均对此事"佯装不知"，以致形成1623年后澳门城墙已大体完成这一既成事实。对于澳门修建的城墙，广东官员们一直担心葡萄牙人会把澳门变成一个军事基地。天启四年（1624），何士晋出任两广总督。天启五年初，两广总督何士晋召见澳门葡萄牙人，质问为何擅筑城垣之事，具体经办此事为岭西道蔡善继。

---

① 《明清史料》乙编第七本《澳夷筑城残稿》，页614，商务印书馆，1936年。
② 雷戈著，范维信译：《澳门的建立与强大记事》，载《十六和十七世纪伊比利文学视野里的中国景观》，页201。
③ 印光任、张汝霖：《澳门记略》卷上《官守篇》，页70，澳门文化司署，1992年。

适两粤总制何士晋下令堕澳城台,一切机宜,悉借筹于善继。①

《澳门记略》所记略异:

澳城明季创自佛郎机。万历中,蔡善继由香山令仕至岭西道,总督何士晋采其言,下令堕澳城台。②

1625年2月21日的葡文文件记录此事更详细:

本官岭西道接两省都堂面谕,令我遣本道一员持本札谕,陪同商人Jugu等前往澳门谕议事亭诸头目,拆除混合土墙、碉堡或架设大炮的炮台。……现在本道命令该商人等,召议事亭诸头目携带若干夷人来见本官,以便一同前去晋见都堂,面谈此事。③

迈克尔·库帕的记录是这样:

广东的都堂对澳门人下令道,这样的城堡都是毫无用处的,所以要拆除新的城墙。……他们掌握着间接打败对手的方法,即关闸的官员停止了粮食和木材的供应,使澳门处于一种绝望的状态,其结果是在黑市上出售食物,价格上涨到平时的三倍。④

1628年科尔特斯(Adriano de Las Cortes)神父的《中国游记》亦称:

那时,澳门受到都堂和其他中国人很大压力,因为陆地和海上都

---

① 申良翰:《(康熙)香山县志》卷五《县尹·蔡善继》。
② 印光任、张汝霖:《澳门记略》卷下《澳蕃篇》,页147。
③ 埃武腊公共图书馆及档案馆 CXVI/2—5抄件,载文德泉《澳门及其教区》卷九《澳门的玛利亚信仰》,页406—407,澳门,1969年。转引自《东西望洋》,页184—185。
④ 迈克尔·库帕著,松本玉译:《通辞·罗德里格斯》,页310。

被包围，切断了对澳门的食品供应。①

据前引1625年2月21日葡文文件，为了解救澳门危机，澳门议事会推选了"六名长者"赴广东面见两广总督，并邀请陆若汉也参加这一代表团。②前引《中国游记》称：

> 若阿·罗德里格斯和几位澳门贵族在同一天的同一时刻，即澳门被围困前不久到了广州。可以肯定，这确实是天主保佑，他们是去与都堂交涉本城的问题的。

还称：

> 若阿·罗德里格斯神父和澳门的几位贵族市民到了广州，路上曾被都堂召到肇庆市签署合约，并代表陛下和澳门向该都堂致敬。③

可见，陆若汉等人见何士晋是在肇庆。迈克尔·库帕介绍了陆若汉在广东谈判中的表现：

> 由于他在广东按察使面前对拆除城墙坚决唱反调，因此按察使非常气愤，认为不执行命令的责任在罗德里格斯。罗德里格斯知道，由于自己明确说出了意见，使按察使感到不愉快，在以后的会谈中，便故意缺席。④

---

① 科尔特斯著，范维信译：《中国游记》，载《十六和十七世纪伊比利亚文学视野里的中国景观》，页205。
② 埃武腊公共图书馆及档案馆CXVI/2—5抄件。
③ 科尔特斯著，范维信译：《中国游记》，载《十六和十七世纪伊比利亚文学视野里德中国景观》，页205—206。
④ 迈克尔·库帕著，松本玉译：《通辞·罗德里格斯》，页310。

可以说，陆若汉神父对于拆毁澳门城墙之事是持坚决反对意见者。当时关于派不派陆若汉神父赴广州谈判一事，澳门当局跟耶稣会的意见是截然不同的。1625年5月17日澳督马斯卡雷尼亚斯致巡视员热罗尼莫·罗德里格斯（Jerónimo Rodriguez）的信中称：

> 围绕跟中国之间发生的争执，阁下同意罗德里格斯同本城代表团一起，两次出差广东，一次去香山。我打算以后直接跟本人去讲，但是此事说到底是葡萄牙国王的问题，即使有议事会的邀请，我也迫切希望不要让罗德里格斯先生参与到现在正在进行的广东事务中去。①

1625年2月21日的葡文文件亦称：

> 总督（澳门总督——笔者注）下令不让第一批前往，并致函巡视员神父不要批准罗德里格斯神父前往，因为前几次他给国王陛下帮了倒忙。②

澳门耶稣会当时同澳督的关系十分紧张，因为在二三个月前，澳督从耶稣会手中没收了圣保禄城堡（即大三巴炮台）。巡视员热罗尼莫·罗德里格斯根本不打算按澳督的吩咐行事，他给澳督回信称：

> 罗德里格斯应接受议事会邀请参加代表团，他在亚洲有四十多年的生活经验，没做过超越修道宣誓的事情。③

故1625年6月，陆若汉再次受耶稣会之托，为拆除城墙之事赴广州谈判。

---

① 迈克尔·库帕著，松本玉译：《通辞·罗德里格斯》，页311。
② 埃武腊公共图书馆及档案馆CXVI/2—5抄件。
③ 迈克尔·库帕著，松本玉译：《通辞·罗德里格斯》，页311。

>　巡视员回信坚持派罗德里格斯神父。到了广州后，他展开了谈判，同意支付上述地租。都堂为了感谢他，当众让人给他穿上了华式服装，佩戴了奖章。他早为此留了胡子以便接受。①

这一次谈判，澳门方面被迫让步，同意拆毁城墙。

>　应总督（何士晋——笔者注）之召第二次前往广州时，他们（陆若汉等——笔者注）的让步，大大超过了要求。他们将拆除在那里一起建的城堡，焚毁船只，收藏大炮，甘当中国国王的臣民。②

迈克尔·库帕则称：

>　1625年3月31日，澳门市民共同进行了拆除城垣的工作。③

可见，在没有正式谈判之前，澳门拆城墙的工作已经开始。《明熹宗实录》卷五十八：

>　（天启五年四月）两广总督何士晋疏报，濠镜澳夷迩来盘踞，披猖一时，文武各官决策防御。今内奸绝济，外夷畏服，愿自毁其城，止留滨海一面以御红夷。④

博卡罗的记录大致相同：

>　中国人非常多疑，从上面提到的圣保禄炮台修下来，靠陆地一边

---

① 埃武腊公共图书馆及档案馆CXVI/2—5抄件。
② 埃武腊公共图书馆及档案馆CXVI/2—5抄件。
③ 迈克尔·库帕著，松本玉译：《通辞·罗德里格斯》，页312。
④ 《明熹宗实录》卷五十八天启五年四月丙戌条。

的大部分城墙被他们设法拆除了,他们认为城墙是针对他们而修建的。这样,就只剩下沿海和西边的一些(城墙)。①

这滨海一面的城墙也是在广州的陆若汉对两广总督何士晋及其他中国官员重金贿赂而得以保存下来的:

> 但好像金钱起了作用,很快就撤销了拆除城墙的命令。②

中文文献也有记录:

> (何)士晋在粤东时,适有拆城之议,吓受揽头澳夷,计赃不下三四十万。③

据葡文资料,何士晋一次从陆若汉手中收受赃款即达36,000两白银。④

4. 1625年为营救因海难被囚禁的葡、西人士与广东政府交涉

陆若汉在广州为拆除澳门城墙之事同广东官员谈判时,还做了一件十分重要的事,即营救了一批因海上遇险而被关在潮州的西班牙人和葡萄牙人。事情的经过是这样:

> 1625年科尔特斯(Adriano de Las Cortes)等几位西班牙传教士乘船从马尼拉前往澳门,途中遇风暴,船在粤东海面沉没,船上共有九十七人,包括有葡萄牙人、西班牙人、印度人、日本人及摩尔人(黑人——笔者注),其中有四名传教士,两名是耶稣会士。船上还载

---

① 博卡罗著,范维信译:《要塞图册》,载《十六和十七世纪伊比利亚文学视野里德中国景观》,页223。
② 迈克尔·库帕著,松本玉译:《通辞·罗德里格斯》,页313。
③ 《明熹宗实录》卷七十七天启六年十月庚申条。
④ 金国平、吴志良:《"地租银一万两"与"丁粮壹万两"》,载《东西望洋》,页186。

有十万比索的银锭和多种货物。海难中有十五人丧生，其余幸存者均被中国政府俘虏，被关押在潮州。①

遇险者在潮州受尽了虐待，有五人被斩首，还有多人被打伤。官府经常拉着他们"一村又一村地游街示众"，对外说明这些人是"曾经袭击过当地人的海盗"，还把几个白皮肤的人说成是荷兰人，其目的是想处死这批遇险者而私吞船上的巨额白银。由于船上的葡萄牙人有几个是澳门居民，所以他们很快将信息传出去。恰逢陆若汉神父到广州参加谈判，他获知这一消息后，迅速地展开了营救活动。聪明的陆若汉神父熟悉官场内幕，故采用先发制人的方法先稳定局势：

> 陆若汉一马当先，一口咬定曾给潮州地方官九只价值达三百比索的戒指。总督大人相信了他的说法，就质问潮州地方官。这一来被捕者就被关注了，监守者对他们的监守也放松了，甚至还给他们送衣服和食品。②

紧接着是给被捕的遇险者送衣物钱财。前引《中国游记》称：

> 他们（指陆若汉等人——笔者注）通过中国送信人给我们带来了衣物，以救助我们这方面的急需，还有二十比索供其他需要之用，另外还从广州的几个葡萄牙商人那里募集来十四比索的施舍，让其他被捕者平分。尽管这两项钱不多，却是冒着风险送来的，并且可望很快得到都堂释放我们的准许，到那时会给我们路上所需的一切。③

---

① 蒙科著，陈用仪译：《耶稣会士阿德里亚诺·德·拉斯·科尔特斯与中国文化》，载《文化杂志》第32期，页29—31，1997年。
② 蒙科著，陈用仪译：《耶稣会士阿德里亚诺·德·拉斯·科尔特斯与中国文化》，载《文化杂志》第32期，页34。
③ 科尔特斯著，范维信译：《中国游记》，载《十六和十七世纪伊比利亚文学视野里德中国景观》，页204。

再次是迅速展开交涉，要求释放遇险者，陆若汉1625年3月6日在广州写的信中称：

> 我们到达广州这座城市时，正好第一封信（遇险者的信——笔者注）也到了，这是天主保佑。于是我们可以向都堂递交请求书，让他们把遇难船上的人们看作是我们的人送到这里来，因为当地人（潮州府——笔者注）已经决定把遇险者作为盗贼全部处死，以便隐瞒他们的抢掠行为。都堂很快答应让遇险者到这里来。①

又载：

> 陆若汉神父与澳门的几位贵族市民到了广州，路上曾被都堂召到肇庆签署和约并代表陛下和澳门向该都堂致敬。他们想从他那里得到一道令牌。令牌很快送来了，准许我们离开潮州府王国，把我们带往广州。②

据瞿西满神父（Simon de Cunha）所述陆若汉神父向都堂要令牌之事：

> 令牌到了的时候我正在广州，与陆若汉神父在一起，他在都堂所在的肇庆费了不少周折才谈妥了发令牌的事。③

当第一批十二名遇险者被押送到广州后，事情又发生了变化：

---

① 科尔特斯著，范维信译：《中国游记》，载《十六和十七世纪伊比利亚文学视野里德中国景观》，页206。
② 科尔特斯著，范维信译：《中国游记》，载《十六和十七世纪伊比利亚文学视野里德中国景观》，页205—206。
③ 科尔特斯著，范维信译：《中国游记》，载《十六和十七世纪伊比利亚文学视野里德中国景观》，页215。

> 到广州后他们得知，中国官廷已下了一道公文申斥都堂，并任命了继任该职的人，因此都堂已离开广州王国，不再管政府的日常事务，在等待继任者到达期间只处理重大事务。广州和其他地方都有传言，说国王免去了都堂的职务并命他前往官廷，是因为他在以前的政府所做的事受到严重指控。……鉴于此原因，都堂的令牌已经失效，再也不能与他商谈任何问题。①

这个都堂即两广总督何士晋，"受指控"事是指何士晋"在粤东时，适有拆城之议，吓受揽头澳夷，计赃不下三四十万"②。但十二名遇险者已于1625年6月23日到达广州，当时广东官员还想将他们押送回潮州：

> 他们不肯就范，逃到了当时参加广州货市的葡萄牙人的船上。在此之前，他们曾与中国官员德奇济谈判，他准许他们留在广州，留在船上。③

最后，通过在广州的中国商人担保，这十二名遇险者才获释放。余下的遇险者直到1626年1月才在澳门葡萄牙人的斡旋下被赎出，并于1626年2月26日到广州，随即去了澳门。④

在整个营救过程中，陆若汉神父全力以赴的精神及机智灵活的办事能力，对事情的最后解决起到了很大的作用。

才华出众的陆若汉虽然跟幕府的将军以及骏府的重臣交往很深，但由于他越来越深入地参与到日葡贸易及长崎的官府事务当中，贸易交涉时

---

① 科尔特斯著，范维信译：《中国游记》，载《十六和十七世纪伊比利亚文学视野里德中国景观》，页212。
② 《明熹宗实录》卷七十七天启六年十月庚申条。
③ 科尔特斯著，范维信译：《中国游记》，载《十六和十七世纪伊比利亚文学视野里德中国景观》，页215。
④ 蒙科著，陈用仪译：《耶稣会士阿德里亚诺·德·拉斯·科尔特斯与中国文化》，载《文化杂志》第32期，页39—40。

左右为难的处境以及外交斡旋中难免出现的纠纷，使得陆若汉得罪了不少人，包括从前的好友、贸易伙伴和一些高官重臣。因为当时日本耶稣会一直依赖德川幕府和葡萄牙贸易的支撑才得以维持和发展，即使陆若汉不想卷入日葡贸易和官府事务当中也做不到。正如主教塞尔凯拉和总会长梅斯基塔所暗示的那样：

> 罗德里格斯在长崎从事官府的工作并不勉强，他实际上非常胜任。因为罗德里格斯很会交往，性格比较平稳，出面应对任何事情都能够处理得很巧妙。但是当时的日本在贸易和行政方面都处于一种错综复杂的状态，因此尽管罗德里格斯竭尽全力地参与了这两件工作，但最终还是交不到朋友。①

陆若汉被驱逐使日本耶稣会和德川家康失去了一位出色的干将和外交上的助手②，后来耶稣会长老曾向有关方面请愿，要求给予陆若汉回到日本的许可，但丝毫没起作用。陆若汉到澳门后，一直到郁闷而病死，再也没有返回日本。③

陆若汉被驱逐到澳门之后，日本的耶稣会仅仅保持了三四年的平稳状态，就像塞尔凯拉1612年在报告中所说，"这大概也是由于罗德里格斯先生不在的缘故"④。1613年，德川幕府发布了禁教令，传教士必须全部从日本撤出，所有的日本信徒必须脱离天主教，皈依自己祖先原有的宗教。传教活动在日本持续了65年，表面上对传教士的迫害似乎已经结束，但后来很快就发生了一系列迫害事件。11月7日和8日，许多耶稣会传教士以及在日本无法继续学习下去的日本信徒，分乘五艘大船离开日本，其中两艘驶往

---

① 迈克尔·库帕著，松本玉译：《通辞·罗德里格斯》，页245。
② 据卡瓦略（Carvalho）回忆，德川家康在1610年以后见过几次耶稣会士，并且在驱逐陆若汉两年以后，在一次会见的席上，据说还说漏过一句话，"把若阿叫过来吧"。但是后来再没有提起，这句话也就被遗忘了。迈克尔·库帕著，松本玉译：《通辞·罗德里格斯》，页255。
③ 迈克尔·库帕著，松本玉译：《通辞·罗德里格斯》，页255。
④ 迈克尔·库帕著，松本玉译：《通辞·罗德里格斯》，页256。

马尼拉，三艘驶往澳门和暹罗。据《澳门的日本人》记载，在马尼拉的日本天主教徒"1592年有300人，1606年有1500人，1628年上升至3000人"①。他们在菲律宾建立了两个城镇，其中迪劳建于1592年，圣米格尔建于1615年。文德泉神父称：

> 1636年，嫁给葡萄牙人的日本妇女及其子女共287人被流放至澳门。有一名叫约翰·帕切科的日本人，1668年3月8日出生于澳门，曾在圣伊格内修斯神学院学习，1694年被任命为牧师，死于1725年4月4日，葬于大三巴教堂。死亡登记中葬于大三巴教堂内的有姓名的日本人共25人。②

从1598年开始，陆若汉就经常以书信的形式从日本和澳门向罗马总会长汇报教区的情况。据土井忠生考证，现在罗马耶稣会总部保存有陆若汉发往欧洲的七封亲笔信：

一、1598年2月28日自长崎发给耶稣会总会长的书信。（Japsin. 13，Ⅰ）

二、1612年1月25日自广东发给耶稣会总会长的书信。（Japsin. 15）

三、1616年1月22日自妈港发给耶稣会总会长的书信。（Japsin. 16）

四、1622年10月31日自妈港发给耶稣会总会长的书信。（Japsin. 18）

五、1626年11月21日自妈港发给耶稣会总会长的书信。（Japsin. 18）

六、1627年11月30日自妈港发给罗马教廷驻葡萄牙顾问马什卡雷尼亚什（Nuno Mascarenhas）的书信。（Japsin. 18）

七、1633年2月5日自妈港发给耶稣会总会长的书信。（Japsin. 18）③

---

① 文德泉：《澳门的日本人》，载《文化杂志》第17期，页79，1993年。
② 文德泉：《澳门的日本人》，载《文化杂志》第17期，页79。
③ 土井早先抱着了解陆若汉笔迹的热切期望，通过在广岛修道院学习的沃斯（Voss）神父得以跟罗马的克雷舍（Kleiser）神父联系，得到了被认定为1598年长崎亲笔书信的末尾六行的照片，后经过多方努力，设法得到罗马耶稣会的理解，为其提供了陆若汉书信的全文图片，实现了他很久以来的心愿。土井忠生：《吉利支丹论考》，页257。

"中国人也好，日本人也好，陆若汉好像总能给官员留下好印象"①，他在澳门度过了长达23年的后半生，其间为增进澳门与中国明朝政府之间的商贸往来发挥了很大的作用。

二、"礼仪之争"的前期参与者

当1700年左右爆发"礼仪之争"时，欧洲人正激烈地辩论着有关中国礼仪是迷信的、与天主教信仰水火不相容的，还是纯粹礼貌的、政治性的，与天主教教义可以并存的等问题。这似乎是十分武断地把一个属于范围非常广泛的问题局限在了一个仅对于西方伦理范畴才有意义的细节问题上。这就需要知道，天主教是否可以与一种发展天主教伦理及社会的政治体系完全不同的背景相和谐。无论大家愿意与否，这种背景与天主教是不可分割的。这是一种个别的皈依完全不能解决的问题。如果"天主教教理会使得大量中国人感觉如同一种反对中国最受尊重的传统、社会、伦理和国家的威胁，那就不可能仅仅是一种普遍的排外情绪反应之作用"②。本章中本研究的关注点首先放在以利玛窦为代表的早期入华传教士确立的传教路线中策略性和理智分析性成分方面，接着谈及陆若汉、龙民华为代表的西方传教士在东西方哲学思想的对立、译名问题、"礼仪之争"中所起到的作用及其影响力。

（一）耶稣会在中国的传教策略

耶稣会由西班牙贵族依纳爵·德·罗耀拉（Ignatius de Loyola）于1537年发起并创建。由于当时正处于16世纪地理大发现以及随之而来的拓殖浪潮的大背景之中，近代贸易的崛起为耶稣会的成立提供了必要条件。1540年9月27日，教宗保罗三世（Paul III）下达谕旨批准正式成立耶稣会。③耶

---

① 五野井隆史：《日本吉利支丹教史》，页238。
② 谢和耐著，耿昇译：《中国与基督教——中西文化的首次撞击》，页225。
③ 彼得·克劳斯·哈特曼著，谷裕译：《耶稣会简史》，页5，宗教文化出版社，2003年。

稣会士的选拔非常严格，会员要宣誓绝财、绝色、绝意、绝对效忠于教皇。耶稣会的特点亦十分鲜明：

（1）强调服从精神。对教会和会长要绝对服从，以及对天主要有坚定"纯正的信仰"。①

（2）注重传教的反思。"以护教为中心、崇教为念"进行"地不分遐迩，人不论文蛮"的"万里长征"或"精神狩猎"。②

（3）大力兴办教育事业。据统计，整个耶稣会在1580年共有学校144所，1599年245所，1608年世界各地的耶稣会学校共有293所，1626年更增加到444所。

（4）在神学方面持较温和宽容的立场，这主要表现在耶稣会的救赎观与或然论上。③

著名哲学家罗素在谈及耶稣会教育时曾客观地评述称：

（耶稣会）所施教育在不夹缠着神学的时候，总是无可他求的良好教育。④

这种良好的教育之内容包括无伤信仰和道德的人文主义学术讲究和对新发展的科学的关注和吸收。

新教改革运动对罗马教廷是一次严重的打击，西方天主教世界有半壁江山背离了旧教，或行将分离出去⑤，这使得欧洲天主教产生了进一步向海外传播、培植势力、占领地盘的愿望和需要。此后不久，耶稣会很快便在

---

① 孙尚扬、钟鸣旦：《1840年前的中国基督教》，页106，学苑出版社，2004年。
② 朱谦之：《中国哲学对于欧洲的影响》，页78，福建人民出版社，1985年。
③ 彼得·克劳斯·哈特曼著，谷裕译：《耶稣会简史》，页29。
④ 罗素：《西方哲学史》下卷，页43，商务印书馆，1989年。
⑤ 彼得·克劳斯·哈特曼著，谷裕译：《耶稣会简史》，页23。

意大利、西班牙、葡萄牙、比利时和波兰等国建立了分支机构。由于海外传教的发展，耶稣会士亲身感受了世界各地各种民族的风俗和文化，并对其采取一种天主教人文主义的态度，即努力理解、深入调查，然后进行分析总结，制定适当的传教策略。

明朝中叶以后，西方工业文明的发展要求在世界范围内高扬资本主义的国际主义精神，而中国文明却出现了故步自封、停滞不前的状态，为日后国力的衰落埋下了种子。天主教文化与中国文化的关系开始进入新的历史阶段。这时期遍布印度、日本的西方传教士千方百计想进入中国这个实行了闭关锁国政策的古老而神秘的东方帝国。传教士从日本人对中国文化的依赖和崇敬中断定，聪慧勤勉的中国人最适合接受上帝的启示，他们发誓要拯救这些"崇拜偶像的聪明人类"。

第一位尝试进入中国进行传教的耶稣会士是沙勿略（San Francisco Xavier），此人于明嘉靖年间在日本传教。深受儒学影响且汉唐遗风犹存的日本人曾质问他：

> 如果你们的宗教是真理，为什么作为一切智慧之源的中国人没听到它呢？[1]

这个难以回答的问题使沙勿略萌发了一个念头，先以天主教归化中国人，进而影响整个儒家文化圈，为此他决心进入中国传教。1552年（嘉靖三十一年），这位享有宗教钦差特权的传教士登上广东沿海的一个名叫上川的小岛。因深受海盗的长期袭扰，以及当时人们对16世纪中叶日本海盗（倭寇）的掠夺记忆犹新，故中国海岸受到严密监视，具有好战本性的葡萄牙人和卡斯蒂利亚人也特别受人憎恶。明朝的海禁政策使沙勿略望洋兴叹，根本无法进入中国内地。沙勿略虽然壮志未酬身先逝，但他的努力并没有白费，他生前寄往欧洲的信简给予耶稣会极大影响。此后，耶稣会便

---

[1] 谢选：《基督教与中国文化》，载《圣经新语·下编》，中国卓越出版公司，1989年。

开始将其"精神狩猎"的目标转向"文明鼎盛"而又神秘莫测的中国。后来成功进入中国的利玛窦这样怀念他:

> 必定是沙勿略的在天之灵,乞求上帝把这个国土开放的! ①

沙勿略的失败引导了利玛窦等耶稣会士的成功。1583年,意大利人传教士罗明坚和利玛窦先后来到中国,以商人的身份进入在广州以西的肇庆(当时广东和广西的行政首府),正式开始了他们在华的传教活动,利玛窦他们继承了沙勿略未竟的事业。②

利玛窦等人在中国的传教可谓是煞费苦心。他们假装通商,结交权贵,投其所好,学习中文,适应民俗……利玛窦还敏锐地发现,传教士必须与统治中国的儒学和士大夫寻求结合点和共同兴趣。为此,他改穿儒服,行秀才礼,俨然一副温文尔雅的儒士派头,完全按照上层儒士的规矩生活,并通过各种对士大夫有吸引力的手段与他们积极结交,争取他们的同情,进而使得一些士大夫受洗入教。罗明坚在1583年1月25日致耶稣会总会长的一封信简中写道:

> 在开始阶段,必须非常文质彬彬地与这一民族交往,不能以不谨慎的狂热行事。因为我们冒着非常容易丧失自己已取得的成果之危险,我们不知道将来怎样才能重新取得这些成就。我讲述这一切是由于该民族非常敌视番邦异国人,特别害怕被他们认为是好战者的葡萄牙人和卡斯蒂利亚人……③

罗明坚在注明为同年5月30日的另一封信简中,再次强调了"文雅和巧妙"行事的必要,他担心葡萄牙人的粗暴习俗会激起中国人的不信任感,而使

---

① 利玛窦、金尼阁著,何高济等译:《利玛窦中国札记》,页139,中华书局,1990年。
② 谢和耐著,耿昇译:《中国与基督教——中西文化的首次撞击》,页1。
③ 罗民坚1584年1月25日书简,载《利玛窦神父历史著作》,页420,马切拉塔,1911—1913年。

传教士的处境变得十分困难，以致面临殃及全部事业的危险。①利玛窦亦曾写道：

> 现阶段开始，我们就必须与这些人谨慎行事，不要表现出不恰当的虔诚。因为我们很容易失去已经取得的优势，我也不知道这种有利条件今后是否还会出现。我讲这一切是因为这些中国人非常敌视外国人，特别害怕天主教徒，因为他们发现自己被葡萄牙人和卡斯蒂利亚人的这种宗教包围了。②

利玛窦甚至不顾《圣经》中"不得崇拜偶像"的明文严令，在向万历皇帝传教时称：

> 上帝就是你们所指的天，他曾启示过你们的孔丘、孟轲和许多古昔君王，我们的来到，不是否定你们的圣经贤传，只是提出一些补充而已。

这样，就为中国的士大夫接受天主教观念提供了一座文化桥梁。利玛窦等人在中国顺利传教的最重要的策略是他对中国传统儒家文化的迎合，这就是徐光启所概括的"驱佛补儒"。利玛窦等人努力把天主教的传播与中国固有的传统"儒家思想"结合起来，这显然是为了适应中国环境而采取的低姿态。他们儒冠儒服，把自己的传教活动说成"补儒"，论证天主教教义符合中国的儒道。为了进行所谓的"补儒"、"合儒"、"超儒"，利玛窦于1595年在南昌刊印了《天学实义》一书，利用儒家思想论证天主教教义。根据史料的考察以及与其他传教士的比较，我们可以看出，利玛窦的传教策略更具有灵活性，它在宗教上的宽容可以说已达到天主教所能容

---

① 安田朴、谢和耐等著，耿昇译：《明清间入华耶稣会士和中西文化交流》，页96。
② 1584年1月15号利玛窦自澳门写给耶稣会长的书简。

忍的极限。以利玛窦为代表的传教士的努力保证了天主教在华传教事业的顺利进行，这种复杂的传教过程同时也表明，明末中国人接受天主教是有条件的，一是拿宗教开放来做科学引进的交易；二则是为了尽量降低外来宗教的异质性，需要声称天主教其实在中国"古已有之"。实际上，把天主教与儒学混为一谈，让人误以为天主教教义与"吾国圣人语不异"①的做法，只是"让耶稣更像孔子"，从而推迟了文化冲突正面爆发的时刻表，但并不能消除这一注定的冲突。

长期生活在中国的利玛窦，深知在中国传统文化熏陶下的中国士大夫自大且自卑的心理弱点，裴化行提及利玛窦在为中国人绘制地图一事时称：

> （他）竟然把地图上的第一条子午线的投影位置转移，把中国放在正中。这正是一种适合参观者脾味的地图。②

利玛窦一方面迎合中国人"华夏中心"的天下观，同时仍念念不忘其传教目的，在图中注明各民族的宗教礼仪时，特别插入"普世性"天主教的道理，而不标注阿拉伯人信仰伊斯兰教，以表明天主教是世界上的唯一"真教"。这幅地图影响较大，流传很广，且一刻再刻，引起了广泛的兴趣。曾自制过地图的李之藻，在北京见到该图的新版后立即接受了此图中的地理观，他亦因此成为传教士的密切朋友。③

利玛窦还发现最能引起中国人的兴趣，并增加中国人了解西洋人之渴求的并非天主教的《福音书》，而是西方人的科学和技术。他不失时机地把西方的科学技术展示给中国，以激发中国人的自卑感，因为他认为：

> （在中国人看来——笔者注）世界上没有其他地方的国王、朝代或

---

① 《吉水邹忠介公愿学集》卷三《答西国利玛窦》。
② 裴化行著，萧浚华译：《天主教十六世纪在华传教志》，页279，商务印书馆，1936年。
③ 孙尚扬、钟鸣旦：《1840年前的中国基督教》，页131。

者文明是值得夸耀的。这种无知使他们越骄傲,一旦真相大白,他们就越自卑。①

应该说利玛窦对当时生活在封闭帝国中的中国人的思想状态的描述和把握是较为生动和准确的。他利用中国人夜郎自大的心理弱点敲开了中国的大门,凭借敬儒手段传播基督的福音的做法也就显得颇有成效。利玛窦曾不无骄傲地写道:

利用科学使中国学人入教,这是最好的例子。②

除新的地理科学外,西方数学也成为吸引士大夫的重要科学,中外学者常常交相赞赏的莫过于徐光启与利玛窦合译的《几何原本》。1601年利玛窦来到北京,由于他带来的欧洲科学技术成果极为引人注目,终于受到万历皇帝的礼遇召见,并在宣武门内赐屋居住。"所需皆由朝廷供给,每阅日月,须赐银米,约合每月六至八金盾之数,足敷神父们需用。"③博学,历来被中国的士大夫视为荣耀与骄傲,而利玛窦带来的科学技术知识,正是凭借这种古老文化风俗博得上层人士的好感,再由于他们的帮助,利玛窦才得以在中国立足。天主教在明朝末年的传播因为利玛窦等传教士以科学作为传教工具,不仅激起了部分士大夫对西方科学的兴趣,也在某种程度上部分地满足了一些士大夫甚至皇帝的需要。正是这种需要与被需要的关系,才使以耶稣会传教士和中国士大夫为中介的中西文明的和平对话成为可能。

明朝万历四十三年(1615),耶稣会传教士陆若汉亦曾去过北京,在中国首都发生的事情不少被记载入他的大作《日本教会史》中。16、17世

---

① 孙尚扬、钟鸣旦:《1840年前的中国基督教》,页130。
② 孙尚扬:《基督教与明末儒学》,页9,东方出版社,1994年。
③ 利玛窦、金尼阁著,何高济等译:《利玛窦中国札记》,页139。

纪时"作为一个欧洲人曾经拜访过日本和中国两个国家首都的大概最早当属陆若汉"①。在1616年写给罗马耶稣会总会长的信函中，他提到自己在中国旅行十八个月的经历，以及耶稣会在中国传教所赢得的声誉和名望。其中他特别称赞利玛窦：

> 利玛窦先生给人们留下了幸福的回忆，所有的中国人都认为先生是圣人，他确实是这样，度过了圣人般的一生。②

从这一段简短的叙述当中可以清楚了解到，尽管在礼仪等问题上存在意见分歧，但是陆若汉衷心地敬佩这位中国传教的伟大开拓者。

陆若汉在1612年的1月自广东发出的信中再次称赞开创中国传教事业的利玛窦：

> 如去年信函所提到的，主将利玛窦神父召至身边，神父将作为耶稣会传教的开拓者，接受了不轻易给外国人的荣誉。中国有一习惯，即尊重圣人，或者说是德高望重的哲人去世。利奇（利玛窦——笔者注）神父是中国人崇敬的对象，因此，他去世时耶稣会神父为埋葬他的身躯，并且神父为了向在天的主按照自己的方式奉献牺牲，同时建造教堂，作为祈祷皇帝和皇后幸福之场所，请求（明皇帝——笔者注）提供场地。实际上，提出这一话题的是保禄博士（徐光启——笔者注），以及官廷中的有势力的朋友。由于他们的提议，我们特此提出以上的请求。③

据陆若汉信函所言，明皇帝在日理万机的同时，向负责外国人事务的

---

① 迈克尔·库帕著，松本玉译：《通辞·罗德里格斯》，页271。
② 迈克尔·库帕著，松本玉译：《通辞·罗德里格斯》，页268。
③ 迈克尔·库帕著，松本玉译：《通辞·罗德里格斯》，页262。

礼部吩咐了此事,并得到崇拜利玛窦的官员的迅速办理,耶稣会很快得到了一块土地作为利玛窦的墓地。而且其他耶稣会士也被认为在科学方面是一个很有作为的存在,得到允许留在中国。对此,陆若汉的信称:

> 主给予其他手段,使神父在这个国家居住下去,受到有教养的和没有教养的人们的期待,能够用权威来继续改教的工作。(而且)皇帝将改订中国历法的重任交给了耶稣会,在全中国使用的历法中有错误,这一历法预告日食和月食。中国人采用每三年增加一个闰月的太阴年历,每年要制作和印刷历书,并发布给国民,历书中记载四季和各种节日。制作历书是数学家的工作,他们中也有跟回教徒一起来中国的人,也有从波斯来的人。古老的皇宫中的数学家每年要编辑历书,并且这些数学家和他们的学生要在两个月之前报告太阳年或者太阴年什么时候发生日食和月食,并向全中国公布。中国人对日食和月食非常迷信,全国上下都为之兴奋,等待这一瞬间。1610年12月15日日食时,由于皇宫数学家计算的日食开始时间算错了一小时,所以日食比预告的时间晚了一小时。①

明朝廷为了纠正由于自古流传下来的数学书和计算表所造成的严重错误,决定由天文学造诣很深的耶稣会士来进行历法的改订。明皇帝下达诏书,命令三个月之后即开始着手改订工作。这工作责任重大,耶稣会士如想继续留在中国传教,就必须圆满完成这项任务。对此事陆若汉亦有一段记述:

> 包括长老在内,澳门的耶稣会士全都迫切希望紧急派遣几名既是数学家同时又对天文学十分熟悉的神父。如果这项工作完成的话,既对主有利,又有利于拯救灵魂。……(并向总会长请求)尽快寄来更

---

① 迈克尔·库帕著,松本玉译:《通辞·罗德里格斯》,页263。

多的数学书。其目的有两个，一个是用于修订历法，一个是为把合适的教材翻译成中文，为了能够在宫廷中教授西方的数学。①

陆若汉接着称：

> 耶稣会不仅在天文学，而且在地理学领域也接受了任务。即中国的官廷要求说，派一名传教士去全中国旅行，正确测定各地纬度，将其记录下来。于是，西班牙人庞迪我（Didace de Pantoja）被选上担任此任务。②

早期入华的耶稣会士在华传教的策略基本上可以归纳为四个字"文化适应"。具体表现之一是走上层路线，争取士大夫的同情。因为传教士发现通过科举考试进入国家统治结构的士大夫是最受社会尊重的阶层。③表现之二是在礼仪制度方面的尊重与适应，各国有特色的礼仪制度与民俗文化，往往会成为民族或社会之间区别开来的重要标志。耶稣会士要想进入这些国家，必须有所作为，若无法改变，便只剩下"入乡随俗"这一途径。④开创耶稣会中国传教事业的利玛窦等人的成功奥秘正是他们谦虚谨慎地接受中国文化、适应中国文化，进而用中国人能接受的语言和方式来传播天主教教义。⑤

梁启超在谈及明末清初耶稣会进入中国的这一段历史时，称天主教是第一次与中国文化、社会、制度发生实质性的、和平的、平等的交流、融合与冲突，这一时期的经验和教训在天主教以及整个基督教的在华传播史上，在中西文化交流史上都具有典型意义，故梁启超称"这段历史值得大书特书"。⑥

---

① 迈克尔·库帕著，松本玉译：《通辞·罗德里格斯》，页264。
② 迈克尔·库帕著，松本玉译：《通辞·罗德里格斯》，页264。
③ 《利玛窦全集》第一册，页232，台北光启辅仁联合发行，1986年。
④ 孙尚扬、钟鸣旦：《1840年前的中国基督教》，页113。
⑤ 王立新：《美国传教士与晚清中国现代化》，页2—3，天津人民出版社，1997年。
⑥ 梁启超：《中国近三百年学术史》，页8，中国书店，1985年。

中华文明在黄土高原上孕育和发展起来，先延伸至华北平原，再往长江以南发展。它曾遭受来自北方的蛮族的军事侵扰，却保持着长期的连续性和稳定性，没有真正可以同它抗衡的文化力量。以佛教为中心的印度文化传入后尽管影响很大，渗透到了华夏文化的许多方面，甚至产生中国化的佛教哲学，但没有形成一个像西方那样足以同皇权抗衡甚至凌驾于皇权的宗教力量，中国文化的主干和基本内核并没有改变。佛教不仅没有激起根本的价值大转换，而且在回应佛教的挑战中，中国文化又产生了宋明新儒学。

中国儒家学说一直对西方宗教和文化有着不同凡响的影响。早在唐贞观九年（635）由波斯传入的景教[1]也有中国儒学的痕迹。景教不但采纳道家词汇，模仿佛教经典，更强调儒家忠孝二道为其张目[2]，故此得到唐太宗及之后数位皇帝的呵护。[3] 16世纪末，耶稣会士开始翻译中国古典经籍，把中国思想文化传入西方。利玛窦17世纪初到达北京以后，换上士大夫的长袍，在谈论孔孟学说中宣传天主教教义，得到了某种程度的成功。他以后的耶稣会士不断进行"合儒"、"补儒"、"益儒"、"超儒"的工作，因为儒家经典是中国人普遍理解的语言。他们极力从中国古籍里寻找根据，附会中国古代的"天"即天主教的天主。他们反复搜罗引证中国古代关于"上帝"的语句，企图证明"吾国天主即经言上帝"，"历观古书而知上帝与天主持异以名也"[4]。通过这种附会方法，企图证明天主教与儒教并无不同，于是"谓之四海之大儒，即中华之大儒可也"。1593年，利玛窦把《四书》译成拉丁文，寄回意大利，这是第一部西译中国古籍；1626年，金尼阁在杭州出版《五经》的拉丁文译本。两部儒家经典后来分别出版了欧洲许多不同文字的版本。与中国文化接触较早的耶稣会士中，不少人参加翻译儒

---

[1] 景教本是基督教的一支，属聂斯脱利派（Nestorianism）。
[2] 景教碑在明末出土后，传教士和学者深感振奋，研究者纷至沓来。徐宗泽:《中国天主教传教史概论》，页64—84，上海书店，1990年。
[3] 朱谦之:《中国景教》，页143—144，东方出版社，1993年。
[4] 利玛窦:《天主实义》第二篇，北京大学宗教研究所，2000年。

学典籍，对中国充满赞美之情。其代表人物狄德罗、霍尔巴赫提倡理性主义，以德治国，就是以儒家之道来治国。①这些儒学经典的传入，对西方思想界产生了一定的影响。德国古典哲学家莱布尼兹（Gofuried Wichelm Leibniz）于1687至1689年间，在罗马邂逅耶稣会士闵明我，获得儒家经籍资料，发奋攻读。1697年发表《中国近事》一书，极力称赞中国哲学之伟大，他称：

　　（儒家经典）比我们的伦理更完善，立身处世之道更进步……在实践哲学方面，欧洲人就大不如中国人了。②

18世纪法国启蒙运动思想家也从儒学中得到鼓舞，借鉴理性主义来进行反对封建专制的斗争。启蒙运动最著名的思想家伏尔泰认为孔子比基督伟大，基督只不过禁人行恶，孔子却教人行善，要人"以直报怨，以德报德"，西方的任何格言都不能与这种纯粹的道德相比。伏尔泰反对教会神学，极端崇拜孔子，专奉为"天下唯一的师表"，他幻想建立的理性宗教之楷模便是中国儒教。③

（二）东西方哲学思想的撞击

明末清初的入华耶稣会士与中国文人士大夫之间的"对话很困难，是因为他们出于各自文化传统的原因，没有也不准备互相理解"④。西方思想较偏重于抽象的理念及哲学的思考，但中国人却很实际而具体，重直觉现世，不尚玄想。用抽象的、偏向哲理思考的神学与较重实际现世的中国人交谈，中国人不理解纯属西方思想的抽象逻辑，欧洲人对于中国思想也只

---

① 黄启臣：《十六至十九世纪的"中学西传"》，见《东西方文化交流》，页44—48，澳门基金会，1994年。
② 沈福伟：《中西文化交流史》，页449，上海人民出版社，1985年。
③ 利奇温著，朱杰勤译：《十八世纪中国与欧洲文化的接触》，页79，商务印书馆，1962年。
④ 谢和耐著，耿昇译：《中国与基督教——中西文化的首次撞击》，页233。

具有一种肤浅的理解,而且是那些有碍于天主教传播的思想。所以,从哲学角度讲,明末清初的中西文化交流尚有许多障碍有待于克服。

最初来中国传教的利玛窦等传教士为隐瞒他们真正的身份,以便向异教徒讲真正的上帝,进而在中国的文人阶层中受到尊重,经常以伦理学家、哲学家和学术渊博者的姿态出现。他们采用明末颇为流行的讲学(做哲学报告)的方法,极力向儒生传授世俗者的说教。他本人曾在1596年的一封信简中谈道:

> 既然我们从我们的自身排除了"和尚"的称号,他们(中国人)认为这就相当于我们之中"修士"的名称,但其意义非常卑劣和不光彩。所以我们在这开始阶段,既不开教堂也不开寺庙,而仅仅办一所讲学堂,正如他们之中最负盛名的讲学者所做的那样。我们使自己的名声如同神学家和文人讲学者的名望一样传播开来了,因为我们毕竟是生活在他们之中。①

然而中国传统的哲学、宗教思想从根本上不同于天主教教义,要将天主教教义通过作哲学报告的形式间接地传授给中国的文人,是难以避免思想观念上的撞击和矛盾的。被驱逐出日本后一直待在澳门的陆若汉作为耶稣会年报的撰写人,在1616年1月向罗马耶稣会总会长寄出的一封长达20页的报告中,初次涉及到了东西方哲学家观点不同的问题。他向罗马总会长汇报说:

> 我想报告一下我在中国所做的工作。从1613年6月到1615年7月,整整两年中,我受巡视员弗朗西斯科·帕奇奥(巴范济)神父的特别任命,系统地研究了自古出现的东方哲学家的不同的学问。因为这些学者所提倡的学说,在根本上是违反我们的神圣教义的。正如您所听

---

① 汾屠立:《利玛窦神父历史著作》,页215。

说的那样，这一研究的目的是要证明，为了两个传教地（中国和日本）的使用而目前正在编辑中的教理问答中收入了这些学者们的学说，这根本上是错误的。我受到日本准管区长顾问会的委托，预定完成能够在这两个传教地同时使用的书籍。通过陈述中国学者的各种意见，然后展示教会的圣博士的观点，编辑一本和谐而没有矛盾的书籍。这是在这两个国家，即中国和日本，还有朝鲜人和交趾人都能够通用的。①

东西方哲学思想的分歧首先反映在对"天"的认识上。天主教信仰与一个人格化和超越一切的上帝有关，纯粹是一种对神的信仰，它把人类误认为会有永久命运的本世以及与本世没有共同之处的彼世对立起来了。中国人的"天"则完全相反，它是一种把世俗和宗教表现形式融为一体的观念。在天主教徒看来，"天"字仅为一种指上帝及其天使、天堂及"上帝选民"的隐喻，而中国人则认为该词具有实际意义，它同时是神和自然、社会和宇宙秩序的表现。正如为一名传教士的著作写序的作家所写的那样，这是一种"浑"的观念。它处于宗教、政治、观察和计算科学、人和世界观念的汇合点。②

中国人和日本人，就如史料中所记载的一样，根据"天"所创造出的概念，以及对于这些概念所持有的观点，将"天"作为用各种方法来进行考察的对象。但是"天"，这个被当作问题来看待的"天"，从数量上讲只有一个，只有一个实体，因此"天"被赋予了各种各样的名称。在陆若汉写作于1620年前的《日本教会史》中，我们发现作者以不同寻常的较大篇幅，从六个不同层面，对"天"这个汉字的哲学和伦理含义作了详尽分析。③首先，他这样总结道：

　　他们（中国人）将一般性的只存在于天体中的全部东西囊括一起

---

① 迈克尔·库帕著，松本玉译：《通辞·罗德里格斯》，页265—266。
② 谢和耐著，耿昇译：《中国与基督教——中西文化的首次撞击》，页175。
③ 陆若汉著，土井忠生等译：《日本教会史》下册，页141—153。

对"天"进行思考。比如"天"这一实体的本性、作用、各种性质和倾向,还有太阳运行时在四季中发生的变化,以及大气的改变等。在此意义上的"天"被称为"天道",意思是指天的秩序和学问。①

在此基础上,中国人将所有的学问分成三个部分:天道(天的道)、地道(地的道)、人道(人类和道德的道)。他们将宇宙中这三种主要的事物,即"天、地、人"作为主题,称为三才,也就是说三种才能,三种极为优秀的东西。其次,陆若汉继续谈道:

> 他们从与"运动"这一本性、倾向、特质或者能力相关的角度对"天"进行思考,即作为一种从不间断、持续发挥作用的根源。在此意义上的"天"被他们称为"乾","地"则被称为"坤",所谓的"乾坤",指的就是在某一本性上所看到的天地,且这个本性是指在永不间歇的"力"的作用下、在永不停顿的"运动"的作用下形成万物生长及消亡的根源和原动力。故"天"被赋予了能动的特性和火所特有的干、热的特质,而具有能动的支配力。②

正因为如此,中国人将"天"称作父、男,或者君主。由于"天"具有这样的能量,所以能使万物在春天孕育出生机,在夏天繁茂达到鼎盛期,在秋天成熟,最后又在冬天潜藏生机,从而使事物的发展达到最后的阶段和状态。与此相对,"地"的本性与"天"的本性相反,"地"具有一种被动的、受容的性质和力量,其作用是接受和养育,故被称为母、女。

天主教徒的上帝是一尊起干涉作用的神,它主动创造世界,赋予每个人灵魂,在人生的长河中始终都要表现出来。中国人的"天"则相反,仅以间接方式起作用,"它的活动是沉默的、无意识的和持续不断的"。③

---

① 陆若汉著,土井忠生等译:《日本教会史》下册,页141—153。
② 陆若汉著,土井忠生等译:《日本教会史》下册,页142。
③ 谢和耐著,耿昇译:《中国与基督教——中西文化的首次撞击》,页176。

第三，中国人从与人间万物相关，以及发生作用和效果的角度来看待"天"。在此意义上的"天"有时被当作"命"、"天命"。这是指来自上天所施加的影响，被称为"天理"，即天的道理之意。同时也是一种普遍的动力因，叫作"帝"、"上帝"。指在"天"的不间断的运动和"天"所施加的影响下，对人间万物所产生的支配力，又被称为"天心"、"天德"。陆若汉称：

> 这是指"天"的心，或者说灵魂，以及"天"的德。但这里的灵魂，并非一般生物的灵魂，而是一种对人世间起到控制、鞭策作用的东西，故被称为"鬼神"，指善恶的灵，一种像魂一样能操控生物生死的力量。这样说来，所谓"善灵"，就是好的精魂，是由于太阳面向我们而使大气领域中所产生的热的控制力不断延长增大。而所谓的"恶灵"则是由于太阳的后退导致物体灭亡，使热量减少缩小，使冷取代了热。①

根据当时中国人的观念来看，没有任何办法能使人把可见"天"与作为天命的天分隔开来，这就是"体"和"用"。在中国人的观念中，天和地本身就对生灵施加了一种持续的和难以觉察的影响。正是这种作用，才造成了它们的发展和衰落。这种作用也就是特别由植物的萌芽、生长、开花和萎蔫所表现。"在中国占统治地位的是宇宙的活力思想，而不是亚里士多德的静止论观念（每种东西都有一个位置，每个位置上都有一种东西），更不是神意的思想。运动是维持宇宙所必不可缺的因素。"②

在谈到中国人对"天"的第四层面的思考时，陆若汉继续总结道：

> 他们认为"天"是流动的、透明的，是无限扩展的空气和无限延

---

① 陆若汉著，土井忠生等译：《日本教会史》下册，页143。
② 谢和耐著，耿昇译：《中国与基督教——中西文化的首次撞击》，页176。

伸的空间。这样,"天"被称为"太空"、"太虚",是一个毫无形状、数量巨大的空虚,或者说是非物体的。与"地"相比,"天"是优秀的、最高的东西,而"地"是劣等的、最低的东西。"天"是高、贵、尊、尚的象征,也就是高的、最高的、卓越的、十分高贵的、值得尊敬的代名词。①

第五层面的思考,中国人甚至从道德上将"天"看作自己的祖先,即把"天"和"地"当成世间万物共通的父母,因此,"他们研究'天'和'地',学习蕴藏在因太阳的靠近和后退所引发的四季变更中的普遍的、永恒的法则和秩序,并把以全部伦理道德的说教为基础的、基于他们行动中与万物非常密切的天地作为模范"②。而天地最初孕育的孩子,就是人类最初的男人和女人,是世界其他东西的首领和根本,而其正统的产物则被认为是他们的国王,因此国王也被称为"天子"。

中国和西方在传统的君权观念这方面大相径庭。中国认为君权是一种整顿世界和改造风俗的权力。"中国的君主是最完美无瑕的,可以被荣升至圣贤之尊号,能够于其不可见而有效的行为中模拟天。"③在中国,"天"和最高权力之间的关系很密切,最高权力是时空的组织者。在中国人的赤道天文学中,起重要作用的北极星会使人联想到中国的皇帝夫妇、朝廷和政权。观察天象和历书的编制都是皇帝的特权,中国文明的缔造者——最早的君主都懂得辨认天地之预兆,所以他们才可以根据宇宙准则确定礼仪和社会制度。④

第六个层面的考虑则是基于"天"这一实体与其他物体的关系。陆若汉在《日本教会史》中对此做了较为详细的阐述:

---

① 陆若汉著,土井忠生等译:《日本教会史》下册,页144。
② 陆若汉著,土井忠生等译:《日本教会史》下册,页145。
③ 谢和耐著,耿昇译:《中国与基督教——中西文化的首次撞击》,页177。
④ 谢和耐著,耿昇译:《中国与基督教——中西文化的首次撞击》,页176。

在此意义上的"天"指的是本意上的天。他们（中国人）将"天"当作是一个没有外壳、不存在天体、仅为一个单数的物体。被当作是一种毫无形体的、流动的空气，也就是无形的东西。而我们肉眼所能看到的具有形状的，或者球状的日、月、行星等被称为"天体"和"天象"。虽然他们认为"天"和大气都处在不停的运行之中，但这种运行并不是像风的运动一样具有规律。……他们认为，天体在进行螺旋状运动和每天急速的日周运动的同时，还在两条回归线之间来回升降。因此他们从东边天秤宫的春分点（秋分点），到西边白羊宫的秋分点（春分点），与我们（欧洲）是相反的。根据他们的说法，天的起始点是从"地"的表面开始，因为他们认为不是"地"和"水"的东西便全是"天"。也就是说，宇宙是分成"天"和"地"两部分。但在通常情况下，人们一般认为行星和恒星所遵循的轨道内部以及运动的空气才被称为"天"。交杂着各种基本性质的空气没有外侧表面的凹凸，而且人们认为"天"是圆形的。①

虽然人们一直认为"天"以外的东西都是无尽的空气，但这种空气却不具备各种基本性质以及活性动力，是一种极为单纯的实体，和欧洲人所说的"第一内容乃单纯的实体"意思大致相仿。

中国和日本的所有哲学家流派都确信"无中不能生有"，想让人们注意到从"无"中创造出"有"的力量是闻所未闻的。照此理论，将"从自身出发"的物质设想成无限的空气，并提出在空气里面总存在着一个永远的运动的假设。正因为如此，在无限运动的空气中有一个具有各种基本性质的无限混沌状态生成，且在分化之前停留在一种球的状态。陆若汉接着说道：

（中国人认为）"天"只有一个，且在不停流动，就如空气一样。

---

① 陆若汉著，土井忠生等译：《日本教会史》下册，页146。

在中国人自古就存在的传统思维中，行星如同水中的鱼。这种想法难以用言语表达，从他们最初建国开始就一直存在。在此认识上，日本人和中国人一样，认为"天"具有火的性质。①

明末进入中国的耶稣会传教士曾努力试图在中国传统中重新找到可以与天主教教义相吻合的内容。这样做不可避免地会把一些与中国毫无关系的伦理范畴应用于中国，必然会导致误解。耶稣会士希望把中国人的"天"和"上帝"，与《圣经》中的"天主"相结合，并试图把一些互不调和的观念统一起来。如利玛窦，为了更好地达到他顺利传教的真正意图，积极致力于论证和引证中国经典著作，极力赋予它们一种有利于其论点的意义。他于1596年写道：

> 当然，我们直到现在尚未解释我圣教信仰的所有奥义。可是，我们在为此打下主要基础方面已前进了。天地间的造物主、灵魂不灭、奖善惩恶，这都是他们（中国人——笔者注）至今从未指导和从未相信过的事物。所有人都如此兴致勃勃、泪流满面地聆听我们的说教，以至于他们经常作出发自肺腑的真心赞扬，就如同所有这些说教都纯粹是我们的新发现一样。我们觉得，在此初期便开始了一些可以合乎情理地变得更坚实可靠的事情。②

任何外来思想均有其自身的渊源与性质。中国有学者受学术界某些"定评"的影响，认为"利玛窦传入的神学思想属于中世纪欧洲正统经院哲学思想理论体系"③，其本身具有落后的性质，由此推论这种旧思想不可能对中国社会产生什么积极作用。这一判断似乎有些偏激。两种异质文

---

① 陆若汉著，土井忠生等译：《日本教会史》下册，页147。
② 汾屠立：《利玛窦神父历史著作》，页225。
③ 谢和耐：《16世纪末—17世纪中叶的中国哲学与基督教之比较》，载《第一届尚蒂伊国际汉学讨论会论文集》，1976年。

化传统，尤其是宗教与哲学思想之间的沟通、了解，不论其媒介的主观意图如何，必然会在超出媒介的更大范围内发生作用。传播方为了达到更好的传播效果，会针对接受方的实际情况对其宗教哲学思想作形式和内容上的调整和修饰，而接受方则会根据自己的实际需要对外来思想做翻译、诠释、再创造的工作，从而引起建设性的传播、解释和运用。谢和耐曾指出：

> 对于明清社会中的人，天主教的传入完全是一个被动的过程，他们所能看到和所能处理的新文化只能是由传教士陈列于他们面前的内容，换言之，他们只能通过窗口点菜，而不可能进入厨房自烧。基于这种态度，就容易忽略精神文化在传播过程中所可能发生的型变以及接受方的再创造和运用。①

在理论上，西方传教士努力对中国的礼仪和儒家的经典分别给予世俗伦理和基督化的解释，并通过中文著作传扬其耶儒相合的宗教思想。同时，对儒学中与天主教的根本教义相违的观念和思想给予批判。利玛窦在其巨著《天主实义》中使用烦琐的哲学手段同时抨击中国的文人界和佛教的观念，利玛窦确实非常正确地看到了传播福音的最大障碍之一是在中国被普遍接受的宇宙一体论观念。根据中国作家不厌其烦地重复的"天地万物浑然一体"的说法，任何归化确实必然会导致首先要说服中国人坚信存在着与物质完全独立无关的神魂和精神，要教会他们在造物和造物主之间做出根本的区别。中国典章中所说的"敬天"和"畏天"，实际上也的确具有与利玛窦以及继他之后其他许多传教士的看法不同的意义。对于明末的大部分中国人来说，耶稣会士传授的知识形成了一个整体，有关历书的算学、天文学、"敬天"和伦理，"他们认为所有这一切都是作为一个整体而发展的"。②

---

① 谢和耐：《16世纪末—17世纪中叶的中国哲学与基督教之比较》。
② 谢和耐著，耿昇译：《中国与基督教——中西文化的首次撞击》，页177。

在中国从事了整整两年各门宗派研究的陆若汉，其实早在日本时就已开始这项工作。为此目的，他访问了中国各地的耶稣会会馆，甚至连耶稣会的人从没有去过的地方他都有涉足。在此期间，陆若汉有很多机会亲眼目睹耶稣会士同事们的活动，了解到中国人对于耶稣会士说教的抵触。他说：

>中国人对跟自古流传下来的传统思想不同的外来思想抱有很大的反感。①

陆若汉指出，中国的传统思想有两种，第一种是为了实现太平盛世而由学者们向普通的大众提出的，他称之为"市民的神学"，但是除了这种通俗的神学以外，还有一种涉及神的本质和创造天地万物的神秘的体系。这种知识是深藏在各种各样极其模糊不清的象征的深处，是只向少数人秘密传授的，这种思想比古希腊的哲学家的学说还要古老。陆若汉很自信地主张：

>我来这里之前，神父们对这个问题一无所知，对于少数人倡导的思辨哲学大概也从未听说过。他们只知那种面向大众、带有传说色彩的思想。多亏主给予我启发，我也许可以讲一些事情供神父们参考。利玛窦先生全力以赴从事这方面研究，但在这一方面他犯了错误，其原因只有主才知道。②

陆若汉进一步指出，中国的三种宗教（佛教、儒教、道教）否定客观原理，主张物质不灭。他对佛教进行了详细考察后写道：

>（这种宗教）在日本和中国都有同样的内容，佛祖是以色列所罗门

---

① 迈克尔·库帕著，松本玉译：《通辞·罗德里格斯》，页268。
② 迈克尔·库帕著，松本玉译：《通辞·罗德里格斯》，页269。

王时代,即生活在2600年前、出生于德里王国的释迦,释迦教导了许多跟天主教完全相反的内容。①

耶稣会传教士之所以选择儒家作为同盟者,类似于经院哲学家使用亚里士多德的理性。换句话说,耶稣会士借用的也是儒家的理性,不是其信仰。并非因为儒家的宗教理论接近天主教义,而恰恰因为儒家不太讲宗教,在"天学"方面给天主教留下相当大的空间。儒家"不语怪、力、乱、神"的人文精神可用,同时它又有一些"敬天"、"畏天"的告诫,这个空间可供天主教嫁接、移植神学。儒家"敬鬼神而远之"中对鬼神的"敬"表示其承认精神超越的存在,"远之"则表示理性的审慎态度,这都是天主教所需要,并能够接受的。天主教是严格的"一神论",它不能接受的仅是完全的中国鬼神,如"关公"、"灶王"、"妈祖"等,而人类理性的普遍结论,耶稣会都能接受。就像教父哲学家从异教的希腊哲学中获得大量资源、充实了天主教神学一样。1599年(万历二十七年),正在东南文化政治中心南京传教的利玛窦在一次文人聚会上,从天主教神学的立场表达了他自己对人性的看法:

> 我们必须把天地之神看作无限的善,这是不容置疑的。如果人性竟是如此脆弱,乃至于我们本身对它是善是恶都怀疑的话,那么我们就必须承认,神究竟是善是恶,也要值得怀疑了。②

在利玛窦看来,正因为天主是无限的善,天主按照他的形象创造的人本性也是善的,此二者都是不容置疑的。

一部在欧洲传播的《论中国宗教的某些问题》一书,由龙华民神父所著。③龙华民的论点恰逢其时地助长了刚刚爆发的"礼仪之争"的趋势,龙华民神父

---

① 迈克尔·库帕著,松本玉译:《通辞·罗德里格斯》,页270。
② 安田朴、谢和耐等著,耿昇译:《明清间入华耶稣会士和中西文化交流》,页220。
③ 龙华民这次署名为Niccolo Longobardo,但一般均作Nicolas Longobardi。

小册子的意义在于"把古代的儒家文献与疏注者所作的诠释明显地对立起来"①。在该书中龙华民写道：

> 他们（中国人）的神秘哲学是一种纯粹的唯物论。②

1607年被招进北京的熊三拔神父也持同样的观点。他称：

> 根据中国人的哲学原则，他们从来不知道与物质不同的精神物。因而，他们既不知道上帝，也不懂得天使和灵魂。③

龙华民希望解释中国人对内部和内在的秩序，即"理"的观念的理解。他指出：

> 中国人将此理解作事物的存在、实质和实体，认为存在着一种无限的、永恒的、不是创造的和不会毁灭的、无始无终的实体。它不仅仅是天、地和其他形物的自然本原。而且还是道德、习惯和其他精神之伦理本原。④

他警告那些想把这种观点与上帝的概念等同起来的人：

> 我想某些人可能会认为这种理或太极就是我们的上帝，因为大家可以赋予它一些仅仅适用于上帝的品质和完德。要谨防你们受这种下面掩藏着毒药的貌似有理的称号之诱惑。如果你们能了解其实质和根

---

① 戴密微：《入华耶稣会士与西方中国学的创建》，载《明清间入华耶稣会士和中西文化交流》，页166。
② 龙华民：《论中国宗教的某些观点》，页58，巴黎，1970年。
③ 安田朴、谢和耐等著，耿昇译：《明清间入华耶稣会士和中西文化交流》，页166。
④ 龙华民：《论中国宗教的某些观点》，页74。

基,那么你们将会看到这种理是我们的第一性物质。①

龙华民进一步婉转地指出:

> 礼部官吏某一天询问我们对天主的理解。我们回答说我们把天主理解为一种活的和有智力的体,无始无终。它创造了一切事物,而又自己控制这些事物,就如同皇帝在朝廷中管理整个帝国一样。但他嘲笑我们,并说我们使用了一些很粗俗的比较,因为天主或上帝肯定不会像一个活人一般坐在天上,它仅仅是控制和管理天的一种道德,存在于一切事物和我们自身中。所以我们可以说,我们的心就与天主和上帝一样。②

龙华民又说:

> 中国人从不懂由无限的力量从"无"中所产生的东西。他们仅仅知道一种普遍的、无边无限的物体,太极即出于此,其中本身就包括普遍的物质。它有时以动,有时又以静取得不同特征和偶性,成为任何东西和直接的物质。③

龙华民与赋予了"天"和"有"等术语以"存在"和"虚无"之意义的利玛窦相反,他在对中国的观念调查之后,理解到这两个术语适用于"宇宙物"所具有的两种面貌。他解释说,"有"是"具有坚实特征者","无"是指"看不见和摸不着者",它很简单、很纯洁、很细微,正如我们其他人对精神物所想象的那样,但它不是精神物。④陆若汉受龙华民的影响

---

① 龙华民:《论中国宗教的某些观点》,页77—78。
② 龙华民:《论中国宗教的某些观点》,页86。
③ 龙华民:《论中国宗教的某些观点》,页47—48。
④ 谢和耐著,耿昇译:《中国与基督教——中西文化的首次撞击》,页188。

很深，他后来的各项积极主张不仅为龙华民派提供了有利的炮弹，而且在龙华民的反击中起到了很大的作用。

（三）耶稣会出版物中的译名错误

早期来华的耶稣会士传教的特征之一是理性化，凡是比较能够用儒家思想、日常人伦说明的道理都获得了较大的发挥。关于"上帝"，耶稣会士除借用《诗经》、《尚书》中的"上帝"外，还借用儒家"父孝"的观念，推论"大父"的存在。然"三一论"是信仰，不能用日常理性加以说明。故耶稣会士一开始便说明"三位一体"是信仰，非理性，不是一般经验所能理解的，它是一个按中国传统的思维方式难以论证和接受的理论。"基督论"的很多观念，如"上帝"、"创世"、"天堂"、"地狱"、"父"等，都可以在中国传统思想中找到相似的表达，但"三一论"很难对译。如果要用中国宗教思想来对应理解天主教神学，儒家思想中既缺少像耶稣这样的人格神，也没有把具体的个人与抽象而绝对的精神相联系的习惯。

明末的中国是一个文化沸腾、创新、高度好奇和思想自由的时代，在政治和宗教方面都和日本不同，即使欧洲人来到，中国也不会像日本那样会出现欧洲热。舶来品不引起人们的好奇，甚至受到人们的怀疑，外国人被看作是野蛮人。当时的日本在政治、社会方面都在持续发生巨变，但中国是一个有稳固的中央政府的安定的国家，中国人非常满足于生活在这个泱泱大国，"不像日本人那样容易受欧洲思想的感化"①。因此，来华的传教士为表达天主教的思想，不得不采取强硬支持使用中文的政策和立场。明末儒家天主教徒徐光启、杨廷筠、李之藻等人和耶稣会士利玛窦一起，用"三位一体"的名词，建立中国化的"三一论"。虽遭到中国儒家理性精神的强烈反对和质疑，但天主教在多元的文化环境中建立一神论的宗教，采取了"补儒易佛"的周密策略。它和耶稣会的立会精神一致，也和圣方济各的东方传教策略一致。耶稣会士对儒家"上帝论"的借用，一直发展到

---

① 迈克尔·库帕著，松本玉译：《通辞·罗德里格斯》，页274。

企图利用和改造皇家"郊祀"制度和宽容中间社会祭祖、祭孔等礼仪制度。对待多元中国文化的宽容态度,不妨碍他们建立一神论的"基督论"。这种理论实践是天主教"普世化"的早期努力,也是儒家文化"全球化"的最初尝试。

东西方神性观的不同不只是在事实上,更是方法上或基本思维方式上。这一点可以从明清时代天主教与中国文化的接触中看到。利玛窦等传教士将天主教的神比附为中国的"天"(译"God"为"天主"或"上帝"),以求尽量减少这两种神性观之间的对抗。但对双方都有一定了解之后,一些有见地的神父(比如龙华民)和中国学者(徐光启等)就看出西方的耶和华(基督)与中国的"天"(上帝)之间的巨大差异远胜过其相似之处。①而且,中国学者最不能接受者正是天主教之神的人格实体性。如清初的学者张尔岐所称:

> 然其言天主,殊失无声无臭之旨。且言天堂地狱,无以大异于佛,而荒唐悠谬殆过之。②

他认为天主教的"天主"与中国的"天"的非实体性"无声无臭"相悖,而对天堂地狱言之凿凿,也不同于孔子"敬鬼神而远之"、"未知生,焉知死"的态度,而近乎佛家的俗谛之说。我们可以想见,如果佛家没有"缘起性空"这样非实体化的真谛学说,光凭那些神鬼和天堂地狱之说是不能进入中国文化和思想的主流的。

两年多深入中国内地对各地耶稣会的考察及对东方哲学的研究,陆若汉成为最早坚决反对利玛窦传教路线的耶稣会传教士之一。费赖之书称:

> 其后诸年参加上帝、天主等类名称之讨论,颇不以利玛窦神父采

---

① 谢和耐著,耿昇译:《中国和基督教——中国和欧洲文化之比较》,页47、53,上海古籍出版社,1991年。
② 谢和耐著,耿昇译:《中国和基督教——中国和欧洲文化之比较》,页60。

用之习惯为然。①

谢和耐对陆若汉的评价是：

> 他是最强烈反对把中国古代传说与基督教传说相结合的人之一。②

虽然陆若汉对利玛窦神父及利玛窦所开创的中国传教事业十分肯定和赞赏，但是在传教中采用中国礼仪及在翻译天主教神学时采用中国儒家经典的用语问题上，陆若汉提出了坚决的反对意见。1613至1615年在中国逗留期间，他就写了好几篇文章批判当时耶稣会出版物的错误：

> 这里编写的书中存在很多违反天主教信仰的根本性错误，因为书中使用了复杂而文雅的词语，有些模棱两可的说明可以作多种解释。……我们宣扬的思想同中国人的祖先宣扬的思想是同样的，并认为只要同儒家士大夫阶层合作就能够成功，因此都抱有这样的想法，但是，这是错误的。③

陆若汉还认为：

> 中国耶稣会的出版物中，出现表示神的概念用词是错误的。另外，"灵魂"和"天使"也被翻译错，成为带有迷信色彩的词。④

陆若汉还将这些错误列成一览表，交给中国耶稣会会长龙华民。龙华民是引起中国礼仪之争的第一人：

---

① 费赖之著，冯承钧译：《在华耶稣会士列传及书目》上册，页217。
② 谢和耐著，耿昇译：《中国与基督教——中西文化的首次撞击》，页18。
③ 迈克尔·库帕著，松本玉译：《通辞·罗德里格斯》，页270。
④ 迈克尔·库帕著，松本玉译：《通辞·罗德里格斯》，页270。

当其仅为传教士时，对于其道长利玛窦之观念与方法，已不能完全采纳，但为尊敬道长，不便批评。一旦自为会督后，以为事关信仰，遂从事研究，而在理论与事实上所得之结论，有数点与前任会督（利玛窦——笔者注）之主张完全背驰。①

龙华民全面审视了耶稣会的在华策略，对利玛窦时期定下的"补儒易佛"、"中国礼仪"、"译名问题"提出了一系列疑问。1612年龙华民与熊三拔上书耶稣会日本中国省会长，要求禁止用"天"、"上帝"、"天主"等译名。②可见陆若汉亦以自己的研究成果，对龙华民反对利玛窦路线给予了全力的支持。

利玛窦及其弟子确信"补儒易佛"、"采用中国礼仪"是将天主教扎根于中国这片土地的最好办法，而陆若汉以及持相同观点的人则认为这种想法是错误和危险的。③陆若汉针对这种他认为"错误和危险"的想法战斗了一生，1618年他在澳门发表一文辩驳利玛窦神父劝导华人入教方法之非，1626年11月21日信中曾利用西安新发现景教碑文以证利玛窦所采汉文天主名称之伪，1627年11月30日致罗马教廷驻葡萄牙顾问马什卡雷尼亚什（Nuno Mascarenhas）的信及1633年2月5日致耶稣总会长的信皆批驳利玛窦神父采用汉文名称天主名称。此外还有一篇文章《驳澳门编写的一部雄辩著作，它反对利玛窦及其在华追随者的行动，并反对费乐德（Rodrigue de Figueredo）神父对原著的注释》，这篇文章是陆若汉1618年文章发表后，费乐德神父于1627年撰文予以答复，陆若汉又撰文对费乐德进行反驳。④陆若汉这种维护天主教传统的战斗精神，一直坚持到生命的最后一刻。

　　直到利玛窦1610年去世，大家尚不敢对中国经典中的"上帝"与天主教的造物主（Deus）等同起来是否恰当的问题提出质疑。利玛窦的全部政

---

① 费赖之著，冯承钧译：《在华耶稣会士列传及书目》上册，页65。
② 李天纲：《中国礼仪之争：历史·文献和意义》，页24—25，上海古籍出版社，1998年。
③ 迈克尔·库帕著，松本玉译：《通辞·罗德里格斯》，页275。
④ 费赖之著，冯承钧译：《在华耶稣会士列传及书目》上册，页217—220。

策,实际上是建立在中国古代的伦理格言与天主教教义之间的相似性、"上帝"与天主之间的类比关系上的。然在1610年之后的几年中,以陆若汉为代表的一些传教士指出利玛窦等人过分倾向自然宗教思想,并认为此类想法是错误和危险的,"这种策略可能会助长令人惋惜的混乱"[1]。于是,他们便开始探讨这种策略的基础是否可靠的问题。由于在政策方面的意见出现分歧,便发生了译名之争等一系列问题,这些问题成为日后无休止争论的根本原因。陆若汉在1616年1月寄给罗马耶稣会总会长的报告中声称:

> 这里编写的书中有几处违反天主教信仰的根本性谬误,因为书中使用了复杂而文雅的词语,作了模棱两可的含糊性说明。他们声称,正如所有的中国人和中国教义所认为的那样,古代中国人承认真正的神,曾拥有关于神的正确思想,我们宣扬的教义与中国祖先所说的思想是相同的。神父们认为只要跟知识阶层合作就能获得成功,但这是错误的。除此之外,这里编写的书籍中还存在各种印刷错误。[2]

这封1616年的信提到的语言问题,陆若汉直到去世仍念念不忘。他说关键并不在于传教士所教授的内容,而在于用中文如何解释。天主教教义自始至终是一致的,没有任何问题,麻烦的是怎样表达。将欧洲语言翻译成亚洲语言看似很简单,日常对话当中不会有多大问题。归根结底,语言不过是为了表达事物和概念按照习惯来使用的声音而已。亚洲人和欧洲人在很多具体的方面经历的是同样的事情,因此在事物方面进行解释,做到不产生误解较为容易,但要把抽象的概念用外语来表达,就很容易造成混乱。尤其要把神学这样在严格的专门领域中使用的词汇,正确地翻译成亚洲的语言,所遇到的困难可以想象。这是因为在按照儒教、佛教、道教培养起来的中国自古以来的传统思想中,缺乏在天主教教义中理所当然包含

---

[1] 谢和耐著,耿昇译:《中国与基督教——中西文化的首次撞击》,页17。
[2] 迈克尔·库帕著,松本玉译:《通辞·罗德里格斯》,页271。

的概念。因此在很多情况下，要找到同义词对译几乎是不可能的。①

具体地说，陆若汉认为中国耶稣会的出版物中出现的表示神的概念的用词是错误的：

> 这只是中国有名的塔（神）的名字，不是指神，而是指某一个完全不同的东西。②

另外，"灵魂"和"天使"也被翻译错，成了带有迷信色彩的用词。根据迈克尔·库珀的考证，陆若汉曾将在他看来错误的翻译词汇制成表格交给龙华民神父。那些词语不仅有"天主"，同时还包括1618年论战中涉及到的"天使"与"灵魂"等词语。龙华民下令收回由利玛窦撰写的教理问答以及其他各种书籍进行修改，但当时有三名精通中文的耶稣会士坚决反对陆若汉等人的意见，其理由是修改耶稣会自己印刷的书，会在信徒中丧失信誉。对这些人的激烈反对，陆若汉毫不让步，进一步指出在华传教士不仅存在译名的错误，甚至还允许教徒保留一些"带有异教迷信色彩"的习惯，例如守夜时点蜡烛，或者在死者身上撒纸钱等，他认为这是不对的，而且完全没有必要。陆若汉将自己所意识到的问题写成几封书信寄给中国的耶稣会长老，以及在各地传教的神父，其中不少人给他回信表示感谢，并希望以后继续寄来类似的信函。③

陆若汉在中国内地逗留期间，还将自己所写的有关文章给天主教徒的学者过目，特别是跟北京的李之藻（雷奥）博士通过译员进行探讨，另外在跟徐光启（保禄）博士、杨廷筠（米格尔）博士等优秀的皈依天主教的学者见面时，也提议针对这一问题进行讨论。除保禄博士外，其他人都承认耶稣会发行的书刊中有错误，而用精练的中文写成这些书的恰恰正是这些人。陆若汉认为他们对天主教教义并不很了解，但却勉强地迎合知识

---

① 迈克尔·库帕著，松本玉译：《通辞·罗德里格斯》，页273。
② 迈克尔·库帕著，松本玉译：《通辞·罗德里格斯》，页271。
③ 迈克尔·库帕著，松本玉译：《通辞·罗德里格斯》，页271。

分子的学说，这样的努力也许做得过了头。经过陆若汉的说明，这些学者意识到隐藏在字里行间中的危害性，同意改正错误，决定以后用"Deus（神）"、"alma（灵魂）"、"aojo（天使）"等用词。①

陆若汉等耶稣会士对于翻译词语的重视缘于他们的特殊经历，他们在日本传教时就尝到过"大日如来误译事件"的惨痛教训，故一直对此耿耿于怀。最初引领沙勿略踏上日本国土的南蛮通辞弥次郎将天主教的"Deus"翻译成日本人熟悉的"大日如来"，传教士沙勿略等人亦认为天主教的"Deus"和"大日"是表示同一概念的词，但后来的事实证明这是一个极其错误的选择。"大日"也有各种各样的意思，它跟天主教的"Deus"是一个似是而非的概念。而且，耶稣会的传教士最初在日本传教的五六年中，由于同时使用了"净土"、"地狱"、"天人"等佛教用语，使日本人误以为天主教徒传播的是佛教诸多宗派中的一门，故皈依者众多。1552年，某位日本大名讲到传教士就如同"入宫的佛教僧侣"，允许他们建筑一座寺院和一处住院，以便"传播佛法"。日本人首次将"上帝"译作"Hotoke"（佛陀）或"Dainichi"（遍照佛），把"天堂"译作"Jodo"（净土）。②由此说明，天主教最初在日本被普遍视为一种非常近似佛教的宗教，而"第一批皈依者在那里似乎被视作僧侣或虔诚的佛教徒"③。当后来得知并非如此，皈依者当中便有人说"我以为天主教跟释迦和阿弥陀佛的教义是很合拍的，故才加入进来，结果是骗人的"，甚至因此脱离了教会。④

在日本教会刊印于1595年的《拉葡日对译词典》中，作者在列举与"Deus"相对应的日本词语时，还提到它的对应词包括"天道"、"天主"、"天尊"、"天帝"等汉语词汇。此外，1603年刊印的另一部语言工具书《日葡辞典》亦承认，"天"、"天主"、"天道"、"天尊"在教会内部被用于指称"Deus"。作者对"天道"词条所作的解释是："天之道，意为秩序，又

---

① 迈克尔·库帕著，松本玉译：《通辞·罗德里格斯》，页272。
② 约瑟夫–詹内斯：《中国和日本基督教史》，页25—27，东京东方宗教研究所，1973年。
③ 安田朴、谢和耐等著，耿昇译：《明清间入华耶稣会士和中西文化交流》，页93。
④ 迈克尔·库帕著，松本玉译：《通辞·罗德里格斯》，页273。

指摄理。一般我们又用此名来称呼Deus。"①耶稣会为了消除这种错误的印象，便原封不动地使用以前的拉丁语或者葡萄牙语的用语，来表达天主教的概念。后来的传教士在进行说教和解释教理时，不再使用佛教用语，而是使用Deus（神）、anima（灵魂）、sacramento（秘迹）、persona（位格）、eucaristia（圣体）等西方用语。用音译的方法来翻译宗教用语，使很多日本人留下了一个很强烈的印象，即天主教是外国诞生的宗教。这似乎令人遗憾，却从另一个方面让人感觉很安全，因为皈依者对新词的意思没有先入为主的感觉，不会产生误解。正如陆若汉在1616年的信中所说，还是按照"教会里圣博士的可靠意见"比较妥当。如继续使用日语的词汇，皈依者难免会不知不觉地受到这个词汇本来所具有的佛教思想的影响。为避免这类情况出现，即使是外来语，仍尽量使用能够正确表示天主教教义的用词，采用从前在欧洲习惯了的用语，能够减少误会。作为第三种可能，陆若汉曾提出，将恰当的表意文字进行组合，"尝试创造几个新词如何"，但他的提议最终未能实现。②

译名错误归纳表③

原词	中文译词	日语译词	音译词
Deus	神、大日、天	デウス	德乌斯
Angel	天使	アンジョ	安琪儿
Anima	灵魂	アニマ	亚尼马
Sacramento	秘迹	サクラメント	萨克拉门
Persona	位格	ペルソナ	佩尔索纳
Eucaristia	圣体	エウカリスティア	埃乌卡里史蒂亚
Paradise	净土、天堂	ジョウド	帕拉蒂斯
Hell	地狱	チコク	赫尔鲁
a men of God	天人	テンジン	安吉尔斯

---

① 戚印平：《"Deus"的汉语译词以及相关问题的考察》，载《世界宗教研究》2003年第2期。
② 土井忠生：《吉利支丹论考》，页57—58。
③ 此表根据迈克尔·库帕《通辞·罗德里格斯》英文版和日文版考证归纳总结。迈克尔·库帕著，松本玉译：《通辞·罗德里格斯》，页274。

龙华民神父也是最早对将中国的宗教思想与天主教神学相结合感到担忧的传教士之一。龙华民是西西里人，他继利玛窦之后出任耶稣会在华传教区的总会长，然而他不赞同其前任有关宗教的观点。他认为中国人并没有把他们的"上帝"视为一尊被人格化的、独一无二的、天地间的造物主和无所不在的神，而相反是按照经典著作的传统诠释，把它看作是天道和天命的一种无形力量。①在广东省从1581年起即成为利玛窦第一位教友的罗明坚就在11月12日一封发自澳门的信简中指出：

> 这种观念失去了真正的上帝与第一和最高的原则之意义，把一切事物都归于被他们称作"天"的苍穹。该词是他们所拥有的词汇中的最大者，他们声称"天"是其父，他们的一切均自"天"而得。这些人还崇拜"地"，声称"地"为母，可以为他们生产其生活中所需要的一切。他们声称这一世界是由于偶然因素而自动形成的，其中所有的和受天命控制的东西也都如此。奖惩均出自天，惩罚是一种邪恶之世，奖赏为一种吉祥之世。②

1612年到达澳门的日本巡视员巴范济神父也指出：

> 在由入华神父用汉字所写的著作中有类似异教徒那样的错误。③

某些赴日本的传教士也精通中国教理，他们坚信入华的传教士们是"在胡言乱语"④。在北京，龙华民发现熊三拔神父在"上帝"的问题上也采取与自己一派同样的谨慎态度。他们甚至就这一问题请教了徐光启（Paul Xu）、杨廷筠（Michel Yang）和若望（钟鸣礼，Jean）这三位皈依天主

---

① 谢和耐著，耿昇译：《中国与基督教——中西文化的首次撞击》，页17。
② 汾屠立：《利玛窦神父历史著作》，页225。
③ 土井忠生：《吉利支丹论考》，页58。
④ 土井忠生：《吉利支丹论考》，页57。

教的文人。三人建议传教士在中国经典著作内容有利于他们时就应该坚持之，而应对那些疏注文置之不理。然而龙华民发现：

> 中国天主教文人一般都把他们著作中的意义强加给他们自己，并认为在他们的著作中发现了符合我们神圣教义的诠释。①

正如龙华民所指出的那样，入华传教士认为："当文献对他们（天主教士）有利时，那么沿用文献中的观点就具有很大的益处。这样一来，他们就很容易与文人一派相结合，并由此赢得中国人的心。"②然而，龙华民清楚地意识到了那种参阅中国经典文献并赋予它们一种与文人的传统格格不入的诠释政策的危险。他正确地指出经典文献颇为难懂，有时甚至是含糊不清的，因而注疏文是必不可缺的。如果中国人还必须借助于诠释，那么外国人就更有理由这样做了。如果这些文献被解释得与其注疏文的意义不同，那么"中国人就会认为我们没有阅读他们的全部著作，或者是我们没有理解其真正的意义"③。

那些主张进行深入研究的人获得了省会长瓦伦蒂诺·卡瓦略、巡视员弗朗西斯科·维埃拉以及曾长期居住日本的传教士陆若汉的支持，陆若汉是"最强烈反对把中国古代传说与天主教传说相结合的人之一"④。

龙华民继续对天主教徒和异教徒文人进行调查，于1623年最终写成了一部拉丁文著作《孔夫子及其教理》，这是对在中国占统治地位的观念提供了系统说明的第一部西文著作。后来便以《论中国宗教的某些观点》为题而译成法文，1701年由外方传教会于巴黎刊印，外方传教会把此书作为反对耶稣会士的一种武器。龙华民在著作中强调指出，受归化的文人事实上是何等不重视教理，在他们眼中一切都可以调和。他写道：

---

① 龙华民：《论中国宗教的某些观点》绪论。
② 龙华民：《论中国宗教的某些观点》，页18。
③ 龙华民：《论中国宗教的某些观点》，页19。
④ 谢和耐著，耿昇译：《中国与基督教——中西文化的首次撞击》，页18。

> 我们的天主教徒文人向我们提出了这样一些建议，即我们要注重中国的经典文献，认为它们最为接近天主教论点，而不是去关心那些实际上都是无神论者的注疏家。这或是由于他们不理解在我们论述的内容中不犯任何错误该是多么重要，或者为了使他们不被指责为皈依了一种外国教义。他们非常高兴地在我教（天主教）中发现了某些符合他们教义的内容，但当这同一批文人撰写有关经文的某些著作时，始终都按照注疏文行事。否则他们将受到歧视，如同充满了错误和违反了儒学派的基本原则一般。他们为什么要劝说我们从事他们自己也不想干的事业呢？①

龙华民继续写道：

> 徐保禄坦率地向我承认，他坚信上帝不可能是我们的天主，古今文人均对天主一无所知。但我们的神父出于好意，特别是为了不使儒生感到反感，认为把天主称为上帝，如果大家把归于真正天主的所有特征也赋予上帝，那同时也是很正确的做法。②

虽然龙华民论著的译者是怀有损害耶稣会士的意图而翻译的，但没有任何理由怀疑其文章的真实性，以及利玛窦的继承人进行调查研究的严肃精神。这部著作中"包括有着非常多的确切资料，它们完全与我们通过其他史料而获得的情况相吻合"③。

中国耶稣会传教区内部在有关经典问题上发生的争论，导致1628年在上海附近的嘉定举行了一次会议，有21名传教士出席，并有4名当时最大的皈依者列席。在这次会议上决定禁止使用"上帝"一词作为天主教徒的"Deus"的同义词，唯有在利玛窦神父著作中例外，因为"这些著作已在

---

① 龙华民：《论中国宗教的某些观点》，页21。
② 龙华民：《论中国宗教的某些观点》，页99—100。
③ 谢和耐著，耿昇译：《中国与基督教——中西文化的首次撞击》，页19。

中国知识界取得了巨大成功"①。

正如谢和耐先生所指出的那样,陆若汉、龙华民等耶稣会士的研究涉及到远东地区天主教传教活动的根本。在某种意义上说,他们对利玛窦的攻击成为此后"译名之争"的导火索。②这个导火索引发了跨越三个世纪的"礼仪之争"。众所周知,这场旷日持久的激烈争辩给耶稣会士,以及因各自切身利益而掺和进来的各个方面,都造成了巨大伤害,并最终使得耶稣教会在中国的传教事业遭受重创。

(四)"礼仪之争"所造成的影响

罗明坚、利玛窦神父由澳门登陆后,创建了耶稣会中国传教区,并为传教方针最终确定了方向。为适应中国的社会背景,他们首先把天主教说成是一种近似儒教的伦理和政治教理,与人类的理智相吻合。如谢和耐所称:

> 他们所传授的欧洲科学知识以及对佛教的公开仇视又帮助他们以其正统的教理赢得文人界部分人的好感。……当时的政治和文化形势有利于利玛窦关于天主教和出自他个人对中国经典解释的儒教之间相似性的论点,这形势使他更加坚信其归化政策的基础。③

利玛窦曾试图调和《福音书》与东方思想,但这是"一种危险的结合"④,也是在一个世纪之后导致激烈辩论的起源。天主教徒带来的西方科学技术,由于他们自身的宗教目的和当时中国社会在接受和吸收方面的困难,不可能从根本上影响当时中国的经济生活和社会政治结构,只能作为摆设出现在"官人"的书斋和徐光启、李之藻等人的科学著作中。合儒、

---

① 谢和耐著,耿昇译:《中国与基督教——中西文化的首次撞击》,页21。
② 谢和耐著,于硕等译:《中国文化与基督教的冲撞》,页22,辽宁人民出版社,1997年。
③ 安田朴、谢和耐等著,耿昇译:《明清间入华耶稣会士和中西文化交流》,页91。
④ 安田朴、谢和耐等著,耿昇译:《明清间入华耶稣会士和中西文化交流》,页1。

补儒并没有调和两种截然不同的文化，因此借儒家思想以传播天主教文化的战略，实际上也孕育了天主教传播的潜在危机，这种危机在清初之际终于通过"礼仪之争"爆发出来。法国人约翰·圣索利厄在他的文章《入华耶稣会士的儒教观》一文中称：

> 从逻辑和历史角度来看，发现儒教仅仅是礼仪事件的序曲。……礼仪之争是天主教徒之间在大家所想象的儒教问题上或针对这一问题而展开的。①

所谓"礼仪之争"，开始是天主教各修会之间，进而发展到清朝康熙初年教宗与康熙之间关于华人天主教徒祭祀方式的争论。其争论的焦点是中国"敬天"、"祭祖"、"祀孔"等礼仪是否一种宗教，以及天主教是否应宽容中国礼仪在中国天主教徒中存在。具体内容如罗洛所论述，大体上沿着三个问题展开：

> 其一，中国知识阶层定期在庙堂举行崇拜孔子的典礼，是否具有偶像崇拜的性质？
> 其二，对家中死者的祭祀和祖宗礼拜仪式，是否带有异端的迷信色彩？
> 其三，中国词汇中"天"和"上帝"，能否恰如其分地表达天主教God的含义？②

"礼仪之争"延绵三百年，可分为三个阶段：1645至1742年，由教宗介入纷争到公开辩论被勒令停止；1742至1939年，公开的激烈辩论为东方各教会不断向教廷征询礼仪问题的形式所取代，教廷的态度逐渐出现某种

---

① 约翰·圣索利厄：《入华耶稣会士的儒教观》，载《明清间入华耶稣会士和中西文化交流》，页123。
② 李天纲：《中国礼仪之争：历史·文献和意义》，页73。

松动和变化；1939至1965年，梵蒂冈第二次大公会议公布《教会对非基督宗教态度宣言》，教廷终于承认中国尊孔敬祖典礼的正当合法，并对非基督民族文化采取开放的态度。

早期入华耶稣会传教士对于中国礼仪虽存在不同认识，即有所谓"利玛窦派"和"龙华民派"，但因争论的"双方都到过中国，精通汉语，并对中华文化作过细致深入的研究"，其意见的分歧并没有存在太多预设的偏见。而多明我会士与方济各会士之间的对立和争执，正如法国人伊莎贝尔·席微叶所称：

> "礼仪之争"于17世纪和18世纪初达到了顶峰，致使耶稣会威望落地。①

耶稣会士被指责奉利玛窦为楷模，并过分地屈服于中国风俗和礼仪。指责的根据来自两点。一方面是据说神父允许新皈依的教徒尊孔和祭祖，这与天主教的正宗是水火不相容的。另一方面是耶稣会士为了翻译"上帝"而使用了具有物质意义的"天"这一汉文术语。由此，便指责"耶稣会士距离崇拜偶像只有一步之远"②。耶稣会神父们对此做出的回答是，"天"字并不是指物质的天，而是"天主"，因此完全适用于真正的上帝。崇拜祖宗主要是一种世俗而不是宗教礼仪，禁止这种礼仪就意味着放弃皈依天主教的中国人，从而会招致皇帝怒斥教徒的危险。

罗马教皇曾要求康熙皇帝下令禁止天主教徒祭祀孔子，但康熙断然拒绝，并御笔朱批，正式禁止天主教传教活动。

> 览此告示，只可说得西洋人等小人，如何言得中国之大理。况西

---

① 安田朴、谢和耐等著，耿昇译：《明清间入华耶稣会士和中西文化交流》，页6。
② 安田朴、谢和耐等著，耿昇译：《明清间入华耶稣会士和中西文化交流》，页7。

洋人等，无一人通汉书者，说言议论，令人可笑者多。今见来臣告示，竟是和尚道士，异端小教相同，比比乱言者莫过如此。以后不必西洋人在中国行教，禁止可也，免得多事。①

天主教在中国的传播又一次遭到阻遏。耶稣会传教士经过多年的辛勤努力，曾使中国的天主教徒达到十几万人之多，只因其与中国文化还没找到一个内在的契合点，所以最高统治者一声令下，挥之即去。历史上的康熙皇帝被公认是一位杰出的君主，然而如此博学广识的人却代表中国的传统文化对西方文化的和平传播方式做出了最后的拒绝，这表明"中国社会宁肯不要西方的科学知识，也不愿接受西方的价值观念的传统态度"②。

1715年，教宗通谕强迫传教士发誓放弃任何迷信的做法，这场旷日持久的争执似乎结束了，但在相当长的时期内，主张进入中国文化、重视本色化，尊重中国祭祖、祀天、尊孔各种社会文化的耶稣会士受到了双重的夹击。一方面是其他派会公开反对他们的观点，并指责他们不服从教宗的通谕，另一方面是尽管中国皇帝对天主教表示同情，却对罗马教宗所采取的措施恼怒万分，导致皇帝下令禁教，甚至在中国传教中立下汗马功劳的耶稣会也被教宗下令解散。如安田朴指出的那样：

> 教廷的政策产生了严重且持久的后果，罗马在拒绝采纳遥远国度的宗教信仰、礼仪和习俗的同时，就注定要导致传播福音的任何企图都会遭到失败。这样做实际上使传教活动瘫痪并放弃了一种可能唯有耶稣会士们才懂得给予正确评论的历史机缘。③

关于"礼仪之争"，国内研究者有诸多说法。"殖民势力争夺论"认为

---

① 谢和耐著，耿昇译：《中国与基督教——中西文化的首次撞击》，页168。
② 顾长声：《传教士与近代中国》，页6，上海人民出版社，2004年。
③ 安田朴、谢和耐等著，耿昇译：《明清间入华耶稣会士和中西文化交流》，页8。

"礼仪之争"纯粹起因于多明我会（多米尼克会）、方济各会（弗朗西斯克会）与耶稣会各怀宿怨、互相嫉恨、争权夺利、贪得无厌的恶劣本性，而他们的背后又分别是西班牙、法国与葡萄牙争夺远东传教权的斗争，因而是一场争夺殖民势力范围的斗争；"中国传统文化论"认为主张中国风俗不合天主教教义，意味着不尊重中国风俗文化，反对把天主教同中国习俗结合起来，禁止天主教徒尊孔祀祖祭天，无异于否定孔儒学说、蔑视中国传统文化；"国家主权内政论"则认为"礼仪之争"是传教士对中国国家主权和内政的干涉。① 顾长声曾颂扬康熙：

> 坚持了一个独立主权国家应有的尊严，反对了任何形式的外来干涉。②

又称：

> 康熙、雍正禁止传教士在中国的传教活动，使中国从这一道防线基本上堵住了殖民势力的渗透达一百多年。③

天主教各国修会彼此有矛盾，在他们的欧洲母邦本来就有着不同的历史背景和宗教成因，故存在着信仰分歧，在教理上各有偏重，但这并不是"礼仪之争"的真正原因。耶稣会士初入东土时，出于个人的不同认识，就对中国的礼仪和名称产生过分歧。龙华民接替利玛窦管理中国教务后不久，便在陆若汉等人的支持下，联合熊三拔反对"天"和"上帝"的称呼，而1627年澳门会议曾做出有利于利玛窦的决议。1628年嘉定会议，对敬孔祭祖问题决定沿用利玛窦的方案，对于译名采用龙华民一派的意见。多明我会士和方济各会士于1632年前后加入"礼仪之争"，主要是因为他

---

① 安希孟：《对礼仪之争的文化反思》，载《维真学刊》，2004年6月17日。
② 顾长声：《传教士与近代中国》，页7。
③ 顾长声：《传教士与近代中国》，页7。

们把耶稣会士将中国传统思想掺合于天主教教义的做法视为一种妥协行为。他们认为,汉语的"天"是指"苍天","上帝"又是偶像的称呼,不宜用以指称天主教的造物主。诚然,康熙禁教的直接原因是"礼仪之争",然而这场争辩纯属学理之争,文化之争。值得指出的是,当时的欧洲正处于文化鼎盛时代。工商业与科学技术取得了迅速的发展,以伏尔泰、卢梭、孟德斯鸠等为代表的启蒙运动如火如荼。民主、科学、理性的口号深入人心,崇尚独立精神与自由学术,对异域文明中的异文化因素持开明的态度。当时的中国则处于康熙年间,中华帝国疆域辽阔、安定繁荣,还没有受到外来势力的侵扰。康熙作为一代开明君主,文治武功,喜好西学。总体上看,康熙与罗马教宗、儒家学者与西方传教士之间的论争在身份上是对等的,是对各自信仰的公平辩论,对于异质文化也基本上抱着开明、谦虚、沟通而非对抗的心态。[①]康熙皇帝之所以用行政高压手段来封杀天主教传播,表面上可以认为是天朝的尊严受到西方传教士的侮辱,中华民族固有思想基础受到天主教教义的严重挑战,但更深层次、更根本原因在于天主教"这种异质宗教文化信仰,连同上帝面前人人平等的社会观念、博爱主义、反对个人崇拜以及反对祀祖敬孔的教义,本身就构成对中国封建神权、族权、政权的极大障碍"。正如李亦园所称:

> 祭祖祀天尊孔是中国文化最深层或最重要的文化素质。从文化学上分析,它是整个中国社会结构文化安定整合的基本要素。[②]

所谓牵一发而动全身,外来的文化习俗、宗教礼仪涉及到中国文化最深层、最核心的根源,并与之发生撞击,必然会遭到强烈的反弹,形成严重的争执。依据汤恩比的文化放射定律:

[①] 安田朴、谢和耐等著,耿昇译:《明清间入华耶稣会士和中西文化交流》,页9。
[②] 李亦园:《民间信仰中的宇宙诠译与心灵慰藉型模》,载《现代人心灵的真空及其补偿》,页1—17,宇宙光出版社,1977年。

一外来文化光线的穿透力与此光线的重要性成反比，换言之，越重要的文化在穿越异文化体时，所受到的拒绝排斥就越厉害。反过来，我们也可以这么说，越是重要的文化质素越不容易被外来的文化光线所穿透，马上会反弹出来。①

利玛窦为代表的耶稣会士认为祭祖是中国人用来维系孝道这一伦理原则的习俗，并非所谓偶像崇拜。关于敬孔，他也认为中国士子到孔庙行礼，是为了"感谢他（孔子）在书中传下来的崇高学问，使这些人能得到功名和官职"②。利玛窦等人之所以特别尊重祭祖敬孔等中国礼仪，也是出于他们对中国传统文化的准确认识。对此，比利时人钟鸣旦如此陈述道：

> 中国社会在本质上是一种宗法性社会，整个社会、国家乃是家庭结构的放大，祭祖仪式乃是维系这样一个超稳定结构的象征性行为符号，而且具有至关重要的意义。损害这样的礼仪意味着从根本上动摇中国的社会结构和制度，那是不可取的。中国又是一个追求高度统一的价值目标（伦理）的社会，而孔子则正是这一整套国家、社会性的价值目标系统的核心象征，损害敬孔仪式同样意味着从根本上撼动乃至颠覆中国的社会意识结构，那也是万万使不得的。③

利玛窦虽未如此明确表述他对中国礼仪的社会学功能的理解和认识，然他的那种基于传教热情和目标而产生的对异族文化的直觉却是敏锐的，富有洞察力的，由此而制定的传教策略也是相当灵活而有效的。

"礼仪之争"以中国封建皇权的表面胜利而告终，从此中国不与外国往来达一百年。多明我会和方济各会传教士因为反对偶像崇拜，受到残酷迫害，范玉黎神父和迪亚斯等人被下狱、带枷示众，并在多处出庭受审，

---

① 金耀基：《从传统到现代》，页142，时报出版公司，1975年。
② 《利玛窦全集》第一册，页85。
③ 孙尚扬、钟鸣旦：《1840年前的中国基督教》，页123。

遭到残酷鞭笞，最终被从中国大陆驱逐出境并遣送澳门，多明我会士卡佩拉斯因反对崇拜孔子和先祖甚至殉教。①天主教此后在中国没有合法地位，失去大量传教的利益，其发展也受到很大挫折。然而，在中国朝廷的胜利中同样包含着极大的不幸和悲哀。闭塞落后的中国更加孤立，积弱积贫日甚一日，中国更加远离世界文明发展的主流，与发达的文明国家更缺乏共同语言，处在较低的对话层次上，这是"礼仪之争"的负面影响。

但"礼仪之争"开天辟地第一次把中国宗教礼俗与天主教加以比较，如果说它触动了中国的纲常名教，那毋宁说是一件好事。而且，这场跨世纪的大辩论开启了东学西渐之门，法国耶稣会士李明曾经回国参加"礼仪之争"的辩论，激动之下，他竟然对欧洲神学界的保守势力说：

  欧洲人尚在树林里生活的时候，中国人就认识了"天主"。②

李明扬人抑己的过激话语反映出"礼仪之争"的正面影响，即这场纯粹观念性的争论从宗教界扩大到了思想文化界，成为18世纪以来西方热衷于中国文化研究的源起。其后的二百余年里，中西文化的交流与撞击日益频繁，西方的汉学研究也在历史语境的转换中演化。

在对明朝末年进入中国的耶稣会士的传教路线和方针、中国文人接受西方异教的态度、东西方神学和哲学观点的撞击，以及中国"礼仪之争"历史大背景等进行回顾和审视的同时，我们从中可以得到几点认识。

第一，早期耶稣会士入华传教采取的消极策略是争取士大夫的同情和认可，并屈尊服从中国习俗，积极的策略则是以西方的科学技术、伦理和宗教思想吸引中国士大夫，即所谓"学术传教"。其目的虽为传教，但客观效果却使中国输入了西方的一些文化。

第二，利玛窦等人在中国传播科学技术知识，客观上有助于当时的中

---

① 安田朴、谢和耐等著，耿昇译：《明清间入华耶稣会士和中西文化交流》，页40。
② 许志伟、赵敦华：《冲突与互补：基督教哲学在中国》，页352，社会科学文献出版社，2000年。

国知识分子开阔眼界，认识时代的发展轨迹，从而丰富了当时中国的科学文化。这一举措确实颇有吸引力，而且影响不可谓不深远。

第三，东来"拯救灵魂"的耶稣教士并非当时欧洲西方文明先进思想的代表，他们把介绍科学技术当作传教的手段，反而不利于最新西方科学技术成果对当时中国的全面影响。以徐光启、李之藻为代表的天主教文人在接受学习这些科学技术知识的时候，仍然没有跳出传统中国人士的一般意识，同以前饱读经书、遍览古今一样，目的只是为了使自己更为博学，结果是把西方的科学技术知识，纳入了自己固有的思考方式，他们没有也不可能在现代的意义上把科学技术看作文明发达的根本途径而加以学习，更谈不上具体运用。

第四，耶稣会士的思想理论体系仍属托马斯·阿奎那式的中世纪的经院神学，不仅落伍于同时代的西方文艺复兴文化，比起徐光启等代表的中国知识分子的合理主义思想传统也并不高明，因此他们只能给中国文人带来新知，难以重新塑造其根本的世界观念。他们代表的天主教文化同中国文化的交流，也只能是浮光掠影的，难以在根本上达成理解与沟通，真正的互补更谈不上。

第五，康熙年间的"礼仪之争"又使中国传统文化感觉到天主教文化特有的那种排他性格的严重威胁，从此，经院神学阻隔了科学与民主思想沿着传教士们的足迹深入中国大地的机会，使得天主教第二次传入中国这一重大历史事件流产或者说是半流产。

第六，天主教文化进入中国大地，当然也要求一个与之相适的思想基础，因此明末天主教文化的传播过程同时也就是西方现代科学思想的渗透过程。两种文化，孰优孰劣，这就决定了谁更有权利在中国社会中生存下去。诚然，天主教在中国传播时触犯了不少文化的禁忌，因此当时的反教运动从一定程度上讲是爱国运动，维护了民族的自尊心。但是以腐朽的政治文化和原始的思想方法，去抗拒新兴的政治文化和科学的方法，国家焉能进步？

文化的交流并非你死我活的战争，两种文化可以在融汇中彼此生发。

明末以来，天主教文化的在华传播历史不过150年，中西文化的融合历程才仅仅拉开一个序幕，而且因源流不同，遭到了中国传统文化强烈而韧性的排他性反应，冲突和斗争在所难免。融汇中西文化、创造新型文明，迄今仍然是追求的希望。

另外，我们在"译名问题"、"礼仪之争"的历史回顾中，大量涉及到耶稣会传教士陆若汉的意见和观点，在此历史问题上，以往的史学家触及其人其事的笔墨较少，详细论述他的论文更是少见。据本研究对以往研究史料的调查推测原因可能有两点：一是陆若汉加入这些事件的时间较早，尚处于过渡期，"译名问题"争论阶段往"礼仪之争"前期的过渡，甚至可以说是萌芽阶段，故史学家没有将他纳入主要人物的范畴来议论。二是国内对陆若汉著作的翻译、研究还很落后，无法了解他的神学思想和哲学思想，所以看不到他在此著名事件中所起到的非同寻常的导火线作用。实际上，陆若汉作为"龙华民一派"的代表具有相当大的影响力，他所激烈抨击的对象就是利玛窦撰写的教理问答。①

另外，陆若汉对于中国神学和哲学思想的理解很有深度。在《日本教会史》一书中，他对"天"的论述极为详细而具体，简直就是一篇完整而全面的专题论文。由此可以肯定陆若汉对中国古代的哲学思想做过认真的研究和深入考察，而且是在对包括日本和中国在内的东方文化进行系统研究后，对利玛窦等人借用中国哲学术语来表述天主教神学概念的做法提出了严厉的批评。

关于"译名之争"以及内含更为丰富的"礼仪之争"，以往的学者多有研究，我们不能因为这种争辩产生的一些不良后果，而简单地将其视之为带有贬义的文化冲突，从某种意义上说，争议本身也是一种交流。在许多时候，正是这种争辩的开展，才使得不同类型、不同种族的文化传统获得更深层次的相互理解，并促使他们将对于语言文字的认识和研究趋向深入。而陆若汉从文化交流的角度来考察中国的神学、哲学思想，并写成大

---

① 迈克尔·库帕著，松本玉译：《通辞·罗德里格斯》，页276。

作，从中可以看到他所具有的渊博的知识、解放的思想，的确令人钦佩。神学与哲学关系密不可分，在文化系统中，神学与哲学同处于精神与文化的核心层面。跨文化之间的文化传播有无神学与哲学层面的交流与融合，是判定文化传播深入程度的标志之一。从这一意义上说，陆若汉的著作，标志着耶稣会士对中国哲学、文化的认识达到了一个新的境界。

三、购炮募兵入京教铳的西方掌教

万历末，由于崛起于东北的后金频频犯边，明王朝辽东战局吃紧，一批在朝廷中与西方传教士多有接触并通西学的士大夫开始意识到要利用欧洲的先进军事技术，加强明朝的国防建设。于是，到澳门购炮募兵之议开始出现。从万历四十八年（1620）起到崇祯三年（1630）止，明王朝先后三次派官员赴澳门购炮募兵，第一次发生的时间在万历四十八年（或泰昌元年）至天启元年（1621）间，第二次在崇祯元年，第三次在崇祯三年。有学者认为这三次明政府入澳购炮募兵行动陆若汉均是最主要的参与者与倡导者，我们的研究则得出不同的结论。

（一）万历四十八年至天启元年入澳购炮募兵

明朝是在1368年蒙古帝国即元朝灭亡之时建立起来的。17世纪初，以繁荣昌盛自诩的明朝开始出现衰落的征兆。崇祯帝继位后，王朝内忧外患，危机四伏，政府的腐败导致叛乱接二连三地发生，国力逐渐走向衰退，深受外敌的威胁。昔日的外敌指万里长城以北的蒙古人，此时的外敌是努尔哈赤控制下的东北地区的满族。努尔哈赤于万历四十四年（1616）崛起于白山黑水之间，建立了大金政权。万历四十七年（1619）的萨尔浒一战，明军一败涂地，震动朝野。满洲人于1629年到达万里长城的南面，筹划在中国本土建立政权。他们包围了北京，但没能占领首都，于是撤退到万里长城的一边。徐光启奉旨"训练新兵，防御都城"，他和李之藻是最早提出向澳门购炮募兵的中国官员。由于徐光启二人与西方传教士交往密切，深知西洋火器之威力。1613年陆若汉在北京时不仅见过徐光启和李之藻，而且还与他们二人进行过很深入的讨论①，因此徐、李二人购炮募兵之动议不排除受陆若汉影响的可能。为了维护明朝统治，徐光启上疏建议购西炮，招募西洋炮手。徐光启称：

> 古来兵法，至近世而一变，为火器也。今有西洋炮，即又一大变矣。此炮之用，实自臣始。万历四十八年，臣奏陈事，奉命练兵，从广东香山嶴募到极大者四门。天启元年，光禄寺少卿李之藻督造军需，取到次大者二十三门，内以十二门解发宁远，天启六年，用之却敌。②

徐光启的学生韩云《战守唯西洋火器第一议》亦称：

> 神庙时，辽事坏，先师（徐光启）练兵昌平，始议购西铳，建敌台；同志我存李同夕总理都城十六门军需，亦首议取西人、西铳，两先生岂漫然为此？盖灼见此铳之利，排众人议，捐己资，于粤澳购得大铳四门，铳师十人，乃行。或止之，旋令铳师回澳止取大铳来京。③

在徐、李二人的动议下，1620至1621年间澳门先后给北京送去三十门大炮。即如兵部主事孙元化所言：

> 澳商闻徐光启练兵，先进四门，迨李之藻督造，又进二十六门。④

梁廷栋《神器无敌疏》亦载：

---

① 迈克尔·库帕著，松本玉译：《通辞·罗德里格斯》，页271—272。
② 《守圉全书》卷三之一徐光启《钦奉明旨录呈前疏疏》。
③ 《守圉全书》卷三之一韩云《战守唯西洋火器第一议》。
④ 《明熹宗实录》卷六十八天启六年二月戊戌条。

> 广东香山嶴商，慕义输忠，先年共进大炮三十门。①

这第一批购炮募兵实际是分两次进行的，而募炮手第一次随四门炮而来的"铳师十人"到广州后，就被阻止，"旋令铳师回澳，止取大铳进京"。随着葡萄牙人进献第二批二十六门大炮②，而教演西铳的教练却没有，故徐、李二人又紧急派人到澳门招募"善艺夷目"：

> 仍将前者善艺夷目诸人招谕来京，大抵多多益善。③
> 又宜急遣二三人速至广东，征取原来十人，再加十人，共二十人。④

最后在澳门"遴选深知火器铳师、通事、傔伴兵共二十四名"⑤进京。《明熹宗实录》卷三十三：

> （天启三年四月辛未）兵部尚书董汉儒等言："澳夷不辞八千里之程，远赴神京。……今其来者，夷目七人，通事一人，傔伴十六人。"⑥

值得讨论的是，陆若汉神父是否参加了万历四十八年至天启元年间入澳购炮募兵之事？据毕方济（François Sambiasi）崇祯十二年（1639）的奏章称：

> 天启元年，东酋跳梁，兵部题奏，奉有取西铳西兵之旨，是以臣辈陆若汉等十四人，进大铳四位，未及到京而虏已遁。后奉旨援登，

---

① 《守圉全书》卷三之一梁廷栋《神器无敌疏》。
② 《守圉全书》卷三之一委黎多《报效始末疏》称："是（天启元年）复同广海官兵捞寻所沉大铳二十六门，先行解进。"
③ 《明经世文编》卷四八三《李我存集》卷一。
④ 《徐光启集》下册《补遗·致鹿善继简》三。
⑤ 《守圉全书》卷三之一委黎多《报效始末疏》。
⑥ 《明熹宗实录》卷三十三天启三年四月辛未条。

发铳击虏，奇功屡叙。①

毕方济这一段文字记录是否可信？我们以为至少有几点是混淆不清的。进大铳四门是在泰昌元年或万历四十八年十月，西人二十四人进京是天启二年十一月出发，天启三年四月进京，这是第一层混淆。"未及到京而虏已遁"是崇祯元年澳门进西铳十门、西兵三十人于崇祯三年到京发生的事。毕方济将这两件事混为一件事，又称陆若汉是天启三年四月进京的二十四人之一。方豪先生也认为陆若汉是天启三年进京的二十四人之一，而且认为其中一名通事就是陆若汉。②根据目前所见资料，陆若汉应该不是天启三年四月进京的二十四人中的一员。一是何大化（António de Gouveia）的《远方亚洲》详细记录了当时二十四人进京的全过程③，如果陆若汉是其中一员，以陆若汉当时在国内的知名度，不可能不提及他的名字。二是库帕的著作几乎查阅了有关陆若汉的全部葡文资料，他详细描述了1628年及1630年陆若汉两次参加购炮募兵的经过，并没有提及陆若汉参加天启二年至三年的行动。④更重要的是据迈克尔·库帕提供的资料称：

> 罗德里格斯作为院长的顾问，在1622年10月31日给罗马写了信。……1622年起，（他）实际上已经担任了司库，在1623年编辑的会员名册中，写着很健康。……1623年，属于日本耶稣会的72名会士住在澳门，每人一年生活费需要45两，但到第二年，就涨到55两，作为

---

① 钟鸣旦等编：《徐家汇藏书楼明清天主教文献》第2册《毕方济奏折》，页911—918，台北县辅仁神学院，1996年。
② 方豪：《明清间西洋机械工程学物理学与火器入华考略》，载《方豪六十自定稿》上册，页289—319；方豪：《中西交通史》下册，页772—773。但方豪先生在出版《中国天主教史人物传》时已经意识到这一错误，故写陆若汉传时删去了天启三年当通事进京一事。方豪先生自己已纠正的错误，今人则有将错误沿袭之嫌，见谭树林《陆若汉与明末西洋人火器东渐》，载《文化杂志》第44期，页81—84，2002年。
③ 何大化：《远方亚洲》第六编第四章。转引自金国平、吴志良：《镜海飘渺》，页77—78，澳门成人教育学会，2001年。
④ 迈克尔·库帕著，松本玉译：《通辞·罗德里格斯》，页326—329。

司库的陆若汉不得不为亡命中的会士的生活费奔波。……1624年初，陆若汉给罗马写信，请求经济上援助。①

这都是库帕所见当时的葡文原始档案，反映从1622年起陆若汉已担任教区司库，直到1624年初一直在澳门为日本耶稣会的生活奔波忙碌。上述二十四人1622年11月离开澳门，直到1624年初才回澳门。故可认定陆若汉不可能参加1622年11月赴京铳师的行列。根据资料记载，可以肯定是毕方济将1628年陆若汉率领三十一位葡人队伍进京之事与1623年二十四位葡人进京之事相混淆，以致引起方豪先生的失误。至于崇祯三年正月陆若汉奏疏中提到"查照先年靖寇援辽输饷输铳，悉皆臣汉效微劳"②，一点都不是吹牛，但并不能证明他参加了1622年11月离澳、1623年4月进京、1624年初返澳的这一次远征。

（二）崇祯元年入澳购炮募兵

中国人早在八九世纪就发明了火药，中国自古被视为火药的发明地，最早将火药应用于战争的也是中国人。中国的火药和火器于14世纪初叶经阿拉伯传入欧洲，到了17世纪，欧洲的火炮却后来居上，比中国制造的枪炮更先进、威猛。如伽布列鲁·德·马托思1622年所说，中国的火炮很容易爆炸，有时自己一方的牺牲比敌人更大。③1557年在广东省爆发海盗和反政府军的暴动时，三百人的葡萄牙军队为支援中国政府，曾使用自费制造的火炮镇压叛乱。④随着满洲人的威胁逐渐增大，北京政府不得不向澳门这

---

① 迈克尔·库帕著，松本玉译：《通辞·罗德里格斯》，页312—314。
② 《熙朝崇正集》卷二陆若汉《遵旨贡铳效忠疏》，巴黎国家图书馆藏本。方豪《明清间西洋机械工程学物理学与火器入华考略》一文及《中西交通史》下册中将《熙朝崇正集》中陆若汉奏疏分为《遵旨贡铳效忠疏》与《陈战守事宜疏》两疏。误，此实为一疏。今藏巴黎国家图书馆之《熙朝崇正集》为一疏，韩霖《守圉全书》卷三之一的陆若汉疏亦是一疏。方豪《中国天主教史人物传》中册《陆若汉传》已意识到这一错误，亦删去上两疏之说。
③ 《中日古风俗系列》，耶稣教会档案，罗马 18（Ⅱ），第10卷，澳门，1622年10月。
④ 迈克尔·库帕著，松本玉译：《通辞·罗德里格斯》，页324。

个小小的葡萄牙租借地请求军事方面的援助。本来中国人看不起西洋人，他们不像日本人那样容易为新奇的外来思想所倾倒，中国人始终有一种保守的性格和中华民族意识，对新奇的东西表示出强烈的对抗情绪，把西洋人视为蛮人，所以要寻求那些野蛮人的帮助实在是极不情愿。① 信奉天主教的官吏徐光启为了抵抗满洲人的侵略，积极并反复提倡寻求葡萄牙人支援的主张，为考察自己主张的可行性，徐光启还将两名天主教徒张密格尔和宋保罗非正式地派遣到澳门，让他们打探葡萄牙方面会做出什么反应。尽管澳门当局原本担心荷兰方面会因此发起反击而不愿插手此事，然而1621年9月收到广东和北京的官吏向他们发出求援时，仍决定派遣出小部队支援。②

宁远之役，"其得力多藉西洋炮"③，西洋大炮的威力使明政府更加深刻地认识到西洋火器装备对边境军事防御的重要。因此，请求葡萄牙人提供进一步的军事援助是当时明朝政府一个十分重要的外交决策。一份1625年3月29日的季风书保存了如下的信息：

> 澳门的Pêro de Paredes上尉讲述了中国皇帝请求葡萄牙人援助的一封信，这封信呼吁葡萄牙人参加到对抗鞑靼人的战争中去。他承认给予很多赏赐，并授权加强澳门防御工事，为葡萄牙传教士进入中国提供方便。Pêro de Paredes上尉认为能扩大葡萄牙人在这一区域的影响，还写到最好是把仍在葡萄牙势力范围之外的孟加拉（Bengala）的三千葡萄牙人组成军队来帮助中国皇帝。因此，菲利普三世应派传教士到那个地区，颁布敕令，宣布参与对抗鞑靼人的行动。除可获得中国皇帝给予的赏赐之外，还可以获得很多奖励。此外，根据中国皇帝的要求，创立一支小桅帆船舰队，能够到达澳门，在那里用于对付鞑

---

① 迈克尔·库帕著，松本玉译：《通辞·罗德里格斯》，页324。
② 迈克尔·库帕著，松本玉译：《通辞·罗德里格斯》，页325。
③ 《孙文正公年谱》卷三天启六年丙寅条，乾坤正气集本。

鞑人。上尉还写了怎样组织舰队的方式。①

1625年Pêro de Paredes在孟加拉组织三千葡萄牙远征军的计划并未能实现，但这一计划后来却给陆若汉在澳门组织远征军的行动很重要的启发。天启七年（1627），后金军队对辽东边境的武力进犯进一步加剧，明政府不得不再次求助于澳门。迈克尔·库帕称：

> 1627年明朝因为再次受到满洲人的入侵，决定向澳门政府请求援军，通过广东的长官，请求对方派遣熟练炮手二十人。葡萄牙方面因害怕荷兰人的袭击所以没有答应这一请求。但是到了第二年即1628年时，从北京再次提到请求，这次是以皇帝之名请求派遣十名炮手和二十名教官用以击退鞑靼人。②

这在委黎多《报效始末疏》中也有记载：

> 兹崇祯元年（1628）七月内，蒙两广军门李逢节奉旨牌行该器取铳取人，举器感念天恩，欢欣图报，不遑内顾。谨选大铜铳三门，大铁铳七门，并鹰嘴护铳三十门；统领一员公沙·的西劳，铳师四名伯多禄·金苔等，副铳师二名结利窝里等，先曾报效到京通官一名西满·故未略，通事一名屋腊所·罗列弟，匠师四名若盎·的西略等，驾铳手十五名门会邋等，傔伴三名几利校黄等，及掌教陆若汉一员。③

崇祯元年（1628）明政府再次派官员到澳门购炮募兵：

---

① *Comissão Nacional para as Comemoraç ões dos Descobrimentos Portugueses*, *Documentos Remetidos da Índia ou Livros das Manções（1625—1627）*, Volume I. 此件系金国平先生寄赠汤开建教授原件，由田渝博士协助译出。
② 迈克尔·库帕著，松本玉译：《通辞·罗德里格斯》，页323—324。
③ 《守圉全书》卷三之一委黎多《报效始末疏》。

澳门议事会进行讨论的结果，决定接受这个请求。……议事会之所以答应中国的请求，不见得仅仅是考虑到对方的情况，而是他们有这样的考虑：现在帮助北京当局的话，将来从广东人那里购买东西时，应该能够得到相应的庇护，而不再受到各种刁难或被吞没礼金的遭遇。基于这样的原因，公沙·的西劳（Consales Texeira）、加斯帕尔·罗帕（Gaspar Lopae）及陆若汉三人由澳门派遣到广州，决定着手有关北京远征事宜。

作为教士而且年事已高的陆若汉被选入这个代表团确实有点意外，正如公证人席曼·可律所说，是因为陆若汉长年就有关澳门的市政和通商方面业务同中国官员有着长期的交往，非常熟悉这方面事情，汇集了以（广东）长官为首的官吏们对他的信任及威望，所以才被选为代表中的一员。

广东的长官很隆重地迎接了这三个人，请求紧急派遣援军，而且要求陆若汉加入远征队。陆若汉根据惯例同意了这两个请求，但是说不收取任何报酬。远征队队员的薪金为：队长年薪一百两，另外每月生活费十五两，除此之外，葡萄牙人队员年薪一百两，另外作为伙食费再支付十两，双方就以上待遇达成了协议。

代表团返回澳门，陆若汉将结果以书面形式向议事会报告。远征队队长一直没有指定，最后决定由公沙·的西劳担任。公沙·的西劳不仅是位有才能的军人，而且由于多次去广东出差且有长时间的滞留，深知中国人心理。结果，四名炮手作为教官加入远征队。最后，澳门向耶稣会巡视员班安德（André Palmeiro）再次请求陆若汉的协助。班安德不仅同意了陆若汉加入远征队，同时还决定自己也利用这次机会进入中国，访问内地的耶稣会。①

1628年时陆若汉已经67岁高龄，当时广东政府、澳门议事会及耶稣会

---

① 迈克尔·库帕著，松本玉译：《通辞·罗德里格斯》，页324—325。

均一致要求这位老人参加远征队,一方面说明由于陆若汉长期以来同中国政府官员打交道,已积累了对华交往的丰富的外交经验,另一方面也可说明陆若汉在处理澳门事务和对华事务中做出了很大成绩,在中葡双方赢得了人们的充分信任并享有崇高的威望。委黎多《报效始末疏》称陆若汉:

> 系该澳潜修之士,颇通汉法,诸凡宣谕,悉与有功,遵依院道面谕,多等敦请管束训迪前项员役。①

该疏称陆若汉在澳门的职务是"掌教",徐光启崇祯三年奏章称其为"西洋劝善掌教"②,陆若汉《遵旨贡铳效忠疏》自称为"西洋住粤劝义报效耶稣会掌教"③。"掌教"为何意?查《耶稣会士在亚洲》葡文原档记载,陆若汉在这一使团的正式身份为"尊敬的陆若汉神父,此行众人的代牧(Oreverendo Padre João Rodrigues Vigârio dos quevão nesta jornada)"④。"掌教"即葡文 Vigârio(代牧)的翻译。代牧在未任命正式主教的地区,其职掌即相当于主教。而巴笃里(Daniello Bartoli)《中华耶稣会史》则称陆若汉是领队公沙·的西劳的"译员"⑤,费赖之亦称"澳门参(议)事会命陆若汉神父为译人"⑥。两人皆误,这次远征的译员不是陆若汉,前引委黎多《报效始末疏》讲得十分清楚,"通官一名西满·故未略(即徐西满),通事一名屋腊所·罗列弟"⑦。西满·故未略及屋腊所·罗列弟是这支远征队的专职译员,而不是陆若汉。而文德泉《17世纪的澳门》也记录了这支远征队的两名译员为徐西满(Simão Coelho)和屋腊所·罗列弟(Oratio Nerenti)。⑧

---

① 《守圉全书》卷三之一委黎多《报效始末疏》。
② 《徐光启集》卷六《闻风愤激直献刍荛疏》。
③ 《熙朝崇正集》卷二陆若汉《遵旨贡铳效忠疏》。
④ 阿儒达图书馆《耶稣会士在亚洲》抄件49—V—8,页402b。
⑤ 巴笃里:《中华耶稣会史》,页716—717。转引自方豪:《明末西洋火器流入我国之史料》,载《东方杂志》第40卷第1期,1944年。
⑥ 费赖之著,冯承钧译:《在华耶稣会士列传及书目》上册,页218。
⑦ 《守圉全书》卷三之一委黎多《报效始末疏》。
⑧ 文德泉:《17世纪澳门》,页48,澳门,1982年。

葡澳远征军于1628年11月10日，携青铜大炮七门和铁大炮三门从澳门出发，五日后到达了广东，照例住宿在距离珠江中心地带不远的小岛上的一个寺院里。两个中国耶稣会修道士悄悄乘着小船每天清晨将巡视员（班安德——笔者注）送到陆若汉为弥撒准备的圣堂。葡澳远征军是应北京朝廷的邀请前来，理所当然地受到广东当局隆重的欢迎。全体队员都被赠送了银子和丝绸制作的长衫，此外，陆若汉还受到了特别的褒奖。当地长官对前来拜访的葡澳远征队员们说："中国商人在与澳门商人进行贸易往来中，经常发生受骗的事情，北京朝廷对此十分知情，本人也想惩治一下这些品质恶劣的贸易商。你等一行人从北京功德圆满地归来之时，其影响力一定会让葡萄牙人的地位得到提高。"①

库帕较为仔细地记述了葡澳远征军离开澳门时的大致情形。虽北京多次传来催促信函，然葡澳远征军离开广东时，已是第二年即1629年。陆若汉和班安德乘上从官府调回来的装备整齐的船只沿北江而上。巡视员班安德由于未得到进入中国内地的正式许可，为避人耳目，忍受了诸多的不便。帕梅鲁在《耶稣教—亚洲系列》中有这样一段记录：

天刚一放亮，就听到水手的孩子烦人的哭声，更让人生气的是，身边充满了水手一家圈养的猪、公鸡、狗交织在一起的狂吠声。通过韶关时，陆若汉和班安德在1589年利玛窦开创的会宅地，给该地区的天主教徒家的孩子们施行了洗礼。二三日后，一行人到达位于广东省北端的南雄，班安德在这里换上了中国服装和一行人告别，带着修道士译员前去视察耶稣会的活动情况。②

---

① 迈克尔·库帕著，松本玉译：《通辞·罗德里格斯》，页327。
② 《耶稣教—亚洲系列》，阿儒达图书馆，里斯本49—V—6，第526—530卷。

远征队于1628年11月10日出发①，经广东南雄、江西南昌、江苏南京和徐州。当经过梅岭关进入江西省时，译员徐西满记录下江西省的省会南昌，以及葡澳远征军和他本人的途经轶事。葡澳远征军继续沿长江而下，终于到达南京。澳门距离北京1500英里，南京正好处于中间地带。一行人在这里"因为没有风的缘故"，三个多月停滞不前。陆若汉后来这么报告道：

> 葡萄牙人停泊在长江支流期间，每日眺望无数的船只不顾逆风艰难地依然航行在长江上，深有感触，而很多中国人都前来围观这群奇怪的外国人。②

该地区的信徒也在葡澳远征军没离开之前得以拜见陆若汉。总是充满好奇心的陆若汉在此地发现了一件新鲜事，水手们采用往装有河水的瓶子中加入明矾使杂质下沉的办法来制作饮用水。

陆若汉等经过徐州时，"适缺盘费"③，徐州知州天主教徒韩云"助二百金遣其行"④。陆若汉为表示感谢，留下汉文信一封及"火绳铳一门"以表心意。其信云：

> 昨承隆贶，感谢无涯。因远人在途日久，囊橐磬如。是以特浼孙先生（孙学诗——笔者注）及西满（徐西满——笔者注）学生代控此情。蒙台翁二百慨允，仰见笃诚，真切之情，岂笔舌能谢，唯祈天主默有以报也。到京而徐先生（徐光启——笔者注）定支销矣。头目又蒙尊赐，托生致谢。谨具火绳铳一门，以将远人芹曝之私。希叱存是望，年迈处寒，蒙惠佳羢、珮服，念爱之情，永矢勿萱耳。⑤

---

① 迈克尔·库帕著，松本玉译：《通辞·罗德里格斯》，页325。
② 《中日古风俗系列》，耶稣教会档案，罗马161（Ⅱ），第135—136卷。
③ 《守圉全书》卷三之一韩云《催护西洋火器揭》。
④ 《守圉全书》卷三之一《公沙的西劳》韩霖按语。
⑤ 《守圉全书》卷三之一《西儒陆先生若汉来书》。

陆若汉在徐州告别韩云后，葡澳远征军继续北上，不久便进入山东省，陆若汉注意到这是个繁荣的省份，食物、物产都很丰盛。因葡澳远征军的行进速度缓慢，圣诞节前在回教寺院的某个商业都市停歇下来，这个城市就是有很多回教徒居住的山东省省会济南市。在当时极其寒冷的季节，河水都冻结成冰，葡澳远征军队员改乘马，用装货车将大炮和物资运过去。此时，从北京又传来紧急催促，说侵略者正在接近首都，盼望葡澳远征军尽快赶到。一行人不敢怠慢，夜以继日地赶路，但一路上经常碰到或骑马，或步行，或乘坐货车往南方逃难的难民潮，阻碍了前进的步伐。陆若汉在回忆这次旅途时，以叙事诗般的形式描绘了当时的情形：

一些人头伏到我们脚下，仿佛眼前是天上下凡的神仙，伏身跪拜。他们知道我们为解救他们来到这里，对我们葡萄牙人的勇气万分敬佩，仅凭七人的力量来驱逐迫使如此多的中国人逃命的大军。①

葡澳远征军赶到北京西南的涿州城墙时，葡萄牙军队第一次与南侵的满洲军队正面交锋。公沙·的西劳指挥炮手开始了传统式的战斗，他们将八门大炮排立在涿州城门之上，进入威风凛凛的射击阵势，士兵们毫无目标地用步枪一阵乱射，引起包围北京地区的满洲军上下极大混乱，未等到正式交锋，满洲军队就迅速撤退到了北边的国境上。②这件事葡方一直解释满洲军队撤退的原因是屈服于欧洲大炮的威力，徐光启也认为是陆若汉等人的功劳："汉等上年十二月守涿州时，士民惶惧，参将先逃。汉等西洋大铳适与之遇，登城巡守十五昼夜，奴闻之，遂弃良乡而走遵化。"③

1630年2月14日，远征军意气风发地开进北京城，受到了各方的热情欢迎，陆若汉回忆道：

---

① 《中日古风俗系列》，耶稣教会档案，罗马161（II），第135—136卷。
② 《中日古风俗系列》，耶稣教会档案，罗马161（II），第136—137卷。
③ 《徐光启集》卷六《闻风愤激直献刍荛疏》。

每当坐着轿子出门，就会拥上来一大群人像是观看外界生物那样，好奇地盯着我们。①

《崇祯长编》卷三十：

（崇祯三年正月甲申）帝以澳夷陆若汉等远道输诚，施设火器，藉扬威武，鼓励宜加，命有司赐以银币。②

陆若汉进京，当时北京城纷纷谣传陆若汉已有250岁，"结果很多人都围绕在这位勇敢的老人身边，像是要寻找长寿的秘诀，试图抚摩他的身体。"③

（三）崇祯三年入澳购炮募兵

崇祯帝见远征军运炮来京大喜，即"命京营总督李守琦同提协诸臣，设大炮于都城冲要之所，精选将士习西洋点放法，赐炮名神威大将军"④。远征队一行人在明朝将士面前演示发射炮弹，陆若汉也在场，借此他有幸观赏到都城大"胸壁"和要塞的壮观雄伟。

崇祯三年（1630）陆若汉、公沙·的西劳进京后，迅速给崇祯帝上了一个奏章：

汉等天末远臣，不知中国武备。行至涿州，适逢猖獗，迎伏天威，入涿保涿。顷入京都，叨蒙豢养，曾奏闻战守事宜，奉旨留用。方图报答，而近来边镇亦渐知西洋火器可用，各欲请器请人。但汉等止因贡献而来，未拟杀贼，是以人器俱少，聚亦不多，分益无用，赴镇恐

---

① 《崇祯长编》卷三十三崇祯三年四月乙亥条。
② 《崇祯长编》卷三十崇祯三年正月甲申条。
③ Alvaro Semedo：*Relacao da Grande Monarquia da China*，*Direccao dos Servicos de Educacao e Juventude*，*Fudacao Macau*，1994，p.192．此件系美国向洋女士寄赠原件。
④ 《中日古风俗系列》，耶稣教会档案，罗马161（II），第140卷。

决无裨益，留止亦茫无究竟。且为时愈久，又恐为虏所窥，窃用我法，不若尽汉等报效愚忠，作速图之。……汉等居王土、食王谷，应忧皇上之忧，敢请容汉等悉留统领以下人员，教演制造，保护神京。止令汉偕通官一员，傔伴二名，董以一二文臣，前往广东濠镜澳，遴选铳师艺士常与红毛对敌者二百名，傔伴二百名，统以总管，分以队伍，令彼自带堪用护铳、盔甲、枪刀、牌盾、火枪、火标诸色器械，星夜前来。往返不过四阅月，可抵京都。……且闻广东王军门借用澳中大小铳二十门，照样铸造大铁铳五十门，斑鸠铳三百门，前来攻敌。汉等再取前项将卒器具，愿为先驱，不过数月可以廓清畿甸，不过二年可以恢复全辽。①

陆若汉和公沙·的西劳在徐光启上疏的基础上提出积极的建议，为改变满洲军随时会来袭击首都的被动局势，朝廷仍然需要澳门方面的军事援助，指出如果再派遣三百葡萄牙士兵，就可以完全对付满洲军队的威胁。并提出由朝廷委派官员，与陆若汉一起返回澳门谈判，选取葡萄牙炮师，自带武器装备，前来效力。

徐保禄上皇帝第一个奏疏为葡军统领、大使公沙·的西劳以葡文草成，交保禄呈皇帝，建议皇帝从澳门调葡兵以协助将入侵之鞑靼人驱逐出帝国境内。公沙·的西劳将军自告奋勇，以最快的速度前往澳门搬兵，徐保禄亦愿意一同前往。

徐光启对他们的建议极力支持，并向崇祯帝上疏请求与陆若汉一同前往澳门：

> 如蒙圣明采择，臣愿与之星夜遄发，疾驰至彼，以便拣选将卒。试验铳炮，议处钱粮，调停中外，分拨运次，催攒驿递，秋高马肥，兹事已就，数年国耻，一朝可雪也。②

---

① 《徐光启集》卷六《闻风愤激直献刍荛疏》。
② 《徐光启集》卷六《闻风愤激直献刍荛疏》。

崇祯帝批复：

> 据尔等所奏，朕已知远人之忠诚及其武功在摧毁鞑靼人方面之价值。诏谕广东军门、地方官员，依照此奏疏，即刻招集人马，提供一切必须物资，伴送远人来京。队伍所经各地，地方官员务必即刻接替伴送人员，继续护送远人，以便远人星夜火速进京，不得有误。礼部左侍郎（即徐保禄光启——笔者注）立即选一个随同陆若汉神父前往澳门，侍郎本人不必前往。凡谕令所至，务遵旨照办。①

徐光启的第二个奏疏是根据陆若汉神父写给徐光启的几点要求写成的，主要是要求皇帝赐澳门一些特权和恩典。徐光启第三个奏疏再次谈到随陆若汉前往澳门搬兵人员。上谕：

> 礼部侍郎任命姜云龙……与陆若汉神父一同前往，行程中所经各地之地方官员均要按照规定接待。随后若有其他需要，即按奏疏中所言施行。尤其重要者，朕亲自派亲信往广东军门、按察院，处理此次交涉事宜，以使葡萄牙人从澳门按时前来投入战争。凡谕令所至，务遵旨照办。②

崇祯三年（1630）四月二十四日徐光启致澳门耶稣会巡视员班安德的信中也记录此事：

> 来自澳门城的统领、使节和其他人，通过我向皇帝陛下建议，为

---

① 阿儒达图书馆《耶稣会士在亚洲》抄件 49—V—9，页73b—74b，《礼部左侍郎徐保禄为葡使葡人入京效力与澳交涉事三次上奏及皇帝上谕》。此件系中山大学历史系博士生董少新从里斯本影印葡人原档并翻译资料赠汤教授转笔者。
② 阿儒达图书馆《耶稣会士在亚洲》抄件 49—V—9，页73b—74b，《礼部左侍郎徐保禄为葡使葡人入京效力与澳交涉事三次上奏及皇帝上谕》。

了结束战争最好从澳门调派一些葡萄牙武装战士，在皇帝的训练指挥下，投入抗击帝国境内鞑靼人的战争中。皇帝高度评价了葡萄牙人保卫帝国的忠诚和热心，且对使用来此的少量葡萄牙武装这一经验十分满意。皇帝派遣一使臣前往广州和澳门，与其同往的有耶稣会陆若汉神父。皇帝对陆神父的多次热诚效忠感到非常满意，故派他一同前往广州和澳门，以便在短时间内与救兵一起返回。……

神父携有皇帝诏书一份，慷慨持许，使团一切相关需要都由省的都堂和察院承担。该省都堂和察院对效诚的澳门提供特殊的保护与关心。诏书还命令他们负责神父一行的所有开销，并向将从这里来此的葡萄牙人提供一切所需。①

徐光启极力推荐69岁高龄的陆若汉负责崇祯三年的入澳募兵之任务：

掌教陆若汉年力虽迈，德隆望重，尤为彼中素所信服。是以众共推举，以求必济。②

《崇祯长编》卷三十三又载：

（崇祯三年四月乙亥）礼部左侍郎奏遣中书姜云龙同掌教陆若汉、通官徐西满等抵领勘合，前往广东省香山澳置办火器，及取差炮西洋人赴京应用。③

崇祯三年四月初七日陆若汉与公沙·的西劳有疏称：

---

① 阿儒达图书馆《耶稣会士在亚洲》抄件49—V—9，页73b—74b，《中国礼部徐保禄致澳门尊敬的耶稣会巡按使神父书》。
② 《徐光启集》卷六《闻风愤激直献刍荛疏》。
③ 《崇祯长编》卷三十三崇祯三年四月乙亥条。

近闻残虏未退，生兵复至，将来凶计百出，何以待之？汉等居王土，食王谷，应忧皇上之忧，敢请容汉等悉留统领以下人员，教演制造，保护神京。止汉偕通官一员，傔伴二名，董以一二文臣，前往广东濠镜澳遴选铳师艺士常与红毛对敌者二百名，傔伴二百名，统以总管，分以队伍，令彼自带勘用护铳盔甲、枪刀牌盾、火枪火镖诸色器械，星夜前来，往返不过四阅月，可抵京都。缘澳中火器日与红毛相斗，是以讲究愈精，人器俱习，不须制造器械及教演进出之烦。且闻广东军门借用澳中大小铳二十门，照样铸造大铁铳五十门，斑鸠铳三百门，前来攻敌。汉等再取前项将卒器具，原为先驱，不过数月，可以廓清畿甸，不过二年可以恢复全辽。即岁费四五万金，较之十三年来万万之费，多寡星悬。……今幸中外军士知西洋火器之精，渐肯依旁立脚。倘用汉等所致三百人前进，便可相藉成功。①

陆若汉前称遴选铳师艺士"二百名"，傔伴"二百名"，应该是四百人，但后又言，"汉等所致三百人"，前后并不统一。韩云《战守唯西洋火器第一议》称：

　　若汉等谓，与其虚縻无益，不若再行本澳购募多人，灭此朝食。于是具呈礼部，徐先师为题允，命若汉等回澳召募。是役也，业挑选得精锐义勇者四百八十人，军器等项，十倍于前。②

据韩云之数则又是四百八十人。持四百人观点者有英国学者博克塞：

　　于是，立即组成了一支装备精良的小型远征军，兵力为二百名滑膛枪手及人数相等的随营人员，还配备了十门野战炮。③

---

① 《徐光启集》卷六《闻风愤激直献刍荛疏》。
② 《守圉全书》卷三之一韩云《战守唯西洋火器第一议》。
③ 博克塞：《1621—1647年葡萄牙援助明抗清的军事远征》，载《澳门历史研究》第1册，1991年。

而迈克尔·库帕提供的资料最详细，但数据亦不相同：

> 在澳门，8月16日由议事会召开了有关派遣援军的审议会。议员当中虽然有人持反对意见，说从这么远的地方派遣军队将会削弱澳门的军事力量，所以并非明智之举。但再一考虑就发现能得到皇帝的好印象比什么都重要，因为澳门无论从哪个方面都必须得到支持。议事会公布了北京徐光启写的信，这封信中写到，如果能得到援军派过来，以后皇帝保证会对澳门给予特别的关照。为此，议事会为调查这个问题成立由六人组成的委员会。结果很快作出决定，为了对满洲作战，澳门将出兵前往北京。
>
> 但是实际被派遣去的人员中有葡萄牙人160名，澳门人100名，非洲人和印度人合起来有100名，共360名。结果，当然是不能十分满足中国方面的要求，但是从另一角度考虑，当时在澳门居住的葡萄牙人不足千人，澳门的全部人口大约11,000，这样算来，也可以说澳门已经鼎力相助了。皇帝支付了5.3万两作为他们的俸禄。士兵们收到年俸450帕塔卡后，立即买来盔甲和武器，身上也换了色彩艳丽的衣服。全军分为两个中队，指挥官是考狄埃（Pedro Cordeiro）和坎坡（Antoine Rodrigues de Campo）。①

迈克尔·库帕提供的数据应该是最精确的，并指出了其中葡萄牙人、澳门人、非洲人和印度人的人数比例，是一支混合人种的国际部队。这支部队于1630年10月31日乘上中国政府提供的19艘豪华船正式出发，69岁高龄的陆若汉风尘仆仆刚从北京跋涉1,500英里旅途归来，又以不屈不挠的精神再次踏上征途。这次除陆若汉外，还有五位欧洲耶稣会士随之悄悄进入中国。②

---

① 迈克尔·库帕著，松本玉译：《通辞·罗德里格斯》，页328。
② 迈克尔·库帕著，松本玉译：《通辞·罗德里格斯》，页329。

（四）受明朝廷反对派阻挠募兵计划失败

葡澳远征军从广州沿着两年前陆若汉和公沙·的西劳选择的路线，渡江往北挺进。途中各城市的官员充分做好粮食等各种物质准备，恭候葡澳远征军的到来。葡澳援军越过梅岭隘口进入江西境内，再次渡河到达省会南昌。据说当时由于遭到来自明朝廷内部的激烈反对，这支葡萄牙远征军在踏入中国内地领土不久，被下令在南昌停止了前进。《崇祯长编》卷四十三：

> 先是陆若汉奉命招募澳夷精艺铳师傔伴三百人，费饷四万两，募成一旅，前至江西，奉旨停取回澳。①

韩云《战守唯西洋火器第一议》亦称：

> 已行至江西，旋又奉旨报罢。②

费赖之书则言：

> 兵至南昌，帝有诏，命退还澳门，仅许少数人北上。③

巴笃里《中华耶稣会史》：

> 不知是否因清军已在距北京数里处退却，抑因有若干大臣向皇帝奏言容许武装外人入境之危险，当葡军行抵江西省城南昌时，皇帝所派之捷足即来阻止前进，并令折回澳门。唯因澳门有新献明帝之军火一批，故陆若汉及其他若干人仍得继续前程，北上入都。④

---

① 《崇祯长编》卷四十三崇祯四年三月己卯条。
② 《守圉全书》卷三之一韩云《战守唯西洋火器第一议》。
③ 费赖之著，冯承钧译：《在华耶稣会士列传及书目》上册，页218。
④ 巴笃里：《中华耶稣会史》，页967—970。

这一次入澳募兵计划失败的主要起因缘自反对派的极力阻挠。据北京的中国耶稣会士寄来的书信说，在葡澳远征军离开澳门之前，北京方面6月27日便收到满洲军已完全撤退的消息，并且满洲人撤退的理由并非因为害怕葡萄牙的大炮，而是满洲侵略军在疫病中丧失很多人马的缘故。结果在宫廷内外引发了一场关于有无必要继续请求葡澳军支援的激烈讨论，反对葡澳远征军进入中国领土的呼声高涨起来。其中最具代表者即当时任礼科给事中的广东香山人卢兆龙，他于崇祯三年五月、六月、十二月及崇祯四年二月连续四次上疏，极力反对葡澳远征军北上。

卢兆龙的首疏上言，主要呈述中国自有精通火器之人，无须招募葡萄牙人来教授，称"夫此三百人者，以之助顺则不足，以之酿乱则有余"①。并以自己生长于香山，熟悉澳门的葡萄牙人为辞，"澳夷假为恭顺，岂得信为腹心？即火技绝精，岂当招入内地？"②将招募葡萄牙人来京师，看作是贻忧内地，何况颇费钱粮，建议"止之不召"。③卢兆龙的第二疏针对徐光启"红夷澳夷分顺逆"的说法，认为"即其总括之而言，曰红夷之志欲剪澳夷以窥中国，此言似矣，而曰澳夷之志欲强中国以悍中国，则是堂堂天朝，必待澳夷而后强，臣前疏所谓笑我中国之无人者，此类是也"④。当葡澳远征军进入南昌，卢兆龙的第三疏又上呈到崇祯帝面前，疏中言，澳门葡萄牙人听信姜云龙的挑唆，"初则不肯应命，徐则需索多方"，要挟"筑复城台"、"撤将"、"免其岁输地租银一万两"等，后"又勒每名安家银三百两"，行至江西，已花销"六万两"，其钱粮一半为姜云龙瓜分，提出"冒领之饷，应敕旨行追"。说澳门葡人要挟明方，必须先撤除香山参将及驻兵并答应澳门继续修造城垣才同意发兵。⑤很明显这是当时反对派为了阻止葡军北上而编造的谎言，因为事实上葡军在崇祯三年十月左右即已

---

① 《崇祯长编》卷三十四崇祯三年五月丙午条。
② 《崇祯长编》卷三十五崇祯三年六月辛酉条。
③ 《崇祯长编》卷三十四崇祯三年五月丙午条。
④ 《崇祯长编》卷三十五崇祯三年六月辛卯条。
⑤ 《崇祯长编》卷四十一崇祯三年十二月丙辰条。

进入中国内地，并到达南昌，而当时明朝政府既没有同意澳门恢复筑城，更没有撤香山参将及驻军。崇祯四年三月到北京的陆若汉也向崇祯帝辩白："其（澳门葡人）绝无筑城台、撤参将要挟诸款。"①

卢兆龙的第四疏内容大致同样，重申故见，并意欲阻止登莱巡抚孙元化调葡澳远征军前往登州助战。②接连上呈四疏之举，让本来就因国库空虚，用度难支而终日忧心的崇祯帝终于动了心思，下令："谓澳夷听唆要挟诸款，着巡按御史查明，云龙革任回籍，其拨置瓜分情最，俟督按奏明议夺。"③既有皇帝的圣旨，终于使葡澳远征军中止于北上途中，此次募兵计划被迫流产。

卢兆龙在反对澳葡远征军进京的同时，还对这次入澳募兵的明朝钦差大臣姜云龙进行一番猛烈攻击。《崇祯长编》卷四十一：

> （崇祯三年十二月丙辰）礼科给事中卢兆龙言：……遣官姜云龙取彝到粤，彝人听其挑唆，通同要挟。……澳彝又勒每名安家银三百两，闻七月间已措给过六万两，厥后所续给未知若干。越至八月已终，彝人犹半步不动，要挟如前。此督臣王尊德忧国心长，所以郁郁而死也。通粤民心，哄然思食云龙之由，云龙亦虑事势喧传，始同彝目急急起行。闻今已到江西，盖将聊借此行以清销六万金耳。当今公私交困，一丝一粟，动关军需，无用之彝既奉命停止，则冒领之饷，应敕旨行追。粤隔江西，不过半月之程，所费口粮多不过三千计，岂听其支吾抹杀，竟置不问也。闻此项钱粮，彝人仅得其半，半为云龙瓜分。乞着粤东抚按提归云龙及彝目销算明白，追还补库，而后听其北旋。④

徐光启于崇祯四年三月初九日上疏为姜云龙辩驳：

---

① 《崇祯长编》卷四十四崇祯四年三月己卯条。
② 《崇祯长编》卷四十三崇祯四年二月丙寅条。
③ 《崇祯长编》卷四十一崇祯三年十二月乙巳条。
④ 《崇祯长编》卷四十一崇祯三年十二月丙辰条。

> 云龙被议,职实未知。其在广事情,若果于钱粮染指,职宜膺不适之罚。……今据广东巡抚臣高钦舜报疏,称督臣差通判祝守禧赍发安家行月粮等银,至澳给散,则云龙身不入澳,银不经手。续据陆若汉奏称,通判祝守禧领布政司原封银两到澳,唱名给散等因,语亦相符。盖调兵造器给粮等项,皆督按道府诸臣,以地方官行地方事,云龙不过督役催促,其于俵散钱粮,即欲与闻,亦理势之所无也。①

可知,卢兆龙对姜云龙的攻击,完全是诬告,意在将徐光启借澳葡军事力量加强明朝军事防御计划予以彻底的破坏。卢兆龙代表的政治势力为什么要竭力阻止葡萄牙军队北上?曾德昭《大中国志》有这样的解释:

> 作为葡人贸易伙伴的中国人,在广东跟葡人交易,从中获得巨大利益。他们现在开始感到葡人这次进入中国,肯定可取得成效,他们将轻易得到进入中国的特许,并进行贸易,售卖自己的货物,从而损害这些中国人的利益。所以在葡人出发前,他们极力阻止葡人成行,呈递许多状子反对此事。②

徐萨斯《历史上的澳门》也有类似的解释:

> 由于远征队大受欢迎,广州的商人担心葡人可能最终获得在内地的贸易特权,从而积聚大量的利润。这些商人一开始就想方设法为分遣队远征设置重重障碍。……他们加紧贿赂,终于使自己的观点获得了赞同。正是那些曾经极力推荐过这支分遣队的官员,现在却带着另一份奏章去拜见皇帝。这份奏章的大意是不再需要葡人的援助了。……广东政府藉口这支远征军没有达到目的地,要求澳门返还共达34,000

---

① 《徐光启集》卷六《遵例引年恳乞休致疏》。
② 曾德昭著,何高济译:《大中国志》,页126,上海古籍出版社,1998年。

两银子的远征费用。议事会为免遭更多的烦扰,竭尽全力支付了全部款项。①

博克塞的解释也大致相近:

> 广州的官员从通过澳门的对外贸易中获取巨大利益,而澳门则成了中国海外贸易的唯一官方渠道。因此,广州的官员担心(公沙)的西劳的部队如在北方取得显著成就,感恩的明帝就会授予葡萄牙人长期向往的特权以示报答,让他们在沿海其他地方和中国内地进行贸易。这样,广州将会丧失宝贵的垄断权,广州官员也将失去可进行榨取的宝贵财源。因此,他们就贿赂兵部向明帝上奏一道与原来要求雇佣葡萄牙辅助力量的建议相反的奏疏。这一行动获得成功。②

迈克尔·库帕作了更为详细的说明,称:

> 结果,远征与其说因政治的或者说军事的原因,不如说是因为商业上的原因被终止了。一直独占葡萄牙市场大把赚钱的广东商人担心外人部队一旦进入中国境内,立即就会开辟一条中国各地与澳门之间的直接通商渠道,所以力图说服长官遣送远征队返回澳门。商人们立即给北京送去了相同数目的金额。如此一来,北京的官吏就向皇帝提出建议,要求将远征队返回澳门。皇帝虽然对官吏们这种多变的态度极其不满,但还是向葡萄牙远征军下令要他们返回澳门。
>
> 正在南昌驻留的葡澳远征部队,听说已经下达遣返命令,个个恨得咬牙切齿。好不容易有机会鼓足干劲可以展示一番葡人的英武传奇,可现在一切都化作泡影。然皇帝的命令不可违,虽不能建立功勋,能

---

① 徐萨斯著,黄鸿钊译:《历史上的澳门》,页51。
② 博克塞:《1621—1647年葡萄牙援助明抗清的军事远征》,载《澳门历史研究》第1册,1991年。

拿着满口袋银钱可作为安慰，便还是踏上先前来的路。但并不是全部都返回澳门，陆若汉和其他几个葡萄牙人，因为担负着向皇帝呈献各种武器的任务，故凭此良好借口毫无困难地继续赶往北京。①

根据以上述种种观点分析，则可看出，礼科给事中卢兆龙乃是广东商人在北京的代言人，他所陈述反对葡兵北上的诸多理由，其目的只不过是为了保住广东商人对外贸易的垄断权而已。

（五）报效登莱巡抚孙元化军中遭兵变

葡澳远征军被迫返回澳门后，当时正开厅于广东香山县的广州府推官颜俊彦受命追还葡萄牙人用饷，颜记叙道：

> 当时给散共银伍万贰千三佰零捌两，今奉旨作何还销，其或自省城至江西，共道路两千四百余里，往返需行三个月零十日，量给行日粮柒千叁百玖拾玖两肆钱肆分，其余悉应追还补库。若安家衣甲，或量酌准销，以示中朝宽待之意，此未敢轻议。……据祝通判关称，陆若汉一到，便可认还，则若汉在京，势不能一时拘质，计日捉足也。②

颜俊彦为"澳夷透领钱粮，奉旨追还"一事，与香山县官商议，甚至扣留了澳门葡萄牙人通事王明起，"追究完饷"。③有关追饷一事，西文史料中也有记载。当时的广东官府要求葡萄牙人交还34,000两银，葡萄牙人拒还，广东官员便强制扣留了每年一度来广州为马尼拉市场购置丝绸的澳门船舶。直至此事被上呈到北京的崇祯帝，商船才得以释放，并免除了广东官府索要的所有或是大部分的款项，葡萄牙人由此感到崇祯帝远比那些贪

---

① 迈克尔·库帕著，松本玉译：《通辞·罗德里格斯》，页330。
② 颜俊彦：《盟水斋存牍》二刻《堪合：夷兵领过行粮衣甲》，崇祯五年序刊本。
③ 颜俊彦：《盟水斋存牍》二刻《堪合：议羁留通事王明起追饷》。

婪的地方官员要公正。①

被允许继续北上的陆若汉等人到达北京,向崇祯帝进献了带来的各种枪炮。陆若汉进京是在崇祯四年(1631)三月。随着后金军对朝鲜半岛的入侵,位于山东半岛的登州又成为对后金作战的第一线,徐光启推荐天主教徒孙元化为登莱巡抚,同时派陆若汉与公沙·的西劳带领在内地的葡萄牙人协助孙元化造炮练兵。登州(今山东蓬莱)是当时山东半岛上的重要军事要塞之一。天启初为了协调对后金的作战,在山东设登州、莱州(今山东掖县)巡抚,援助辽东前线。当时任登莱巡抚孙元化,嘉定人,举人出身,被任命之前曾任宁前道兵备副使。就是这位孙元化,竟接收了皮岛的叛将孔有德、耿仲明,并委以重任。孔有德被任命为骑兵参将,耿仲明则被派往登州要塞。②崇祯四年,皇太极发兵围大凌河城,明兵部急檄调登州兵赴援。孙元化即令孔有德等率三千军从海上往援。孔有德奉命北上,不幸遭遇飓风,孔有德几乎丧命。渡海不成,孙元化又促令从陆上取道山海关,孔有德很不满。行至吴桥(今河北吴桥县东),遇大雨雪,军中乏食,激起众怒,在另一位与孔有德有相同经历的毛文龙旧部李九成的煽动之下,孔有德正式叛乱,随即杀回山东半岛。孔有德还兵大掠,先后攻陷陵县、临邑、商河,接着又杀入齐东,包围德平,不久又舍德平而去,攻陷青城、新城,向半岛杀去。山东巡抚余大成、登莱巡抚孙元化闻变,非常紧张,立即派兵来鲁北应变。当时,余、孙两人都不愿把事情闹大,力主安抚孔有德,并令沿途州县,不得出兵邀击,以免激化矛盾。孔有德将计就计,假装投降,迷惑孙元化,而实际上却率兵直趋登州。由于沿途州县不敢出兵拦截,让出通道,孔有德便顺利杀到登州城下。孙元化急令部将张焘率辽兵守登州城外,总兵官张可大也发南兵抗击,两路成合击之势。张焘进兵稍胜,却下令退兵,张可大失去策应,被孔有德杀得大败,

---

① C.R.Boxer, *Estudos para a Historia de Macau*, *1 Tomo*, p.114.
② 孔有德和耿仲明原籍山东,矿徒出身,曾是辽东海盗,后投毛文龙,与尚可喜一起,被称为"山东三矿徒",是毛文龙手下的骨干将领。孔、耿因不服黄龙统辖,便叛离皮岛,率部来投登莱巡抚孙元化。中国第一历史档案馆《明档》44号卷,第16号。参见《清史稿》卷二三四《孔有德传》、《耿仲明传》。

形势陡然紧张起来了。张焘的兵卒，多是辽东籍，与孔有德部关系不错，他们见此情形，纷纷投入孔有德的叛军行列。孔有德便令这些降卒再混入登州城中，作为内应。而孙元化不察敌情，不听劝告，同意这些早已从叛的散卒进城。①与孔有德是旧交的登州中军耿仲明及都司陈光福等，立即策应，举火开门，让叛军从东门攻入登州城，登州便告失陷，此时是崇祯五年（1632）正月。之后，孔有德令被俘的孙元化致书余大成，要求和谈。余大成见事已闹大，便上疏朝廷。崇祯大怒，撤掉了余大成、孙元化两人之职。孔有德见孙元化已无利用价值，念他曾有恩于己，将其释放。可是崇祯帝却不会放过他，他与余大成两人被逮到京师，最后余大成被充军，孙元化竟被斩首弃市。孙元化是当时朝廷中少数几个接受西方先进技术的高级官员之一，与徐光启关系密切。明末融通西学最成功的学者徐光启，随着流寇和后金侵扰的扩大，徐氏乃积极投入兵事，且在李之藻等人的协助之下，多次自澳门募集大铳和炮师，徐光启在军事改革方面的努力，主要是透过其入室弟子孙元化来实行。孙元化以文士和举人的身份于山东练成一支使用西方火器为主的精锐部队。徐光启、周延儒等曾上书营救，但终未成功。崇祯皇帝这一刀，不仅砍掉了一个巡抚，同时也砍掉了一个很有价值的科学家式的高级官员。②本来，登州是一个应用先进西方技术的基地，但随着孙元化的被杀，及其葡萄牙籍炮队的毁灭（仅有陆若汉等三人幸免于难），这个先进的技术基地也就被轻而易举地毁掉了。更严重的是，许多已学会这些技术的原登州官兵，包括孔有德、耿仲明在内，不久后投

---

① 孙元化（1582—1632）是南直隶嘉定人，山东巡抚余大成是南直隶江宁人，总兵官张可大是南京羽林卫军籍，这三位南直隶人，在这场兵变中，根本不是山东、辽东人的对手，被孔有德等骗得团团转。登州沦陷后，孙元化自杀未成，与同城命官一起被俘。只有总兵张可大在斩杀其妾陈氏后，在其官署上吊自杀。
② 孙元化曾从徐光启为师，引进西方数学，著有《太西算要》、《几何体论》、《几何用法》等，又学习西方技术，精通火器，著有《神机法要》。明万历四十年（1612）中举人，因条陈《备京》、《边防》等策被赏识，荐从军辽东，筑台制炮，训练士兵，后任兵部职方主事。孙元化系天主教徒，圣名依纳爵，受洗后即赴杭州邀请西教士至嘉定开教，出巨资建圣堂及教士住宅，三年中入教数百人，西教士即以嘉定为常驻教士之教堂。天启七年，孙列席天主教"嘉定会议"，讨论"上帝"、"天主"的名称等问题。

到了皇太极手下，反过来攻打大明。①

陆若汉在登州造炮练兵前后大约为八个月左右的时间。②关于陆若汉在登州，巴笃里《中华耶稣会史》有较细致描述：

> 陆若汉及其他若干人仍继续前程，北上入都，并由北京而往登州，其地距满洲仅数千步（Miglia），乃边境一小城，明军将领孙元化即驻其地。其人予已一再言及，乃一极热诚之教友，处事谨慎非常，其尤为中国文人中不可多得者。即彼在军事上亦骁勇异常，观清军屡败于其手，可为明证。最近又以其连克四城，遂被擢为辽东（按指登莱）巡抚。元化并非举人，而获此衔，诚异物也。元化虽曾胜敌，但因曾派三千军人守卫该城并留置抗战之必需品。乃不数日而该城竟失，公沙·的西劳与其他葡人咸以身殉，元化不幸至被斩首。此事之发生，乃因三千士兵，在若干官吏辖境内，所受待遇恶劣，此等官吏对国家大事漠不关心，士兵为饥寒所逼，愤恨不平，遂出而抢劫，凡落彼等手者，且俱为所杀，事后畏罪避罚，乃逃往四郊掳掠。又因出走时，城内尚留下自卫人员及武器甚多，恐贻后患，遂冒险于午夜袭城，并加以洗劫，元化与公沙·的西劳，各率士卒，出而抗拒，终于不支，在极短时期中，公沙·的西劳因力于城上，一手执灯，一手向叛兵发

---

① 攻陷登州后，孔有德设官置属，自号都元帅，李九成为副元帅，耿仲明等为总兵官，连续攻取邻近黄县、平度诸城，围莱州，攻高密等城。朝廷急命侍郎朱大典等督师平叛，其后又派出辽将祖大弼率军数万增援。孔有德被迫退保登州。明兵进逼城郊，筑长围，断粮道，企图逼使孔有德投降。但登州城北面临海，明兵不得围。孔有德几次出战失利，副元帅李九成中炮牺牲。崇祯五年十一月，孔、耿乘夜深，携带家眷和万余名士兵从城北出海，分乘一百多艘战船，撤出登州，在海上漂泊达数月。崇祯六年（天聪七年）初，孔、耿挥军驶向旅顺，投奔后金。《清太宗实录》卷十三、十四；《东华录》天聪六年、七年；谈迁：《国榷》卷九十一、九十二；谷应泰：《明史纪事本末补遗》卷四。

② 据《徐光启集》卷六《钦奉明旨敷陈愚见疏》，公沙·的西劳是崇祯四年（1631）十月二十一日后调赴登州。而据库帕书第17章，1631年7月陆若汉与朝鲜使臣见面。又据《李朝实录仁祖大王实录》卷二十四，朝鲜使臣于崇祯四年六月丙寅返抵故国。转引自方豪：《中西交通史》下册，页780。可知，陆若汉先于公沙·的西劳到登州，应在1631年7月前，而登州陷落在1632年2月22日，则推估陆若汉在登州为八个月左右。

炮。某叛兵遂向执灯之目标放箭，箭中心胸，遂在士兵前倒地。不幸箭已穿透胸部，次日身死。居民为免祸起见，乃开城而降。渠等（元化与公沙·的西劳所部）虽奋勇抵抗，但亦徒使城中人增加死亡而已，况其中葡人之数亦复不少。于是，陆若汉乃偕炮手三名，自城上一跃而下，直奔北京。其时地上积雪甚厚，一望皆白。数日后，城中居民及叛军皆懊悔，乃向皇帝求恕，赖人说情，皇上亦遂宽赦一切。然元化与张焘及王征则被押至京，元化与张焘因同僚之嫉妒，被判斩首，征则削职，家产没收，倖获身全出京。①

韩云《战守唯西洋火器第一议》亦载此事：

> 不意值孔有德之乱，公沙·的西劳等复登陴奋击，以图报万一，而身已先陨矣。城陷之日，三十余人，死者过半。若汉奉登抚之命，谓无守土之责，宜入京奏闻。九死一生，得至莱州，为余抚院留炼火药。②

迈克尔·库帕的记录稍有不同：

> 士兵们于1632年1月19日发起反叛，包围了登州要塞，明军与葡萄牙人在一个月时间内都在要塞处进行顽强的抵抗，包围的叛军方面出现了很多死伤，但是从城墙上想丢手弹下去的公沙·的西劳却不幸中箭，第二天死亡，还有两名葡萄牙士兵也战死了，形势逐渐变得不妙，士气削弱的明军中再次出现叛变投敌者，并于2月22日偷偷打开了要塞的大门，所以叛军浩浩荡荡地开进来了。71岁的陆若汉和其他大约十二人考虑到继续抵抗也是浪费，所以乘着夜色急忙退到矮墙，跳

---

① 巴笃里：《中华耶稣会史》，页967—970。
② 《守圉全书》卷三之一韩云《战守唯西洋火器第一议》页108。

到有积雪的谷底堤防上,好不容易逃过一难。随后。陆若汉冒着严冬和战士一起迅速回到北京。①

崇祯五年的登州之变,公沙·的西劳及其统领的葡兵战死沙场,陆若汉神父后逃至北京,明廷给予公沙·的西劳等人奖赏与追赠。《崇祯长编》卷五十八:

> (崇祯五年四月丙子)兵部尚书熊明遇疏言:"澳人慕义输忠,见于援辽守涿之日,垂五年所矣。若赴登教练以供调遣者,自掌教而下,统领、铳师并奋灭贼之志。登城失守,公沙·的西劳、故未略等十二名捐躯殉难,以重伤获全者十五名,总皆同心共力之人,急应赠恤,请将死事公沙·的西劳赠参将,副统领故未略赠游击,铳师拂郎亚兰达赠守备,傔伴方斯谷、额弘略、恭撒、录安尼、阿弥额尔、萨琮、安多、兀若望、伯多录各赠把总衔,仍各赏银十两给其妻孥。其现存诸员,万里久戎,各给行粮十两,令陆若汉押回。而若汉倡道功多,更宜优厚,荣以华衮,量给路费南还。仍于澳中再选强干数十人入京教铳,庶见国家柔远之渥,兼收异域向化之功。"帝俱报可。②

1633年的年初,返回澳门的陆若汉不顾年老体迈,以及路途劳累,立刻给罗马写了一封长信报告最新的情况。这封书信没有留下手稿,也许是因为长途艰难、旅途过后身心极度疲惫不堪,所以只是口述了书信。尽管陆若汉连写信的气力都没有,但书信字里行间仍充满活力:

> 二三日前,我从中国回来,几个葡萄牙人和天主教信徒,还有我,在中国的一个城市中,我们被自己人出卖了,在我主的怜悯下侥幸逃

---

① 迈克尔·库帕著,松本玉译:《通辞·罗德里格斯》,页342。
② 《崇祯长编》卷五十八崇祯五年四月丙子条。

了出来，葡萄牙人统领（公沙·的西劳——笔者注）和士兵们在那里战死了。之后，我立即向明皇宫上疏，将详细情况向皇帝作了报告，如果我沉默不语的话，皇帝也许不会知道澳门的战士们立下了多么大的功勋。①

明廷对在"登州之变"中战死的葡人给予封赠后，"陆若汉因是修道之人，所以谢绝接受荣誉"。余下"以重伤获全者十五名"由陆若汉神父率领返澳，同时再一次提出"仍于澳中再选强干数十人入京教铳"。此事见韩云《战守唯西洋火器第一议》：

> 且圣主业洞悉其（澳门葡人）义勇可用，故于陆教师回澳，复奉旨云：澳中有精习利器，向慕自效的，仍着若汉简选鼓励，候旨调用。职岂漫然为此议也。盖曩日屡议屡沮者，不过谓彼辈终属外夷，其性叵测，或有创为拒虎进狼之说。今兹公沙等忠义昭灼，愤激捐生，至流矢集躯，犹拔箭击贼而死。孰谓非我族类，其心必异哉！亦已屡蒙圣恩鉴知，褒纶载锡，故区区之愚，视已成之效。为恢辽之计，诚望购募澳夷数百人，佐以黑奴，令其不经内地，载铳浮海，分觊各岛，俾之相机进剿，则傅介子之奇不难再见。……至若用澳人，则必先恩以鼓之，信以结之，如姑母之于子弟，自能得其忠义之报。缘此辈人，素崇奉正教，非可以力驱，非可以智驭，非可以利禄诱之者，欲得其忠君爱国而不推心置腹，则亦无所用此矣。②

崇祯五年（1632）提出的要陆若汉"仍于澳中再选强干数十人入京教铳"之事虽然获得崇祯帝的"报可"，但似乎此事并没有结果。澳门方面虽欲积极讨好明朝廷，但由于屡次进铳募兵均遭朝中和广东地方的阻挠，故几次入铳入华，均流产于途中。想必澳葡对入华援明之事已经灰心，陆

---

① 迈克尔·库帕著，松本玉译：《通辞·罗德里格斯》，页333。
② 《守圉全书》卷三之一韩云《战守唯西洋火器第一议》。

若汉返澳募人，澳门无人积极响应，故知这次募人当未成功。韩云再次提出"购募澳夷数百人，佐以黑奴，载铳浮海，分岛各岛"的计划时就强调"若用澳人，必先恩以鼓之，信以结之，如父母之于子弟，自能得其忠义之报"，这恐怕是韩云对明廷于澳门葡人失以"恩"、"信"的背信弃义行为的一种谴责吧！

陆若汉冒死从登州的"城壁"中跳下逃生，于崇祯六年（1633）返回澳门，募人之事未成，同年死于广州。①当时驻留澳门的巡视员班安德在1634年写往罗马的信中，简短地报告了陆若汉的死讯：

> 尽管耶稣会方面出现了很多病人，但死者仅一名，他是若阿·罗德里格斯。由于有关方面的怠慢，先生的病没有得到很好的医治，病情逐渐恶化，不久便撒手人寰。我们丧失了一位出色的工作人员，悲痛之至。②

关于陆若汉去世的时间曾经有两种说法，此问题由《日本教会史》反映出来，后来成为争议的话题，即陆若汉究竟死于1633年，还是1634年。因为1633年澳门死亡者名簿上写有"罗德里格斯通事1633年8月1日逝世"③。荣振华《在华耶稣会列传及书目补编》中亦称：

> （陆若汉）逝世：1633年8月1日（214/1968/682中的名单）：274/45/13 称他为Gioio Rodrigues，1633年亡于中国。④

然《日本教会史》马德里C本上，从标题到正文都清晰地写明时间是1634

---

① 这位健壮的、从未生过病的老人经历了登州—北京—澳门的艰难的旅程，终于倒下了。澳门医院没能挽留住他的生命，陆若汉崇祯七年死于广州。迈克尔·库帕著，松本玉译：《通辞·罗德里格斯》，页337。
② 迈克尔·库帕著，松本玉译：《通辞·罗德里格斯》，页337。
③ 土井忠生：《吉利支丹论考》，页230。
④ 荣振华著，耿昇译：《在华耶稣会士列传及书目补编》下册，页565。

年，而且与陆若汉书信时独特的笔迹相对照，书稿系陆若汉本人亲笔撰写本是毫无疑问的。问题是如果1634年的执笔事实被认定，陆若汉的逝世必然是进入1634年以后的事情，即他已经预感到余下的日子不多，最后写下了马德里C本。那么既存稿本标题所显示的时间应该较之澳门死亡者名簿更为准确。

崇祯十二年（1639）时，毕方济入京进贡上疏言：

> 陆若汉赏劳南还调理，老死广省，至今未葬。察得澳中三巴寺旁，有海隅僻地，恳祈皇上恩赐一区，掩其枯骨，俾同伴垦种供祀。①

此奏于"本月初七日"批，"陆若汉准给地安葬"。但实际上崇祯朝并没有兑现，直到1644年10月6日，"中国官府批出青洲岛对面的一块土地用来埋葬陆若汉神父；后来，除了这块土地外，又赐给了湾仔岛银坑的另一地段"。据《耶稣会教士在亚洲》保存的一份文献记载：

> 1644年10月6日，根据钦差在广州下达的批示以及其他中国高官和香山官员的意见，特使赐给埋葬陆若汉神父的地方一座碑。该碑本应竖在青洲对面一个地段的新围墙之内，但后来中国官员认为应当立在临水的银坑山的山脚下。10月26日，神学院卡斯帕尔·德·亚玛拉尔（Gaspar de Amaral，汉名谭玛尔——笔者注）神父第一次在那里竖起四根木桩，上面写着：这块土地是钦差以中国皇帝的名义赐给，用来埋葬圣保禄教堂的神父们的。②

青洲对面一块地即对面山，今珠海之北山岛，上面讲的后来赐的"湾仔岛银坑"亦是北山岛，其东南部分即称湾仔银坑。据费赖之书《毕方济传》称："[毕]方济……迄于一六四九年之殁，永历帝明以盛仪葬于隆武

---

① 钟鸣旦等编：《徐家汇藏书楼明清天主教文献》第2册《毕方济奏折》，页911—918。
② 施白蒂著，小雨译：《澳门编年史·十七世纪编年史》，页51。

帝之赐地中，其地遂为澳门会团（即澳门基金会）之产业。"[1]德礼贤（P. Delia）神父则称："隆武帝赐地在澳门对岸Lappa岛（即对面山）之银坑村中，方济墓殖在此处。"正因为对面山岛成为耶稣会的墓葬之处，故该岛葡文名又称神父岛（Patera Island）。后来耶稣会士还在那里建了一座小教堂，不少葡萄牙贵族则在那里建乡间别墅，澳门政府甚至还曾在那里建过一座炮台和一座船坞。[2]由于当时控制广东地区的南明政权一是寄希望于澳门及教会的支援，二是也没有更多的力量去管理这边界之事务，因此葡萄牙人继居留澳门半岛后，又开始了居留对面山的历史。

---

[1] 费赖之著，冯承钧译：《在华耶稣会士列传及书目》上册，页146—147。
[2] 徐萨斯著，黄鸿钊译：《历史上的澳门》，页132。

第四章　东西方文化交流中的陆若汉

　　文化是一种历史现象，每个社会、每个民族都有与之相适应的文化，并随着社会物质生产的发展而发展，使其持久地保持民族的和历史的传统。世界上各个民族社会不是彼此孤立存在的，自古以来，他们便相互联系，相互影响。在文化上也是如此，每个民族社会的文化都有互相交汇融合的现象，并且随着历史的演进，交往越来越多，影响越来越大。

　　东西文化交流，一般指远东各国与西方文化的交流。作为东方文明体系的中坚代表，中国古代文明和文化处于世界领先的位置，曾强有力地影响过周边国家——朝鲜、日本、琉球、越南等，以至形成了古代汉字文化圈。就明朝末期的中国民众对欧洲人的看法而论，它或许准确地反映在这句格言中："只有中国人拥有双眼，欧洲人是独眼，世界上其他的居民均为瞎子。"①足可见中华民族当时对欧洲等外来文化和思想的抵触和拒绝，这种与外界隔绝的状态，必然使彼此之间的误读日益加深，悬殊加大，冲突加强。

　　中世纪结束之际，西方开始了强有力的海外扩张，其结果是让分隔的区域开始连贯起来，分割状态让位于全球一体。②不同种族渐渐消除"鸡犬之声相闻，老死不相往来"的生活区域分隔，而开始彼此倾听差异性声音，东西方文化、贸易交流从此变得频繁。西方强势文化日渐东来，在文

---

① 许明龙主编：《中西文化交流的先驱》，页26，东方出版社，1993年。
② 大航海时代以前，世界部分地域有分隔区域的界线，新大陆的被发现，使得分隔的区域开始连贯起来。

明落差很大的情况下，西学东渐似乎成为"一种合理的历史流动"[①]。明末清初，利玛窦等著名西方传教士在传播各种西洋新科学知识的同时，也带来了追求经世致用的务实学风，以及严密的逻辑推理方法，对中国乃至远东的文化发展产生了很大影响。

一、陆若汉的日本学

与利玛窦同时期，在日本传教的耶稣会传教士弗洛伊斯，以及后来经过耶稣会神学院、修道院培养起来的陆若汉等"南蛮通辞"逐渐崛起，成为日本江户时期承担东西方文化和贸易交流重任的使者。尤其是葡萄牙人陆若汉，如前面所述，不仅在东西方贸易、天主教传教、西洋"铁炮（火枪）"传入远东等方面起着重要的纽带作用，在东西方文化的传播方面更是建功卓著。陆若汉被现代日本语言学界誉为"欧洲日本学第一人"，他于日本学所做出的巨大贡献主要体现在他撰写的两本日语语法文典[②]和《日本教会史》。

陆若汉1577年到达日本之前未曾接受过系统的教育。1580年，陆若汉入读臼杵的修炼院，在那里学习各种初级课程，从此开始他的学习生涯。之后几年在更高层次的神学院，陆若汉修完以拉丁语和学艺为核心的人文课程、以自然科学知识为基本内容的哲学课程、以天主教神学为核心的神学课程。在神学院学府，他有幸遇到当时在此担任教职并已年过七十、在日本教徒中享有盛名的大作家养方轩保罗（Paulo Yōhōken）。保罗年轻时就精通医术并四处传教，他还极富文学修养，曾参加以《诸圣徒工作摘录》为代表的耶稣教会初期的宗教书籍的翻译工作。年轻的陆若汉遇到修炼已达炉火纯青境界的养方轩保罗，从才华横溢的保罗身上吸取到无法想象的知识和教养，加上他在跟日本人交往中自然习得的日语，逐渐成长为

[①] 刘海峰：《高等教育的国际化与本土化》，载《中国高等教育》2001年第2期。
[②] 《日本大文典》和《日本小文典》是日本最早的、成系统的语法专著。

16世纪日本耶稣教会传教士中"精通日语的第一人"①。陆若汉分别于1608年和1620年编著出版了两本影响力很大的日语语法书《日本大文典》和《日本小文典》，他致力于编辑语法书为了实现自己的目标，即探索日语的规律、追求完美的日语表达。两本书规模宏大，内容丰富，其中包括了叙述规范版《太平记》和《天主教版太平记摘录》之关键章节，体现出了鲜明的特点。

（一）《日本大文典》

1. 葡萄牙人掀起外语语法辞典化浪潮

欧洲的近代语法书，据考始于内布利哈（Antonio de Nebrija）1492年编成的西班牙《卡斯提里亚语语法》（Gramatica de la lingua Castellana）一书。②在此之前，经过系统整理的只有希腊语、希伯来语和拉丁语等古典语言，而学习这些语言的仅限于天主教圣职人员和名门贵族。

这本《卡斯提里亚语语法》的问世成为推动欧洲其他各国语言语法辞典化的原动力。最初的法语语法书成书于1521年由巴克利（A. Barkley）编纂完成，意大利语语法书于1528年由本博（P. Bembo）编辑出版，葡萄牙语语法书于1536年和1540年分别由奥利维拉（F. Oliveira）和巴罗斯（J. Barros）编辑出版，之后，由阿尔布雷希特（L. Albrecht）编写的德语语法书、由布罗卡（W. Bullokar）编写的英语语法书也相继问世。

随着葡萄牙成为世界霸主之一的大航海时代的来临，所谓非欧洲语言的语法辞典化浪潮也拉开了序幕。葡萄牙航海家和传教士对于未知的语言毫不畏惧，他们首先着手分析拉丁语法，对其中不合适的部分均套用欧洲的近代语法，尽量使其辞典化。

葡萄牙语言学家布艾斯库（Buescu）女士曾经指出，在这种未知语言的语法辞典化过程中，一种以教育和传教为目的"入门丛书"起到了中

---

① 土井忠生：《吉利支丹论考》，页69。
② 清水宪男：《ネブリハ論序説》，载《思想》1987年12月号。

介和桥梁的作用。①这本"入门丛书"最初部分的内容主要是解释葡语的文字和发音等，读者具备了一定的阅读能力后又列举了一些简单的天主教教义，因此成为供神父使用的、被称为"弥撒指南的仪式向导丛书"。据说沙勿略在日本最初使用的天主教教义就吸取了巴罗斯的入门书中的精华。②1554年双语入门书《泰米尔语葡萄牙语入门》(Cartinha em Tâmil e Português)出版，其中尝试着对泰米尔语和葡萄牙语作了结构性的对比分析。

除此之外，1561年恩里克·恩里克斯（Henrique Henriques）神父③编写了印度西南部地区使用的玛拉巴尔语语法辞典（Arte Malabar）、1595年出版了何塞·安琪达（Jose de Anchieta）神父④编写的巴西的印欧语言茨皮语语法辞典（Arte de Gramâtica da Lingua mais usada na Costa do Brasil）⑤。两本辞典都在保持拉丁语法规范化的同时，加入了丰富的葡萄牙语例子和注释，此做法正是对拉丁语法的完善，将其不全面之处用近代语（葡萄牙语）进行修订整理的一种尝试。这种由葡萄牙人掀起的外语语法辞典化浪潮终于在17世纪波及到日本，正值陆若汉1604至1608年在长崎编写《日本大文典》以及1620年在澳门出版《日本小文典》的那个时代的初期。

以西班牙《卡斯提里亚语语法》为开端的欧洲近代语言语法辞典化浪潮演变为葡萄牙人的外语语法辞典化潮流，并且扩展到亚洲及南美洲语言的语法辞典化，最后以1620年陆若汉在澳门出版《日本小文典》为潮流的终点。

2. 耶稣会为主导的日语研究热

毋庸置疑，日语语法书的编纂和出版在当时并非偶然。1549年沙勿略抵达日本之后，耶稣会的日语研究经历了几个历史阶段，逐渐发展到了一

---

① Maria Leonor Carvalhäo Buescu, O Estudo da linguas Exôticas no Sêculo XVI, Lisboa: Inst. Cultura e Língua Portuguesa, p. 57, 1983.
② 龟井孝、小岛幸枝：《日本耶稣会版天主教教义：改编及翻译实态》第二章，岩波书店，1983年。
③ 此人出生于葡萄牙中部的维索萨镇，1540年前往印度，1600年在印度去世。
④ 安琪达神父生于1534年，死于1597年，是位活跃在巴西的传教士，由于他积极从事传教、教育、慈善活动，受到印第安人的仰慕。
⑤ 该书被认为是"巴西沿岸使用最广泛的语法书"。

定的高度。

跟随沙勿略前往日本传播天主教教义的葡萄牙青年若阿·费尔南德斯（Joao Fernandez）修道士是第一位潜心学习并精通日语的南蛮传教士。他在日本居住十五年后，1564年起在肥前度岛，受到来日本不久的传教士路易斯·弗洛伊斯（Luis Frois）的鼓励，开始编写日本文典和日葡、葡日两种辞典。这些文典和辞典经弗洛伊斯的手进行了较长时间的增补和修改，在形式和内容方面逐渐完善起来。在费尔南德斯之前，据考证于1563年在肥后川尻病故的修道士杜阿尔特·达·西尔瓦（Duarte da Sylva）也曾留下日本文典的书稿。这些天主教信徒的书稿基本上都没有超出特定的个人笔记的形式。①

1564年，费南德斯编写的《日语词汇·语法》以及西尔瓦归纳性编写的《日语语法·语义》都在耶稣会日本通信记载中留有记录。②此外，1583年日本文典、拉丁文典、日语语义方面的研究成果相继问世，虽然这些书籍现已不复存在，但却为之后出版的《日葡辞书》和《日本大文典》打下了基础。对此，《日本大文典》的日文翻译者土井忠生指出：

> 立志于开拓欧洲以外的传教新天地的耶稣会在异教徒改教的问题上，采用了适合于不同民族的传教手段。为了把握普通民众的思想，使他们正确理解天主教的宗旨，传教士自身也努力学习传教地的语言，为了尽快收到学习效果，着手编写这些未知语言的文典和辞书。在编写时，都以按字母拼写的拉丁文典为基准，从语法范畴的设置到文典的结构安排，在形式和内容两方面都根据字母排列构成。③

天主教使用拉丁语作为宗教内部的官方语言，培养传教士的教育机构也主要学习拉丁语。1590年在加津佐召开的协议会上，范礼安安排了编辑

---

① 土井忠生：《大文典解题》，载《日本文典》，勉诚社，1976年。
② 海老泽有道：《日本最初的拉丁−葡萄牙语言学书》，载立教大学《拉美研究所学报》，1975年。
③ 土井忠生：《大文典解题》，载《日本文典》，勉诚社，1976年。

日语辞书的任务，组成一个由日本和欧洲的耶稣会士构成的委员会，负责编辑工作。为了让新到日本的传教士更有效地接受传教地的语言教育，编辑日语辞书和语法书显然是非常必要的。当时教会学校使用的仅有几种日语单词表的手抄本，无法满足耶稣会对传教士日语教育的要求，有关日语学习的书籍愈发显得的必要，于是一批辞书应运而生。1594年《阿尔瓦雷斯的拉丁语法辞典》①出版，该书是对当时作为耶稣会各学院教材的曼努埃尔·阿尔瓦雷斯（Manuel Alvares）编写的《拉丁文典》按照日本的学习要求进行整理后的编译本，这正是耶稣会传教士所期盼的真正的拉丁语语法典籍。大约两个世纪，教会学校都采用此书作为学生的教材，日本耶稣会于1580年开设的修炼院亦将该书作为第一本外语学习书。该书于1594年在天草印刷出版，这是在欧洲以外，仅次于1579年的墨西哥版的早期辞书。1595年，《拉葡日对译辞典》出版，它是在当时在欧洲被广泛认可的卡勒皮诺（Ambrogio Calepino）的《拉意辞典》的基础上编写而成的，囊括了3万多词条。该辞典与前面提到的《阿尔瓦雷斯的拉丁语法辞典》被同时应用，切实起到了提高学习效果的作用。1598年《落叶集》问世，它是由上篇《落叶集本篇》和《色叶字集》，以及下篇《小玉篇》构成的汉字辞书。《落叶集本篇》以汉字音读查字型和训读，《色叶字集》以汉字训读查字型和音读，而《小玉篇》则是在不知读音的情况下按照字型查读音。具备此三大部分的内容，可以说它"作为字典的用途已经基本完备了"②。

1590年，九州的天正遣欧少年使节团从欧洲携活字印刷机回国③，从此日语书籍的编辑印刷更是飞跃发展。范礼安在第一次视察日本时就考虑使用

---

① 书中有文法指针三卷，活用词附有日语的译文。
② 鳅泽千鹤：《论罗德里格斯〈日本小文典〉的独立性》，载《国文学论集》，上智大学，1994年。
③ 这台印刷机直到1614年被送回到澳门，在日本使用了24年，发挥了巨大的作用。日译本《伊索寓言》和《平家物语》、《太平记》的口语缩印本，以及《和汉朗诵集》抄本、路易斯·德·格拉纳达的《吉亚德贝卡道尔》，以及据说是托马斯·阿天皮斯的作品《孔天托斯蒙吉》等，涉及各个领域都出版了一些优秀的书。这些书在现在都已经成为珍稀本，有的书一册都没有剩下。迈克尔·库帕著，松本玉译：《通辞·罗德里格斯》，页201。

印刷机将天主教教义、信仰书印刷成册广为散布，向日本全国传播圣教以弥补传教士人数的不足，提高传教的效果。为此，范礼安提出如下计划：

> 到日本后，在上帝的保佑下，加上平时的努力，要立刻开始制作类似于加勒皮诺斯的拉丁文典的东西，如果有这样的书，就可以同时学习拉丁语和日语。另外再编一本不同的文典，只要有这两本书，欧洲人耶稣会士学习日语，以及日本人学习拉丁语都会变得很容易。①

范礼安第二次视察日本之前，欧洲使用机器印制书籍已经很普遍。1603年，拥有32,000多词条的《日葡辞典》出版发行（补遗完成于1604年）。该辞典不仅逐字逐句把日语翻译成葡语，并根据需要增添了丰富的例子和近义词等内容，已经具备现代辞典的形式和规模。当然，关于特殊语法、近义语的注释在《拉葡日对译辞典》中已有诸多先例，可以说《日葡辞典》正是以《拉葡日对译辞典》为蓝本改编而成，但比较前者更加重视实用性，以期"成为日语学习者的得力助手"②。目前在牛津大学的波德雷恩图书馆保存有合成本的《日葡辞书》及其补遗本。该辞典是一本660页的大部头辞书（补遗本也有142页），每一页单词被分成两栏印刷。这部大辞典有32,798个词条，是一本非常贵重的辞书。辞书对京都用语、九州用语都做出了详细的说明，尤其对京都的发音给予了十分的关注。另外，对诗歌及文学语言、女性用语、俗语等都举例做出恰当的说明。例如像《平家物语》这样的日本古典作品中的谚语，有很多被引用于书中来说明特定词语的意义。这本辞书成为当时学习日语不可缺少的工具书，辞书中甚至包含有江户时期日本耶稣会丰富的活动资料。但不知为什么，编辑者的名字几乎不出现，书的扉页上只写着"耶稣会若干名司祭及神父编"，在1602年耶稣会的年报上，也只简单称这部词汇丰富的辞书已接近完成。年报称：

---

① 土井忠生、森田武、长南实编译：《日葡辞典》序言，岩波书店，1993年。
② 鳅泽千鹤：《论罗德里格斯〈日本小文典〉的独立性》，载《国文学论集》，上智大学，1994年。

> 一个司祭跟若干名日本人一起,在这一工作中花费了四年的时间,我们相信这一本辞典对于初来这个国度的人一定是很有用的。①

1604至1608年,陆若汉编辑出版了《日本大文典》。该语法书的编写主旨在于:

> 除活用型和品词之外,还教授正确且高雅的讲话方式,并尽量以简明的语言对仪式规则等进行说明。②

该书第一卷为屈折论、品词论,着眼于词汇的学习;第二卷为统词论、修辞论,对语法进行说明;第三卷包括文体论、人名论、计数论等,对数词、应用文写作、人名、年号、天皇名称等日本风土人情方面的内容进行综合详尽的叙述。另外,由于日语口语与书面语存在较大差异,故该书对各种场合的口语和书面语的区别做了对比说明,为学习者提供方便。除此之外,《日本大文典》还引用许多九州和关东地区的方言,与东京标准语进行比较分析,得出有见地的结论,可见陆若汉对日语的研究触角是相当广泛而细致的。

以陆若汉为开端,耶稣会士们先后加入语法辞典编写的行列,经历过无数次的尝试和不断的修改完善,最后终于编写出具有较高水平的日语语法典籍,在1591至1611年二十年间,耶稣会出版的辞书、历史书、语言学书达三十部之多。由于德川幕府推行的锁国政策,1610年以陆若汉为代表的一批热心于日语研究的传教士学者先后被驱逐出日本。耶稣会的日语研究浪潮以1620年《日本小文典》的出版为终点,拉上了帷幕。

3.《日本大文典》与《拉丁文典》之比较

耶稣会于1534年由伊纳爵·德·罗耀拉(Ignatius de Loyola)及其同

---

① 迈克尔·库帕著,松本玉译:《通辞·罗德里格斯》,页203。
② 迈克尔·库帕著,松本玉译:《通辞·罗德里格斯》,页203。

人创立，1540年得到教宗保罗三世（Paul III）的认可，在其成立之后的两个世纪中成为极具影响力的天主教团体。论及耶稣会的最大特点，首推其对教育和学术活动的重视，它不仅在世界各地开办有教会学校、公益学校、神学院，同时还出版有各种类型的书籍。除了为数众多的神学、哲学书籍外，也涉及语言学、地理学、民俗学、天文学、物理学等诸多方面。

如前所述，天主教内部的通用语言是拉丁文，耶稣会的语言教育势必主要围绕拉丁语的教授展开。最初为世界各地耶稣会所通用的拉丁语语法书是由阿尔瓦雷斯编撰的《拉丁文典》，此书于1572年在欧洲初版，1594年在日本天草学林改编再版，随后是陆若汉于1604至1608年在长崎出版了《日本大文典》。在论述长崎版《日本大文典》和天草版《拉丁文典》这两本由耶稣会编撰的著作时，土井先生说：

> 只不过，1594年（文禄三年）天草学林出版的Manuel Alvares 的《拉丁文典》虽是说明拉丁语法的文典，然而其中对日语语法的注释也是其不可缺少的一部分。通过这些注释，我们可以推测出罗德里格斯的《日本大文典》中有不少地方是借鉴于之前的《拉丁文典》的。①

作为日语研究的资料，陆若汉的《日本大文典》（以下简称《大文典》）的重要性无可估量，因此了解是什么书籍影响着《大文典》的成书同样显得重要，这种研究书籍与书籍之间关系的学问属于书志学范畴。对于解读《大文典》真正起作用的，不仅在于影响其成书的是什么书，更在于对影响其成书的语言观、语言学框架的调查和了解。本小节通过《大文典》与具有代表性的《拉丁文典》的有关章节的比较，试图验证当时西欧的语言观，特别是拉丁语研究对《大文典》产生的影响。

（1）历史上《拉丁文典》的定位

欧洲的语言研究始于公元前5世纪的希腊，对于当时的希腊人来说，语法已成为哲学范畴的一部分。公元前3世纪初，大型图书馆在希腊的殖

---

① 土井忠生：《长崎版日本文典与天草版拉丁文典》，载庆应大学《史学》第12卷，1933年。

民地亚历山大建成后便成为一个极具影响的文学和语言的研究中心。公元前2世纪后半期，迪奥尼西乌斯·托拉克斯（Dionysius Thrax）创立了语法体系，他将单词从格、性、数、时态、情态等方面进行分类。大约三百年后的公元2世纪，阿波罗尼乌斯·迪斯克洛斯（Apollonius Dyscolus）从句法的角度对希腊语进行了描述。一直以来，希腊语法在欧洲中世纪的拉丁语教育体系中起着举足轻重的作用，其中大部分是以德纳度斯和普罗里亚努斯的语法体系为基础编辑的。①

葡萄牙人阿尔瓦雷斯的《拉丁文典》于1572年在里斯本出版以后，约两个世纪一直被作为教科书在各教会学校采用。日本耶稣会也不例外，自从1580年开设神学校便使用该文典。1590年随着西方活字印刷机的输入，印刷出版了多种教科书，最初作为外文书籍印刷出版的就是这部文典。

家入敏光在评价阿尔瓦雷斯的《拉丁文典》时称：

>自1572年初版以来，《拉丁文典》已作为耶稣会学校拉丁语教育的基本用书，在欧洲各地广为用之，在英、德、法等西欧诸国也相继出版。同时，它成为那些在日本、中国等地传教布道的教师所用的《拉丁文典》的范本。②

土井忠生也写道：

>他的《拉丁文典》于1572年在里斯本刚一出版，便名震一时，被耶稣会的学校广为采用。随后各地相继再版，包括全本和略本，15世纪70年代共出版15种版本，15世纪80年代17种版本，15世纪90年代20种版本。17世纪以后更是与日俱增，共有300多种版本。③

---

① 马场良二：《罗德里格斯〈日本大文典〉的成立——"拉丁语言学"给予的影响之一》，载《熊本女子大学学术纪要》第46卷，1994年。
② 马场良二：《罗德里格斯〈日本大文典〉的成立——"拉丁语言学"给予的影响之一》，载《熊本女子大学学术纪要》第46卷，1994年。
③ 土井忠生：《长崎版日本文典与天草版拉丁文典》，载庆应大学《史学》第12卷，1933年。

正如土井忠生所述，阿尔瓦雷斯的《拉丁文典》作为当时耶稣会的拉丁语教材广为发行出版，并为全世界的耶稣会主办的学校所普遍使用。对于该文典的特点，家入敏光作了如下阐述：

> 天草版本引人注目的地方在于第一卷动词活用的部分，即第24页至第124页。他把动词的活用按照拉丁语、日语、葡萄牙语分成三栏，并加以注解，同时对拉丁语的组词组句规则加以说明，列举出对应的日语例句。除此之外，天草版本在名词的格变化方面，也举例对日语相应的说法做出具体周到的分析说明。……目的是为了方便日本人。如上所说，虽然初版与天草版之间有种种不同之处，但决不能因眚掩德，认为略本的天草版《拉丁文典》失去了原版的体裁和风格。①

（2）两部文典的相似之处

阿尔瓦雷斯的《拉丁文典》在开头的屈折论中展示了拉丁语和葡萄牙语的词尾变化，而在各种外语版中，葡萄牙语部分一般被改成各国的语言。天草版《拉丁文典》采取在拉丁文和葡萄牙文基础上再加上日文的做法，但这仅仅限于动词活用部分的叙述，不包括名词的词尾部分。在说明词尾变化之前注明日语中名词后续助词，即相当于拉丁语的格变化，并以单词"主"为例，分为单数和复数。这是将日语中类似于表示格和复数的助词功能跟拉丁语进行对比后做出的规定。天草版《拉丁文典》指出，日语中表示主格的助词有"は、が、の、より"，表示复数的助词有"たち、しゅ、ども、ら"，并且按照敬谦的顺序排列，说明编者对日语助词的研究达到了相当高深、细致的程度。在动词活用的部分，天草版《拉丁文典》举出了四个日语动词"（大切に）思ふ、教ゆる、読む、聞く"，来对

---

① 马场良二：《罗德里格斯〈日本大文典〉的成立——"拉丁语言学"给予的影响之一》，载《熊本女子大学学术纪要》第46卷，1994年。

应拉丁语的四种规则动词。关于第一种活用，则列举出"思ひ、教ゆ、読み、聞き"作为上述动词的词根。这一点跟长崎版《大文典》中将下二段活用作为第一种活用、将八行以外的四段活用作为第二种活用、将八行四段活用作为第三种活用的编辑方针有共同之处。从以上对比我们可以得出结论，日语中的规则动词可以分为三种活用，这是在陆若汉之前就已经存在的观点。土井忠生称：

> 耶稣会关于日本文法的研究，不仅在语法体系的架构方面，在语法现象的详细内容方面，在1594年以前都已经达到了相当先进的水平。①

《大文典》不仅在语法范畴的设置上，从全书分成三大卷的结构上，也明显看出是模仿了《拉丁文典》的安排。关于语法范畴以及语法的基本概念，陆若汉大都采取阿尔瓦雷斯的学术立场，但与此同时，关于语法的具体现象，作者秉承一贯坚持的尊重日语事实的态度，超越了《拉丁文典》的语法范畴来进行描述。可以认为，陆若汉的特点就在于他采取了拉丁语式和日语式的二元立场，但在如何组合协调两个不同立场的方法上略显呆板，表现在《大文典》的前后风格不一致，前半部分强调拉丁语式表述，而在后半部分中日语式表述逐渐强化。

《大文典》开头的"屈折论"一节中，陆若汉按照阿尔瓦雷斯采用的词形变化图式来表示日语体言的词尾和用言的活用，可以看出陆若汉模仿阿尔瓦雷斯的强烈倾向。接受过阿尔瓦雷斯《拉丁文典》教育的传教士，总是习惯性地用拉丁语法思考各部分的内容，而且常常一边翻译成日语，一边编写。基于思考—翻译—表达的顺序，完全从拉丁语法引出日语表达的方法，一直被认为是可行而且方便的，辞书的编辑者大概一开始就没有设法避免这种模仿套用的意识。

---

① 陆若汉著，土井忠生译：《日本大文典》译者例言。

（3）两部文典语言结构上的差异

陆若汉以拉丁语的语法体系为基础，套用《拉丁文典》的方式来编写《大文典》，此过程充满艰辛，他一直极力在日语语法体系中寻找与拉丁语法相对应的东西，但往往事与愿违。完全的对应是没有的，因为两种语言的结构不同，再加上拉丁语是欧洲正统的书面语，而日语用于传教多用口语的形式，二者的使用目的完全不同。

例如《拉丁文典》第52页中出现的"Verb Depon"，用英语表示是"deponent verb"之意，《新英语学辞典》对该词的解释是："希腊语、拉丁语语法的用语。形态上，既有被动态也有中间态，是意思不随能动态的自动词、他动词而改变的动词。"[①] 陆若汉试图在日语中找到与之对应的项目，但无法解决deponent verb这类动词的下位分类问题，日语语法范畴里没有合适的套用形式。因此在《大文典》里找不到与"De Verb Depon Conjugatione（关于形式被动式动词的活用）"相对应的章节和有关的论述。

《大文典》在开头的"Alguas Ad Vertencias pera mayor intelligencia do que nesta Arte se trata（为了更容易理解本文法书所述而列举的例句数则）"部分，指出日语是很丰富、典雅的，作为说明，列举出同义词的丰富内涵、日语表现的深刻意味、复合词和副词的多样表达。另外，作为日语的特性，陆若汉还在《大文典》中着力介绍不同主体在不同场合面对不同对象而明显存在的日语表达的变化和差异，即"待遇表现"的论述，这是《拉丁文典》所没有涉及的内容。

语言结构的差异还体现在《拉丁文典》作者未曾涉及而陆若汉认识到的汉语词汇大量存在于日语中的问题，为此《大文典》特辟出专门的章节来论述。陆若汉将日语"汉语"体系的单词当作"音读"，而把日语"和语"体系的单词当作"训读"分开来考虑，他提出的"同义词"里也包括有音读和训读的对应。具体阐述此种对应关系的章节可见《大文典》188页

---

① 马场良二：《罗德里格斯〈日本大文典〉的成立——"拉丁语言学"给予的影响之一》，载《熊本女子大学学术纪要》第46卷，1994年。

的"Alguas preceitos o uso de coye & lingoa da escritura（关于音读用法和书面用语的若干规则）"，而关于大量表否定意义的接续助词分成"音读"和"训读"的讨论则安排在《大文典》154页的"Das particulas negatiuas（关于否定的助词）"部分。陆若汉所说的"副词"和现代学校语法中的"副词"有很大的区别，它包含内容比较广。①

西欧语言的否定句是在句子中加入否定词，不像日语那样在动词的变化形态后续表示否定的要素。陆若汉注意到西欧语言和日语的这个差异，他指出"日语的动词有肯定动词和否定动词之分"，同时他认为"日语的连用形有很多用法和多种功能意思"，因此他把动词的连用形称为动词的"词根"，并详细论述了有关的用法。②现代日语语法中的接尾词、接头词、助动词等在陆若汉的品词分类中被称为"artigo（格辞）"和"particula（助辞）"，这些在《大文典》137页和149页分别有专门的论述。

任何语言都存在体现说话者尊卑态度的表达方式，日语的待遇表现与拉丁语相比较，要显得更加体系化和语法化，而不仅仅停留于表达方式和惯用表现。在《大文典》的"Das particulas de honra（关于尊敬的助词）"和"Dos verbos honrados de sua natureza（关于原来的助动词）"，以及"Dos verbos humildes（关于谦让动词）"三个相关章节，陆若汉从词汇学、句法学的角度系统地阐述了日语的待遇表现。③

（4）两部文典基于学习目的的差异

马场良二在谈及当时的西方人对待拉丁语和日语的态度时明确指出：

在天主教世界里作为公用语、正式语言使用的拉丁语，要掌握它的语法，对于音律的娴熟把握是必不可少的。因此,《拉丁文典》第

---

① 陆若汉归纳的"副词"包括用言的连用形、动词的テ形的一部分、现代日语语法中的后缀词、副助词（さへ、すら、だに等）、形式名词（ところ、よう）、接尾词、接头词、助动词等诸多繁杂的内容。陆若汉著，土井忠生译：《日本大文典》，页154—189。
② 陆若汉著，土井忠生译：《日本大文典》，页84。Do uso da rayz affirmatiua, & negatiua dos verbos（关于动词的肯定词根、否定词根的用法）。
③ 《拉丁文典》的文章结构参阅了天理图书馆善本严书的Deinstitutione Grammatica。

150页中有很多关于包括De Ultimis Syliabis（最终音节）、Disyliaba Communi（音节总体）、De Pedibus（诗的韵律单位）、De Caesure（韵律的休止），以及De Prosodia（韵律）这样的有关音和韵律的段落。日语对于西方人来说是仅仅用于对民众说教、聆听忏悔、与佛教徒争论以及得到权势者对传教活动的支持和获取传教许可的工具，因此他们或许认为没有必要掌握日语的音韵美妙之处。①

但是陆若汉一直追求不受欧洲语言影响的、带纯正日语味道的日语发音，为此他在《日本大文典》中特设了"Dos modos de pronunciar alingoaiapoa（日语的发音法）"的章节。②

对于耶稣会传教士来说，向当时的权势者提交书面文书是件经常必做的重要工作。各类文书的成功撰写，在耶稣会士看来并非易事。《大文典》中有三个章节专门为传教士写作提供具体的指导方法。③其他类似"文章的文体"、"关于问候语"和"书面语的写作"等《拉丁文典》完全没有的内容，在《日本大文典》中均有涉及。

在文化和习惯完全不同的国度传播尚不为人们所熟悉的宗教是一件有相当难度的事情。在传教中不仅要涉及教义的道理和程序，日常生活中的人际关系也是不可缺少的部分。因此，为了拥有和维系那种人际关系，伴随着"寒暄语"的"赠答"方式也是《大文典》里的一个重要内容，即第205页开始的"Do Mocurocu"章节。此外，陆若汉在天文、地理、阴阳历等方面的详尽论述，亦远远超出《拉丁文典》所涉及的范围，对此马场良二介绍称：

---

① 马场良二：《罗德里格斯〈日本大文典〉的成立——"拉丁语言学"给予的影响之一》，载《熊本女子大学学术纪要》第46卷，1994年。
② 陆若汉著，土井忠生译：《日本大文典》，页178。
③ 这三个章节分别是"Do Xeixi de Iapam jurmeto por escrito（宣誓书的写法）"、"Do voto por escrito（请求书的写法）"、"De como se escreue apeticam, ou accusacam（申诉的书写）"。另外，《大文典》中还设有书信常用的"Da conjugacam do verbo soro（问候语）"、"Da conjugacam dos verbos da escritura（书面语动词活用）"、"Do estilo da escritura（文章的文体）"和"Tratado do estilo das cartas（书面语文体）"等章节。陆若汉著，土井忠生译：《日本大文典》，页52—204。

对于用阳历和西历的人们来说，《大文典》第229页的Trado do modo de contra os（关于年、月、日、时刻、年号等数字方面）的论述很有帮助。为了方便有十二干支的日本社会，加上了第231页的Dos animais que respondem as horas de Iapam & dos rumos da agulha（关于相当于日本的时刻表的动物和罗盘针方向）的论述。第212页的Tratado de varios modos de cotar（各种数字方向的论述）是关于助词的阐述，同时也包括了语言的差异。①

陆若汉将这些内容统统编入大篇幅讲述日本文化习俗的《大文典》第三卷。

拉丁语言学继承了希腊语法的名词、代名词、动词、分词、前置词、副词、感叹词、接续词八种品词的划分，确立了语法的基本范畴。在《大文典》里有被认为是从《拉丁文典》中引用过来的例句和说明文，例如阿尔瓦雷斯的《拉丁文典》从120页开始论述含有代名词的句子的构成方法，陆若汉的《大文典》的第67页也出现"单纯代名词的各种等级"这样的章节，其他章节的论述中也能发现共通的部分。不仅如此，《大文典》整体的章节构成也与《拉丁文典》有雷同之处。《大文典》和《拉丁文典》之所以相似，不仅因为陆若汉编写文典时参考了当时享有盛誉的《拉丁文典》，更因为他的语言观本来就是以拉丁语言学为基础的。

4.《日本大文典》的基本内容和特征

陆若汉开始编著《大文典》的时间不详，据推测《大文典》和《日葡辞书》也许是同时规划但分别开始进行编辑。《日葡辞书》的阵容聚集了多名编辑者，而《大文典》则由陆若汉独立编撰。②《大文典》于《日葡辞典》

---

① 马场良二：《罗德里格斯〈日本大文典〉的成立——"拉丁语言学"给予的影响之一》，载《熊本女子大学学术纪要》第46卷，1994年。
② 迈克尔·库帕著，松本玉译：《通辞·罗德里格斯》，页205。

之后编成，1604年春原稿经过长老们的审阅，得到日本教会的印刷许可，在副管区长的允许下付诸于印刷。然而，现存刊本的扉页上写明1604年，而卷末则出现1608年的字样。①《大文典》前后不一致的时间似乎表示前半于1604年、后半于1608年印刷。也有学者认为可能是由于当时耶稣会面临紧迫的局势，急需要优先出版那些处置紧急事务的书目和材料，印至一半的《大文典》因故被搁置而延后印刷的。②总之，《大文典》成书是在1604至1608年之间，前后跨越四个年头。陆若汉在《大文典》的前言中自述称：

> 耶稣会的长老们……一直希望编辑这样的语法书，但是由于神职工作的繁忙没有能够实现。如今因时间稍微宽松一些，所以长老们下达命令要我编写这部文典。③

关于编写《大文典》的目的，陆若汉提到是为了"使得从欧洲和印度来的耶稣会的司祭和修道士能够很轻松地学会这个国家的语言"，"长老们命令我编辑《大文典》。本书中除了日语的动词活用和词类之外，还简单地说明了语法规则，以便于能够讲正确而精炼的日语。……我参考了自己多年以来所注意到的各种事情，以及从精通日语文语和口语的日本人那里学到的知识"。④

陆若汉编写《大文典》时不仅参考了诸多前辈的成果，而且毫无疑问模仿了阿尔瓦雷斯有名的《拉丁文典》。阿尔瓦雷斯于1572年在里斯本发行《拉丁文典》之后不久，很快被翻译成波兰语、波黑语、匈牙利语、克罗地亚语等多种语言。

陆若汉这部《大文典》的绝大部分内容是用拉丁语撰写的，但书中到

---

① 这一部大作只剩下两本，笔者使用的是原书保存在牛津大学波德雷恩图书馆、由土井忠生译成日文的版本。
② 土井忠生：《吉利支丹论考》，页74。
③ 陆若汉著，土井忠生译：《日本大文典》绪言。
④ 迈克尔·库帕著，松本玉译：《通辞·罗德里格斯》，页206。

处都有用葡萄牙语记载的日语词形变化、动词活用、性、数、接续法，以方便初学者。另外，还可以看到不少例外的规则。陆若汉将语法分成三个部分进行说明，第一部分（第一卷前半）是名词、代词和动词变化，第二部分（第一卷后半）是十种词类，第三部分（第二卷大半）是日语的句子结构。第一、第二部分基本上根据阿尔瓦雷斯的研究成果，对其方法论作了若干修正后完成的，只有第三部分内容是全新的内容。①这样较大篇幅地模仿《拉丁文典》的做法存在不少缺陷，首先是雷同和重复的内容很多，其次是对日语的口语教学用处不大，再则由于受拉丁语语法的影响，陆若汉写进了很多对日语学习毫无用处的东西。

要学习跟欧洲语言体系完全不同的日语，需要利用有特点、新颖的解说文典。陆若汉也发现一味用拉丁语语法来套用日语语法似乎不太合适，后来他逐渐脱离了阿尔瓦雷斯《拉丁文典》的影响。比如，为了清楚地说明语法和造句法，他自信地引用了一些日本的古典作品。在《大文典》中，他分别引用《平家物语》90次、《伊索寓言》和《论语》40次。迈克尔·库帕考证称：

> 特别令人感兴趣的是，在耶稣会印刷厂出版的一系列"物语"被多次地引用，这些"物语"当中，如《黑船物语》、《丰后物语》等，至少有好几册是由养方轩保罗修士用口语形式写成的。但是，这些书后来除了被《日葡辞书》和罗德里格斯的《日本大文典》中引用的精华部分以外，什么都没有留下。②

对于当时的读者来说，《大文典》的后半部分更具有吸引力，一是因为读者对日语语法的详细规则毫无兴趣；二则是由于陆若汉放弃了阿尔瓦雷斯的方法论，提出了自己的构想。《大文典》是为新到日本的传教士编写

---

① 《日本大文典》的文章结构是从原著《Taboada Do Que Secon-tem nestes tres livros da Arte Iapoa》（这本日本文法书三卷里所包括的项目的目录）中原原本本抽出来的。
② 迈克尔·库帕著，松本玉译：《通辞·罗德里格斯》，页209。

的，因此陆若汉尽可能收集能够派上用场的所有资料，同时在列举外国人容易用错的词语，以及将葡萄牙语翻译成日语时易出现的问题等方面也倾注了很多心血。他主张翻译时不要拘泥于原文的每一个单词，而要在整体意义上着重考虑，强调要学好精炼日语的关键所在是"发音和词汇最好都要以京城的语言作为标准"。①

陆若汉以葡萄牙语和拉丁语的发音为基础，将日语词汇进行音译。陆若汉采用的方法跟《日葡辞书》的略有不同，他尽量保持前后统一。在辞书中采用罗马字拼写日语词汇的方法，被初期天主教日语研究界誉为是对音韵史的一大贡献，陆若汉当之无愧是使用罗马字标音的先驱。

陆若汉在《大文典》第三部分不再讨论语法内容，转向对文语体裁的介绍、关于礼貌的规则、正规书信的用语等。《大文典》有关书信写法的介绍，包括书信的开头、结尾、署名，以及文章格式，甚至还有关于信纸种类的说明。②《大文典》可谓包罗万象：从关白太政大臣、左大臣、右大臣直至最底层官员的官职顺序，日本66州以及各州中郡县的所有名称、度量衡的复杂计算方法，外汇的换算表，日本复杂的历法，中国三教（佛教、儒教和道教）的起源，天皇家的谱系图、历代天皇的名字和生卒年月，圣经的年表，甚至《日本书纪》和《古事记》等古书中出现的诸神灵的名字等，陆若汉似乎要将所有的事情无休止地统统写入《大文典》。

研究17世纪日本历史的史学家们对《大文典》大都持肯定的态度，但也提出一些批评，如《大文典》"实在太冗长"、"前后风格不统一"、"内容分散零乱"、"记述显得复杂多岐"等。③作为早期的日语语法书，《大文典》确实存在许多不尽如人意的地方。陆若汉在辞书出版之前，似乎已经注意到编写中的不足，在《大文典》前言中，他略表歉意地称：

---

① 迈克尔·库帕著，松本玉译：《通辞·罗德里格斯》，页210。
② 读者若打算给将军、大名、长辈、晚辈、和尚、尼姑，不管是什么等级的人写信，只要查阅这部分内容就可以掌握具体的不同写法。陆若汉著，土井忠生译：《日本大文典》，页382—394。
③ 迈克尔·库帕著，松本玉译：《通辞·罗德里格斯》，页215；陆若汉著，土井忠生译：《日本大文典》第二卷，页657。

> 我的说明啰啰嗦嗦，有很多难懂之处。但不管怎么说，日语对欧洲人来说，是一种很不习惯的奇怪的语言，所以与其将很多含糊不清的规则不加区分地罗列出来，不如一个一个地进行详细地说明更好。①

据考，后来陆若汉曾向初学日语的人许诺"为了不至于因为规则和说明太多而导致混乱，以后打算编辑一本简写本"②。

（二）《日本小文典》

对学习日语感到头痛的西方传教士学生焦急地等待着陆若汉的"简写本"，但一等就是十二年。1620年，陆若汉终于在澳门用前面提到的"天正少年遣欧使节团"带回的印刷机印刷出版了《日本小文典》（下称《小文典》）。这本辞书作为语法书更为规范，虽说是《大文典》的简写本，但在很多方面都增加了新的内容。从现代外语教学的角度来审视，《小文典》虽仍有不够理想之处，但很多地方较之《大文典》已大有改观，语法说明变得简洁明了，是一本很好用的语法书。陆若汉在《小文典》前言中称：

> 以前的《大文典》说明过于冗长……决定出一本改订本。有些难懂的地方，我想在这一本简写本中，也都写清楚了。③

因为《小文典》内容浅显，比较适合于初学者学习用，陆若汉建议中高级的日语学习者还是使用《大文典》为好。

《小文典》与《大文典》比较，除内容新颖、简洁易懂之外，还具有两大特色。一是它已经从拉丁语法中解放出来。虽然《小文典》仍以拉丁语法为基础，却逐渐摆脱了它的制约、形成一套更适合当时日语学习状况的语法体系。其次，它由耶稣会的日语研究浪潮发展为具备引导日语入

---

① 陆若汉著，土井忠生译：《日本大文典》绪言。
② 迈克尔·库帕著，松本玉译：《通辞·罗德里格斯》，页215。
③ 陆若汉著，日垫博司编译：《日本小文典》前言，新人物往来社，1993年。

门者学习功效的语法书。也就是说，它是一本面向初学者的工具书。正如陆若汉在《小文典》中自称的那样，"让刚刚开始学日语的人们感到更轻松"①。

1. 特色之一 "从拉丁语法中解放出来"

《小文典》体现出比《大文典》更进步的日语语法思想，主要体现在三个方面：对文字重要性的认识，格辞的重新审定，过去式助动词的活用。

《小文典》对日语文字重要性的认识十分明确。尽管《小文典》的分量压缩到《大文典》的40%，它却补充了"伊吕波（いろは）"和"五韵"等平假名的雏形，并为被称作"日语字母"的假名添加了具有相同读音的拉丁语式罗马字，使二者的区别更为明晰。②另外，辞书的结构也和《大文典》有很大不同，对文字与拼写法重点进行了总结性说明。《大文典》在第一卷的屈折论部分解释拼写，在第二卷的修辞论部分说明发音，《小文典》则将两部分的解释说明加以综合，写入辞书的开篇之处。因为陆若汉清楚地认识到要学好日语，文字和五韵的学习首先是不可缺少的。阿尔瓦雷斯的《拉丁文典》和《大文典》都是以名词、代名词的屈折论开篇，《小文典》在这点上是一个突破。

同一时期，新出版的欧洲近代语和非欧洲语的语法书也呈现出同样的发展趋势。第一部欧洲近代语法辞典内布利哈的《卡斯提里亚语语法》在一开始就是对拼写的说明，巴罗斯的葡语语法辞典也在紧接第一章"语法定义"后的第二章"文字的定义及其数量"中对文字进行解释，尽管茨皮语没有文字但安琪达编著的茨皮语语法辞典的第一章仍有"关于文字"这一节内容。③可以说，陆若汉的《小文典》基本迎合了这个拉丁语语法体系发展、改革、进步的大趋势。

"Artigo"在葡语里是"冠词"之意，因为土井忠生将其译为"格辞"，

---

① 陆若汉著，日埜博司编译：《日本小文典》致读者。
② 《大文典》只有罗马字，没有日语文字。
③ 鳅泽千鹤：《论罗德里格斯〈日本小文典〉的独立性》，载《国文学论集》，上智大学，1994年。

被人误以为原本是陆若汉命名的,这种"冠词"是拉丁语法中没有的一种品词。虽然现代葡语中根本就没有冠词的格变化,但在当时的语法书,比如巴罗斯的葡语语法辞典中却对冠词的格变化有明确的记载。①陆若汉把阿尔瓦雷斯关于拉丁语法的思想加以发展,将这种葡语的冠词与日语的格助词对应起来,并使之规范化。

首先,《小文典》删除了用于表主语的"の"和"より"②;其次,在对格部分将"は"和"が"剔出③。可以说,《小文典》的格助词选编是建立在经过对日常运用的日语仔细研究的基础上,虽仍是以拉丁语法为基础,但可以看出陆若汉努力"向日语的实际语法体系靠拢"④的编写态度。

拉丁语和葡萄牙语中的助词(Particula)因无活用和格变化,被称为不变语。陆若汉在《大文典》中将日语的助动词归为助词,并指出此类型助词的特征如下:

(1)使动词更添力度与气势。

(2)改变动词的含义。

(3)连接动词组成时态与情态。

助词根据时态与情态会有活用变化,是与动词不同的特殊活用形式。《小文典》的创新在于对"过去助动词"(陆若汉统称为"助词")活用的补充,

---

① João de Barros, *Gramâtica da Lingua Portuguêsa seguido de Dialogo em louvor da nossa linguagem*.
② 表主格的格助词在《小文典》里没有"の"和"より"。按陆若汉的解释,"の用于身份高的第二、第三人称",因此在用法上受限制。对于"より"陆若汉明确指出它在表示动作起点意义时用法受限制,既然有受限制的情况,便不适合用于一般的现象。
③ 对格"は"无论是《大文典》还是《小文典》都注明可代替"をば"使用,因此,《小文典》仅保留下"をば"。可是,对格"が"在《大文典》里写有"が被用于对格,这是一般用法",而《小文典》却未采用《大文典》的观点。理由可参看以下例句:
平家の由来が聞きたい程にお語りあれ。
あれへござれ、物が申したい。
两个例句中的"が"均表示"聞きたい(想听)"、"申したい(想说)"等表示愿望动词的对象,陆若汉认为能动动词支配着对格,就是伴随于助辞を、をば、は、が中的某一个,由此他认为对格的"が"仅使用于能动动词,有用法上的限制,所以将其作为一般助词列举出来。
④ 鰍泽千鹤:《论罗德里格斯〈日本小文典〉的独立性》,载《国文学论集》,上智大学,1994年。

他认为"けり、たり、に等助词，根据不同时态与情态而发生词形变化，常用来表示过去"，并详细列出活用变化表格。此表分为三种活用：①

语根	现在时与过去时	将来时
けり	ける	けん

尽管陆若汉的活用变化表有缺陷，但他试图将拉丁语法中难以想象的"助词"活用尝试与动词活用作比较，明确了日语助动词的活用，此意义巨大，表现出陆若汉超越拉丁语法的制约、靠近日语实态的敏锐观察。

2. 特色之二"面向初学者的编集"

《小文典》的第二大特色便是"面向初学者的编集"，主要体现在三个方面：首先，是陆若汉提出的"日语教授法"；其次，《小文典》添加了注有葡萄牙语译文的日语例句；第三，增加了依据命名论的日本概况说明的部分。

陆若汉在《小文典》卷首新开辟"日语教授法"一节。他指出学习日语有两种方法：一是"和日本人一起用日语进行日常交往，自然而然地学习"，这个方法虽可提高日语水平，但"缺陷是太花时间"；二是"遵循辞典和语法规则"进行学习，像一般成年人，受过教育，词汇量丰富，对事物有较强的理解能力，可在"短时间内学会日语"。有时因方法不对，可能会看不到效果，长时间仍无法掌握好日语，"问题的根本还是出在方法上"。②

陆若汉同时举出学习日语不可缺少的三个要素——教师、书籍、方法。关于教师，他认为由精于学问与语言、在各种文体书籍和历史书籍方面造诣深厚的土生土长的日本人担任较为适合，依靠欧洲人是不行的。此

---

① 陆若汉混同了"けり"与"けん"的用法。
② 陆若汉著，日埜博司编译：《日本小文典》卷首页。

外，教师也要精通语法规则，不是填鸭式地向学生灌输各种知识，要教会学生懂得如何去灵活运用这些规则。此外，有关日本社会中经常遇到的各类相关词汇和知识的教授，如茶道、武术、礼仪、舞蹈、连歌等，有助于学习者走入社会，自如地与各阶层的人交往。关于书籍，陆若汉认为应该采用书面语写成的、在日本以优美文体著称的古典作家的作品，即使日本人也要学习具备完美日语文体特性的作品，像口语体的"物语"等书籍不适合作为学习的教材，他为此还列出一个推荐阅读的书目清单。日语教授方法，陆若汉认为尤其重要，他建议：

> 教师应不断反复教授，并细致地指出。为使学生掌握作文方法，让学生花长时间练习。不可轻视发音，因为掌握少量正确发音的词汇比起掌握大量不正确发音的词汇更有意义。①

这种教授法的提倡与现代日语教授法、外语学习法如出一辙，反映出当时耶稣会日语指导方法的合理性。

"面向初学者"的第二个特点是给日语例句注上葡萄牙语译文。《小文典》与《大文典》相比，省略了不少语法说明，但它采用的日语例句有九成都附有葡萄牙语译文，且葡萄牙语译文与日语例句对应完美，为日文翻译成葡文提供了标准的范例。例如：

> *Rŏyacu cuchini nigaku, Chûghen mimini sacŏ.*（良薬口に苦く，忠言耳に逆ふ）
> →A boa mezinha amarga na boca; o bom conselho exasrera as orelhas.②

《小文典》如此贴切地将日文翻译成通俗易懂的葡文，对练习日语作文也

---

① 鳅泽千鹤：《论罗德里格斯〈日本小文典〉的独立性》，载《国文学论集》，上智大学，1994年。
② 陆若汉著，日埜博司编译：《日本小文典》卷一，页95—96。

大有裨益。

《小文典》卷三设有"日本概况"一章，专门介绍日本的情况。《大文典》包含有文体论、人名论、计数论等内容，《小文典》则简化了文体论，省略了计数论，而对人名论展开详细的论述。陆若汉首先从日本人拥有五个固有的名字——字名、假名、名乘（实名）、道号（法号）、谥号说起，揭示了日本人的命名习惯。①陆若汉还介绍当时政权中枢的天皇、公家、武家等人的名字，特别记述各个官职名，提纲挈领地归纳了权力构造及其变迁历史，也许他意识到这是与上流社会打交道不可缺少的知识。此外，还列举了日本全国66个郡县的名称以及唐名、郡数等地理知识。最后，《小文典》收录了《大文典》没有的日本佛教的情况，以图表形式简明易懂地记述了分为两个集团的八宗、九宗、十宗、十一宗、十二宗，将佛教的宗派分为圣道（或圣家）与禅家（或禅宗）两派，各派的创始者，圣道称为教意，禅家称为祖意。②由此可见编写者视野的广阔、理解的深邃。

远东各国，尤其是中国和日本都是多种宗教混杂的国家，西方传教士要顺利传播天主教，就必须认真研究这些宗教。特别是对待佛教，耶稣会从成立之初就格外关注，不时举行与僧侣的对话和讨论。《小文典》亦极力提倡在传教方面要以培养用当地语言与佛教徒进行讨论的人才为目标，重视本土文化。对此，库帕称：

> 为了"能自由地向异教徒讲解教义，反驳错误的偏见，对反对者则以文章守护信仰"，《小文典》将日本佛教界的概况同样付诸于图表形式，为学习者提供很大方便，也成为研究当时耶稣会和日本佛教关系的宝贵资料。③

---

① 陆若汉列举出太郎、次郎、三郎与弥、源、十郎等名字的结合，产生弥太郎、弥次郎、弥三郎、源太郎、十郎次郎等在实际生活中有意义的丰富实例。陆若汉著，日埜博司编译：《日本小文典》卷三。
② 陆若汉著，日埜博司编译：《日本小文典》卷三。
③ 迈克尔·库帕著，松本玉译：《通辞·罗德里格斯》，页216。

《小文典》不仅作为江户时期耶稣会传教士的日本语初期学习资料被广泛使用，直至21世纪的今天，日本的一些知名大学仍将此文典作为日本国语学课程的主要教材组织教学。

陆若汉作为实力超群的"南蛮通辞"，熟知日本情况，由他来撰写日语文典不用说当时是最合适的人选。《小文典》是他的学识已达炉火纯青之境的59岁时完成的、一本倾其毕生所学、为"初学者使用"而改编的典籍，也可视为耶稣会长年提倡支持日语研究的丰硕成果。陆若汉1610年移居澳门至1634年去世，未曾再度踏足日本，由于天主教在日本受迫害严重，耶稣会的日语研究的热潮也以陆若汉这部《小文典》的出版而告终。

3. 大小文典所反映的语言观

由葡萄牙人掀起的外语语法辞典化浪潮和耶稣会主导的日语研究热17世纪波及日本，这是激发陆若汉在长崎编写《大文典》以及在澳门出版《小文典》的原动力。立志于开拓欧洲以外的传教新天地的耶稣会在异教徒改教的问题上，采用了适合于不同民族的传教手段。为了把握普通民众的思想，使他们正确理解天主教的宗旨，传教士自身努力学习传教地的语言，同时为尽快收到学习效果，研究这些未知语言的规律，编写有关的语法和辞典蔚然成风。以陆若汉为代表的耶稣会传教士经过不懈地努力、不断地完善，终于创作出具有较高水平的日语语法典籍。

《大文典》的语言学框架深受当时西欧的语言观，特别是拉丁语语言学的影响，书中有不少地方借鉴了《拉丁文典》的形式和结构。一般认为陆若汉是以《拉丁文典》为蓝本编撰的《大文典》，因为两本书在构成上有不少相似之处。但是陆若汉在《大文典》编辑的方法上超越了前人，有其自身不同的特点。主要表现为：

（1）追求不受欧洲语言影响、带纯正日语味道的日语发音，为此特设了语音专栏。

（2）以葡萄牙语和拉丁语的发音为基础，对日语单词进行音译，以方便学习者。

（3）重视日语中大量存在的汉语词汇问题，提出"音读"和"训读"两种读音，明确汉语词汇与和语词汇两大体系的对应关系。

（4）系统介绍各类品词，同时教授正确且高雅的讲话方式，用简明的语言对有关规则进行说明。

（5）对各种场合的口语和书面语进行了仔细的甄别，指出二者的差异。

（6）对各种类型的日本诗歌、诗韵作了精辟而出色的分析，体现了作者高深的日本文学造诣。

（7）从词法学和句法学的角度系统地阐述了日语的待遇表现及其特点。

（8）通过文体论、人名论、计数论等概括了数词、应用文写作、人名、年号、天皇名称等日本风土人情方面的内容，包罗万象，涉及面广。

《大文典》包含了丰富的资料，利用这些资料"可以写成好几篇博士论文"[①]。虽然《大文典》的篇幅过于冗长，文笔也不那么明快和具有逻辑性，但是对17世纪的日语语法做了充分详尽的说明。陆若汉采用罗马字来拼写日语的方法，即使在现代，对掌握正确的日语发音同样具有很大的帮助。

《小文典》虽然是《大文典》的简写本，但在内容方面有所增补。从现代外语教学的角度来看，这部文典作为语法书更为规范，其内容新颖、简洁易懂，适合于初学者使用。《小文典》的特点一是它脱离了拉丁语法，形成了一套更适合当时日语学习现状的语法体系；二是它面向初学者，成为引导日语入门学习的实用文典。

《小文典》的语法思想主要体现在三个方面。由于陆若汉清楚地认识到要学习日语，文字和五韵的学习是不可缺少的，格辞的选定、助动词的活用也是日语学习中一个十分重要的环节，因此《小文典》在这几点上体现出了编者的新的创意。可以图解如下：

---

① 迈克尔·库帕著，松本玉译：《通辞·罗德里格斯》，页216。

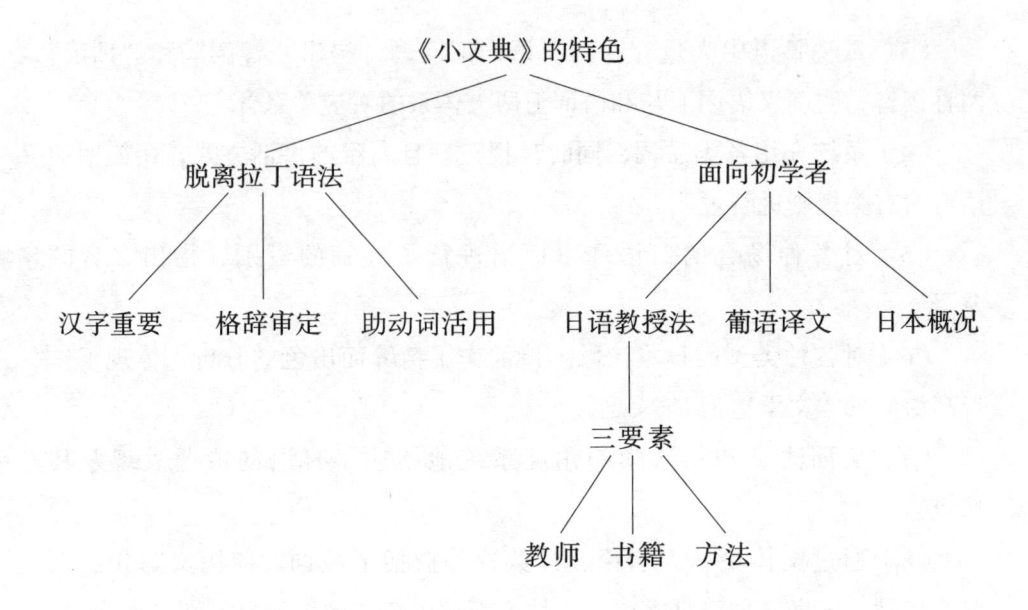

```
                    《小文典》的特色
                   /                \
            脱离拉丁语法           面向初学者
           /     |     \          /     |     \
       汉字重要 格辞审定 助动词活用  日语教授法 葡语译文 日本概况
                                    |
                                  三要素
                                 /  |  \
                              教师  书籍  方法
```

两部文典都包含了陆若汉最终要追求的日语形态、日语的渊源和变迁等内容，更值得重视的是文典中所体现出来的陆若汉的语言观，可以概括如下：陆若汉的日语语言观源于欧洲拉丁语，他追求高雅而规范的日语口语，积极提倡使用最优秀的文体和最自然的说法，陆若汉的重要贡献是首先使用罗马字标记法、规范日语发音、区别地方方言，他的目标是用流利的日语文语体像日本人那样自如地表达对事物本质的看法。

陆若汉1596年在澳门宣誓并晋铎为神父，但当时日本错综复杂的国情迫使他无法专心从事教会的工作。身为"通辞"的陆若汉肩负多重责任，外交及贸易上都需要他代表耶稣会与日本的当权者进行协商斡旋。在这些烦琐事务的压力之下，陆若汉竟先后编写出版了《大文典》和《小文典》两部大作，不能不说是一个奇迹。

对于像陆若汉这样一位少年时期并没有受过正规教育、后在日本长崎和京都肩负重任的"南蛮通辞"兼传教士，竟能编写出内容如此丰富的《大文典》和《小文典》，应该说的确是创立了一个伟大的事业。回顾陆若汉走过的历程，以及成就他在语言学研究上获得如此成功的主客观因素，综合起来也许可以归纳出几点：第一，在神学院哲学、神学、艺术等课程的习得，开启了他尘封已久的智慧天窗。第二，极富文学修养的恩师养方轩保罗的教导，让他得以吸取丰富的知识、教养。第三，自幼来到日本，与日本人的频繁交往，令他掌握一口标准流利的日语。第四，活动在当时日本政治最高权力层的经历，使他有幸得到难得的磨炼和经验。第五，民间传教的特别经历，加深了他对日语和日本文化的了解。第六，时代大背景的影响及耶稣会的信任与委托，让他获得施展才华的机会和空间。

4. 大小文典产生的影响力

《大文典》和《小文典》出版之前，日本人从未系统地学习过本国的母语。陆若汉倾注心血撰写的这两本文典，第一次对日语语法进行了系统的归纳和总结，具有划时代的意义。日本和西方的语言学家对此做出极高评价，称颂是"研究17世纪初的日本文法和口语不可缺少的著作"[①]。这两部文典是陆若汉在传教形势十分险恶的状况下，利用他丰富的日语知识和生活积累写成的开拓性大作，在日本学术界受到高度重视，被作为日本江户时期重要的历史资料，和当时一些有代表性的西方文献一起保存在各地的图书馆和博物馆里。

《大文典》和《小文典》后来被许多学者经常提到或引用。有一个名叫迪埃格·考拉德（Diego Collado）的多米尼克会士于1632年在罗马出版过一本仅75页的小辞典《日本文典》。考拉德在该书序言中声称，他参考了陆若汉的文典：

> 自己从罗德里格斯的文典中引用了很多内容，目的是为了编辑一部简要的文典，所以丝毫没有涉及到修辞学和文语体。用来说明文法要点的例句，都是一些非常简单的句子，所使用的人名也很少。[②]

[①] 迈克尔·库帕著，松本玉译：《通辞·罗德里格斯》，页217。
[②] 迈克尔·库帕著，松本玉译：《通辞·罗德里格斯》，页217。

一个多世纪以后的1738年，在墨西哥又出版了一本简明易懂的日语文典，作者是在日本、菲律宾和交趾当过传教士的西班牙方济各会士梅尔·奥伊扬格伦（Melchor Oyanguren）。奥伊扬格伦在序言中提到该书参考了日本人的著作。在他的文典里列举了比陆若汉更多的同音词，以及许多《大文典》没有引用过的《平家物语》的例句，还增加了一个章节的内容。该章节跟陆若汉《大文典》的第二、三部分有相通之处。作者针对散文体和修辞学、数量计算和时间计算等做了简单说明，其中还谈到日本的诗歌，并列出日本诗歌的六种形式。奥伊扬格伦的文典并没有说明是否参考了陆若汉的语言观，但对于身处那个年代基本同外国断绝来往的日本的奥伊扬格伦来说，能写出这样一本文典应该多少会受到陆若汉的影响。[1]

　　如此才华横溢的陆若汉在几个世纪中从未受到过与其杰出贡献相称的荣誉，他的功绩在西欧世界也没有得到充分的认可，两部巨作甚至曾经一度被认为出自他人之手[2]，这不能不说是个令人遗憾、有失公允的历史错误。

（三）《日本教会史》

　　《小文典》脱稿不久，陆若汉又接到编撰《日本教会史》的任务，他

---

[1] 鳅泽千鹤：《罗德里格斯所追求的日本语（其一）》，载《国文学论集》，上智大学，1995年。
[2] 据说跟陆若汉同时期从事日本传教活动的同名同姓葡萄牙人罗德里格斯·基朗（Rodrigues Girão）一直被认为是《大文典》的编辑者。因为基朗常年在耶稣会准管区当秘书，从1604年到1612年他编辑了7期日本耶稣会年报，从1616年到1626年在流放地澳门也编辑了7期年报，故在欧洲非常有名。1620年《小文典》发行前，有可能也混淆了作者的名字。库帕称查阅图书馆或者美术馆的目录，两部文典的作者至今大部分仍然写着罗德里格斯·基朗。在第一部文典《大文典》上，作者的名称写的是葡萄牙耶稣会士若阿·罗德里格斯神父，而在1620年发行的《小文典》上，作者名写的也是葡萄牙耶稣会士若阿·罗德里格斯神父，但是特别注明了他的出生地是塞尔南赛尼埃，也许是为了跟里斯本附近的阿尔考歇特出生的罗德里格斯·基朗区别的缘故吧。很早以前就有研究者说过，罗德里格斯·基朗不是文典的作者，但是最后澄清这个问题还是在迈克尔·库帕从事该研究时期的事情了。值得一提的是，与罗德里格斯同名并和他一起完成宗教学习的弗朗西斯科·罗德里格斯甚至也一度被认为是《大文典》的作者，因为罗德里格斯（Rodrigues）、罗德里格兹（Rodriguez）和罗伊兹（Roiz）这几个名字在西班牙和葡萄牙太普遍，容易弄错的可能性很大。当时陆若汉离开日本返回澳门时，日本教会学校就有四位教师叫作罗德里格斯。迈克尔·库帕著，松本玉译：《通辞·罗德里格斯》，页216。

又奉命忙碌起来。离开作为《日本教会史》之大背景的日本传教地区，身在异地澳门的处境无疑给编撰工作带来很多不便。幸亏曾为天正少年遣欧使团成员的原马尔奇诺（Martinho Hara）当时也在澳门，他精通拉丁语，并受耶稣会的委派协助陆若汉，使得编撰工作顺畅了许多。与其他教会史书不同的地方在于，该书的编者熟知包括日本在内的亚洲事物，并在直接与传教士接触的人们所见所闻的基础上编成此书。例如，《日本教会史》（以下简称《教会史》）的最后部分以记述有关圣者沙勿略的事迹结束，并指出之前的各种沙勿略传都是由不了解日本国情的人们所转述和记述。陆若汉十分自信地称：

> 《日本教会史》的编撰不曾抱有任何追随他人的企图，书中对于成为传教舞台的日本和中国有关地理、文化等涉及各方面的详细记载，都出于自己亲身经历的体验和知识，以及对当时庶民生活的实情进行考察后的真实叙述。[①]

日本史学家土井忠生认为，《教会史》作为天主教传教史和中日文化史的原始资料"具有极其珍贵的价值"[②]，陆若汉也成为最早介绍中国传教史的欧洲人之一。

1. 编撰者易人的前后过程

罗马总会制订这项编撰《日本教会史》的计划是在1610年。耶稣会总部积极提出由在日本管区有实地生活经验的人作为编撰的担当者，耶稣会最初的目标锁定在早年居住日本、和陆若汉一样富有经验和实力的马特乌斯·德·考洛斯（Mateus de Couros）身上。

考洛斯最初收到编撰《教会史》的正式命令是在1612年，但此后的几

---

① 土井忠生：《吉利支丹论考》，页69。
② 土井忠生：《吉利支丹论考》，页70。

年日本国内处于传教士遭受大批驱逐的艰难时期，严酷的环境，紧张的形势，加上他自身的身体状况，这些困难都阻碍了满怀激情的考洛斯投入执笔工作。当时考洛斯正担任有马神学院和附属神学院院长等职务，接到编撰命令后考洛斯曾向管区长提出，希望能辞去院长的职务，为马上要开始的教会史编撰做必要的准备工作。在奥格斯堡出版《日本的天主教现状》[①]一书的耶稣会士尼格拉斯·托利戈（Nicholas Trigault）在序言中称：

> 有一名日本的同事（耶稣会士）目前正在编写一本详细的（教会）记录，故关于日本的传教历史就不在此重新叙述。[②]

这名"日本同事"就是指考洛斯。然而，时势并不如考洛斯所想象的那般顺利，受有马晴信烧毁葡萄牙商船事件的影响，他的学生以及管区的教徒均遭到有马的追杀，转移至长崎郊外的全圣者学院。为了安慰和鼓励聚集在该学院的教徒，考洛斯不得不悉心照顾他们的一切生活起居，同时还担任聆听长崎周边三千多信徒忏悔的重任。此外，从有关殉教者的调查到耶稣会年报的制作，管区长接连不断地将重大的事务交给考洛斯，他无暇顾及《教会史》的编撰，收到命令之后很快就过了五年光景。土井忠生在叙述这段历史时称：

> 考洛斯曾向管区长提出要求辞去有马神学院院长一职，移居到京都的修道院，因为京都有熟悉日本情况的日本学者近在咫尺，编撰中有必要时，随时可以与他们商量。并强调他自己生来笨拙、才疏学浅，照顾那些遭迫害的教徒已经使他身心疲惫、寝食难安。现在得到委任编撰历史书的绝好机会，这是一件自己所乐于从事的工作，希望罗马

[①] 该书出版于1615年，它以1609至1612年的耶稣会年报为基础，描述了日本教会的活动。托利戈首先全面地介绍了中国的传教活动，并强调日本的情况也打算以同样的形式来写。
[②] 迈克尔·库帕著，松本玉译：《通辞·罗德里格斯》，页283。

也发出命令让自己能专心致志地实现此愿望。可是，罗马的回复却要考洛斯继续担任现在的工作，利用工作之余来推进教会历史书的编撰。①

罗马的回信是在1613年。当时考洛斯正重病在身，双手处于完全麻痹的状态。1614年罗马总会长针对日本管区会议的备忘录发来指示，其中明确提到让考洛斯承担编撰《教会史》的任务。考洛斯读此信后激动万分，发誓说：

> 吾师吩咐我撰写，我理解吾师心意，必竭尽全力投入准备，尽快完成之。②

这的确是考洛斯的肺腑之言，也是他的信念。但此后发生的事情正如土井所记述：

> 翌年1614年由于"伴天连驱逐令"的颁布，身患重病的考洛斯与其他传教士一起隐遁澳门，在那里度过了八个月的疗养生活，得以保住性命。在考洛斯逐渐康复的1615年，接到重振耶稣会的命令再赴日本。归日后的考洛斯受当时的副管区长热罗尼莫·罗德里格斯的指令，只是日夜疲于照料四千人的生活，教会史的事情再无人提及。③

五年后的1617年12月1日，罗马总会长发来的信函中再度下令吩咐考洛斯撰写《教会史》，该信函到达长崎是1620年8月。此前考洛斯亦收到巡视员热罗尼莫·罗德里格斯从澳门发来的、写信日期为1616年的信函④，该

---

① 土井忠生：《吉利支丹论考》，页189。
② 土井忠生：《吉利支丹论考》，页190。
③ 土井忠生：《吉利支丹论考》，页189—190。
④ 第二年即1617年，巡视员热罗尼莫·罗德里格斯也收到罗马总会长发出的书信，内容和给考洛斯的意思大致相同。土井忠生：《吉利支丹论考》，页191。

信的内容与总会长的指示完全相反。信中告知考洛斯,《教会史》的编辑工作已决定让另外的人参与,其中第一部分由耶稣会"通辞"传教士陆若汉和日本传教士原马尔奇诺来承担。对此考洛斯答复说:

> 他们也许会编写出与本人思路完全不同的东西。①

之后,考洛斯经过仔细反省这五年间编撰工作一直无法进行的原因,认识到自己才疏学浅,并不适合编撰如此重要的历史书籍,而且参与编写的另一方又互不熟悉、风格迥异,便遵从巡视员的指示与陆若汉等人合作编书。后来因各种因素,考洛斯干脆放弃了参与编写的打算,完全从编撰《教会史》的工作中退出。放弃这项工作对于考洛斯来说不仅减去了身上一个过于沉重的负担,而且他也相信从很多方面来看的确有人更加胜任。考洛斯经过反复斟酌,认为辞退这项使命为上策,便于1620年10月10日从加津佐给耶稣会总会长寄去一信表明自己的态度。

1567年生于葡萄牙里斯本的马特乌斯·德·考洛斯,16岁时加入耶稣会。那时正值日本天正少年遣欧使节团经葡萄牙前往罗马,年轻的考洛斯亲眼目睹那种辉煌深受感染,兴奋万分。1586年加入归国的使节团队伍,经过果阿、澳门,1590年和巡视员范礼安一起到达心仪已久的日本岛,之后便留在长崎学习。据1592年11月制作的日本耶稣会士名册的记载,长崎郊外的全圣者住院学员中有"伴天连"(传教士)佩罗·保罗、"伊鲁曼"(修道士)若阿·罗德里格斯(陆若汉),以及马特乌斯·德·考洛斯三人。其中注明:

> 此三人均精通日语,能够用日语流利地传教、书写,而且都在神学的在读学生之中。②

---

① 土井忠生:《吉利支丹论考》,页190。
② 土井忠生:《吉利支丹论考》,页193。

来日仅两年的考洛斯日语进步如此之快，能得到此番高度评价，充分证明他自身所具有的卓越才赋。以后的几年围绕《教会史》的编著，处于微妙而特殊关系中的陆若汉和考洛斯有过较多接触，二人似乎颇有缘分。他们的日本语能力齐头并进，又先后离开日本前往澳门获得神父的资格。但陆若汉大多时间待在长崎耶稣会本部工作，考洛斯则多直接从事传教工作①；陆若汉身体一直很健康，而考洛斯则体弱多病。1613年两手完全麻痹、重病缠身的考洛斯已经完全不能自由地书写，签署他名字的书简多由他人代笔。1617年他在长崎被任命为日本管区长时也是重病在身，其健康状况一直令支持他的人们担心。②巡视员范礼安离开日本前曾与他约定，将为他向罗马教会提出强烈请求：

　　给考洛斯为期三年并影响其编撰《日本教会史》的管区长工作画上句号。③

　　然而范礼安于1606年12月在澳门病逝，因此未能履行此约定。基于考洛斯当时的工作和身体状况，即使范礼安将他的诚意传达给罗马总会长，由于繁忙和多病，他也难以完成《教会史》的编撰工作。从当时的背景来看，可以认为考洛斯得知巡视员更换了《教会史》的编撰人后仍能平静地接受这一决定，并主动要求彻底退出编撰工作，让贤给陆若汉的举动是十分明智的。④

----

① 1604年福岛正则在广岛开设传教驻扎所时，首先被派去的就是考洛斯。此后的五年间指导当地的教徒，1609年被任命为有马神学院院长，从此踏上了一条艰难的道路。后来考洛斯也受到有马晴信商船事件的影响被追逐移居到长崎，终日忙于救济避难的教民。
② 因为考洛斯接替了之前不受欢迎的卡布拉尔担任日本管区长一职，得到很多传教士和教徒的拥戴，唯一让支持者担心的就是他的健康问题。不过，拖着病弱的身体考洛斯坚持了四年的管区长的工作。
③ 土井忠生：《吉利支丹论考》，页193。
④ 1621年10月，代替考洛斯任管区长的巴范济也遭到逮捕，最后殉教。考洛斯1626年重新担任管区长，管理日本的传教工作。1633年10月29日，终于在大村领地的波佐见因身体衰弱而病逝，时年66岁。

取代考洛斯编撰《教会史》的陆若汉究竟是以怎样的实力取得这个殊荣的？我们可以从1620年9月澳门制作的日本管区属下的耶稣会士名册上有关考洛斯和陆若汉的记载中得到对这二人的学业、才能和资历方面的比较：

> 马特乌斯·德·考洛斯，里斯本出生的葡萄牙人，年龄52，在会37年，身体良好。拉丁语课程修了，神学课程学习3年。教授人文学3年、伦理学2年，先后担任志岐住院和天草岛的长老2年、有马的院长5年、管区长4年，现任管区长顾问，兼荐言人。1602年作四项誓言的宣誓，精通日语，可用日语传教。
>
> 若阿·罗德里格斯，拉美古司教区塞尔南赛尼村出生的葡萄牙人，年龄59岁，在会42年，身体健康。哲学课程修了，学习4年神学课程。教授拉丁语课程4年，担任该管区（日本管区）的司库12年。1601年作四项宣誓，精通日语和日本的事物，能流利地用日语传教。①

陆若汉的出生地贝拉地区是葡萄牙中部的丘陵地带，这里的人多为农民，一般体格健壮，与考洛斯在首府出生、城市长大的背景完全不同。正如土井所称：

> 罗德里格斯在遥远的充满浓郁乡音的环境中长大，在故乡没有条件接受教育和教养，少年时期就远离故土来到国外。考洛斯则在葡萄牙有代表性的学府科因布拉学院师从被称作圣人的一位修炼长勤勉学习。在这一点上，二人形成鲜明的对比。②

陆若汉身为葡萄牙人却终生为其故乡的语言所烦恼。③用葡萄牙语来

---

① 土井忠生：《吉利支丹论考》，页195。
② 土井忠生：《吉利支丹论考》，页193。
③ 正因为如此，他对作为外语的日语和汉语的学习十分用心，结果作为"通辞"而出人头地。

撰写文章，对于未在本国受过正规教育的陆若汉来说无疑是一个很大的考验，困难可以想象。作为《教会史》的执笔人，罗马总会长首先选中考洛斯是情理之中的事情，至于此后让陆若汉取代考洛斯担此重任，也许是因为在诸多涉及出生地、教养等条件之外，巡视员还考虑到其他重要因素的缘故。正如考洛斯的后任总管区长巴范济在几年后写给罗马的信中指出：

> 考洛斯先生从十一年前起就经常生病，编写《日本教会史》的工作几乎都做不了。因此，巡视员（热罗尼莫·罗德里格斯——笔者注）就把他这项工作免除了。我向巡视员提议，把这项工作全部交给若阿·罗德里格斯先生，我认为由若阿·罗德里格斯先生收集资料，进行整理并尽可能写得通俗易懂，再由其他人进行加工，就能成为一本好书。因此，我今年将继续把有关日本教会史的文件寄往澳门。①

可以说，陆若汉受到如此的推荐也是出于耶稣会领导层对其才华和能力的认可。首先，他在日本生活了三十多年，日语很流利，曾去过各地旅行，熟悉日本的地理文化和风土人情；其次，他称得上是天主教传教的一名先驱者，担任过耶稣会不少重要职务，对日本教会的事情很精通；第三，陆若汉经常出入官府，知晓很多旁人无法得知的内幕；再则，他被驱逐到澳门暂没有固定工作，时间上比较清闲，把编辑《教会史》的工作交给他，正好可以发挥其作用。不过耶稣会上层也清楚地意识到，不可能指望陆若汉编写出文采四溢的大作，充其量只能让他担任一个收集整理日本教会资料的角色，撰写成书还得依赖他人。陆若汉更是明白自己的葡语水平写不出像样的文章，他在1627年寄给罗马的私人信件中这样写道：

> 众所周知，我从小就离开欧洲，在这个国家（日本——笔者注）

---

① 迈克尔·库帕著，松本玉译：《通辞·罗德里格斯》，页284。

的荒野和森林中长大。因此，不知道葡萄牙语的文章该怎么写，也不知道怎样才能把要说的事情写得简洁明了，而把事情不分顺序地收集起来进行说明还可以。我不想给收到这封信的各位增添麻烦，除非是非写不可的时候，一般我都觉得不好意思，所以尽量不写。①

弗朗西斯科·维埃拉（Francisco Vieira）曾对陆若汉替换考洛斯一事提出反对意见。1618年，他巡视访问日本时间及该事情的始末，他认为没有必要硬性地将《教会史》的编撰者由考洛斯换成陆若汉，并在顾问会议上强烈地提出自己的主张，他非常担心这样公然违背罗马总会长的任命。但经过与会人员的说明，维埃拉了解到一些他不知情的实际原因和困难后，也只能表示尊重换人的意见。②不久考洛斯便被告知：

> 已经有人在《日本教会史》的编撰上做了充分的准备，比他本人更加胜任，其他人很难与之相比。③

考洛斯表示可以理解耶稣会的决定，接受了这个自己并不情愿看到的事实。当1620年他再次接到从罗马总部下达的继续编撰《教会史》的命令时，巡视员热罗尼莫已经解除了如同沉重的十字架背负在考洛斯身上的《教会史》编撰工作。从此，考洛斯便完全放弃了编写教会历史书的希望和留恋，一心扑在拯救灵魂的工作中，度过他所剩不多的时光。他是这样来结束写给总会长的信的：

> 自己唯一的安慰不在于是否能够撰写教会史，而很在意将自己的余生奉献给生活工作了三十一年的日本这个葡萄园，希望不要把他派往日本以外的其他国家。④

---

① 迈克尔·库帕著，松本玉译：《通辞·罗德里格斯》，页284。
② 土井忠生：《吉利支丹论考》，页191。
③ 土井忠生：《吉利支丹论考》，页191。
④ 土井忠生：《吉利支丹论考》，页191。

2. 两个版本和主要架构

《小文典》于1620年出版以后，陆若汉便奉命全力以赴投入《教会史》的编撰。在这一年9月编制的耶稣会人员名单中，简单地记述着：

> 若阿·罗德里格斯先生，通辞，经验丰富，目前正在编辑日本历史书。①

当时受巡视员热罗尼莫指定协助陆若汉编撰教会史的还有日本传教士原马尔奇诺以及若干名耶稣会士。1620年耶稣会制作的名册中，巡视员杰罗尼莫对原马尔奇诺做出如下简要介绍：

> 马尔奇诺·德·坎坡，中村领波佐见在出生的日本人，年龄52岁，在会29年，身体一般。学习3年逻辑学，教授拉丁语法1年。精通日本学问，能用国语很好地传教，1617年担任主教助理。②

原马尔奇诺出生于1568年。③ 1580年日本开始设立神学院，他进入有马神学院学习。两年之后，14岁的原马尔奇诺作为天正少年遣欧使团的副使节，与同为中村领出生、一同进入神学院就读的中浦朱利安同时被选上。在伊东等四名少年使节中，他的拉丁语能力最强。少年使节团完成访欧使命回到果阿的第六天，即1587年6月4日用拉丁语向范礼安作旅行报告的就是原马尔奇诺。报告中高度称赞在旅行中给予他们大力帮助的葡萄牙传教士的功劳，报告被印成8页纸的小册子出版，这是在东洋第一次使用西洋印刷机出版的欧文刊物。1590年少年遣欧使节团返回日本后，随同由

---

① 《中日古风俗系列》，耶稣教会档案，罗马 25，第109卷。
② 土井忠生：《吉利支丹论考》，页206。
③ 考洛斯1633年死于原马尔奇诺的出生地。虽说事隔漫长的岁月，却似乎有一种奇缘将二人联系在一起。

范礼安率领、陆若汉任"通辞"的代表团前往谒见丰臣秀吉。尽管丰臣秀吉曾试图将原马尔奇诺等留在身边作为伺童,但一心想加入耶稣会的四名少年使者1591年7月一同进入天草的神学院继续学习,原马尔奇诺的拉丁语能力远胜过其他三人,第二年便完成拉丁语的全部课程。① 此后,他还担任了一年左右的拉丁语教师。原马尔奇诺1603年开始学习逻辑学,历时三年,那时他已经作为传教士在长崎任职,为耶稣会工作。② 1614年在驱逐令的逼迫下,原马尔奇诺移居澳门,在当地被授予"听忏悔师"一职。他能够协助陆若汉编撰《教会史》,得益于他的拉丁语能力和日本学问的精深。

除原马尔奇诺之外,还有一位名叫内藤路易斯的日本人协助陆若汉编撰《教会史》。内藤1584年12岁时进入高槻的神学院学习,花费了六年时间学习拉丁语之后,以"同宿"的身份教授神学院学生学习日本的宗教。1607年加入耶稣会,1613年在京都作为教师作日本宗教的演讲,翌年被驱逐至澳门后也因"精通日本的学问,三次向耶稣会士演讲用日语撰写的日本宗教",故在1618年的名册上有"日本宗教方面的教师"的记载。③ 内藤路易斯在宗教方面的确是一位屈指可数的学者,可见他作为陆若汉的助手,起到了很大的作用。除此之外,居住在澳门的传教士和修道士中,熟悉日本事物被记录到名册上的另外还有数人,他们当中一定还有人在某些方面直接或间接地为陆若汉编撰《教会史》提供过帮助。

陆若汉最初提到有关《教会史》的事情,是在1622年10月31日从澳门写给耶稣会总会长的书信中。陆若汉介绍自己在澳门的工作主要是为日本天主教编写基于实地经验的《教义问答书》,另外是在编辑弥补教师不足的书籍和条文,并谈到要编写一本日本的历史。他称:

---

① 1592年的名册上写着,其他三人尚为拉丁语一年级或二年级的学生,而原马尔奇诺已经完成拉丁语的全部课程,文献资料均有此记载。拉丁语课程采用的不是学年制,而是学历制,由此可推测他的拉丁语实力。
② 1600年副管区长戈梅斯去世以及1614年主教塞尔凯拉离世的葬礼上,都是由原马尔奇诺宣读悼词。
③ 土井忠生:《吉利支丹论考》,页207。

正确地见证、了解事实的人都已相继去世,不再抱有不懂典雅文体的顾忌来撰写历史。他日印刷的时候,再对文章作修改和补充。(编撰)必须横扫耶稣会一般传教史上多见的、不符合事实且全凭错误的臆测编撰的充满虚伪的东西。本人滞留日本45年[①],已成为迄今最具资格的长者,编写大部头的文法书公开出版,此后又为初学者制作要略,也得以出版。巡视员热罗尼莫·罗德里格斯嘱我编撰日本的教会史,据说此事是日本传教士说服的结果,我因此心存感激,为那部历史的最初部分倾注了精力。不管怎么说,本人对关白殿下(丰臣秀吉——笔者注)迫害前后的日本状况比谁都知情,加上精通日本的语言和历史,对宗教也有特别的研究,因此对日本的情况和习惯已经大部分做出准确的记述。日本教会史上最重要但最难记述的是我圣教徒圣方济各·沙勿略来到日本直至克斯梅·德·托雷斯去世这跨越二十年的初期历史,此后的教会史只要查阅年报便可得知。我编集了这些初期的历史事件,特别要说明的是,我的目的是清楚地阐述事实,并不在于整理文章。文章和其名声一起是为了他人而留给后世的。[②]

清晰而优美地整理文稿一般被视为文章作者欲将其美誉传给后世所必须的努力,陆若汉在信中也对此作了简要陈述。陆若汉接着向罗马报告了《教会史》编撰的进展情况:

> 有关日本的历史部分很快就可编集完。……虽文体不优美,但此部分工作即将完成,接下来请一位文笔好的人做出整理吧。……关于日本这个国家的各种事情、习惯以及从圣父圣方济各·沙勿略先生来到日本至克斯梅·德·托雷斯先生去世前的最初二十年,我如实地作出了记述。

---

① 此时间有误,陆若汉在日本生活前后共计33年。是陆若汉的笔误还是土井忠生的引用错误,或是印刷错误,有待考证。
② 土井忠生:《吉利支丹论考》,页204。

陆若汉埋怨前任和现任的巡视员①都不曾对这本历史书的完成提供过援助，甚至连一句鼓励的话也没有。因此在汇报编撰进展时，也显得有些悲观：

> 虫和火把所有东西都吃掉了，我们和《日本教会史》也许处于同样命运。《日本教会史》把日本传教的最初四十年分成两大部分来写，很多有直接经历的当事人一个接一个地去世……

书信的最后，陆若汉表达出今年想返回日本的愿望，并自信地表示"现在虽已是59岁的年纪，却有着超出年龄的精力和体力，完全没有因为年龄的缘故而感到虚弱"。十年前被"天下殿"（德川家康）作为代罪之身比其他人先一步驱逐出日本，现"天下殿"已仙逝，自己热切期盼能早日返回日本。而且近两年日本管区长也有意让他回日本，但巡视员热罗尼莫不允许他回归，故再次向罗马总会长表白自己的心迹。②从1622年的这封书信来看，可以推定陆若汉编撰《教会史》已基本脱稿，而热罗尼莫阻止陆若汉返日的真实意图无法探明。不能实现返回日本夙愿的陆若汉便着手修订《教会史》初稿，期望从中得到慰藉。除了编撰《教会史》之外，陆若汉还被置于与中国朝廷有关的杂乱事务中。

《教会史》的修订工作持续到何时，没有准确的记载。比较清晰的是陆若汉于1622年末已经写完日本国土介绍和天主教日本传教后二十年间（1549—1570）的事情，1627年又增补直至1590年的内容。1628年起，陆若汉多次进入中国内地忙于其他事务，可能没有时间继续执笔。从目前尚保存的《日本教会史》的构思目录来看，陆若汉曾制订过一个野心很大的编撰计划，长达8页的目录写得十分详细，目录上留有陆若汉所作的不少笔记。《教会史》如果照此构思，将分成三个主要部分，第一部分和第二部

---

① 前任为热罗尼莫·罗德里格斯，现任则指的是加布利埃尔·德·马托斯（Gabriel de Matos）。
② 土井忠生：《吉利支丹论考》，页205。

分各为十卷，第三部分预定为四卷。①第一部为日本概论，内容包括介绍日本人以及日本文化、宗教、历史、美术、政治、神道、佛教、儒教等，准备各写成一卷。第二部将日本传教历史按照耶稣会各位长老的在任期间划分阶段，此规划整齐、构思新颖，只是根据长老在任期间的长短，内容的厚薄上有很大差别。如考洛斯的第一任期间只有三年的记录，而巴范济则有十三年的历史。第一卷是沙勿略时代（1549—1552），第二卷是托雷斯时代（1552—1570）……总共计划撰写十卷。《教会史》第三部分的四卷，预定撰写有关中国、印度和朝鲜的传教经历，再加上日本传教的简介。

《教会史》中的好几卷很可能被埋没在欧洲某个文书馆内，迄今为止，呈现在人们面前的仅是很少一部分。据1747年在澳门耶稣会文书馆担任抄本监督的乔安·阿尔瓦雷斯（João Alvares）信中称：

> 从该书的标题页来判断，它描述的应该是1549到1634年间的日本历史，但我找到的这卷仅仅是从1549年到1552年。至于其余部分，尽管保存下来，却是采用不同手法、不同语言的译本，因此不在这次翻印的范围之内。②

富有责任心的阿尔瓦雷斯没有谈及关于1553至1590年的记录，故可推测《教会史》的大部分篇章在18世纪中叶就已经失传。

《教会史》的现存版本目前流传的有两种：阿儒达版本和马德里版本。阿儒达版本是指葡萄牙里斯本的阿儒达文库（Biblioteca da Ajuda）所珍藏的抄本。该抄本收集在《Jesuitas na Asia》中③，书函号49—IV—53。第一篇的封页上用不同于正文的笔迹写着：

第一部
日本历史。日本诸岛、住民习惯、艺术及技术、文学、语言以及

---

① 迈克尔·库帕著，松本玉译：《通辞·罗德里格斯》，页287。
② 《耶稣教—亚洲系列》，阿儒达图书馆，里斯本49—IV—53，第1卷。
③ 该书集以18世纪中叶将澳门耶稣会历代珍藏的古书加以誊写的抄本为主体。

诗歌、关于这个国家物产的记述。第一卷和第二卷。

一五四九年至一五五二年方济各·沙勿略圣福音传教的起源。在此书的开篇部分添加从使徒到上述年代之前耶稣会传教士入国之前的中国以及日本的天主教痕迹的探讨……①

上述标记性内容并非《教会史》原稿所有，是在澳门编撰后送至里斯本阿儒达文库收藏时添加的。其内容涉及《教会史》的大概、与范礼安著书之比较、标题以及与实际叙述范围相异的说明。值得注意的是，执笔者在概观全书的同时，大致把握住了作者陆若汉的意图。这一类注释性标记在该书集的其他抄写本中也可以看到。阿儒达版本的《日本教会史》虽说只到第三卷中途就结束了，但从整体来看，第一卷到第三卷已经包含大部分内容。从此意义上可以认为，阿儒达版本是陆若汉《教会史》的基本抄本。被称作马德里版本的流传本是西班牙马德里历史学院文库（Biblioteca de la Real Academia de la Historia）所收藏的抄本。它由三大本组成：(A)《教会史》的第二部，相当于阿儒达版本的第三卷②；(B) 日本主教传；(C) 面向读者的绪言、日本教会史构成方案、亚洲总说和中国各说。三本中的B、C被认为是陆若汉的亲笔书写本，A则由陆若汉身边的人撰写，陆若汉本人也添加有一部分内容。此三本"应该属于陆若汉的原稿本，且为手译本"。③

《教会史》的日译本依据"位于葡萄牙里斯本的阿儒达文库所收藏的18世纪抄本"翻译而成④，全书分为上下两册，包含两个主要部分。第一部由第一卷和第二卷构成，第二部由第三卷构成。上册为第一卷，共35个章节，收入了日本诸岛的位置、年代、国名、岛屿数及大小、地方行政区、领国、国的划分，有名的山、湖、川，气候和特质、产物等内容，其中也

---

① 土井忠生：《吉利支丹论考》，页208—209。
② 阿儒达版本只到第17章，这个版本直到第28章。
③ 土井忠生：《吉利支丹论考》，页210。
④ 陆若汉著，土井忠生等译注：《日本教会史》上册，页1。

涉及到中国的礼仪、信仰、迷信、最古老的哲人三大派，以及形成其他宗派的根源等诸多内容。下册为第二卷和第三卷。第二卷共16个章节，阐述了日本的文字、艺术、技术、天文地理以及占星术等各类事情。第三卷亦是最受重视的部分，共29个章节，用陆若汉整理完备的日本传教史料作了尽量忠实于历史的客观叙述。遗憾的是陆若汉的这篇巨作当时并不为耶稣会长老重视，在他去世之前一直未正式出版，令陆若汉十分沮丧。他在写给马斯卡雷尼亚什（Nuno Mascarenhas）的信中，将自己郁闷的心情和盘托出：

> 新来的传教士巡视员尽管接到这些编撰书籍的报告，可在迄今为止同我的交谈中竟只字未触及该话题。他似乎认为我是出生于贝拉的葡萄牙人，是个不善言辞的粗野人士，对重要的概念不会充分地用语言来表达。（这些书物）被书虫蛀蚀，被付诸一炬，跟我们一道从这个世界上彻底消失，这只是遵循宙斯的旨意吧。[①]……《日本教会史》的情形也同样，至少成为其（传教）根基的初期四十年（历史）已经作为大部头的两个部分将要完成，记述的几乎都是在实地亲眼目睹的事实的真实报告。传教士巡视员对我说文章要更加通顺，但我已是老朽，希望能够借助一位不似我一般不具备文笔能力的传教士辅佐于我。我既没有助手，也缺乏必要的经费。内容并不是怎样都可以的，至少在关键和主要的历史事实上，应该要求史实的准确，为此本人勤力于做实地的调查。巡视员全然不考虑该书是否会出色地写出，或整体地完成全部内容。关于这些地方也好，日本也好，在欧洲写就并出版的书中用充斥着寓言般的故事，但都是与事实完全相悖的东西。如果天使出现来摘除书中的谬误的话，结果剩下的就全都是白纸了。[②]

陆若汉因为自己的得意之作得不到耶稣会领导层的认可而陷于难以自

[①] 以上陆若汉提及的是《中国地志》的编撰一事，1626年上任的班安德（André Palmeiro）对此编撰毫不关心的态度令他十分恼火。
[②] 土井忠生：《吉利支丹论考》，页214。

拔的苦恼之中,故率直向罗马总会长倾吐了内心的苦闷,其结果并没有出现他所期望的唤起某种反响。

3. 对沙勿略等传教士亚洲传教的描述

《教会史》在以沙勿略的业绩为中心的第三卷中,既大胆利用了从前辈作者的著述中采撷的资料,同时也引用了有依据的现存文献,在此基础上添加作者自己的观点和意见加以补充。此做法与陆若汉撰写《大文典》时的情况大致相仿,基本没变。在该卷中,作者充分参考了塞巴斯蒂昂·德·贡萨尔维斯(Sebastião de Gonçalves)的《耶稣会教士史》,虽然陆若汉对此只字未提,但从篇章的结构到文章的表现都明显地看出受到该书的影响。贡萨尔维斯1594年以来一直待在印度,1604年执笔撰写《耶稣会教士史》,1604年完成第一部,其抄本传到澳门。陆若汉在有关沙勿略的传记中,最信赖贡萨尔维斯的记述,一方面因为他著作的立足点是站在对先前研究批判的立场上,从诸多方面给予考察后所总结出的观点,另一方面这本著作的作者是曾经在葡萄牙与耶稣会有深交的埃佛拉学习、也曾在那个讲台上授过课的人物,是一位可以用正统葡萄牙文撰写文章的人。在这一点上,大概陆若汉认为可以与自己所撰写的葡萄牙文章作一对比吧。

贡萨尔维斯依据克罗斯(L. J. M. Cros)《沙勿略传》的地方很多,因此陆若汉一方面直接引用贡萨尔维斯的资料,同时还不辞辛苦地追溯至克罗斯的著作。在第三卷以外也可以找到这样的例子,如第一卷第四章中对葡萄牙人在1542年乘坐前往中国的帆船遇到台风初次漂至日本种子岛经过的描述①,除了之前有关1511年、1518年的事情是由陆若汉补充之外,其他均是根据贡萨尔维斯第四卷第四章提供的史实撰写的。关于台风这一词语的注释是《教会史》特别采用的说法,由陆若汉自己添加的。帆船漂流24小时到达日本诸岛之间这一条摘自克罗斯的第六卷第十九章的内容,文章开始的说明——这场台风是为了拯救灵魂由天主派来的——是用陆若汉的

---

① 后来经多种史料的考证,1542年葡萄牙船漂至日本种子岛的说法是不正确的,应为1543年。

话来插入的，但也是借用了贡萨尔维斯的表达，这是一个采用复杂组合的事例。第三卷主要跟随贡萨尔维斯的足迹，可以说这是贯穿第三卷整体的基本执笔态度。

4. 对使徒圣多马东方传教的描述

陆若汉在第三卷的第一章讲述了一则我们在大航海时代的许多西方文献中都可以看到的颇为神奇的故事，即圣多马（St. Thomas）[①]在使徒时代前往东方传教，远赴中国，在那里传播福音的传奇故事。随着西方各国在亚洲的势力扩张以及耶稣会士在东方传教活动的展开，圣多马的传奇越来越受人关注。

陆若汉论述了使徒东行的传教过程及其相关问题，隐约地向人们展示了当时福音传播过程中错综复杂的时代大背景。他将传说中的圣徒东行视为福音传播和整个东方教会史的起点，声称："在众多事件中首先必须记述的，应该是使徒圣多马如何来到中国，在中国如何使某些人改宗我们的神圣信仰"，并强调"至今仍然能在中国本土看到的天主教的痕迹，以及天主教传教士来到日本之前是否于某一时代已经有教义，即使是只字片语传入日本等。关于这一点已有部分学者认为存在其根据。"[②]对此陆若汉解释说：

> 最早在东方向异教徒传播圣福音的是光荣的使徒圣多马，教会的历史和一般的历史都对此有明确的记载。他的圣遗体、其遗物中极为重要的物件、墓地、在其殉教之地建筑的圣堂以及被他改变信仰者的子孙——天主教徒，这一切是由葡萄牙人进入印度时发现的。
>
> 而我们的主——上帝，为了使这位神圣的使徒所开创的事业得以重新开始，并使之遍布整个东方乃至整个世界，而选择这些葡萄牙人

[①] 圣多马（St. Thomas）也译作圣多默、圣托马斯，是耶稣十二使徒之一。
[②] 陆若汉著，土井忠生等译注：《日本教会史》下册，页223。

作为其手段，利用他们的航海、活动，甚至是鲜血。……

使徒们接受圣灵后，在分配应传播圣福音的世界地域时，使徒圣多马被分配的属地是最为遥远、当地民俗最难适应的位于东方的印度（见《圣多马福音书》——笔者注）。他们的习俗充满着被各种象征和谜语所掩盖的、通常是虚伪的教义与神学的无数谬误。他们是崇拜偶像的迷信者，是对福音的教义最缺乏认识的一群人。尽管如此，他们中包含有许多民族，其中有些民族像极为古老、闻名于世的印度婆罗门教徒和耆那教徒（gimno）那样非常迷信，并与恶魔交往。也有像中国人与日本人那样，拥有世界上最古老传统的高贵民族，而另一些民族则是野蛮而未开化的、缺乏自然理性的民族。

我主为确认该使徒对其复活后抱有怀疑的信仰，要求使徒的手探入圣体的腹肋（参照《约翰福音书》第20章第24—30简）。同时，我主还希望使徒通过使徒的传教和教义在这世界的尽头创立一个没有边界的天主教王国，确立其信仰。结果如我们今日所见到的，在这片东方的土地上至今仍保存着使徒的圣遗物。

历史书接着记述道，那位圣使徒从耶路撒冷出发，以向安息人、波斯人以及上印度的大夏人传教为目的，穿过阿拉伯，最初到达的地方是索科特拉岛（Socotora），在这岛上他令所有人改信天主教，并修建了几个教堂，其遗迹至今尚存。从那里出发前往印度，最初到达的地方是当时非常繁华的城市——马拉巴尔最显赫的国王居住的一个王国Canganor①。在这座城市，圣使徒令国王和众多民众改宗，在王国中修建了教堂，任命国内的天主教徒为助理神父（diacono）。再从那里前往马拉巴尔海岸，到达当时同样很繁华的城市，在那里使许多人改教。根据部分人的说法，他还去了Taprobana岛（铜掌国），那个岛就是锡兰②。

---

① 该王国位于印度半岛的东海岸。
② "锡兰"就是现在的斯里兰卡。

使徒又从那儿去了纳尔辛加的城市美利亚普尔（Meliapor），那是因为那座城市在当时的印度属于最大、最富裕且最强盛的城市。他在那里传教，让国王和许多民众改信天主教，并留下了许多门徒，然后乘船前往中国的各地。正如马拉巴教会史所记载的一样，他使用的是中国人的船，这些船只经常航海于印度的海面上。他到达名为坎巴黎（Cambale）或坎巴黎阿（Cambalia）的城市，在那里让许多民众改教，修建了很多教堂。他留下许多门徒，奠定了教会的基础，然后回到了美利亚普尔。正如他的传记中所写，他在这座城市中被偶像教神父的婆罗门教徒设奸计所杀。①

陆若汉的长篇描述与此前其他著作相比，并无新颖突出之处，值得注意的倒是他在叙述该传说后得出的结论比较前人更为肯定且充满激情。他称：

这些证据让我们确信，使徒确实到过中国。而以下观念同样合乎逻辑，即如此广大的王国，如此杰出的国民，精通所有学问，东方各民族中最为优雅，作为最高女王在东方拥有首屈一指的地位，并被赋予所有资质的国民之中，正如圣保罗诗篇中曾宣言的那样，大传道的光芒会传遍全世界，在大地的尽头轰鸣回响。诗篇中说"其声传遍全世界，其言直至大地尽头"。那个时代所知的世界是中国，所以认为使徒在分配给他的区域中最主要的王国中传教是极为恰当的。②

在第一章的其他段落中，陆若汉以更加谨慎而理性的态度考证了有关圣多马传奇的若干重要说法③，还对中国历史书籍未留下与此有关的记载做

---

① 陆若汉著，土井忠生等译注：《日本教会史》下册，页223—229。
② 陆若汉著，土井忠生等译注：《日本教会史》下册，页237。
③ 陆若汉著，土井忠生等译注：《日本教会史》下册，页230。

出合乎情理的解释①。在随后的章节中，陆若汉尖锐地指出在此前相当一段时间，一直有人根据某些巧合和似是而非的传言，将圣徒传教的范围从传统的印度、中国一直扩展到东方尽头的遥远日本。按照这一极富创意的想象，圣徒的东行线路不仅与葡萄牙人在亚洲的势力范围吻合，而且大致覆盖或重合了耶稣会在亚洲的传教区域。他称：

> 许多不同的著作者不了解中国的历史，也不知道中国国内发生过的事情，只是凭借自己的所见以及其他人的叙述，随意地发挥想象，在他们所写的书籍中，推测以往中国曾经存在着天主教，他们看到人们崇拜的若干偶像，就认为它们表示曾经存在的天主教信仰的玄义。②

5.《教会史》的基本特色

为弥补前辈学者的缺陷，陆若汉在编撰《教会史》时把提供准确事实作为追求的主要目标。他为此充分发挥自己通晓日语、精通日本事物的长处，在清晰叙述传教史实及其社会背景方面煞费苦心。不懂日语的参编者往往根据从日本送来的信简和报告原封不动抄袭下来，陆若汉则对其中不准确的标记、固定词语给予纠正，并设计适合于日语发音的罗马拼音。从"通辞"传教士的身份中所自然获得的、涉及日本诸多方面的丰富的生活体验，给予陆若汉的编写以极大帮助，在《教会史》中讲述日本人生活方式和习俗时他得心应手。例如，第一卷谈到某个地方生产出一个男人拿四个萝卜都感觉费劲的大萝卜；料理人使用刀工的灵巧不亲眼所见难以相信；富士山出现斗笠状云，海上将遇到危险；都城的皇居荒废，人们可以自由进入王宫内院观赏；木造的房屋坚实牢固；后藤作的金属手工艺精良等。③陆若汉的描述生动且形象，涉及各地的风土人情。

---

① 陆若汉著，土井忠生等译注：《日本教会史》下册，页237—239。
② 陆若汉著，土井忠生等译注：《日本教会史》下册，页240。
③ 陆若汉著，土井忠生等译注：《日本教会史》下册，页264—367。

不仅所见所闻的范围广，长时间的经验累积也是陆若汉的优势。比起根据某时某处偶然目击的报告来，他可以举出可信度很高的实例来。而且处于不断急剧变化的历史时期，作为一个纵观前后历史、追溯其推移过程的编著者能够综合地观察，这一点也是《教会史》具有的特色之一。例如男人的半月形发式，由陆若汉初来日本的拔扯方式到丰臣秀吉以后用剃刀削成①；都城在沙勿略来访时的衰落到"太阁时代"（丰臣秀吉时代）的繁华；日本政治形态从天皇统治时代的第一种形态到尊氏将军揽统治权于手中的第二种形态，经过织田信长直至太阁统治天下的第三种形态，特别记述了编著者所亲眼目睹的第二、第三种形态②。《教会史》第一卷第四章记载着葡萄牙商船1542年入港丰后开始通商直至1633年的91年间的事情。阿儒达本的标题上写明1575年到1634年是由跟随这个地区改教的耶稣会传教士编撰的，1634年对既存的原稿做了最后的整理。不仅如此，马德里C本的"中国概说"将陆若汉计划中所期望的《教会史》的形式表现出来，对作者意图、全书构想都做了明确的提示，是编著者基于从中国大陆各地旅行的体验中所得到的有关中国的知识，再加上与明朝廷和徐光启为首的官方交涉经历，倾注热情写就的，这令书稿面貌一新。

对于各个时期传教士报告中相互矛盾的记述，陆若汉在他长时期对历史变迁考察的基础上做出了解释。在《教会史》中，他高度赞扬扭转战乱时代混乱的织田信长和带来天下统一与和平的丰臣秀吉、德川家康的功绩，他认为是这些伟人将社会生活带往合理化的方向，在引导日本人民走向近代化的进程中做出了突出的贡献。③另外，根据当时的较为普遍的说法，即日本人的祖先可以追溯到吴太伯的子孙，日本文化的根源也大体出自中国。陆若汉努力对这一观点进行求证，他指出日本的裙裤起源于中国，由此讲述到在浙江、福建旅行时看到类似裙裤的经历。④同时他还评价

---

① 陆若汉著，土井忠生等译注：《日本教会史》上册，页297。
② 陆若汉著，土井忠生等译注：《日本教会史》上册，页306。
③ 土井忠生：《吉利支丹论考》，页188。
④ 陆若汉著，土井忠生等译注：《日本教会史》上册，页95。

说，日本文化虽来自于中国，但根据日本人民自身的创意，已经创造出许多有价值的新意，他的肯定态度与其他传教士的观点有所不同。①虽然陆若汉出于过度自信，难免也有搞错或言过其实的论述，但我们可以认为在重要的事件和问题上，他应该是经过周密细致斟酌后抓住本质，从而得出结论的。陆若汉将从文献得到的知识加以历史的考察、进行系统的综述这一意图在《教会史》中随处可见。有关每个事件的准确性，从整体的大局出发谋求其体系化，并不仅限于个别事物的一个个孤立的叙述上，这也是《教会史》弥补前人缺陷的独自特征所在。

如上所述，陆若汉对采用内容的准确度、记载事实的真实性方面充满自信，而关于文章的语言表现却完全没有信心，正如他在书信中所述：

> 越是离欧洲人遥远的、难以想象的事情，怎样寻找让他们容易理解的准确的表达方式，是令自己最为烦恼的事情。把日语的语法现象用拉丁语法的范畴来处理也同样，利用欧洲人的知识和意识不可能说清楚日本人的生活和性格，这就需要表达上的技巧，但偏偏这方面自己缺乏自信。②

《教会史》的确给我们留下了一些问题。首先，书中的记述，尤其是第三卷的记述是否具有陆若汉亲笔撰写的独特价值。因为如果能够依赖前辈作者成果中出现的记述，《教会史》编著者都会尽量凭借那些资料以满足需要。擅自借用前辈文章的做法在当时的编著者中一般是被允许的，并没有人认为是不道德的行为。陆若汉也遵循这种习惯，以弥补自己文笔的不足。日本史学家土井忠生曾如此评价：

> 只要前辈的著述中所阐述的史实真实无误，表达恰当，罗得里格

---

① 土井忠生：《吉利支丹论考》，页189—190。
② 土井忠生：《吉利支丹论考》，页226。

斯（陆若汉）就毫不抵触地沿袭使用。如果他到过事情的发生地，深入地了解过该事实的周边成因和背景状况，那么罗德里格斯会尽力发挥他的优势，努力刻画事实的真相，表现出与不熟悉该事实发生地的作者完全不同的有价值的东西。①

比如念珠的使用，编著者从念珠的外形到内部，对佛教的教义作了详尽的论述，基本可认定为陆若汉本人得心应手的创举。另外关于丰后时期沙勿略的传教业绩，在贡萨尔维斯以前，门德斯·平托的《远游记》作为唯一的资料到处流传。陆若汉指出该游记的叙述始终与日本的国情风俗相悖，对此采取了一种严厉的彻底否定的态度。他自己亲笔撰写第三卷第十九章，将有别于前人描述的沙勿略的面貌栩栩如生地表现出来。通过这种框架的构建和观点的支撑，可以看出第三卷并不仅限于收集前人的记述，更加入了称得上陆若汉自己编写的有价值和意义的内容。从《教会史》的整体来看，第一卷、第二卷同样加入了有关中国、日本以及东洋各国的详细综述，这是其他同类书籍所没有的特色。

其次，关于陆若汉的文笔问题。从《大文典》到《小文典》，直至《教会史》，可以看出这一过程呈发展的趋势，但是陆若汉自身的葡萄牙文的拙劣程度却始终没变。这一弱点虽没有成为编写日本文典的缺陷，却令教会历史书的编写出现了难以弥补的障碍。陆若汉对自己的葡萄牙文能力完全失去信心，在1627年11月30日的书信的开头也表示担心自己书写的拙劣文章会给罗马总会长等人带来多方面的麻烦，极力辩解式地告白：

　　自己如同山野中出来的东洋人的孩子，不知道书写我们国家的语言——葡萄牙语，也不懂得简明地书写重要事情的方法，以及说明内心想法的顺序，作为塞尔南赛尼埃的山村养育的贝拉乡村人士，只会

---

① 土井忠生：《吉利支丹论考》，页230。

说出生地的土话，接受教育也是后来的事情。①

陆若汉自己指出的缺陷不能不说在《教会史》的编写中如实地反映了出来。在叙述以沙勿略为中心的传教史实部分，因为跟随当时学界的一般潮流，引用了前辈的诸多著述，文章的表达也大致承袭其风格，因而文章井然有序，但是基于陆若汉自身在日本和中国的实地经验作的表述，便显露出其葡萄牙语表达能力的不足。陆若汉有明白自己不擅长葡文写作的自觉，同时又有能够准确而客观地叙述实地考察的事实的自信，这在某种程度上起到了一定的补救作用。在阿儒达本的"给读者的话"中陆若汉特别强调了这一点，吐露出他一贯的信念。虽说如此，仍未能掩饰其文章表达上的缺陷。

一般认为，陆若汉粗糙的草稿既没有弗洛伊斯的历史书那样的优美文字，也缺乏范礼安的记录那样的准确性，但由于他对日本人的性格和日本文化表现出如此深刻的共鸣，所以在当时的欧洲作者中，陆若汉是一个特殊的存在。但遗憾的是，他在欧洲一直未受到符合其功绩的评价。但是在日本，标注了详细注解的《教会史》的全译本分别于1967年和1970年出版了上下册。②虽然文稿的问世来得比较迟，但是能在日本得到如此的重视，九泉之下的陆若汉一定可以含笑长眠了。研究日本历史、美术、风俗和心理的人读过陆若汉撰写的《教会史》，一定会产生兴奋的情绪。这是因为在当时对日本感兴趣的欧洲人中，没有人像陆若汉那样对东洋的审美价值和意识流派进行过如此深入的研究。陆若汉在这方面细致周到的描写，即使对于现代日本人来说也是耳目一新的事情。所以在这个意义上，可以说这本书有着无穷的魅力。

自陆若汉替代考洛斯承担撰写《教会史》的重任，直至最终完成初稿，由于他的书稿缺乏文采，并没有得到巡视员热罗尼莫和耶稣会长老的

---

① 土井忠生：《吉利支丹论考》，页221。
② 迈克尔·库帕著，松本玉译：《通辞·罗德里格斯》，页21。

认可。尽管陆若汉本人也自愧文章粗俗，但他对自己表述内容的真实和准确性引以为豪。年迈的陆若汉面对不能问世的书稿，仍然不停地进行增补，最终留下了他自己计划的《教会史》这一宏大构想的绝世之作以及多年着手进行的遗稿，寂寞地离开了这个世界。

如果《教会史》的价值能够早为耶稣会所认识，支持该书在作者生前就给予出版发行的话，也许能够帮助陆若汉将著作修改整理得更为理想些，作者的苦心也能得到回报，尽早发挥其真正价值。遗憾的是当时的巡视员热罗尼莫等人不具备认识事物本质的慧眼。

（四）对日本文化的认识

1. 日本的待遇文化

16世纪中叶以来，欧洲人把日本文化看作是一种待遇文化。而待遇表现的本质植根于日本的语言特性，它不仅涉及以敬语体系为中心的词汇问题，还扩展到包括礼仪、行为等的言行举止等广义上的交流层面。耶稣会巡视员范礼安第一次巡视日本后，曾将巡视的结果在1583年10月28日的《日本诸事要录》一书中做了总结。其第二章论述关于日本人的奇特习惯时谈到日语，大致如下：

> 日语是一种极其丰富与典雅的语言，同时它又是最有礼貌、表达敬意最高的语言，其程度比起拉丁语来是有过之而无不及，因此也被认为是很麻烦的语言。既有表示敬意的一类助辞（日语中助词与助动词的总称——笔者注），也有在动词和名词上添加包含敬意的成分形成极有礼貌或饱含敬意的语言现象。正因为如此，日语就成为一种极富变化、典雅有礼貌的语言。此外，也有不使用带有敬意的助辞和动词同样可以表示礼貌的方法，那就是第一人称为自己，或自己一方的时候（即涉及自己的行为动作时——笔者注），任何场合通常都必须使用普通表达或谦逊的表达。这样，人们只有在尊重别人时才会使用带有敬意的表达。另外，还必须根据话题中出现的人与事物适当选用带有敬

意的词语和助辞。不仅对谈话的对方，对谈话中提到的人都要考虑是使用敬意动词，还是必须相应地使用普通动词。这样一来，日语从本身的这个性质上，就通过语言使人们学会了礼仪及良好的修养。[①]

范礼安的观察十分客观。在研究敬语的领域中，当时试图从正面论述这个敬语观点的研究是很薄弱的。通过认真的考察，并精密地记述了日语敬语实态的只有陆若汉的两部文典。一边探求日语的构成形式，一边在生活中获得日语使用的方法，正是传教士们努力奋斗的方向，这其中当然也包含成为传教基础的生存感觉。随同范礼安到日本的洛伦佐·梅西亚（Lorenzo Mesia）返回途中滞留澳门期间给科因布拉学院长发过一封日期为1584年的信简，报告他们日本滞留期间的所见所闻。第一节是这样记述的：

> 日本的礼节不计其数，没人能全部了解。仅说明此类礼节的书籍就不胜枚举。喝点水就有七八种方法，扇子用法也达到30多种，不仅限于吃饭、赠送礼物、与人交往，可以说除了这些礼节和书本上的文字就没有其他的学问。[②]

梅西亚对日语的认识进一步补充了范礼安的观察。二人的基本认识大体一致，但梅西亚更明确地阐述了日语的特点，即学习日语的重要因素，跟语法结构和语音系统等一般的语言学习的基础内容存在很大不同。他称：

> 日语在所有的语言中是最文雅、最丰富的语言，即在很多方面甚

[①] 范礼安著，土井忠生编译：《日本天主教的起源及其展望》，载《吉利支丹语言学研究》（新版），三省堂，1971年。
[②] 洛伦佐·梅西亚著，土井忠生编译：《寄往葡萄牙·科因布拉学院长的信函》，载《吉利支丹语言学研究》（新版），三省堂，1971年。

至超越了希腊语和拉丁语，在描述同一个事物时有无数个词和表达方式。……在学习遣词造句的方法时，还必须要同时积累足够的修养，这是日语独有的特征，是其他任何国家的语言都见不到的。对大人、对小孩、对长辈、对晚辈，都必须要知道如何说话，并且对人说话时，必须掌握应该遵守的礼节，学会在各种不同场合使用的特有的动词或名词等语言表达方式，否则任何人都不能说是真正地掌握了日语。①

梅西亚的观点反映出一个事实，即真正理解日语、与日本人友好相处的关键在于谈话双方的敬语的使用，当时的传教士对此都应该有深刻的印象和体会。从这个意义上说，梅西亚和范礼安最早认识到，第一次接触日语、并且要在日本长期生活的西方人，不能忽视日本人的生活方式、文化习俗同语言使用之间有着密切的关系。陆若汉在《大文典》中，也特别关注称作日语特质之一的独特的敬语表现。文典中有这样一段叙述：

> 国语（日语——笔者注）的动词和名词根据尊敬、礼貌、谦让等种种关系来使用。即与身份高的人和身份低的人说话，或是谈及这些人的话题，必须采用具有一定程度的尊敬、轻蔑的表达形式，这些形式通过动词的时态和语气来体现。另外，还有接续在名词后面的种种助辞，明确地表达尊敬或轻蔑之意，添加语言的优雅。这些动词和助辞的用法关系到同谁讲话、谈话涉及谁、在谁面前说话等，与人际关系、说话的对象、说话的话题等密切相关。这样一来，动词和助辞的使用便是根据是否需要添加或是不添加表示尊敬、礼貌的内容，这是学习国语所必需的。②

敬谦语的用法在《大文典》中随处可见，陆若汉将其归纳为一个章节

---

① 洛伦佐·梅西亚著，土井忠生编译：《寄往葡萄牙、科因布拉学院长的信函》，载《吉利支丹语言学研究》（新版），三省堂，1971年。
② 陆若汉著，土井忠生译：《日本大文典》第三卷，页753。

作了详细描述。日本人对母语的认识和西方传教士的日语观似乎存在类似之处，日本语言学者辻村敏树在面向从事对外日语教育的教育工作者的论文要旨中有这样一段话：

> 日语教育中，待遇表现，特别是敬语的使用方法之难，在于（教师）不仅要教导学生掌握词汇词形，还必须教会学生如何因人而异地区别使用这些词汇词形。在教授敬语表现和敬语行为时，应该结合与敬语有关的更深层次的内容讲授，同时说明形成敬语表现的根基——来自日本人的思考方式，从而引导学生正确地理解每一个词语。①

辻村敏树的研究经过了"周密的观察、多方的考究，才得出最稳当的结论"②，他也因此项研究而成名。对于日语中的待遇表现，辻村继续称：

> 日本人因为生来就学习、使用日语的缘故，自然而然有各种各样的机会可以掌握敬语的本质，以及对什么人、在怎样的场合、如何恰当使用。但是外国人学习日语的敬语，就好比我们学习英语、德语、法语时，要根据人称代词相应变化动词一样，其难度不分上下。那是因为日语不仅词汇、词形复杂且多歧义，使用者还必须根据上下文所涉及的对人关系来使用。而且，也不是说只要使用了敬语就可以万事顺畅，有时也会出现使用了敬语反而令人哭笑不得的场合。其原因在于不能把敬语仅作为敬语来对待，而应该扩展地把它作为一种待遇表现来看待。③

现代日本学者的见解显而易见是对西方传教士所持有的语言观的一种

---

① 辻村敏树：《待遇表现和日本语教育》，载《日本语教育》第69号，日本语教育学会，1989年。
② 冈田裂裘男：《南蛮·红毛所见到待遇表现文化的一个侧面》，载《立正大学文学部论丛》，1997年。
③ 辻村敏树：《待遇表现和日本语教育》，载《日本语教育》第69号，日本语教育学会，1989年。

准确诠释。不管是昔日还是现今,从封建社会到标榜民主主义的今天,语言本质依然存在。有关待遇表现的系统性研究在明治时代以前是个空白,即使是江户中后期出现了以本居宣长为首的日本国学者,"对敬语表现的研究也仅限于对一个个词汇的考察"①。直到明治时代后期由山田孝雄编写出版了《敬语法的研究》,呈体系化的专题研究才真正开始。

从历史的进程、语言的本质上来探讨东方语言以及语言观这个话题,可以更深层次地认识这些语言其实是一种非常具有修辞性的语言,若仅仅将其作为一种演绎性的语言来使用,并试图从中揣摩东方人的行为方式,必然会产生错误的认识。

把研究的着眼点放在动作行为所涉及的对象即说话主体、听话者的接受方式以及说话行为方的敬语意识上来研究日语敬语体系,是《大文典》的一个重要内容。

说话主体根据对称代词而产生的主谓呼应关系跟听话者谈话时,通常有几种说话组合和说话方式,它们在整个日语敬语体系中处于怎样的位置,作为研究敬语的一种方法,日本语言学者小岛俊夫对此曾进行了调查整理,划分出如下几个层面:

层面A——身份低的说话者对身份高的听话者的最高级的敬意。在对等的交谈场合,显示出最高级的社交和教养。

层面B1——说话者在不失礼的范围内对听话者的不拘礼节的敬意。在对等的交谈场合,中流以上阶层广泛使用。

层面B2——对等人际关系的最基本用语。

层面C1——身份高的说话者对身份低的听话者的用语。在对等的交谈场合,作为一种粗野的、亲密的交流,常见于下层阶级。

层面C2——身份高的说话者对身份低的听话者故意表示敬意的妄自尊大的做法(根据不同场合,有时反而显示出说话者的品位或者亲爱之情)。

---

① 西田直敏:《敬语》,东京堂,1987年。

层面D——对等的、基于相互间亲密感的交谈场合，作为一种粗野的、亲密的交流，常见于下层阶级。①

小岛的敬语层面划分的主要参考资料之一就是陆若汉编撰的《日本大文典》。②《大文典》中设置有一个称为"关于命令法的各种程度"的项目，将敬语表达按照由低到高的敬意程度，排成①至⑩的顺序：

①あげい／あげよ—②あげさしめ—③あげさい—④あげさせませ—⑤あげられい—⑥おあげあれ—⑦おあげあらう—⑧あげさせられい—⑨おあげなされい—⑩おあげなされう③

陆若汉"关于命令法的各种程度"④跟当时的日语辞典或其他物语、狂言集⑤的敬语体系基本一致，略呈不同之处在于它没有表示叱责和侮蔑的"卑骂表现"这类负面敬意形式⑥，而其他书本中没有陆若汉的第③种"あげさい"的敬语表达形式。由此可以看出同一时代所表现的敬语形式大体

---

① 小岛俊夫：《ロドリゲス「命令法の種種な程度に就いて」(『日本大文典』・一六〇八)と当時の敬語体系》，载《奥羽大学文学部纪要》第9号，1997年。
② 小岛的方法是从敬语的本质——谁对谁、在怎样的条件下、使用怎样的语言——着手，首先把（主谓呼应的各种形式分别写出来后的）卡片分成A（身份低的说话者与身份高的听话者的关系）、B（对等的关系）、C（身份高的说话者与身份低的听话者的关系）、D（卑骂表现）。再把B分成B1和B2，C分成C1和C2（根据后面的观点进行区分），从而使敬语体系的部分（辞项terms）在整体当中所处的位置及在整体当中所发挥的作用必须被明确地描述出来。
③ 小岛俊夫：《ロドリゲス「命令法の種種な程度に就いて」(『日本大文典』・一六〇八)と当時の敬語体系》，载《奥羽大学文学部纪要》第9号，1997年。
④ 根据陆若汉论述的观点，"あげい・あげよ"用于对仆人说话，与"あげさしめ"几乎同一程度，"あげさい"用于父母对儿女说话或对家中老仆人说话，同辈间也可用，而"あげさせませ"所表示的敬意又比前者有所增加，最后的"あげさせられい"表示最高的敬意。将陆若汉的观点与小岛的层面分类相比较可以看出，①和②属于C1和B2层面，③属于C2层面，④、⑤、⑥和⑦均类似于B1层面，⑧、⑨、⑩则相当于A层面，即表示最高级的敬意。
⑤ 如《天草本伊曾保物语》和《虎明本狂言集》。
⑥ 如日本耶稣会刊行的《日葡字典》(1603)里面，有nucasu条目，被放在"卑语"的位置上，并且还举了一个用例："Naniuo nucasuca"。卑语也构成当时的敬语体系。

相似,尽管存在形式上的某些差异,《大文典》阐述的敬语体系对后来的日语语法乃至日语语言学所带来的影响是显而易见的。

16、17世纪陆续来到东方的传教士也曾留下很多观察东方的记录,他们对东方文化的认识可以通过几个非语言方面的事例来考察。阿维拉吉龙(Bernardino de Avila Giron)在《日本王国记》中描写了许多关于日本的礼仪,他记载道:

> 取得天下的人们中的一人,在推行政治的时候,首先要到"内里"(皇官的旧称——笔者注)拜见,并接受委任。……这些人们(指丰臣秀吉、德川家康等)去"内里"进行拜见时,要携带大量金银财物作为礼物。当天皇佩戴标志端坐在玉座上时,任何人都不得靠近,不得注视对方,甚至不得坐下,只准许两手着地匍匐下来。当委任结束后,"内里"只招待被委任者,这时要脱下礼服,除去表示荣誉的标志,进入官邸,由服侍天皇的贵族来带领,此时此处可以交谈,并获得赐酒。并且,会移动几扇门,将官邸前面开放出来,以便让人们看到一部分受赐的物品。但是,在场的人们不管是势力多么强大的领主,没有一个人可以进入官邸,或者离开自己所在的位置。唯一允许的行动只有退出的时候,并且几乎都是匍匐退出。①

日本的礼仪,到了江户时代也基本没变。在弗朗索瓦·卡隆(François Caron)的《日本大王国志》中有一段描述:

> 船长进入到拜见厅时,可以听到大声传唤"荷兰船长"。这是表示荷兰船长可以靠近玉座行礼的信号。船长听到这一信号,就按照指示匍匐前进,从摆放礼物的地方和在地板高一层的房间里设置的将军的座位之间通过,伏在地上一句话也不说,再像螃蟹一样爬行退出。经过精心准备的这种拜见的仪式,就这样简单地结束了。②

---

① 阿维拉吉龙著,佐久间正等译:《日本王国志》,岩波书店,1979年。
② 弗郎索瓦·卡隆著,幸田成友译注:《日本大王国志》,平凡社,1967年。

不管是室町时代，还是江户时代，西方传教士眼中所看到的日本礼仪文化大致都相同情形，在日欧交通史上被认为是最具东方特色的日本文化。陆若汉也曾回忆起过一段"路上的礼节"：

> 如果一个骑马的人看到一个贵族或者穿着讲究的步行人，那他必须下马。即使这个骑马的人不认识这个贵族，他也一定得这么做。尤其是如果后者带着一根长矛，因为这根长矛可能代表这个人拥有两到三个奴仆。然而，即使这个人没有长矛，根据他表现出的高贵和礼貌，骑马人也仍然得下马与他保持或大或小的距离。越靠近他下马，越让人觉得失礼没礼貌。一般来说，骑马人应在离这个人约十五步就下马。徒步旅行者感谢骑马人的谦卑并向他示意，待这人过去了一会，骑马人才翻身上马。①

与范礼安相隔二百多年的1811年，被松前藩逮捕囚禁的俄罗斯海军士官瓦西里·米哈伊洛维奇·格罗瓦宁（1776—1831）留下的日语观察记录中，谈到他所见到的日本人：

> 日本人之间态度都极其有礼貌。不仅仅是晚辈对长辈的场合，即使是同一阶层的人之间也彬彬有礼。他们总是鞠躬行礼，特别要表示尊敬时，就采用跪拜磕头的姿势，但这仅仅是在室内。而在室外大庭广众面前（即使是想行礼）也不过挥挥手而已，并且此时什么也不说。但是对比自己身份高的人表示普通的敬意时，就要屈膝将手撑到地面，弯下腰，深吸一口气，恭恭敬敬地称呼对方的名字。……日本人见面时，相互寒暄之后，互相要说上几分钟奉承的话，互相行礼，相互祝愿，并问候对方的健康情况及双亲，以及家人的事情。……这跟在我

---

① 迈克尔·库帕：《他们来到日本——欧洲人关于日本的报告集：1543年至1640年》，页45，密歇根大学日本研究中心，1995年。

们国家说"再见"是一样的意思。①

对不同文化的大多数异邦人来说,把深深鞠躬、互相寒暄看作是日本人见面问候时的一种非常引人注目的行为,此种看法至今没变。在关注礼节方面,现在西方人的观察结果跟江户时期西方传教士的所见所闻大体相似。瓦西里还对日本人的行为方式从另一个方面作了补充,他称:

> 在日本,激烈的争论被看作是非常无礼和粗暴的行为。他们总是寻找各种借口来彬彬有礼地申述自己的意见,而且做出一副不相信自己判断的样子;另外,反驳他人观点时也绝不会单刀直入,会很委婉地举出很多例子进行比较,从中提出自己的反对意见。②

瓦西里对日本人的观察并无特别新颖之处,不过是西方人经常能见到的一种情况。在被观察的一方,往往容易忽视自己跟别人的不同之处,但是处于观察一方的人却轻而易举地在看似极为平凡简单的层面上发现双方之间的差异。学习不同的语言,虽然需要时间,但是通过日常生活来发现文化的差异并非想象中那么难。从江户时期的西方传教士到俄罗斯人瓦西里,对于曾经到过日本的西方人来说,要发现日本人和日本文化的特异之处似乎不是件很难的事情。

2. 日本诗歌的研究

《大文典》收集了陆若汉关于日本诗歌研究的论文。③陆若汉的日本文学造诣很深,他将诗歌分成日译汉诗和日本诗歌两大部分,对和歌、连歌、长歌、短歌、儿歌、俳句等分别做出结构性的分析说明,同时还附有季语一览表。对于自幼在日本受教育的人来说,季语并非稀罕的修辞

---

① 瓦西里·米哈伊洛维奇·格罗瓦宁著,井上满译:《日本幽囚记》,岩波书店,1943年。
② 瓦西里·米哈伊洛维奇·格罗瓦宁著,井上满译:《日本幽囚记》。
③ 《大文典》的第二部分结尾,包含颇具吸引力的丰富内容。

手法。通过把晚霞比喻为春天、扇子和蝉看作是夏天的象征，将月亮、露水、红叶喻为秋天，雪和冰代表冬天。在诗歌中加入某一表示季节的词语，来折射反映诗人要描写的日本层次分明的四季。不过这种表现手法对于欧洲的读者来说，的确是一个陌生的、难以理解的修辞方式。

在《大文典》中，陆若汉引用了十来篇诗歌，并对各种诗歌的形式加以解析。其中包括宫廷诗、相闻歌、落首、狂歌还有船头歌，诗歌的涉及面宽，可见他并非抄自某一本书，而是摘引自诸多的诗歌集。陆若汉似乎特别钟情于饱含佛教思想、充满寂寞之情的日本和歌，《大文典》引用有这样一首凄情哀怨的和歌：

別けて吹く、風こそ憂けれ、花共に
散らでこのはは、など残るらん。
（风无情呼啸，吹打树上花，花落叶不落，孤寂留树梢）①

这首和歌的含意是："把悲伤的母亲孤独地留在世上，只带走幼小孩子的这个死神是多么的残酷！"和歌作者把风比喻为死神，病逝的幼小孩子就像初绽的小花，悲哀的母亲如同残留树梢的老叶。日本和歌中有很多类似这样的充满哀怨悲情的作品，陆若汉引用这类和歌，先把它们直译成葡萄牙语后，还尝试着作了意译。

3. 优美的日语文体

陆若汉的《大文典》可以看出模仿和继承前辈传教士编写的风格和痕迹，但更值得重视的是陆若汉对前人研究的突破和独特的日语观。首先体现在对形容词的处理方式。欧洲语言和日本语言差异最大的是形容词，陆若汉一改以往传教士效仿拉丁语法，将形容词作为名词来处理的做法，把

---

① 迈克尔·库帕著，土井忠生译：《日本大文典》第二卷，页657。

这一类词称作"形容存在动词"(简称为"形容动词")。①其二是陆若汉忠实于日语实际运用的态度。②其三是善于吸取日本学者的研究成果。尽管当时日本人的语法研究非常幼稚,但也有值得重视的部分。③其四注重在日本的生活经历。陆若汉并非单凭先前教会学校学到的知识,而是尽可能地利用来自实际生活的体验和经验从事文典的编辑工作。④《大文典》包含有介绍各地方言,以及如何区别各地方言的内容,这都是陆若汉平时生活中耳闻目睹的积累。陆若汉在《大文典》中称:

> 外国人要想学习优秀的日语,就应该学最广泛通用的语言,也就是应该从学习"舞"、"草子"等开始学起。⑤

"舞"这种文体在日本通用,其文雅的程度甚至跟运用敬语一般。"舞"是一种经过精巧加工,说起来犹如朗诵歌曲般有音调有韵律的文体,用这种文体谈话,可以唤起人们的美好感情,给人以愉悦欢快的感觉。"草子"亦是种极其优美的文体,它带有由某种音节的韵脚形成的特别韵律,一般采用"音读"的形式,是一种混合了多种元素的、诗一般的文体。陆若汉由始至终都在朝着这种高雅口语的方向努力。

1610年,陆若汉受到种种莫须有的控告而被驱逐到了澳门。遭此厄运

---

① 陆若汉认为,日语的形容词并非欧洲语言中的形容词,它们虽具有形容词的性格,但同时也带有动词的功能,即具备形容、存在两种作用,而且其形式如同动词一般有词尾变化,因此他坚持自己的主张,把这一类词称作"形容存在动词"(简称为"形容动词")。
② 比如说,当时日本人对于品词的分类相当的粗略,大体笼统地分为"名"、"ことば"和"てには"三大类,而"てには"在拉丁语法中没有相对应的表现形式,陆若汉在编辑日语文典时采纳了将此项作为词类处理的意见。
③ 比如创作连歌时频繁被使用的"や"日本学者总结有七种类型,陆若汉将其各项分类完整地纳入文典中,表现出他善于接纳他人意见、负责任的态度。
④ 比如语法,是一个容易被抽象化的规则,作为传教士来说实际上更重要的是"聞く(听)"和"話す(说)"。陆若汉将日常生活中经常体验到的口头语言与书面语言相结合,尽可能详尽地阐明实际生活中的日语全貌,以一种极其谦虚的态度举出身边的种种语言事例,自己听到的、见到的,忠实地展示给读者。
⑤ 陆若汉著,土井忠生译:《日本大文典》绪言。

的陆若汉在澳门居住十年后，于当地出版了《日本小文典》，这本《小文典》是《大文典》的摘要，专为日语初学者编写。陆若汉在《小文典》开头"日语教学法"部分如此强调：

> 我们利用这本教材来学习日语，并不只是满足于达到听听演讲，或一般性的日常交际的水平。（而是要）在异教徒的演讲中，找出其错误及偏见，去驳倒他们。我们宗教传教所用的日语全部都要用最优秀的文体和最自然的说法。我们要达到像日本人那样，可以对事物的本质和一切事物的看法，流利地用日语表达出来。①

《小文典》用文语体写成，并因其优美的文体而大受日本人赞赏，被称为"古典作家的杰作"。②《小文典》语言精练优美，极具特色，就连日本人，为了完善自身的日语也纷纷学习此书。陆若汉进一步告诫学习者：

> 我们绝不能把我们欧洲的书籍翻译成日语的这种文语体。③

如此说来，以前耶稣教会发行的、包括《ビデスの導師》④、《ドチリナ・キリスタン》⑤、《コンテムツス・ムンヂ》⑥、《ぎや・ど・ぺかどる》⑦等在内的所有书籍里所使用的日语表达都不是陆若汉所追求的日语。陆若汉在"用日语准确地写书"一节，是这样结尾的：

> 《太平记》这本历史书籍所用的文体，是日语最庄重最优美的文体。⑧

---

① 陆若汉著，日埜博司编译：《日本小文典》三丁里。
② 陆若汉著，日埜博司编译：《日本小文典》四丁表。
③ 陆若汉著，日埜博司编译：《日本小文典》四丁表、里。
④ 路易斯·德·格拉纳达，*La Introduccion del Símbolo de la Fe*，1592年。
⑤ 马尔克斯·乔治：*Doctrina Christã*，1592年。
⑥ 托马斯·科恩皮斯：*DE IMITATIONE CIRISTI*，1596年。
⑦ 路易斯·德·格拉纳达，*Guia do Pecador*，1599年。
⑧ 陆若汉著，日埜博司编译：《日本小文典》四丁里。

陆若汉是位与众多知名人物有过交流的西方人，在同日本上流社会的高层人士深入交往的过程中，积累下大量的经验和丰富的知识。59岁的陆若汉曾在回顾自己的上半生、怀念他理想中的日语时，多次声称自己最终向往的依然是日语的文语体。更具体地说，也就是《太平记》中的日语。①陆若汉编辑两部文典的基本态度很明确，一方面遵循前辈学者的模式和方法论，同时也要提出有自身特点的东西——自己独特的日语观——来充实和完善。

二、陆若汉在中国的贡献

17世纪以前，西方人对中国的了解程度相当有限却充满好奇，他们知道东方有一大国，有一独特的文明，有着繁荣的政治文化、经济生活，但是对这一文明的性质和内容却是若明若暗。中国对他们仍带有某种神秘和传奇的色彩，此前，西方人听过马可·波罗带来的神奇消息，看见过由中国制造的精美的产品（常常是通过阿拉伯人的中介），但与中国人的接触主要还只是少数先驱者的事情。最早向西方传播中国思想文化系统的当数利玛窦。1582年，利玛窦到澳门，自此开始在华传教的生涯，他努力寻找天主教与传统儒学的结合点，《论语》和孔子大约就是从那时开始为世界所知。利玛窦在译介西方科技著作的同时，开创了将中国典籍介绍到西方的先河，他将《四书》翻译成拉丁文，推动了汉学的西传。②当时很多耶稣会士，都致力于一边在远东的中国和日本传播西方科学，同时也把东方哲学

---

① 《太平记》是大约在1370年由小岛法师编著的军记文学，记载了从正中元弘之乱起，建武中兴，足利尊氏叛变，南北朝之争，一直到将军义诠之死将近五十年间的历史事件。正如《平家物语》是通过琵琶法师的说唱流传开的那样，《太平记》也是通过说唱歌人以说唱的方式广泛流传开的。由于《太平记》是大部头著作，所以当时被制作成了各式各样简明版的"摘录"。对于达到一定级别以上的武士阶层来说，《太平记》已经成为必读、必携的书了。
② 斯塔夫里阿诺斯著，吴象婴、梁赤民译：《全球通史：1500年以后的世界》，页232—233，上海社会科学院出版社，1992年。

思想回传到西方，甚至将文化的传播深入到理学研究层面，1610年被驱逐到澳门的陆若汉就是其中的一员。

（一）陆若汉的汉语文献

在日本有33年生活经历的陆若汉"其谙练语言，在翻译及编辑日本文法中，自堪首屈一指"[1]。初到澳门的几年间，他很快就赴广东参加交易会进行贸易交涉，并独自一人进入中国内地考察。这说明陆若汉在澳门短短几年中就掌握了汉语，也说明陆若汉确实是一位语言天才。费赖之称其谙练中国语言，澳门委黎多（Procurador，理事官）甚至称他颇通汉法。明末来华的西洋传教士虽有不少精通汉文者，但留下汉文书札奏章者却不多，而陆若汉却给我们留存了四件汉文书札奏章。以下呈现的陆若汉本人撰写的三份汉语文献即可证明他汉语水平的精湛。

1. 西儒陆先生若汉来书

崇祯元年（1628），明政府再次派官员到澳门购炮募兵，陆若汉被选入援明远征队。北上途中路经徐州时，囊中告急，徐州知州天主教徒韩云提供"二百金"援助[2]，陆若汉留下汉文信表示感谢。其信云：

> 昨承隆贶，感谢无涯。因远人在途日久，囊橐罄如。是以特浼孙先生及西满学生代控此情。蒙台翁二百慨允，仰见笃诚，真切之情，岂笔舌能谢，唯祈天主默有以报也。到京而徐先生定支销矣。头目又蒙尊赐，托生致谢。谨具火绳铳一门，以将远人芹曝之私。希叱存是望，年迈处寒，蒙惠佳绒裓、珮服，念爱之情，永矢勿谖耳。[3]

---

[1] 费赖之著，冯承钧译：《在华耶稣会士列传及书目》，页218。
[2] 《守圉全书》卷三之一《公沙的西劳》韩霖按语。
[3] 《守圉全书》卷三之一《西儒陆先生若汉来书》。

2. 贡铳效忠疏

崇祯元年，澳门议事会委黎多借崇祯元年给明朝皇帝进献西铳西兵之机，呈上一封长达1300余字的《报效始末疏》，历陈澳门葡人报效明朝的赤胆忠心及事迹。该奏疏是由澳门葡人公沙·的西劳统率葡人铳师进京时呈上，奏疏中言："谨令公沙·的西劳代控愚衷。"① 值得注意的是，委黎多同时上奏的另一份奏章，即曾担任澳门耶稣会顾问，在崇祯元年贡铳队伍中被称为"西洋掌教"的陆若汉呈献的《贡铳效忠疏》，此疏同《报效始末疏》上奏时间均在"崇祯三年正月十七日"。下录奏疏全文：

　　西洋住粤效义报效耶稣会掌教臣陆若汉，仝管约铳师统领臣公沙·的西劳等谨奏，为遵旨贡铳效忠，再陈战守事宜，仰祈圣明采纳事。窃臣等西鄙远人，崇奉造成天地尊主陡斯规教，颇识造物根源，最重君亲伦理。顾凡该国商舶，游历所到之处，必先令一掌教训迪，不许来商毫逾经行国法，以乖尊主陡斯规教。臣汉自本国与先臣利玛窦前后航海至粤，已五十余年。臣公沙自本国航海，偕妻孥住粤已二十余载。臣等耳闻目击，身亲天朝豢养弘恩，其所以图报皇上者，已非一日矣。况臣汉与先臣利玛窦（Matteo Ricci）及今辇下臣龙华民（Nicolas Longobardi）、邓玉函（Jean Terrenz）同教同会，先臣利玛窦蒙皇祖神宗皇帝馆穀，没蒙皇祖神宗皇帝谕葬；臣龙华民、邓玉函复蒙皇上采纳廷议，钦命修历。天朝信任宠赉臣等，何如深厚！臣自幼奉守尊主陡斯忠君孝亲爱民之事，敢不转相勉励！

　　是以崇祯元年梁广军门李逢节、王尊德奉旨购募大铳，查照先年靖寇、援辽、输饷、输铳，悉皆臣汉微劳，遂坐名臣贡大铳，点放铳师前来。而臣公沙亦因受恩同教，不顾身命妻孥，欢喜报效，挺身首出。故该澳臣委黎多等付臣汉以巡迪统领、铳师诸人之任，责臣公沙以管约铳师匠役诸人之任也。臣等从崇祯元年九月上广，

---

① 《守圉全书》卷三之一委黎多《报效始末疏》。

承认献铳修车，从崇祯二年二月广省河下进发，一路勤劳，艰辛万状，不敢被陈。直至十月初二日，始至济宁州，哄传虏兵围遵化，兵部勘合奉旨催躜，方得就陆，昼夜兼程，十一月二十三日至涿州。闻虏薄都城，暂留本州制药铸弹。二十六日，知州陆燧传旨邸报："奉圣旨西铳选发兵将护送前来，仍侦探的确，相度进止，你部万分加慎，不得辣忽。钦此。"十二月初一日，众至琉璃河，警报良乡已破，退回涿州。回车急拽，轮辐损坏，大铳几至不保。于时州城内外，士兵咸思窜逃南方。知州陆燧、旧辅冯铨一力担当，将大铳分布城上。臣汉、臣公沙亲率铳师伯多禄、金答等造药铸弹，修车城上，演放大铳。昼夜防御，人心稍安。奴虏闻知，离涿二十里，不敢南下。咸称大铳得力，臣等何敢居功。兹奉旨议留大铳四位保涿，速催大铳六位进保京城。

臣等荷蒙尊主陛斯、皇上恩庇，于今年正月初三日，同旧辅冯铨送到京。除臣等恭进该澳臣委黎多等历陈报效始末一疏，并送部预先恭进大铳车架式样二具呈览外，臣等思惟皇上深知大铳有用，赐号"神威"。臣等不直陈大铳战守事宜，有负皇上九重鉴知，有虚臣等远来报效。臣念本藁贡献大铳，原来车架止堪城守，不堪行阵。如持此大铳保守都城，则今来大铳六位，并前礼部左侍徐光启取到留保京都大铳五位，听臣等相验城台对照处，措置大铳得宜，仍传授点放诸法，可保无虞。如欲进剿奴巢，则当听臣等另置用中等神威铳及车架，选练大小鸟铳手数千人，必须人人皆能弹雀中的。仍请统以深知火器大臣一员、总帅一员，臣等愿为先去，仰仗天威，定能指日破虏，以完合澳委任报效至意。臣等唧感德泽，不觉言之及此，伏乞皇上俯察贡铳效用微忠，并悉大铳战守事宜。敕下该部，立覆施行。别有贡献方物，因闻陆地亟行，尚留济宁地方，容到日另疏进呈。臣等不胜惶悚待命之至。崇祯三年正月十七日奏闻，二十二日奉圣旨：蘩夷远来效用，具见忠顺，措置城台，教练铳手等项，及统领大臣，着即与覆，行该部知道。①

---

① 《守圉全书》卷三之一陆若汉《贡铳效忠疏》。

陆若汉所上《贡铳效忠疏》的立场是完全代表了澳门耶稣会。1628年时，陆若汉已经67岁高龄，而当时耶稣会巡视员班安德仍同意陆若汉参加这次远征，不外乎是希望通过极富外交经验与才干的陆若汉改善耶稣会同中国政府的关系[①]，亦想通过贡铳之举代表耶稣会向中国皇帝表示效忠。陆若汉在奏疏中反复强调耶稣会教士从利玛窦起，"身亲天朝豢养弘恩，其所以图报皇上者，已非一日"，"天朝信任宠赉臣等，何如深厚"，"臣等咻感德泽，不觉言之及此，伏乞皇上俯察贡铳效用微忠"，其主要目的就是要说服崇祯皇帝在中国内地开放自由传教。

3. 崇祯三年陆若汉奏疏

崇祯三年四月初七日，西洋劝善掌教陆若汉以及统领公沙·的西劳等呈前事"为闻风愤激，直献刍荛，再图报效事"，奏疏内容如下：

> 崇窃见东虏犯顺一十三年，恶极贯盈，造物尊主降瘟疫荒旱，灭其父子，竟不知悔祸。汉等天末远臣，不知中国武备。行至涿州，适逢猖獗，迎仗天威，入涿保涿。顷入京城，叨蒙豢养，曾奏闻战守事宜，奉旨留用。方图报答，而近来边镇亦渐知西洋火器可用，各欲请器请人。但汉等止因贡献而来，未拟杀贼，是以人器俱少，聚亦不多，分益无用，赴镇恐决无裨益，留止亦茫无究竟。且为时愈久，又恐为虏所窥，窃用我法，不若尽汉等报效愚忠，作速图之。何者？我之大铳利于城守，虏知之矣；我之中铳利于战伐，虏未知也。我之中铳利于用正，或料之矣；我之护铳利于出奇，虏未知也。趁虏未知，我用进着，便属先手。或从海道以捣其巢，或逼遵永以遏其锋，无不可者。且近闻残虏未退，生兵复至，将来凶计百出，何以待之？汉等居王土，食王谷，应忧皇上之忧，敢请容汉等悉留统领以下人员，教演制造，保护神京。止令汉偕通官一员，傔伴二名，董以一二文臣，前往广东

[①] 迈克尔·库帕著，松本玉译：《通辞·罗德里格斯》，页324—325。

濠镜澳，遴选铳师艺士常与红毛对敌者二百名，傔伴二百名，统以总管，分以队伍，令彼自带堪用护铳、盔甲、枪刀、牌盾、火枪、火标诸色器械，星夜前来。往返不过四阅，可抵京都。缘澳中火器日与红毛火器相斗，是以讲究愈精，人器俱习，不须制造器械及教演进止之烦。且闻广东王军门借用澳中大小铳二十门，照样铸造大铁铳五十门，斑鸠铳三百门，前来攻敌。汉等再取前项将卒器具，愿为先驱，不过数月可以廓清畿甸，不过二年可以恢复全辽。即岁费四五万金，较之十三年来万万之费，多寡星悬，谅皇上所不靳也。计汉等上年十二月守涿州时，士民惶惧，参将先逃。汉等西洋大铳适与之遇，登城巡守十五昼夜，奴闻之，遂弃良乡而走遵化。当此之际，有善用火器者尾随其后，奴必不敢攻永平，而无奈备之未豫也。今幸中外军士知西洋火器之精，渐肯依傍立脚。倘用汉等所致三百人前进，便可相藉成功。为之此其时矣。①

从以上揭示的陆若汉三份书信和奏疏来看，无论是行文的格式、用词的选择、语言的表述都充分显示出当时陆若汉的汉语水准已非一般，其行文格式规范、用词考究优美、语言表达流畅，与当时明末清初时期士大夫撰写的文章已无异。

罗雅谷（Jacobus Rho）《圣记百言》之叙言称：

公余之暇，祝友茂善为泰西陆先生以《公沙效忠记》索叙于余。②

有人以为此陆先生为陆安德或陆希言③，错也，其实此"泰西陆先生"即陆若汉。陆若汉亲眼目睹公沙来华演炮练兵、最后效死沙场，故作文以记之。费赖之也认为此书是为陆若汉作，只是可惜今天已见不到此书。

---

① 《徐光启集》卷六《闻风愤激直献刍荛疏》。
② 徐宗泽：《明清耶稣会士译著提要》卷八《格言类》，页331，中华书局，1989年。
③ 裴贤淑撰，杨雨蕾译：《17、18世纪传来的天主教书籍》，载《东西交流论坛》第二集，上海文艺出版社，2001年。

（二）陆若汉对中国文字和政治制度的介绍

1. 对政治制度和州县划分的介绍

中国的科举制度对于在官僚制度上还处在世袭制的欧洲来说是相当新鲜的。奥索里奥在《光荣之歌》中如此介绍中国的文官制度：

> 中国人十分重视教育，如果不把最高的权力交给那个被证明具有管理一切之有文化、能力的人，那就将被视为非法。在授予某个人（管理和统治的）职位时，绝不考虑其家庭或其所拥有的财富，而考虑他的学识水平。因此，所有希望获得即使是（管理和统治的）最下层职位的人，都得进行刻苦学习。当他们认为已经取得了不会令自己丢脸的进步之后，就到某些专门指定的考官那里去接受考核。通过这些考官的裁定，他们或因文化水平不够而被淘汰，或因学识渊博而得到某种荣誉奖章。然后再从这些人中挑选佼佼者担任管理小范围的职责。①

陆若汉于"1628年12月曾陪同巡按使班安德视察中国各教区"②，在深入中国内地进行考察期间，陆若汉对中国州县的划分，以及政治制度同时做了详细的调查，在《日本教会史》中他如此阐述道：

> （中国）在被称为 cheu［州］，或者lincheu［领州］、socecheu［未详，或者socheu锁国州之类］的某些地区，他们具有与王国同样的意义，即它们拥有自身的政府，所以被称为独立区，它们不从属于别的王国，是与［府］一样与地方区［省］直接结合形成的构成体。在那些从属于［府］的［州］看来，它们也可以被视为独立区。而且它们与［府］只是名称上的差异，仅仅由于权威上的稍微弱势而被区分开来。这样一来,15个地方区中存在的［府］这种形式的小国合计162个，

---

① 洛瑞罗等：《十六和十七世纪伊比利亚文学视野里的中国景观》，页41。
② 荣振华著，耿昇译：《在华耶稣会士列传及书目补编》，页564。

独立［州］35个，共计达到197个王国或领国。某些［府］和独立州遍布在15个地方区内，这些地方区是由文官来把持政府的。

这162个［府］即领国，遍及整个中国领土，其中既没有文官政府也没有原来的军政机构的［府］有11座，它们由固定的领主或者小国王统治，从属于它们所在地方区的副王［总督］，其地位由父传子而被世袭。

这样的领国以一种封建的［府］或者也可以说是kiun min fu［军民府］的意义存在，如果战争需要的话它还有出征的义务。而且他也要向中国的国王承担些许徭役或交纳少量贡税，不仅如此，主要在恒河流域及其更远的与印度国境相邻的地方，还存在一些拥有固有封建领主的小国。并且还有一些拥有小片领国的从属州，作为［府］的一部分从属于［府］及其以下。这样一来，［府］和独立州及从属州一样，它在权威、名称、领域方面还有一些被称为hien［县］的小领国。

以上三种领国即［府］、［州］以及［县］，修建了三种由防御墙包围的城市，其中的首席城市由国王和王室参事官［内阁］直接任命的领国长官居住，并且有他们的官邸。他们在官邸中治理与领国名称同名的城市。位于最高位的领国长官，被称为chifu［知府］或者fuli［府吏］或者qunchifu［同知府］。拥有官邸的城市虽然也叫［府］，但这些城市本来只是其［府］中的一个［县］而已。而且，其中的某两个县经过屡次的聚合，渐渐成了它所在城市中的两个区，于是又被称为某某［县］。称之为［府］的地方是因为此处有领国长官的官邸，这一官邸也被称为［府］。我们由此可以得知，［县］本来就是城市，而不是被那些不知情的某几个人所错称的广邑。在中国全境，这种被称为［府］的城市与被称为［府］的领国和王国数目相等，同为162座。

第二级城市叫作［州］，它的长官即chicheu［知州］，它的领国与独立的和从属的地区一样被称为［州］。在众多的城市里都有其领国长官的官邸，此官邸也被称为［州］。这样的城市共有177座，其中35座独立州，142座从属州。

第三级城市为［县］，其长官叫作chi hien［知县］。这样的城市分为两类，第一类的情况是：全领国的长官，如前所述，都附属于有［知府］官邸的上级城市，而且被包含于其中。正是因为这些被包含于其中的［县］达到了与［府］同样多的数目，才会在中国全土随处可见。与此更甚的是，一些［府］在其某一地方区［省］的首都，在同一座防御墙中涵盖了两座［县］①，那些县又渐渐变成其所在城市的两个市区，而且在其［县］内拥有统治其领国或领域的［知县］官邸。它们分别是［北京］的xuntean fu［xuntien fu 顺天府］、［南京］的yntien fu［ymtien fu 应天府］、hancheu fu［hamcheu fu 杭州府］、quancheu fu［quamcheu fu 广州府］，以及fokien［福建］境内的focheu fu［福州府］等。它们都是同一防御墙中共存的两座［县］，即市区。这些［县］又分别拥有各自的［知县］官邸。②

....

　　中国的全土分为很多个地区或是统治区域。文官在境内行使政治权力，内部拥有行政机构，也具有军事的防御体系。无论是多么小的领国，譬如分成地方区域，或是被城墙、要塞重重包围的城市，或是布政司、省、道、路，都全部具有一个国家的文官制度政府。其中两个设有行政机构：一个是北宫廷的所在地北京，另一个是南宫廷的所在地南京。由于王室宫廷设在这两处，因此他们如下命名：其中一个被称为北京或者是北直隶，指的是北方政权的所在地，那里是中国皇帝的宫廷所在的城市，即通称京师。……其中一个政权机构曾设在南京，南京又被称为直隶，表明这里曾经有过政权机构。如今的大明王朝的皇帝将蒙古人从中原驱逐出境之后又监督北京——因为最初的皇帝居住的宫廷就在这里。③

....

---

① 当时有的大府拥有两个县。
② 陆若汉著，土井忠生等译注：《日本教会史》上册，页126—129。
③ 陆若汉著，土井忠生等译注：《日本教会史》上册，页77。

现在中国的政府与过去不同。过去只有一个最高长官，即皇帝一人专权。皇帝通过拥有国土和分封的领主及贵族对国家进行统治。自1369年取代蒙古人统治以后到明末经历了250—260年。大明王朝的开国皇帝，即后来在明朝占支配地位的诸王的祖先，结束了纷争。在有关权力方面，对不是由执政官统治的旧政治制度进行了变革，废除了过去的贵族世袭和阶级世袭制度，全部子民和全部土地都归皇帝所有，创建了其他形式的贵族制度，在这种制度下，除若干地位低下的庶民，其他所有子民都可以通过科举考上生员或举人，甚至可以通过科举考上当时明朝中国贵族制度中地位最高的进士。

在国家中行使统治职能的是由皇帝自己的所属地以及分封地中任命的内阁大学士。以皇权与分封制混合的统治形式任命大学士，诸多事项须经由内阁大学士和内廷同意后才能施行，法律法规也必须先经过同意后再由皇帝钦定。明朝的许多其他民族也仍然参照这些制度。

军队制度也是这样，同文官制度一样存在阶级之分，其中人们可以通过军队的训练，修习兵科，或者通过著述有关战术的文章晋升到相当于进士的最高地位，即军队的指挥官或总司令官。

综上所述，在明朝的中国，也仿照明前的制度，存在两种官吏制度。一种是相当于贵族阶级，从事学术方面的工作；一种负责国家的防备守卫，这一种不能通过世袭晋升，因为它是属于个人性质的，只能够通过自己的努力获得，否则的话，就会止于一般的老百姓。

一般来说，封建中国所有的文官政府及武官政府都分为两个构成要素，即左右这个国家的中央集权和各省所在的地方政权。整个国家的中央集权中，由以下几个机构组成：一个内廷，六名内阁大学士，一个督察院和督察史。①

2. 对中国文字的解析和阐述

《日本教会史》有一段最出色的部分是对中国、日本文化的描述，其

---

① 陆若汉著，土井忠生等译注：《日本教会史》上册，页133。

涉及面之广，当时无人可以比拟。尤其是从第二卷第五、第六章展开的对中国和日本文字的探讨，便可得知陆若汉在此方面的研究可谓精深，从文字起源的追溯，到各种文字的构成、特点以及三种字体都有探讨。他称：

> 中国人与日本人的文字技法，在他们所拥有的学问和学艺中，占据了最主要的地位。其发源于中国，慢慢扩散且广泛融汇至其他各民族之中，例如朝鲜人、日本人、琉球人、交趾人以及与中国毗邻的北方鞑靼地区。这些文字，确实是华夏民族和使用它的其他各民族国家的惊世之物。若不亲眼所见、实际使用，是难以完全理解这种说法的含义。要想了解这一点，则不可不知晓中国人、日本人，以及其他运用中国文字和表意文字的民族并不使用欧洲样式自由文字的字母，他们习惯于书写表现事物意义的表意文字。而且，每一个词语都有与其对应的文字。①

陆若汉认为这些文字是表示"事物的记号和符号"，有些文字就像"模仿世间万物的象形文字"，为了表达某些语言和概念，通过某种绘画和人与动物的其他形态表达比喻或意义的埃及象形文字的方法，"是有表现意义的文字"。他指出更令人难以置信的是，已经"发现中国人发明了大量各种不同的字形"，国民学习起来似乎并不怎么困难，不懂得使用日常汉字的人很罕见，"这一点简直让人震撼"。这些人无论身份高贵或是低微，是田间村夫还是工匠，甚至"全家终日居于渔船以海河为家的渔民"都能识文断字，原因是他们从小就开始学习这种有字形的文字，而且出自于他们各自的目的，通过"文字的习得和修养可获得地位、取得官职"，从而出人头地。②陆若汉接着说道：

---

① 陆若汉著，土井忠生等译注：《日本教会史》下册，页63。
② 陆若汉著，土井忠生等译注：《日本教会史》下册，页64。

文字的历史悠久，据中国所拥有的极其庞大、基于真实历史编写的史书记载，至1620年的今天，已经历了3900年的漫长岁月。从古巴比伦人中存在的语言混乱开始大约一百年后，中国的文字成为与之同样古老、世界上最早的文字之一。

···········

中国文字最早的发明者——创造使用文字和教授表意文字——是伏羲（Fohy），他是一位创建华夏九个部族之一的部族首领，是众首领中最早的贤者，华夏人推崇他为组建他们国家的最初的三皇之一①。伏羲教授人民哲学、自然魔术、占星术，就像昔日的迦勒底人一样，用图形、记号、偶数与奇数进行占卜，伏羲还赐予人们天体的知识，故人们称之为天王。②

谈到构成文字的方法，陆若汉指出仅靠笔画由简单的点和线之间的相互变化、组合有很大局限性，他提到中国人发明的一种构字方法——用一些单纯的文字共同构成某个文字，当然"并非胡乱随意的组合"，是考虑到各种因素后创造出来的。③陆若汉举例说：

比如，为表示流动的、给人以无限之感的领域——"天"，他们（中国人）写一个"大"字，再在头上加一个数字"一"。于是，"一"和"大"构成唯一大的事物，亦即"天"（这个汉字），因为天是这个世界上最大之物的缘故。此外，要表示与"天"和"天体"有关的事

---

① 三皇处于同一个时代。第二个王是神农，当时人类靠吃树上的果实为生，神农教大家自己饲养动物和耕作，因此人们称之为地王。第三位王叫黄帝，在那之前，人们或住在树上小屋中，或在地面上挖洞而居，用草木叶子做衣服。黄帝教人们共同居住在房屋内或部落中，过上拥有法律和政治等习惯的、更为富有文化政治气息的生活。黄帝还设置官吏和统治机构，整顿国家秩序。由于他训示了关乎人事、政治方面的事情，人们把他称为人性之王（即人皇）。陆若汉著，土井忠生等译注：《日本教会史》下册，页68—69。
② 陆若汉著，土井忠生等译注：《日本教会史》下册，页64。
③ 陆若汉著，土井忠生等译注：《日本教会史》下册，页70。

物时，就在"天"、"日"或"月"字上再加一个别的文字，由此共同构成一个文字。例如，明亮（明）、光辉（曜）、天亮（曙、朝）、晴天（晴）这般。……他们采用同样的方法来处理元素（火、气、水、土），所以具备火的性质、作用的所有事物，像"烧"这类文字，就在"火"字旁加上其他汉字构成。……关于气、风、金属、草、木、鱼、兽、石等这类事物，他们也是采用同样方法，在这些文字上添加其他文字来构成一个新的文字，表示属于这一类的相关事物。例如所有种类的树，以及与木材有关的事物都由"木"这个文字添加另一文字共同组成。基于文字这般相互的组合，从而导致对这些文字的意义、其中所包含的特性以及强调关于语源的巧妙而科学的说明。因为它不仅能够凸现包含在这些文字中的事物的意义，而且还使它的语源一目了然。①

陆若汉还认为中国的文字不仅在上述各方面值得感叹，而且其优雅也胜过其他的文字：

在中国，学习文字的同时，人们也学习包含在这些文字当中的自然知识、道德学问、修辞艺术，以及其他很多有特征的内容。生活在这个世界的一隅、使用这些文字的各个民族未曾尝试与世界上一切其他的智者进行交流，也不曾得到过他们的教诲，却发挥出如此的聪明和才智，就是归功于此（学习文字及与之相随的学问所得）。中国人、日本人和朝鲜人那种敏锐的才能不能不归功于这种文字的使用。因为这种文字大部分符号都是依照自然的形象来创造，有关这些事物的记忆很容易被强烈地唤起，即使忘记词语的意义，一见到文字，因它是由某一特性的字和其他字型组合而成，人们很快便会想起其意义所在。②

---

① 陆若汉著，土井忠生等译注：《日本教会史》下册，页71。
② 陆若汉著，土井忠生等译注：《日本教会史》下册，页72。

陆若汉指出，日本人是从高丽人处吸收了中国的文字。在那之前，日本人不知道使用文字，他们在"吸收文字的同时也把这些文字的读音吸纳过来"，在中国式读音之外，日本人还根据这些文字的意义，用"日本固有的语言，给它们加上日本式读音"。据说其他吸收了中国文字的各个民族同样采取此种做法，这些民族不理解本国语言之外的语言，但对于使用文字的书籍，以及其他文书，虽"用本国的语言来发音，人们却有着完全共通的概念"。①陆若汉称：

> 因此，从结果来看有诸多的方便：虽然这些民族之间语言不同，但他们的书籍却全是用共通的文字写成的。正因为如此，即使不用语言，只使用同一种文字或书籍他们也可以做到相互沟通。于是，他们之间互派使节时可通过文字来交流，会见时即使没有翻译在场，也可以利用共通的文字将想要表达的意思以书写的方式进行沟通。实际上，日本人、高丽人以及其他使用中国文字的各个民族与中国间的交往多是如此。
>
> ……用中国的文字印刷的有关我们神圣信仰（天主教）的书籍没有必要再翻译成其他各国的文字，因为这些书籍也通用于日本以及那些使用中国汉字的各民族，这对于他们中间研究文字的学者是非常有帮助的。同样，记载着自然知识、道德学问或古今历史的所有书籍，以及以散文或韵文等形式撰写的大量书籍，都可以为日本人、高丽人以及其他各民族所共用，他们如同中国人一样使用着这些书籍，而中国人本身也经常阅读用本国文字写成的高丽和日本的书。②

陆若汉在介绍日本人书写文字的顺序后，继续陈述中国文字的书写，他说道：

---

① 陆若汉著，土井忠生等译注：《日本教会史》下册，页73—74。
② 陆若汉著，土井忠生等译注：《日本教会史》下册，页75—76。

学习、书写文字对他们来说不是一件乏味的事情，因为中国语言有一定的韵律和优雅的节奏，可以像念诗一样半唱半读地记忆这些文字。而他们的书写方式与其说是写字不如说是绘画，写好字与画好画可以说是同样的事情。他们的文字里，无论气势、美观或是形态都有着各种韵味。著名的书法家因为写一手好字极受尊崇，比画家更受青睐。人们将有名的古代书法家的墨宝或铭文加以收藏，如同对待珠宝等贵重品一样珍惜它，而有身份的贵族更是以写得一手好字而自豪。①

提到文字的字体，陆若汉也颇有一番认识，"文字字体也就是运笔"，在中国、日本、高丽以及其他使用这些文字国家，每个文字都有三种字体，读法却都是一样的。这三种字体是"将同样的文字加以简略，使线和点变少"，或者改变运笔的方式，总之"与原文字的形态多少有些不同"。他们把文字的这些字体分别称为"thin（真）、"tçao（草）"和"hin（行）"。陆若汉具体介绍三种字体道：

> 第一种"thin"，也就是真，是"真正"的意思，它是文字原本的形态，所有的线和点都清晰、规整。是一种极其漂亮的、被赋予完整形态的字体，在任何场合都保持同一形状不变，相当于（我们）的印刷体文字。所有种类的书籍都用这种字体来印刷，即便这种字体也有众多字形不变而写法、美感略有变化的多种写法，但这种字体与其他字体相比较所突出的一个特征就是雅致，因此备受青睐。
>
> 第二种，按顺序说应该是第三种"hin"，即行，是"行走"的意思，它与第一种字形相同，只是多少有些变化。正如我们所说的"让手飞跑的字"那样，这种字体在文字的某一部分相互连接不甚清晰明了。它通常用于书写类似序文、屏风和扇面上的格言和铭文，以及诗歌等（诗情画意，充满感性）的东西。这种字体在日本人中极受推崇，并有众多种类，不仅著名书法家的有价值的旧铭文，即使是新铭文也

---

① 陆若汉著，土井忠生等译注：《日本教会史》下册，页76—78。

常使用这种字体来书写。

其次,第三种字体,按顺序说应该是第二种,其意思为"草"的"tçao",即草。此字体同第一种、第二种字体相比形态变化更加明显,省略笔画较多、笔画少相互连接,与第一种字体的形态几乎完全不同,因此,若非精通此道的人会经常误认这些文字。他们用这种字体来书写书籍的序文、铭文,以及其他用途的内容。①

陆若汉继续介绍,日本人在一般日常生活中并不用"真"字体,日本"各宗派的学者则常常使用",僧人、儒者和道教学者在他们的书籍和注释中,或是印刷书籍时使用这种字体。而日本普通民众在撰写书简和公文时会使用第二种"行"书,或第三种"草"书,在日本"只有这两种字体运用于日常生活中,孩子们在学校读、写、记的都是这种字体"。对"行"和"草"非常熟悉的人很容易就能够阅读并分辨"真"的文字。陆若汉补充道:

我可以理解为什么一部分人会认为日本人使用的汉字不是中国的文字,那是因为他们认为只有"真"字体才是中国的文字,而另外两种字体则是日本的文字,更因为那里的国民(日本人——笔者注)同时还使用一种类似于字母的音节文字(假名——笔者注)。但其实正如后面要讲到的一样,那些音节文字也是从中国的文字中提炼出来的,全部是中国的东西,是从中国传播来的。②

陆若汉对于中国文字的论述可谓详细而深刻,他将文字产生的渊源、实际运用的事例具体道来,可以推测在编撰《日本教会史》之前,他对中国的文字就已做过深入的研究。他不仅对象形文字、指事和会意等文字的形成方式颇有研究,甚至对文字书写的三种基本字体的差异、用途也了解

---

① 陆若汉著,土井忠生等译注:《日本教会史》下册,页79—81。
② 陆若汉著,土井忠生等译注:《日本教会史》下册,页81。

得非常清楚。更值得瞩目的是，陆若汉不断采用文字比较学的手法，以日本和朝鲜等地的文字使用情况作为考察中国文字的参照物。当时作为西方传教士，陆若汉无疑是掌握中国文字知识最全面、最出色，研究最深入的一位。

（三）陆若汉在传播西方军事技术上的贡献

明万历四十八年（1620），徐光启、李之藻、杨廷筠、孙元化等一批具有天主教背景的官员集团开始制订一个新的计划，即通过从澳门输入西铳西兵加强明朝对外作战的军事能力，解决当时朝廷东北边境的燃眉之急。与此同时，还有一个目的就是"乃欲同时招致教士也"①。如果澳门进献西铳西炮成功，不仅"大有利于国家，尤其能为教会建大功"②。除此之外，徐光启等人不遗余力地输入西铳西兵，招致西方传教士，引进西方实用科技力量及西方宗教势力对中国的影响，以强化与稳固自身集团在明宫中的日渐重要的地位。这一在当时文献中未予表露的语言，应是万历四十八年制订这一新计划的另一目的。而澳门议事会及耶稣会中国传教区也希望通过进献西铳西兵，引进西方科学技术来帮助明廷抵御外侮，加强以徐光启为首的天主教势力的政治地位，以致影响明朝皇帝对澳门及天主教的政策，在明廷中寻找势力强大的政治保护伞，以保澳门的稳定及天主教在中国的迅速发展。这是一个一石数鸟、恩惠多方的良策。值得关注的是，徐光启、李之藻等人向澳门求助西洋先进科学技术之思想与陆若汉、龙华民等传教士的作用不无关联。1614年陆若汉曾经深入中国内地，与徐、李等人多有接触，龙华民在当时又是代表中国天主教教区最高地位的人物，故徐、李接受西方军事科学技术的观念完全有可能受此二人的影响。

宁远之役，"其得力多藉西洋炮"③，西洋大炮的威力使明政府更加深刻

---

① 巴笃里：《中华耶稣会史》，页696。转引自方豪：《明末西洋火器流入我国之史料》，载《东方杂志》第40卷第7期，1944年。
② 金尼阁：《1621年报告》，页139—140。转引自方豪：《明末西洋火器流入我国之史料》，载《东方杂志》第40卷第7期，1944年。
③ 《孙文正公年谱》卷三天启六年丙寅条。

地认识到西洋火器装备对边境军事防御的重要。特别是崇祯元年（1628）徐光启再次被起用，主持朝政①，故购募西铳西兵之主张在宫中又完全占据上风。1628年时，陆若汉已经67岁，而澳门议事会、耶稣会及广东政府均一致推荐陆若汉参加这支远征队，并请他"管束巡迪前项员役"②，可以反映陆若汉在这次购铳行动中的重要地位。对此事，韩云在《催护西洋火器揭》中称：

> 蒙徐业师特与兵部商榷，业经具题差官孙都司同西洋陪臣陆教士解到西铳三十余门。③

崇祯三年（1630），69岁高龄的陆若汉得到徐光启的极力推荐，负责再次入澳募兵之任务：

> 掌教陆若汉年力虽迈，而德隆望重，尤为彼中素所信服。是以众共推举，以求必济。④

第二次募兵据韩云称：

> 是役也，业挑选得精锐义勇四百八十人，军器等项，十倍于前。⑤

虽然军队受阻赴京未成，但陆若汉还是带着少部分人将这次携带的西洋火器进京进献明帝。孙元化登州练兵行动中，陆若汉亦参与其中，帮助孙元化在登州操练新军。登州兵败后，陆若汉还在莱州帮助"炼火药"。陆若

---

① 徐骥《文定公行实》："戊辰今上即位，昭起原官，侍日讲，补经筵讲官。"
② 《守圉全书》卷三之一委黎多《报效始末疏》。
③ 《守圉全书》卷三之一韩云《催护西洋火器揭》。
④ 《徐光启集》卷六《闻风愤激直献刍荛疏》。
⑤ 《守圉全书》卷三之一韩云《战守唯西洋火器第一议》。

汉两次亲身参加购炮募兵行动，为明朝引进了一支完全西式的军队及大量的西洋大炮枪械。这么大规模地输入西方军事技术，在明王朝乃为破天荒的事情，且对明朝军事技术的发展具有极为重要的作用。

值得注意的是，陆若汉等人引进的西洋军事技术，经徐光启、孙元化等人精心培训，使明代军队中出现了一支掌握西洋火器的精锐部队，但后来由于孙元化的部将孔有德、耿精忠的叛降，又使西洋火炮技术流播后金。《国榷》称："前登州火器、大炮与精技者皆归于建州。"①登州城破时，"尚有旧兵六千人，援兵千人，马三千匹，饷银十万，红夷大炮二十余位，西洋炮三百位，其余火器甲仗不可胜数，皆为贼有"②。后金政权获得西洋军事技术实际上亦同陆若汉有关。

韩霖在《守圉全书》卷首的凡例中关于该书各篇的内容均有介绍，其中最有特色的为卷二《设险》和卷三《制器》两篇：

> 筑城凿池，守圉第一要务。不佞留心讲求，颇异常法。大炮既精，兵法至今一变敌台之制，尤设险所最急也。余兄景伯从西洋陪臣新授造成法，乃奉旨所译，旁通西学之一，为亘古未发之秘，因未呈御览，不敢付梓，略采数端，当其参订成书传布海内。③

韩霖的"设险"主要为筑城凿池，此文中的"从西洋陪臣新授造城法"之西洋陪臣疑指葡萄牙神父陆若汉。证据之一便是韩霖兄韩云知徐州时，葡军统帅公沙·的西劳及西教士陆若汉率葡兵三十余人护送十门大炮进京经过徐州，当时，"资斧已竭"，韩云即资助"二百金"作葡军之路费。④为报此恩，极有可能利用在徐州停留期间，教授"筑城凿池"之法。证据之二，陆若汉送韩云火绳炮一门，并自徐光启力主引进西洋铳台之法

---

① 谈迁：《国榷》卷九十二崇祯六年四月乙亥条。
② 毛霦：《平叛记》卷下。
③ 《守圉全书》卷首《凡例》。
④ 《守圉全书》卷一《酌古篇》。

后，由于西方传教士的大力协助，造城之方法确实发生了很大的变化。崔景荣《制胜务须西铳敬述购募始末疏》称：

> 少詹事徐光启疏请建立敌台，其法亦自西洋传来。一台之设，可当数万之兵。①

韩云所翻译的西洋造城法有可能即《守圉全书》采征书目中的"西洋城堡制"，可见韩霖《守圉全书》卷二之《设险篇》已不是综述古代兵书中的设险，而是加进了当时传入中国最先进的欧洲筑铳城敌台之方法，增加了崭新的西洋军事科学技术内容，其中不能忽视直接参与引入西洋筑铳城敌台过程的西方传教士陆若汉等人的作用。

（四）大秦景教流行中国碑

1625年，在距古都西安城西南40英里的盩厔县（今陕西省周至县），传出一个考古学上引人注目的发现，即"大秦景教流行中国碑"的出土。②景教碑的发现引起了对古迹十分重视的中国人的极大兴趣，学者们纷纷前往考察，但是都看不懂上面的文字。见到景教碑的第一位天主教徒，可能是原籍福建的张赓。③张赓是利玛窦的老朋友，他猜想碑上的文字可能与天主教有关，就拓下碑文送给当时正在杭州的李之藻。对此事，李之藻称：

> 岐阳的张赓惠寄唐碑一幅，此外还写道："此碑是最近在长安出土，碑名为大秦景教流行中国碑。还没有人听说过这种宗教，它是不

---

① 崔景荣：《制胜务须西铳敬述购募始末疏》，载《徐光启集》卷四《练兵疏稿》二附录二。
② Henri Havret对此事的处理最具学术性，见他的 *La stéle chrétienne de Si-ngna-fou*（3 vols，上海1897年版）。石碑的确切发现日期有争议，最可能的日期是1623年，将石碑移到西安的时间是1625年。参见P.Y.Saeki：*The Nestorian Documents and Relics in China*（东京1937年版），页26—30。
③ 张赓，福建人，1621年艾儒略在杭州为他洗礼，后来成为艾儒略的得力助手。邓恩著，余三乐、石蓉译：《从利玛窦到汤若望》，页178，上海古籍出版社，2003年。

是与利玛窦从泰西的世界带来并传播的宗教一样？"①

李之藻与在杭州的耶稣会士不费什么力气就认出这种曾经"显赫的宗教"确实就是天主教。尽管碑文模糊不清，文字中还夹杂着一些道教和佛教的词语，其中还是清楚地揭示了许多天主教的教义。阳玛诺在1626年3月从嘉定写给在罗马耶稣会长的一封信中，宣布了这个发现。他写道：

> 在西安发现了一通古碑，这通古碑证实了神圣的福音曾经在中国传播过。……碑文的表达有许多模糊不清之处，还有的源于异教的词语，理解起来很困难，没有什么隐喻和文学上的暗指。……到目前为止，我们只是确定了碑文的大概意思。已令金尼阁神甫前往现场察看石碑。因为进士们可能忽略了我们必须知道的一些细节，我们希望金尼阁神甫能够得到碑文的准确抄本。一旦得到，会立即寄给阁下。②

在中国的耶稣会士完全清楚这个发现的价值，对他们来说，发现景教碑的主要价值在于对他们传教的影响。中国人一直反对天主教的理由之一就是它是新生的宗教。在中国，旧的事物有着更高的价值，这种看法要胜于世界的任何地方。西安石碑的发现，提供了天主教在中国不是新宗教的无可置疑的证据。正如一些学者相信的那样，在中国历史上最辉煌的时期之一，天主教受到了数位最伟大的皇帝的青睐。李之藻不失时机地发表了一篇关于景教碑及其意义的文章，文章被广为传诵。阳玛诺也写过一篇关于景教碑碑文的学术性评论《景教碑诠》。

张赓可以说是第一位亲自考察有关天主教遗迹的中国人，他使西安府的石碑引起了世界的注意。而最初参与西安石碑考察的西方传教士是否就是阳玛诺文中提到的金尼阁？根据费赖之转述夏鸣雷神甫的考证，陆若汉1614年到过镇江，并收辑在费赖之《在华耶稣会士列传及书目》中，他称：

---

① 邓恩著，余三乐、石蓉译：《从利玛窦到汤若望》，页178。
② 邓恩著，余三乐、石蓉译：《从利玛窦到汤若望》，页179。

一六一四年①被逐后避居澳门，曾与龙华民神甫通信札，讨论汉文天主名称事。同年入内地，抵南京，采辑中国载籍所志之镇江景教遗迹。②

由此可知，陆若汉早在1614年就对唐宋时代的中国景教表现了极大的关注，并收集了有关资料。1625年，陆若汉利用在广州参加交易会期间，再一次前往西安考察。他在《日本教会史》第三卷中描述有关初期传教历史和唐代的景教问题时清楚阐述了这一史实，即书中使用之资料"大秦景教流行中国碑"于1625年被发现，他得知此消息后迅速赶往发掘现场着手进行实地调查，进一步推动考察并做了记录和说明。陆若汉在1626年10月21日写给耶稣会总会长的书信和1627年11月寄往罗马耶稣会总部的葡萄牙顾问马什卡雷尼亚什的书信中都曾提到此事。

今年发现了一块巨大的长方形旧石碑，用中国文字和卡尔迪文字刻着长长的文字说明。据碑文说，主神的教规大概在1000年前，即公历636年传到中国，据说这个石碑是786年（即天主教传入后150年）树立的。这期间在全中国，在一个主教下面创立了许多教会，由于改教而取得了显著的成果。这个时期出现的超过八位国王的名字被刻在石碑上，国王都支持天主教，从事传教的都是巴勒斯坦出生的人……③

这封书信可以称得上是关于发现景教碑的、寄往欧洲的最古老而详细的记录之一。景教碑于1623年在陕西省西安府附近发掘出来，但是受到学术界关注却是在两年之后。陆若汉《日本教会史》提出的时间很早就证实了上文提到的争议中Henri Havert所主张的石碑发掘"最可能的日期是1623年"。

---

① 此时间已被证实有误，陆若汉到达澳门的时间为1610年。
② 夏鸣雷神甫：《西安府景教碑》第二编，页385—386。转引自费赖之著，冯承钧译：《在华耶稣会士列传及书目》，页217。
③ 土井忠生：《吉利支丹论考》，页267。

陆若汉同样感到这一发现的重要性，他认为重视传统文化的中国人仅因为发现这个古老的石碑，说不定就会产生对天主教的崇拜心情。而且在景教碑长长的碑文中，天主教教义的记载完全采用了陆若汉一直主张的、比较符合天主教宗旨和西方习惯的用词。陆若汉在《日本教会史》中进一步介绍了碑上的内容：

> 此碑文涉及神圣天主教信仰之主要精华，由天主教徒撰写。这些教徒首先讲述了神圣之物，即神，及其神圣的属性，具有三个位格的一个存在，即神圣无比的三位一体的精华、世界和人类的创造、人类的纯洁的状态、人类祖先之罪、魔鬼的狡猾，从这些罪孽中谎言和荒谬就来到了这个世界。接着（碑文）又说明，圣母玛丽亚、天使的预告、三位一体之第二位格者的受刑、十字架上的死、上天堂、贫困使徒的传教、洗礼和忏悔的秘笈、弥撒的牺牲、主日、司祭的削发、七个祷告、据说是由二十七篇组成的圣经等。①

陆若汉以及在中国各地传教的其他耶稣会士都为这块石碑的发现恰逢一个关键的时刻而感到高兴。"大秦景教流行中国碑"的意义在于：首次揭示出属于天主教一个派别的景教在7世纪的唐朝传入了中国，受到好几位皇帝的庇护，曾经享有一个相当昌盛的时期；这一块景教碑支持了圣像的使用，因为在陆若汉的出生地欧洲的宗教界正发生一场涉及对于新的异教者是否要使用圣像的问题的争论；此外，景教碑的发现还给中国的天主教徒增加了勇气，也许这可以成为解决那个复杂的天主教用语问题的一条线索。总之，《日本教会史》中有关景教的相关记述，是陆若汉在实地考察和研究景教碑发掘地的基础上完成的。

---

① 迈克尔·库帕著，松本玉译：《通辞·罗德里格斯》，页316—317。

三、陆若汉对朝鲜西学传播的贡献

（一）陆若汉答朝鲜使臣李荣后书

朝鲜为明朝的属国，历年均向明王朝进贡。朝鲜使臣进贡明朝多以辽东陆路交通为主。天启以后，由于满洲势力在辽东地区崛起，陆路交通堵截，明政府正式"令改朝鲜贡道，自海至登州"。关于这一贡道，朝鲜《增补文献备考》明确记录：

> 自宣川宣沙浦发船至铁山椵岛……庙岛—登州……莱州……德州……涿州—良乡县—大井店—北京。①

崇祯二年（1629）时，椵岛帅毛文龙曾要求改道，不经登州而经觉华岛入宁远卫。但是"改陆后，觉华岛水路远倍登州，所经铁山嘴一带巨海接天，绝无岛屿，躲藏暗礁，险恶无比，数年之间陪臣淹死者五人"②。因此朝鲜使臣对改道觉华之交通感到十分不便。所以从一开始，朝鲜使臣就不愿从觉华岛登陆，故屡派使臣奏请恢复登州之航路。崇祯三年七月朝鲜进慰使郑斗源从登州上岸进京，其中最重要的目的就是"请复登州旧路"。③

这一次郑斗源率领的朝鲜使团经登州入京进贡，使团共39人，通事为李荣后。郑斗源使团于崇祯三年十月到达北京，又于崇祯四年六月返抵朝鲜。④陆若汉于崇祯三年初，再次返澳门购炮募兵，遴选"铳师艺士"二百人，"傔伴"二百，还携带十门火炮，准备进京，但这支队伍在江西境被阻，仅允许陆若汉带小部分人进京。崇祯四年三月，由于登州前线吃紧，

---

① 《增补文献备考》卷一七三《交聘考》，韩国东国文化社，1957年。
② 《增补文献备考》卷一七三《交聘考》。
③ 郑经世：《愚伏先生文集》卷三《请复登州旧路奏文》，韩国景仁文化社，1987年。
④ 《李朝实录仁祖大王实录》卷二十三崇祯三年七月己卯条，卷二十四崇祯四年七月甲申条；《崇祯长编》卷三十九崇祯三年十月辛酉条。

陆若汉与公沙·的西劳及一部分葡人铳师"为登抚（孙元化）调用"①，可知陆若汉在崇祯四年三月后已在登州明军中服务。而郑斗源使团是在崇祯四年六月返抵朝鲜，从朝鲜到登州航程为一个月，故知陆若汉在登州与朝鲜使团相遇即在崇祯四年三月至五月间。据《李朝实录》记载，朝鲜仁祖皇帝问郑斗源："陆若汉何如人也？"斗源曰："似是得道之人。"②可见郑斗源对陆若汉的认识并不很深，也应是一般性的短暂会晤。但就是这次短暂的会晤，却对朝鲜的西学传播产生了不同凡响的意义。由于李荣后是译员，通晓中文，郑斗源安排李荣后向陆若汉学习西洋天文推步法，故陆若汉与李荣后之间有着更深的接触。李荣后在同陆若汉神父深谈之前，已经阅读了《治历缘起》、《天文略》等汉译西洋天文书，然后带着问题向陆若汉求教，现存于朝鲜安鼎福《杂同散异》中保存了李荣后的一封《与西洋国陆掌教若汉书》，在这封信中，李荣后向陆若汉请教了许多天文学方面的问题。③陆若汉作了回答。现保存在朝鲜安应昌著《考同考异》第二十二册《西洋问答》一书中有一封陆若汉给李荣后的信，题为《西洋国陆若汉答李荣后书》。现录全文如下：

敝国之人喜远游。得至明国，向蒙隆遇，献以火器，少尽报效之忱，来至东牟，幸逢贤达，聊以所译书籍奉览，讵意鉴赏若是耶？万国图以大明为中，便观览也。如以地球论之，国国可以为中。中国见此图，见西人，方知地之大、国之多也。虽东海西海，亦有圣贤，同类同理同心，在人之尽心习学耳。伏羲、尧、舜、文王、周公、孔子之经传，以至释道之典章，略知其大概。第太极生两仪，仪分四象，象分八卦，卦生天地人物。以西理推之，太极也质也，无心无智，若非无穷全能智慧之作者，安能生物乎？若三纲、五常、五伦治国之道，

---

① 《守圉全书》卷三之一韩云《战守唯西洋火器第一议》。
② 《李朝实录仁祖大王实录》卷二十四崇祯四年七月甲申条。
③ 安鼎福：《杂同散异》第二十二册《与西洋国路掌教若汉书》。转引自李元淳著，王玉洁等译：《朝鲜西学史研究》，页37，中国社会科学出版社，2001年。

与敝国同此世学也。尚有天学，恐秦始皇焚其书失其传也。中国唯信古人，或有差讹，亦为迁就。西国之学，自古迄今，时时参讨，不得其根源不止也。至若释老之教，能以实理驳之，立见其诞耳。何足好信哉！生人于世，有始必终。始从何来？终从何去？莫大关头，可不明白？此三教所不论之事，万祈高明留意焉。天文有盈缩，是以有岁差。汉唐以来修改者几，虽元太史郭守敬亦不知其所以然之故，安得不差？今皇上命敝官辈修改历法，倘得尽译，可保万世无差矣。天文细理，不可以片言数字能悉，必俟有暇，细细商论。治历缘起希简人，先为熟玩，容图面无晤，不一一。贱名正具。左玉侍教生陆若汉顿首拜。①

在这封信中，陆若汉不仅回答了李荣后有关西学的问题，并提出"东海西海，亦有圣贤"，强调东西方文化"同类同理同心"。特别值得注意的是陆若汉在这里表现的疑古思想，"中国唯信古人，或有差讹，亦为迁就。西国之学，自古迄今，时时参讨，不得其根源不止也"。这一封信极高地表现了陆若汉的汉学水准，其对中国学术了解研读之深，非一般西士可比。陆若汉同李荣后关于东西方文化的探讨，这在朝鲜西学传播史上应该是第一次这么深入的直接涉及。

（二）慷慨赠物朝鲜使臣

崇祯四年陆若汉与朝鲜使臣郑斗源的短暂会晤，不仅留下了一封珍贵的陆若汉的中文书札，而且在这次会晤中陆若汉还将许多珍贵的西洋器物与书籍赠送朝鲜国王②。据《李朝实录》：

---

① 安应昌：《考同考异》第二十二册《西洋国陆若汉答李荣后书》。转引自李元淳著，王玉洁等译：《朝鲜西学史研究》，页37。
② 值得注意的是，这次普通的会面，在朝鲜王室的记录里却有详细的记载。陆若汉在日本和中国度过了56年光阴，可无论中国或是日本的年代记中有关他的事迹没有只言片语，而朝鲜这个他一次也没有访问过的亚洲国家，仅仅因为陆若汉赠送一次充满异国情调的丰富的礼物，却让他的大名得以流传后世。

（崇祯四年七月）甲申，陈奏使郑斗源回自帝京，献千里镜、西炮、自鸣钟、焰硝花、紫木花等物。千里镜者，能窥测天文，觇敌于百里外云。西炮者，不用火绳，以石击之，而火自发。西洋人陆若汉者来中国赠斗源者也。自鸣钟者每十二时其钟自鸣。焰硝花即煮硝之成土，紫木花即木花之色紫者。上教曰：觅来西炮，志在御敌，诚极可嘉。①

朝鲜《增补文献备考》亦有这一事件之记录：

九年（崇祯四年）陈奏使郑斗源回自明，献西洋火炮、焰硝花、千里镜、自鸣钟、紫木花，及诸图书等物，上以其志在御敌，特加一资因台启还收。②

这一次陆若汉赠送给朝鲜国王的礼品究竟有些什么东西，在朝鲜文献《东国宝鉴》有更详细的记录：

《天文图》、《南北极》两幅，《天文广教》两幅，《万国全图》五幅，《红夷炮题本》一册，千里镜一部，日晷观一座，自鸣钟一部，火炮一门和《治历缘起》二册。利玛窦《天文书》一册，《远镜书》一册，《千里镜说》一册，《职方外纪》一册，《西洋国风俗纪》一册，《西洋国所献神威大铳疏》一册。③

从《东国宝鉴》的记载可以看出，这一次陆若汉赠给郑斗源的天文地

---

① 《李朝实录仁祖大王实录》卷二十四崇祯四年七月甲申条。
② 青柳纲太郎：《增补文献备考》卷一七四，朝鲜研究会，1917年。
③ 《东国宝鉴》卷三十五。李瀷《星湖僿说类选》卷四《陆若汉》所载物品稍有不同。转引自李元淳著，王玉洁等译：《朝鲜西学史研究》，页65。

理图有九幅,其《天文图》、《天文广教》三幅图当为西方天体图册,《南北极图》一幅,《万国全图》为五幅;汉译西洋科学著作六种,《治历缘起》二册,利玛窦《天文书》一册,汤若望《远镜书(说)》一册,《千里镜说》一册,艾儒略《职方外纪》一册,《西洋国风俗纪》一册;另外还有中国人著述西洋人献神威大铳的奏章及红夷炮题本各一册。西洋器物主要为十种,包括望远镜一架(迈克尔·库帕称这架望远镜值白银300—400两),日晷观一座(迈克尔·库帕称这座日晷可测量时间、方位及日月经路),自鸣钟一座(迈克尔·库帕称其为"会每小时自动鸣叫的闹钟"),火炮一门(迈克尔·库帕称其"可短时间连发炮弹")。[①]如此大规模地向朝鲜输入西方天文图、地图、西方科技书籍及西洋器物,这在朝鲜西学传播史上应是第一次。

(三)西学对朝鲜王国的影响

"西学"一词原意为中国明末清初基于天主教价值意识的有关西洋及西洋文化的学问,开始流传于知识分子中间。[②]西学传入朝鲜是17世纪初,主要是通过赴燕京使者而获得。正如韩国学者金美子所称:

> 17世纪以前韩国人的心目中几乎没有西方,即使对西方有认识也很微弱。[③]

朝鲜使者逗留中国期间,为强烈的求知欲望所驱使,主动访问北京天主堂和钦天监,与西方传教士交往,他们把一些汉译西学书带回国,由此掀起一场"西学热"。朝鲜历史学界认为向朝鲜介绍西学最早的是李晬光,李晬光(1563—1628)以使者身份三度来中国,逗留北京期间,他接触

[①] 迈克尔·库帕著,松本玉译:《通辞·罗德里格斯》,页340。
[②] "西学"这一术语是明末清初一些来华的耶稣会士用中文撰写和翻译西方学术所用的,如高一志的《西学治平》、《民治西学》、《修身西学》,艾儒略的《西学凡》等,耶稣会士称之为"汉译西学书",或称"汉文西学书"。因为耶稣会士将西洋学问称为"西学",后来中国、朝鲜学者亦同样使用此术语。
[③] 金美子:《韩国如何通过中国接受西方文化》,载《中华读书报》2001年12月20日。

到西学,一开始就对这种异质文化非常感兴趣,便积极打听西方情况,把西学书带回国去。李晬光在其著作,光海君六年(1614)刊行的《芝峰类说》一书中粗略地介绍了西方天文学、世界地图、利玛窦和天主教等,这使朝鲜王国的一些知识分子开始将目光落在西方科学与汉译西学书上。光海君七年(1615)许筠自使明回国,带回西书四册。①朝鲜西学传播至朝鲜王国之初,大部分知识分子抱着对新学术的单纯好奇心来尝试着接纳和研钻西学。随着传入朝鲜王国的西洋文物、汉译西学书的不断增多,其种类更加丰富,一些实学派学者发现了西学的科学性和实用性。

崇祯四年陆若汉对朝鲜半岛的西学传播,其重要性更要超出前几次,其意义十分重大。

第一,陆若汉这次传入朝鲜的西器有火炮一门,这门炮"不用火绳,以石击之,而火自发"②。库帕则称这门炮可以短时间连发炮弹。《东国宝鉴》记录中还有《红夷炮题本》一册,估计这门炮应为红夷炮。值得注意的是郑陆会晤时,郑斗源还安排椑将郑孝吉向陆若汉学习红夷炮的操作方法,学成后再让他们回国。这应是西洋火炮技术第一次正式传入朝鲜。当时朝鲜在后金势力的威胁下,仁祖皇帝非常关注加强国防建设。故郑斗源这一次引进的红夷炮及红夷炮技术引起了仁祖的高度重视。仁祖嘉奖郑斗源:"觅来西炮,志在御敌,诚极可嘉,特加一资。"③早在仁祖六年(1628)曾有荷兰人朴渊一行漂流到济州岛,仁祖将其编训练大将具仁厚麾下,让他们讲授红夷炮制造法。④这门红夷炮实物的传入,这对于当时朝鲜军队学习红夷炮技术及制造红夷炮提供了极重要的参照物,对朝鲜军事技术的提高、增强朝鲜军队的战斗力有很大的帮助。

第二,千里镜与《远镜书(说)》的传入。千里镜不仅是观测天体的测

---

① 《光海君日记》卷八十七光海君七年二月癸未。转引自裴淑贤撰,杨雨蕾译:《17、18世纪传来的天主教书籍》,载《东西交流论坛》第三集,上海文艺出版社,2001年。
② 《李朝实录仁祖大王实录》卷二十四崇祯四年七月甲申条。
③ 《李朝实录仁祖大王实录》卷二十四崇祯四年七月甲申条。
④ 李元淳著,王玉洁等译:《朝鲜西学史研究》,页62。

量仪器，而且在当时的航海及战争也是重要的工具。欧洲在16世纪末至17世纪初即已开始出现望远镜，德国传教士汤若望于天启六年（1626）完成《远镜说》一书，并携带第一架望远镜入华。①韩霖《守圉全书》卷三称：

> 望远镜，来自大西洋国。近日西洋陪臣贡献御前。问有鬻者，值四五十金。②

到崇祯时，望远镜在中国已不是特别稀罕的东西了，因为在市场都已能买到。但陆若汉这次赠郑斗源的"千里镜"，应是望远镜第一次传入朝鲜，它连同汤若望这部介绍望远镜的使用方法、价值及光学原理的《远镜说》一书同时传入朝鲜，这对于朝鲜天文学的发展及军事技术的发展均具有重要意义。

第三，自鸣钟是当时先进的西洋计时科技产品。万历年间，罗明坚、利玛窦先后将自鸣钟传入中国，到万历末，中国人不仅熟知了自鸣钟技术，而且开始仿制生产自鸣钟。但陆若汉这次赠给郑斗源的自鸣钟却为第一次传入朝鲜。自鸣钟传入后，朝鲜宫廷匠人也开始仿制自鸣钟。据金堉记载，密阳人刘兴发曾仿制自鸣钟成功，在观象监里也仿制了自鸣钟。③

第四，陆若汉这次传入朝鲜影响最大的应属西方天文历法及地理方面的知识，共计有图9幅，书4册，仪器2件。而天文、历法及地理方面的知识，也是最容易被国家接受的西洋科技。如《天文图》及《南北极图》两幅传入后，这是朝鲜人最初接触的西方天文图。④到肃宗三十四年（1708），朝鲜国内成功仿制了这两种天文图。⑤利玛窦的《万国全图》早在宣祖时期

---

① 方豪：《伽利略与科学输入我国的关系》，载《方豪六十自定稿》上册，页63—71。
② 《守圉全书》卷三之一《制器篇》。
③ 洪以燮：《朝鲜科学史》，页260，正音社，1946年。
④ 李龙范：《关于法住寺所藏的新法天文图说》，载《历史学报》第31辑，页51—52，1966年。
⑤ 崔锡鼎：《明谷集》卷六《论泰西乾坤》。

李晬光就接触过此图，并撰文予以介绍。①陆若汉这一次又向朝鲜输入五幅《万国全图》，到1708年时，朝鲜也仿制完成《坤舆万国全图》。②《职方外纪》一书是天启三年（1623）由意大利传教士艾儒略完成，该书连同《万国全图》及《西洋各国风俗纪》等书图传入朝鲜后，对朝鲜知识分子的以中国为中心的世界观具有极大的冲击，扩大了朝鲜人的世界知识。英祖时李瀷阅读《职方外纪》记录到"大西洋很大但不深，在大西洋外的土地上早就有西方的国家"③。这样的新的地理观，极大地影响了同时代的学者，包括李瀷的弟子安鼎福等。还有慎后聃，他读完《职方外纪》后自著《西学辨》，详细地阐述了西洋地理知识，还评论了西洋的教育、学术及宗教等问题。④

看似一次不经意的会晤，实际上是当时耶稣会的精心安排。朝鲜使臣崇祯三年十月到京的消息为在京的耶稣会士知悉，而天主教敲开朝鲜的大门一直是耶稣会梦寐以求的愿望。如果在北京耶稣会与朝鲜使臣接触并赠送西洋火器及礼品，势必引起明王朝的警惕，甚至给北京耶稣会士带来危险。恰逢登莱巡抚孙元化（天主教徒）要征调陆若汉及葡国铳师到登州练兵，而朝鲜使臣返国又必经登州，故耶稣会巧妙地安排了这一幕"陆郑登州之晤"，完成了这一次西学大规模传入朝鲜的行动。不然，何以赴登州练兵的陆若汉会携带如此之多的书籍和礼品随军呢？而这一巧妙的外交行动的执行者为熟悉东方事务的陆若汉，反映出当时耶稣会对陆若汉所寄予的厚望。

---

① 李晬光：《芝峰类说》卷三《外国》。
② 李龙范：《关于法住寺所藏的新法天文图说》，载《历史学报》第31辑，页51—52，1966年。
③ 李瀷：《星湖先生全集》卷五十五《跋职方外纪》。李瀷曾通读过《职方外纪》，他不仅接受了《外纪》及《西洋舆地图》所述的世界人文地理知识以及有关自然现实的西洋自然地理知识，而且还接受了"地球说"，克服了所谓"天圆地方"的传统说法。他举出哥伦布及麦哲伦绕世界一周之例来真正理解到"地球说"，还引用地心论来说明人类居住在地球表面上却不掉落到空间的现象，这可谓是通解"地球引力说"的结果。由李瀷所认识的"地圆"，到洪大容发展为"地转"。
④ 李元淳：《职方外纪与慎后聃的西洋教育论》，载《历史教育》第11—12期合刊，1969年。

四、陆若汉总论东方文化

陆若汉的大作《日本教会史》中关于东方文化的两卷，在很多方面堪称杰作。这两卷的内容完全根据陆若汉在日本33年、中国23年的经历写成，尽管文章的文笔不够精彩，排列有些零乱[①]，但已经超出了他最初被赋予的仅仅是收集资料的使命的要求。

（一）亚洲地理和城市建筑

在《日本教会史》上册第一卷的卷首，陆若汉就强调要了解日本就必须了解亚洲概况和中国情况。他在开始的几个章节中，首先利用地图详细介绍了当时的亚洲地理情况：

> 亚洲是世界上价值较高的地域，它的面积在当时最大，史上所知的第三大的[②]亚洲的面积，比较欧洲与非洲面积之和更大。而且，此外亚洲还拥有无数"有力"的岛屿，这些岛屿是因新时代的航海而被发现的，如果将这所有岛屿的面积都加起来，总面积也较欧洲为多。
>
> 地球上的这片领域与其他领域相比，因为盛产所有人们喜爱的贵重物产，所以其富裕也是非常有名的。谈到贵重的物产，比如说全部种类的宝石，有品质最高最贵重的珍珠，各类香料，一切品种的香料，即安息香、麝香、龙涎香、麝猫香、樟脑、伽蓝、沉香、白檀，以及无数的药用草和石头，即大黄、牛黄石，还有被视为非常珍贵的石头。这个地方还出产众多的贵重物品。
>
> 亚洲大陆上有一些一直延存至今的帝国，如巴比伦人、希腊人、吉普赛人、土耳其人、蒙古人以及中国人的帝国，这些帝国不仅闻名遐迩，那些在亚洲大陆上曾创立了繁荣王国的民族也十分有名。

[①] 从陆若汉《日本教会史》最初的目录来看，原计划要写成十卷，将超过50万字。现保留下来的第一卷有12万字，第二卷有3万字，包含的内容相差比较大。

[②] 这是当时希腊人的概念。

世界的主要现象似乎都是在这里形成的。在这里，上帝创造了地上的天堂，人类的先祖也是在这块地域上被创造出来的。那些人类的永远的语言化作肉身展现，基于托身赎罪的奥义而被救，教堂、司祭以及准备祭品，这样真实的上帝的宗教礼仪和宗教，比其他人和地方都为先，在此地欣欣向荣。先祖们和预言家们在这里欣欣向荣，人类从诺亚大洪水中被救出，从亚洲向世界迁居。旧约圣经的历史和新约圣经的大部分都是在亚洲形成的。[①]

《日本教会史》第二章对日本66州的地理作了非常详细而准确的描述。在接下来的日本古代史部分中，陆若汉指出，"有关建国的传说和神话大部分都不是有史实根据的"[②]，最初到九州居住的人从中国浙江省来，从朝鲜来的人居住在本州西部的边缘地区。提出这样的主张，可能是由于陆若汉在浙江发现了跟日本人当时的衣服、食物很类似的物品的缘故。《日本教会史》还论述了日本同朝鲜的关系。日本的出云和朝鲜地理位置十分接近，陆若汉提出大内氏便是出自朝鲜的百济国。虽然不知道此观点的可信度如何，不过日本中部地区的语言发音粗糙，发音方式类似朝鲜语。而且他还谈及在品词构成和语法形式上，朝鲜语和日本固有的语言有很多类似之处，日朝两国语言的关系问题早在文献上就有触及。龟井孝先生就曾经提出在发音方面，朝鲜和日本中部地区关系颇深。《日本教会史》主要是集其他人的著作，以及各种文献之大成，同时加入了陆若汉自身亲身经历的体会和经验。移居澳门生活以后，越发坚定了他"日本文化的根源自中国"的信念，佛教不用说，甚至于"僧侣的恶行也是伴随着佛教由中国传入日本的"。[③]

在《日本教会史》第七章中，陆若汉谈起日本的气候、日本的大小，以及日本人的心理：

[①] 陆若汉著，土井忠生等译注：《日本教会史》上册，页76—77。
[②] 迈克尔·库帕著，松本玉译：《通辞·罗德里格斯》，页295。
[③] 土井忠生：《吉利支丹论考》，页186—187。

日本人实在是太认真，哪怕是很小的事情，也要放在心里，跟名誉有关的事情，哪怕仅为一件事，也会毫不犹豫地献出生命。（但是跟中国人和朝鲜人相比）日本人对外国人非常热情，非常信任。①

从《日本教会史》中可以窥视到陆若汉对日本人的心理和缺陷抱有一种严厉的态度，然而他并没有全盘否定和贬低。在第一卷的后半部分，他虽然指出日本的生活方式过于烦琐，却又做出认真的介绍。从第十二章开始陆若汉用了九小节的篇幅对东方国家房屋的构造作了详尽的描述：

在这里，我主要说明日本建筑和城市规划的风格。讲到建筑，不能不提及一点，日本人和中国人非常在意房屋和城堡特别是公共建筑的方位和坐向。在中国、日本和朝鲜（后两个国家都是参照中国），建筑总是坐北朝南、左东右西，他们还觉得左比右尊贵。

因此，不管是城市规划，还是建造房屋、城堡、宫殿和寺庙，日本人首先考虑建筑的四个朝向，尽量使一切都放置在正确的位置和朝向最佳的方向，以此来显示他们地位的尊贵。根据这项原则，只要空间许可，建筑的前部都尽可能地朝南。如果空间不允许围墙的门口朝南的话，至少建筑主体的前方朝南，后方朝北。因此皇宫或广场的外围的四个门口分别是：南门为正门，北门为后门，其余两个门口朝东和西。

该原则也适用于街道的走向。大城市的干道总是南北走向的，而东西走向的则为必要的情况下才设立的支路。在中国，城市总体为方形，其间干道和支路纵横交错，把城市分割成大大小小的标准方块。房屋的大门一律朝向南北走向的干道旁，而朝向支路的则为旁门。……

战乱时期，无情的战火把一切化为灰烬，人民生活在水深火热之中。这种情况下，就连大多数贵族的住所都是极其简陋和寒酸的。这

---

① 迈克尔·库帕著，松本玉译：《通辞·罗德里格斯》，页295—296。

一时期建筑的艺术性不高……在战争的间歇期，贵族和地主通常把房子建在高山中，而平民则把房子建在深山密林中。这一时期的建筑主要以茅屋和木屋为主。因为在战争可能再度爆发的情况下，除了京都和堺市等几个大在势力强大的领主统治下的城市外，在其他城市居住是很不安全的。在这里，我想介绍的仅限于传统的建筑方法。事实上传统的建筑手法在目前的运用也很广泛。

…………

通过研究这个王国各式各样的茅屋和木屋，你就会发现，其间隐含的建筑艺术绝不亚于世界上任何一个国家。的确，任何一个游历欧洲各国和日本的人，只要他们不带偏见，都会认为日本草木结构的建造工艺超过，不亚于世界上任何一个国家。这一点在领主、贵族、富商和世袭者的房屋和寺庙，以及修道院上体现得尤为明显。

日本建筑的艺术性体现在建筑结构的严谨、建造方法的巧妙、面积比率的严格遵守和建筑内部装饰的富丽堂皇。……至于当权者的皇宫和其他的大型土石结构建筑，我留待以后再讲。①

第十三章和十四章的话题转到日本的京城，陆若汉书中描写的京城不是他初到日本时看到的那个昏暗荒废的京城，而是丰臣秀吉全盛时代的豪华建筑、壮丽的大殿、豪华的宅第、繁华的商店、喧闹的马路，以及城市的戏剧、郊外的野趣等。为了具体介绍日本人的生活，陆若汉在第十六章中以日本人的服饰为例，从百姓的日常衣着、重臣的礼服、各季节的服装，谈到日本人对服装的要求十分严格且有一定的习惯。但提及当时女官们流行的化妆方式——把牙齿染成黑色、眉毛修成细长的形状时，陆若汉严厉批评道："这把与生俱来的外表完全破坏了。"② 从第十七章到第一卷结尾的第三十五章，陆若汉都在讨论日本人的风俗礼仪问题，可谓面面俱

---

① 陆若汉著，土井忠生等译注：《日本教会史》上册，页321—337。
② 陆若汉著，土井忠生等译注：《日本教会史》上册，页420—421。

到，非常详细。他首先提到访问时的各种礼节，诸如年中节日和新年的致辞、赠送和回赠礼品的礼数、宴会座席的排位、等候接见时应遵守的礼数、碰杯时复杂的程序等，并且特意辟出第二十二章介绍中国的各种礼仪，他再三强调日本的礼数大都出自中国，是日本人模仿中国人的结果。

（二）东方占星术

《日本教会史》的较多笔锋是集中在东方天文学方面。从陆若汉的叙述可以看出四十年前在府内神学院戈梅斯的天文学讲课对他的影响，从那时学到的西洋天文学知识，以及后来为了跟佛教僧人争论对佛教天文学进行的专门研究都起到了作用。陆若汉在书中设定了三千世界的存在，同时指明：

> 释迦和古代的哲学家，本来只设定了唯一的、实际存在的世界，这个世界里有人和动物居住，只有一个天，一个太阳，一个月亮和许多星星。除此以外的世界，只不过是在人们的心中产生的、有关联的、非常不可思议的编造之言。①

天文学这部分，陆若汉用了五章的篇幅对"天"的层次性分析、赤道和黄道、日食和月食、群星的星座、经度和纬度进行了复杂的说明，他最后提到关于东方历法和时间的划分。最引人瞩目的是第二卷较短的第十六章，陆若汉谈到东方民族的占星术，以及与之相伴的各种迷信，充分体现他深厚的学术功底。他称：

> 中国、日本以及朝鲜等民族，在多大程度上沉迷于占星术的迷信，无法轻易说清楚。所谓占星术，是以行星和恒星的位相等为依据，这些天体现象不仅制约和规定人们所有的行为取舍，甚至一生的婚姻、

---

① 《耶稣教—亚洲系列》，阿儒达图书馆，里斯本49—IV—53，第161卷。

居住地、未来从事职业等方面，并达到一种程序化的地步。日本人在这方面可说是登峰造极，但他们是从中国人那里接受的这种极端无聊的占星术。说起中国人，他们在占星术方面足以傲视他国，甚至最早将占星术传播开来的鞑靼人与之相比都要逊色三分。

陆若汉还指出，中国人创造出各种内涵不同的迷信，就占星术而言，主要有三种类型。一种是与古迦勒底人、伯尔尼人和巴比伦人手法相同、被称作儒者（juxa）的中国哲学家原来的本职工作，即自然性魔术：

> 他们顺从人出生时所获得的天意，根据出生时间和先天特质来判断事物和现象的本质。并由不同的人与其相对应的命运或宿命，来判断因随意、偶然的行为导致的幸运或不幸。这种幸运或不幸取决于他们的行为是否顺应了自己不可改变之命运。

陆若汉继续称：

> 第二种是实用占星术。就是根据行星和恒星的位置，以及其他天文现象进行判断和预测。来指定某天是吉日，或曰"白日"，还是忌日，或曰"黑日"——古人称此为"atracdies"。①

由某天是行事的吉日、良日或者凶日、忌日，来决定人们的日常行为，比如骑马、徒步还是坐船旅行，结婚择日、盖房选址、死者出殡、决定同敌方战斗的胜算等。为此，人们还制作带有东北、西南、西北、东南四个方向的地形图，当某人想实施某个行为时，该图会指示给人们此年此方向此位置为凶，不宜前往。同样根据从天体所观察到的现象预示给人们

---

① 陆若汉著，土井忠生等译注：《日本教会史》下册，页211—212。

战争发生在何方,是否有旱情、洪水、疫病等发生,以及将出现的方位。陆若汉进一步说明:

> 日本有很多占星师和占卜师,他们巡游在城市和乡村,到处欺骗那些为得知自己命运前来拜访的群众。即使某人不知道自己的出生年月,照样可以进行占卜,由此推算出此人的命运。在中国的城市或村镇常看到这样的人,在路旁、帐篷里、人群聚集的场合,占卜师搬出桌椅,在桌上摆放相关的书籍,人们每次要付出一点钱来求得他们对各自不同事情的占卜或预言。不论是在日本还是中国,这些占卜师总是装出一副博学的样子,翻开书籍、查阅书中图表、做出复杂动作、挪动某个方向,装模作样地来欺骗那些可怜的人们。可怜的人们从怀中掏出金钱,显示出对此预言或占卜十分满意的神情,像什么也没发生一样离去。①

当时中国和日本的统治者,甚至开办为统治政权职务的占星术数学家的学校,授予这些人贵族的特权,给予他们俸禄。学习者的任务首先是确定年份、日食和月食,确定闰年,使阳历年和阴历年保持一致,从理论和实用方面整备历法及其他天文学和占星术的一切事物。陆若汉称:

> 这些占星师在日本被称为天文博士或天文学士,意思是作为占星师和自然魔术的占卜师。在中国,他们则更加荣耀,享受皇家特权,领受俸禄。而且如同日本一样,这一职位是世袭的。此外,明王朝,即日本人所指的大明开国皇帝洪武帝在颁布法令时,严禁任此职务的家族以外的任何人不经皇帝的许可学习占星术。其原因是考虑到有人可能利用通过占星术的预言和判断得到的知识和学问来进行篡夺皇位的活动。②

---

① 陆若汉著,土井忠生等译注:《日本教会史》下册,页212—213。
② 陆若汉著,土井忠生等译注:《日本教会史》下册,页214。

据说，当时北京、南京还有类似的皇家数学学校，而且北京还有一所国立的阿拉伯系摩洛哥人的学校。这些御用占星师都有自己的占星馆，里面设有观象台、高塔、地球仪和浑天仪等各种天体观测仪器，他们在那里日夜不间断地观测天空，以及出现的天文现象。如出现"值得注意的新奇现象，即刻要呈报皇帝"，同时记录下当时的情形。可作为判断依据的天文现象首先是与大气变化相关的现象，如雨、雷雨、闪电、雪、雾等，其次是与太阳有关的约有28条名目，第三是与月亮相关的现象有16种之多，第四是有关群星的现象，最后便是以不同形式表现出来的有关彗星的现象。"占星师们根据这些现象进行判断或预言。"①陆若汉进一步指出：

> 在东方诸民族之间，人们请求东方占卜士，基于各自生辰八字测算出自己的命运和宿命是再普遍不过的事情。人们按照测算结果调整自己的生活，为让好运一直伴随自身，凡事顺从命运的要求。之所以如此，是因为"违背宿命，一切将招惹厄运"的想法在作怪。大多数人被"无可逃避的命运"这种臆想所蒙骗、选择顺应天命的生活态度，有人离乡背井，走访各地做巡礼膜拜，试图寻求好的命运。日本人称这种现象为"本卦"（fonke），而中国人则称其为"片卦"（puengua）。还有一些人，放弃对文武才学的追求、舍弃名利身份痴迷于四海云游，甚至还有人因为被占卜者告知自己的命运不适合走入政界，而万念俱灰遁入空门成为僧侣。②

《日本教会史》介绍的第三种占星术是专用于占卜水土风水，例如择地建宅、选址好坏、住所风水、风水方位等相关事物。这源自于人们认为房屋住宅周围隐约存在着某种固有的对人们造成吉利或不吉利的因素的想法，因此当人们在为死者选择安葬墓地时，必定要请擅长于风水的占卜士

---

① 陆若汉著，土井忠生等译注：《日本教会史》下册，页215—216。
② 陆若汉著，土井忠生等译注：《日本教会史》下册，页217—218。

看过风水。他们认为先人墓地所在地点的不同，会把运气或晦气、吉利或不吉利带给后人。关于建筑房屋方位风水的讲究正如陆若汉记载的那样，被称为"泥土占术"，在日本叫作"tsuchi-uranai"，在中国叫作"风水"。风和水显得更有诗意些，事实上泥土占术起源于中国。陆若汉如是说：

> 有记载说，在日本和中国，不管是城市还是城堡（尤其是大地方）当土地主构造建筑物时，他们非常注重建筑物四面的朝向，即前、后、左、右，因为根据这个来决定他们住宅的礼节和庆典仪式。中国、日本和朝鲜的房子都是前朝南、背向北、左朝东、右朝西。而左侧比右侧更被重视。①

当时城市里的城堡、皇宫、大财主的豪宅和贵族，以及殷实人家的寓所都必须是正面朝南。如果对外的入口不能面朝南，至少房子的前面应朝南，房子的后面朝北。围绕在皇宫四周的广场有四个门，主门在南边，后门在北边，一个侧门在东，另一在西边，这跟城市中的城堡一样，其前面或主门总是尽可能遥远地面向南方。陆若汉进一步称：

> 他们如此看重建筑物的朝向，并不是真的在乎它是否方便，而是从房子的位子和对天堂的神奇想象力来考虑，比如它们预示好运或坏运，长寿或短寿，以及类似的其他事物。有些人或占星学家的办公室预示着某种方位的好运或坏运，以及时日的好坏等。这在中国和日本都很普遍，但后来大多数人似乎不太在乎这个了，因为每个人都在天皇赐给的地方，或由管辖他们的诸侯（或地主）在城堡或城市附近指定的地方盖房。不过，那些痴迷于风水迷信的人仍会在考虑建房的方位时注重风水。②

---

① 迈克尔·库帕：《他们来到日本——欧洲人关于日本的报告集：1543年至1640年》，页221。
② 迈克尔·库帕：《他们来到日本——欧洲人关于日本的报告集：1543年至1640年》，页221。

如上所述，占卜师利用形形色色的迷信书籍蛊惑民众，并举行各种仪式和迷信活动，指点人们哪儿土地风水佳，何处为有利方位，这人会重病丧命，那人无法聚集财运……总之天命难违。陆若汉在书中所称：

> 东方诸民族变得十分在意吉凶祸福，把任何不幸或天灾人祸通通归咎于土地，甚至迁居他方，原来住宅因此被废弃。在中国，如果有人在家过世，其遗体运出埋葬时，绝对不能走住宅正门，只能从特殊的横门或者后门出去，要么特地为此建造一个新门。
> ············
> 此外，还有形形色色的占卜之术，例如从面相和身体特征来判断此人的现状如何、运气好坏等，抑或从掌纹来判断此人富贵或是贫穷。看相者经常握住陌生人的手观其手相，并通过他本人可以转运的手将好运气带给对方，支配他们未来的命运。①

对此，陆若汉不客气地说，这些"恶魔利用这些迷信，把那些悲惨、盲目、不安分的异教徒们引进现实世界这种道不尽说不清"的混浊事物中。

（三）东方园林工艺

东方人的审美意识，不仅表现在建筑、饮茶上，也反映在东方文化的其他方面。陆若汉指出，东方人无论何事都会采取与自然融合、拒绝人工雕饰的态度，他以日本自古流传下来的庭院为例，说明其中所包含的这种意识：

> 故意制作的高雅、精致一类的东西都必须避开，这是因为采用了与自然不相和谐的、带有技巧性的东西，很快便会遭人厌倦。栽种同样大小、同样形状树木时，将一棵树栽种于另一棵树的前面，故意保持平

---

① 陆若汉著，土井忠生等译注：《日本教会史》下册，页218—219。

衡，其结果会令人感觉乏味。任何事情都如此，随意而符合自然的东西，决不会令人厌倦（例如，听其自然向四面八方随意伸展树枝的一棵树）。这是因为，每次看到都一定会有新的发现。而加入人工技巧的东西就收不到如此效果，开始可能觉得不错，渐渐却会感到厌倦。①

欧洲园林呈几何形状的设计截然不同于日本庭院所追求的与自然相和谐，然陆若汉似乎更欣赏后者。

在《日本教会史》第二卷中，陆若汉长篇大论地讲述起东方的学问和技艺，从他的记述也可看出其敏锐的洞察能力和丰富的生活经历。这一卷主要介绍木工、漆绘、扇子和染织物等传统技艺，还留下很多有关绘画的出色描述，其中不仅提到城堡和宅第的隔扇门绘画、屏风绘画，也提到人们熟悉的狩野派作品：

体现出画师的心情，有很多寂静风格的画自然而然地表现出思乡的情趣。②

关于著名"八景"的话题使人联想起傍晚时分从远处传来的山中寺庙的钟声，或扬帆返航的钓鱼船和雪景等。

（四）东方茶文化艺术

陆若汉的《日本教会史》第一卷最精彩的部分就是对日本茶道的描写段落。他批评茶道的程序过于烦琐，但另一方面又认为比起那些花费金钱的高雅附庸和情趣来，茶道是一种静寂、无华的事物，且非常重视整体与部分、自然和人工的调和，他认为这才是茶道的本旨和精髓。陆若汉在论述茶道的本旨时，引用了对此深有造诣的高山右近所言"茶的本旨中融入

---

① 迈克尔·库帕著，松本玉译：《通辞·罗德里格斯》，页302。
② 陆若汉著，土井忠生等译注：《日本教会史》下册，页40。

了禅宗的精神，茶道支撑着道德的、宗教的生活"，高度评价茶道的"佗数寄"中所包含的精神层面的东西。在这一点上与持有强烈批评态度的沙勿略的记述完全不同，陆若汉称自己"很喜欢喝茶"，理由是茶帮助消化，使人心情爽快，有病时可以降温，还可防止瘟疫的流行。此外，茶"还有抑制肾脏功能的效果，有益于禁欲和节制"。谈到此话题，陆若汉用很少有的幽默举出一个事例：

> 有位百姓听说茶有此效果，错误理解了意思，说自己想要结婚，故不能喝茶。①

《日本教会史》还有关于茶树栽培、茶水调制的说明，陆若汉认为茶道发展到现在已基本定型，形成具有一定格式的消遣。朋友之间，在乡村的小亭里静静地相聚，边喝茶边欣赏野外的自然风景，是一种轻松而有情趣的活动。如陆若汉所述，这种饮茶聊天习惯的盛行，始于建造银阁寺的足利义政。足利义政制定出一系列饮茶活动的规则后，自然成为一个流派的始祖。陆若汉同时还强调禅宗僧侣对饮茶带来的影响，称赞他们"既不懒惰也不平庸，也不懦弱，经常保持着坚定不移的精神"。他认为："饮茶的目的是培养有礼貌、有教养的人品，而且行为举止不张扬、身心保持安详、不自傲不炫耀、不讲空话、生活俭朴、谨慎处事。"②当谈到千利休、高山右近这些茶道宗师所具备的形象时，陆若汉如是说：

> 宗师必须是具有坚定不移精神的人，不为诸多杂事所烦恼。……宗师必须具有识别事物的眼光。……能够辨别自然事物和人工事物，根据多年的经验，把握各自隐藏起来的资质。③

---

① 迈克尔·库帕著，松本玉译：《通辞·罗德里格斯》，页298。
② 迈克尔·库帕著，松本玉译：《通辞·罗德里格斯》，页299。
③ 迈克尔·库帕著，松本玉译：《通辞·罗德里格斯》，页300。

茶道宗师不仅在饮茶方面，而且在任何场合都必须直观地把握每件事物所具有的特性，以及跟整体事物的协调。陆若汉继续称：

> 茶道宗师具有能通过考虑身旁每一件物体跟整体平衡的修养，对事物本质看得比别人更加深入。不达此境界，便无法看到事物隐藏起来的特点。例如，强、弱、硬、乖巧、温和、低下、高傲等。有此素质，才可能看清符合茶道的精神。真正意义上的乖巧和有某种欠缺的低劣，或者强和硬，或者普通和高傲。如此这样来看清包含于自然事物和人工事物中的自然特性，这种能力并非任何人都具有。①

16、17世纪当西方思想和技术不断东渐之时，东方各国的传统文化也由西方商人和耶稣会士传到了欧洲。陆若汉在"普通习俗"一文中记述东方的茶文化时说：

> 在中国和日本，喝茶是所有地方的习俗，并且是招待客人的主要礼节之一。事实上不管是客人来访或是客人离开，这都是第一位和最常用的招待方法。喝茶的习俗之所以被众人所关注，是因为它所具有的高品味。……日本人习惯端着茶杯，一边喝着主人以表示热情和礼节的茶，一边和主人交谈，时间在高兴的气氛中慢慢消逝，而主人不断地添茶以提高情趣。

陆若汉进一步称：

> 喝茶在中国和日本如此普遍，中国人总是为那些常客把茶备好而且是热的（因为只有这样才能喝），而对那些贵族，却要快速地特别地重新配制。日本人总是把热水准备在特殊的地方以便随时招待来访者。

---

① 迈克尔·库帕著，松本玉译：《通辞·罗德里格斯》，页301。

提及日本的茶道，陆若汉的回忆更为清晰，可见他对此道精深的了解，他称：

> 聚在一起饮茶交谈的目的，不是为了长篇大论，而是平静而谦卑地交谈各自内心在饮茶时的所见所感。他们这样做不是为了向主人表示客套，而是为了体悟饮茶过程中的神秘。为此目的，饮茶过程中的所有用具都贴近自然，即透出一股子乡土气息，质朴而简单，恰如一个孤独乡间隐士所为。为此，饮茶的房间、通往房间的路径和使用的茶具，都要与此气氛相吻合。饮茶不会像其他社会活动那样在高大宽敞的房子里或富丽堂皇的寓所中，也不会用精美的瓷器和其他华贵讲究的器皿。饮茶的场所是稻草和芦苇盖顶的小屋，足以冲淡任何富贵的痕迹。小屋的四壁由原木垒成，原木很粗糙，像是直接从林子里拔来的，一根摞一根地垒起，这样是为了模仿在荒野中简陋粗糙盖成且经久失修的隐居之所。一切有保留自然状态，没有任何的做作和奢华，只有衰朽和自然。饮茶用的杯盘不是金银等贵金属做的，它们只是用陶或铁做的，没有刨光，没有装饰，没有任何精美奢华的地方可以引人起念要占有它们。与他们忧郁的气质和审美观相符，也与他们收藏这些茶具的目的相符。[①]

在这种古朴的环境中，日本人格外重视大小每件器物的清洁，他们极其珍视这种饮茶聚会，花在建造这样简陋的房子和购买茶具上的钱并不少。茶室给人的印象大概和禅房差不多，凸现出"静寂"二字。然而正如禅房中时时传出诵经和敲击木鱼的声音一样，茶室中也绝不是悄无声息的。客人到达后首先要敲响庭院中悬挂的一块鸣板，以此来通知主人自己的到来，茶会便由这一声响正式开始了。茶会中间休息过后，主人会敲响铜锣召唤客人入席，有时候茶会结束后，主人会以锣或钲声相送。其他的音声还有许多，如茶釜煮水的松风声，脚步划过草席的沙沙声，

---

① 迈克尔·库帕：《他们来到日本——欧洲人关于日本的报告集：1543年至1640年》，页198—199。

开关拉门隔扇的轻响,主人点茶时分为"序、破、急"三个阶段的呼吸声等。根据这许多的"创造"出来的音声,主客可以掌握茶会的进展,控制节奏。同时,音声是主与客沟通的一个手段,配合各自无声的动作,就像寺院的晨钟暮鼓一样,营造出脱俗的气氛,导引、表达着"静寂"的心绪。①在茶的世界里,没有"敌我",没有一点华丽,拥有的是一颗"平等心",不同身份的人可以自由交流,忘却各自生活中的一时的忧愁。陆若汉称:

> 能够对自然的表象,及其造物主进行冥想。茶会成为日本人沉溺于伤感的场所,特别是从政者或者是在城市的喧闹中生活的人的爱好的去处。②

一般认为陆若汉的《日本教会史》不是一本文笔优美的日本传教历史书③,更像一本通过一个欧洲人敏锐、温暖的目光观察到的充满魅力的东方见闻录。其中两卷关于东方文化的论述,是陆若汉生活在中国和日本的几十年间到各地旅行的所见所闻。这期间,他有机会跟众多政治家和学问高

---

① 客人品味完茶室内的神龛、书画、鲜花才静静地坐下。当每个客人都巡视完毕屈膝跪坐后,主人才打开里面的屋门进来,主人感谢客人的光临,客人则感谢主人的盛情邀请。随后他们严肃而谦卑地谈论些健康方面的话题,稍后,主人起身用铜勺去加木炭和取炭灰。他从炉子上拿起茶壶放在一边,再加些木炭。所有人都凑过来看他加炭,因为加炭的方式很特别,加的木炭只有一点点,每一块都仔细摆放好,细细的炭灰则洒在四周以增加欢乐气氛。这种木炭由一种特殊的木头制成,即刻就燃烧而不溅出火星。木炭是圆的,保持着被锯下来烧成炭之前的样子。主人重新把茶壶放上,烧上水,烧开。炭灰中加少量的专作此用的香料,虽然香料未经燃烧,仍在屋中发出愉人的芳香。迈克尔·库帕:《他们来到日本——欧洲人关于日本的报告集:1543年至1640年》,页198—199。
② E.J. Eitel's *Feng-Shui or The Rudiments of Natural Science in China* (London, 873) and Joseph Needham's *Science and Civilisation in China* (Cambridge, 1956), II.
③ 《日本教会史》将事实、经历以及说明杂乱无序地堆放在一起,不要说深刻理解其中的内涵,就连内容的通读都非易事。如前所述,最初的编写计划安排有其他编辑者将陆若汉的初稿做出彻底的修改、润色,语言上加以规范通顺,省去重复、偏题或冗长的部分,编成一本更加完善规整的历史书。遗憾的是,这个初衷因种种原因未能得到实现。

深的人士交往，故能够根据自己的经历撰写往事。《日本教会史》中成为各种话题的内容看似写得很平淡，且涉及当时欧洲人撰写的相关文章也不少，但是陆若汉以一种乐观的态度观察东方人生活的各个场面，写出了视野更加开阔、更有深度、更具独创性的内容。由欧洲人来如此精辟而全面地介绍和研究东方文化和风土人情，陆若汉当数第一人。像陆若汉这样伟大的传教士，他对于东方文化的深刻理解，潜心于最初的日本语言的研究、编著有关的辞书和天主教传教历史书，"直至19世纪末，还没有第二人如他这般了解日本和中国，没有其他西方人的研究成果超过他的水平"[①]。

中国与西方的文化交流已有二千多年的历史，汉代与罗马帝国的接触，唐代景教的传入，以后又有中国三大发明指南针、火药和印刷术的西传，所有这些，便是古代中西文化交流的著名事例。不过由于历史条件的限制，地域距离的遥远，两者大多是偶然发生间接的接触。到了近代，由于葡萄牙人发现了通往东方的新航路，不仅促进了东西方的政治经济关系，而且导致了近代中西文化的直接交流。中国近几百年间，曾经发生过两次中西文化交流的高潮。第一次发生在16世纪末至18世纪中期，此高潮由葡萄牙等西方国家来华耶稣会士掀起，并起了主导作用。[②]他们大量撰写和翻译著作，一方面将西方先进的科学技术、思想文化引进中国，直接推动了远东现代的革命运动，另一方面同时向西方介绍中国的政治制度和儒家学说思想，这次文化交流在中西方都产生过巨大的影响。第二次发生在

---

① 迈克尔·库帕著，松本玉译：《通辞·罗德里格斯》，页210。
② 利玛窦神父在明都北京落下脚，始创中国天主教会，同时把天文、历法等西欧学问技能开始使用在明皇室。四年后的1605年，耶稣会士高一志（Alphonse Vagnoni，后改名为王丰肃）定居南京，并主管南京天主教会，发表汉译西学书共达15种，其中有《西学治平》、《民治西学》、《修身西学》、《西学齐家》等书。《西学治平》共有11章，为西洋政治学书，其续编为《民治西学》。《修身西学》由11卷组成，为西洋伦理学书。此外，《西学齐家》亦属西洋伦理学书。艾儒略（Julius Aleni）神父比高一志神父晚一些来华，1613年他作为传教士来到中国，在整个中国大地上开展传教活动，而且发表《职方外纪》等三十多种西学书，其中有1623年在杭州写成的《西学凡》，该书介绍了西洋的大学教育及教育过程，是一部有关西洋教育及学术的概览。

19世纪末至20世纪初,即从戊戌变法至"五四"运动时期。此次文化交流中起主要作用的乃是中国知识分子,他们大批出洋留学,自觉地学习西方文化,同时也大力向西方传播中国文化。这两次高潮,尤其是第一次高潮的产生,是由葡人的"东侵"开始,并以澳门为中心开展交流的,因此关于早期中西文化如何发生接触的问题,今天仍是一个颇具探索意义和认识价值的课题。

从春秋战国时期起,东方文化尤其是中国文明就已经光辉灿烂,秦始皇大一统的建立,以及后来汉朝对这种大一统的巩固,确立了中国基本的文化格局。华夏文化璀璨绵延,历史悠久,直到近代,它所承继包含的基本上仍是秦汉以来大体形成的内容。此后一千多年,虽有改良和革新,但没有真正意义上的文化革命。中国的思想文化是儒学定于一尊而又兼容释道的文化,它以其特有的悠久、单纯的传统,以其特有的凝聚力和消化力,进入了16、17世纪世界一体化和文化大交流的时期。

16、17世纪的西方社会随着文艺复兴运动的开展,资本主义的产生,科学技术的进步,工业发达、思想活跃、文化繁荣、观念更新,使西方文化登上了一个新的台阶,开始领先于故步自封、停滞不前的东方文化。这样就使这一时期的东西方文化交流具有许多新特点:

第一,大航海时代的地理大发现和新航路开辟将世界连成一体,东西方不再处于相对峙的地理位置憧憬对方,双方的接触不再是偶尔的撞击,而变得愈加密切。这种交往最初出于西方国家强烈向东方扩张的野心和需要,是一种来自西方的主动出击,而远东各国则处于消极被动的地位。故此时期的东西方文化交流主要呈现"东侵"之态势,远东一些国家则采取保守的闭关或锁国政策,进行消极抵制,但仍没有抑制住西方文化东来的势头。

第二,明末清初的东西文化交流"实际上是两个完全独立发展的伟大文明第一次真正的接触",西方和东方的精神世界"彼此完全不同",例如当时的中国哲学与欧洲人的哲学传统就有着"重大差异",以利玛窦、范礼安为代表的耶稣会士把天主教传入中国、日本等远东国家,天主教教义"与当时的儒教思潮相吻合是表面现象",二者之间的分歧则是"根本性的"。东方人的智能传统、思维模式和世界观都显然不同于西方人,这些差异结合远东各社会组织、政治传统,对天主教文化构成了不可逾越的障碍。由于东西方文化的差异性,在交流与传播过程中引发文化冲突和对抗是一种普遍现象。但在东西方文化冲突中出现的种种现象只能证明不同类型文化差异,以及文化传播手段的不恰当,不能说明东西文化的不可融合,此一时期西方文化的"西学东渐"和东方文化的"西方渗透"从反面说明这种交流是富有成效的。

第三,西方传教士是明末清初东西文化交流中的桥梁,正像古代的僧人被誉为中国和印度之间文化交流的桥梁一样,这点在近代以来的东西文化交流中十分重要。西方传教士意识到天主教与儒家文化相比并无绝对优势可言,要想在中国、日本传播天主教教义就必须依赖高级文化元素,他们用"铁炮"、西洋文物、西方先进的科学技术逐一敲开中国和日本的大门,此一时期"西学东渐"是一重要的交流内容。

第四,明末清初的政治条件是比较有利于天主教传教士的。当时明清皇帝以及日本的统治者都需要火炮和历法,具有进步思想的上层士大夫和日本的大名也热烈地希望富国强兵,他们很自然地对传教士带来的西方科学和技术产生浓厚兴趣,当时诸多启蒙学者与传教士往来的动机完全是出于探求新事物的热诚,他们渴望从外来的文化得到启发。

第五,早期的东西方文化交流,主要是通过远东国家开放的港口①,特别是外国人占领的居留地或殖民地进行的。在这当中,中国澳门作为东西方文化交流的基地,起着不可忽视的作用。澳门不但是东西方贸易的中转站,还是天主教重要的传教基地。尤其是当传教活动遭受挫折时,它就成为传教士的避风港。明朝政府曾于1616年颁布禁教令,南京等地查封教堂,驱逐传教士出境,日本德川幕府亦于1614年全面禁教。天主教传教士

---

① 在18世纪以前,远东开放为贸易与文化交流的港口大体上有:巴达维亚、安汶、万丹、望加锡、班达、亚齐、犹地亚、北大年、马六甲、帝汶、马尼拉、平户、长崎、广州、澳门等。

陆续被遣返澳门，他们在此聚集一起筹划传教计划，等待禁令解除后重回各地继续传教活动。19世纪以后，随着东西方列强对远东的征服以及远东殖民体系的形成，各国大门洞开，西方势力渗透至每一个角落，从而使东西方文化进入到全面交流和冲突的新阶段。

自大航海时代以来，东西文化就像两条原先互不相交的河流开始相交汇流了。时至今日，运用先进通讯技术，地球上的各种文化真正进入了一个相互联系、相互影响和互相作用的时代。同时两种文化仍然保留着自己的鲜明个性，交而不融，汇而不合，是一种泾渭分明的合流。文化总是具体的、个别的，总是表现为一定的历史形态，没有普遍、抽象的文化存在。各民族的文化并不都是出于一源，也不能以某一种文化（例如西方文化）作为衡量其他文化的普遍标准。两种文化相交，各自对对方形成挑战，实际上也就为各自的发展带来了新的刺激，提出了新的课题。不管它们是不是会融合为一，它们实际上都可以从这种对比和冲突中获益，它们在这种相遇和冲撞中能得到借鉴和互补。可以预计，今后的东西文化交流仍会继续，且不可避免出现冲突，但是前进的道路无论如何迂回曲折、千磨万阻，它一定会持续不断地走向一个更加宽敞的新的文化世界。

终　章

　　16、17世纪是世界大航海、地理大发现的鼎盛时期，葡萄牙船16世纪中叶先后进入中国的广州和日本的平户之后，利玛窦、罗明坚、沙勿略、托雷斯等一批传教士分别抵达中国和日本传教。西方天主教传教士以及后来经过耶稣会开设的神学院、修道院培养起来的中国和日本的传教士，逐渐作为南蛮通辞崭露头角，承担起葡萄牙语翻译的角色，对东西方文化交流起到了重要的桥梁作用。在中国明清政府的禁海政策，以及日本的禁教和锁国政策的高压下，日本的对外通航贸易范围受到严格限制，然而中国、葡萄牙和荷兰商船带来的经济效益造就了长崎港乃至整个日本的繁荣，天主教传教士通辞在中日葡贸易实务中发挥出来的语言沟通作用愈加显示出他们的重要作用。陆续驶往东方的西方船舶载着西方知识和思想源源不断进入亚洲各国，让一直推崇中国高度文明和文化的东方人开始逐渐接纳来自西方的思想和科学技术，有识之士开始重新审视因封闭国门所造成的落后与愚昧。

　　本书的研究对象耶稣会传教士通辞陆若汉早年来到东洋，他活跃在日本和中国的56年时间正处于16、17世纪东西方文化交流的历史动荡时期，其错综复杂的人生经历反映了当时国与国之间交流的困境、传教士到东方传教的艰辛以及中日葡贸易的复杂性。纵观其一生，大致可以分为以下四个阶段，并呈现出不同的特征。

　　（1）少年时期。一个没有出生和成长经历的详细记载、缺乏青少年时期早期教育的葡萄牙山村的孩子，为了能够出人头地的世俗目的，也或许是出于对天主教信仰的憧憬，早早便离开葡萄牙故土踏上前往亚洲的艰辛旅途。这时的陆若汉还是一个对未来充满期待的纯朴少年，默默充当前辈传教士的童仆，从事低层次的教会辅助性工作。"耳川战役"的经历、对衰落京城的初次造访让陆若汉开阔了眼界，看到了世界的另一隅——亚洲的日本岛国。之后若干年，耶稣会主办的由各种不同层次构成的立体教育体系和各机构中的优秀师资，让神学院学生陆若汉得以掌握最为基本的理论知识和必要的科学常识，为他后来迅速成长为拥有各种知识和综合技能的著名传教士译员打下了坚实的基础。

（2）青年时期。耶稣会巡视员范礼安的提携给葡萄牙青年陆若汉踏入日本的上层社会创造了很好的契机。作为范礼安的私人翻译自初访京城聚乐第，陆若汉一直深得丰臣秀吉宠信，并有幸陆续结识诸多政府要员。于日本统治者急需用人之际，先后出色地充当起丰臣秀吉、德川家康跟葡萄牙及西方国家进行外交谈判、维持对外贸易的助手。同时，陆若汉作为耶稣会的"通辞"，充分利用自己的多重身份和灵活多变的外交手段，帮助耶稣会教会解决了一连串政治和外交上的问题。变幻莫测的历史大背景成就了这位出身低微的葡萄牙青年，此时的陆若汉已趋于成熟，开始积累外交方面的经验，他犹如一块被发掘的璞玉，经过雕琢、磨炼逐渐放射出光彩。

（3）中年时期。这一时期的陆若汉应该处于人生的辉煌阶段。首先，后天造就的渊博学识和文化素养让他很快卷入耶稣会主导的日语研究热潮，《日本大文典》、《日本小文典》的先后出版成为具有划时代意义的经典大作，超出前人思想框架的新颖的编辑手法，反映出陆若汉独特的语言观和日本观，标志着他的研究能力已无愧于"语言学家"的称号，成为研究日本学的欧洲第一人。

其次，并非作为天主教传教士来到日本的陆若汉，其基础虽有别于他著名的传教士，然而通过后天的神学等课程的学习、传教体验的积累，逐渐形成自身的知识结构和传教特色。他在耶稣会肩负通辞和司库两大职务，成为架设于耶稣会与日本政府之间的一座桥梁。一方面用他良好的官场关系协助主教、巡视员、管区长等同日本的统治者周旋,获得传教的许可和宽容,并多次挽救耶稣会士于水火之中。另一方面,陆若汉为缺乏传教经费的耶稣会筹措款项,为教会争取必要的经济利益与生存空间。更值得一提的是,陆若汉以其扎实的语言、哲学和神学基础,参与宗教辩论、《日本教会史》的编撰,为维护天主教教义的广泛传播,在思想、文化和语言等深层次方面做出了无人可及的贡献。

第三,德川家康的特别委任使他同时具有了三种身份,教会通辞、司库以及德川家康的私人贸易代理人。这种三位一体的特殊身份,要求他必须具有非同寻常的交际手腕和协调能力,日本政府与耶稣会之间、天主教各教派之间、日本商人和葡萄牙商人之间,陆若汉必须努力平衡各种关系,尽可能满足各方面的政治、经济利益的需要。

(4)老年时期。此时的陆若汉已经深深陷入日葡贸易纠葛和行政工作纠纷等多重困难的处境,尽管他竭尽全力做好贸易和行政两方面的工作,由于他特殊而多重的身份,难免遭到来自各方的妒忌、猜疑和诬陷,甚至与昔日的朋友反目为仇,最终被驱逐出生活了33年的日本遣送到澳门。虽然陆若汉的被驱逐让耶稣会和日本政府失去一位出色的外交家,但他仍难逃厄运,成为各方矛盾争斗的殉葬品。落魄、颓丧的陆若汉不甘心在澳门这块狭小的天地里消沉、无所作为,他很快便重新振奋,开始着手编撰《日本教会史》,充分发挥其通晓日语、了解中国和日本事物的长处,在清晰叙述传教史实以及中日两国文化风俗方面呕心沥血,深入中国内地进行考察,认真研究中国古代神学和哲学思想。陆若汉激烈抨击利玛窦撰写的教理问答中有悖天主教神学概念之处,并向"龙华民一派"的论争提供有力的论证材料,标志着这位耶稣会士对中国哲学和文化的认识已达到一个新境界。他代表澳门方面多次参加广州交易会,利用自己曾担任贸易代理人的经验,帮助澳门耶稣会和澳门商人进入中国内地的交易市场成功开展各种贸易活动。他以年迈之躯做"最后的冒险",加入葡澳远征队前往北京援助明政府抗击鞑靼人的进犯,在军事装备上为中国皇帝送去西洋大炮,在军事力量上给明朝政府带去技术精良的葡澳勇士,尽管几次援助受挫，但他不沮丧，不辞劳累，一直战斗到生命的最后一刻。在中国生活了23年后，他的不平凡、充满跌宕的一生终于画上了句号。陆若汉的品质、才能和功绩受到时人和后人的充分肯定。

第一，品行高尚。范礼安称陆若汉"很聪明，有品德，又有善心"。

第二，学识渊博。陆若汉"完成神学和哲学课程"、"做过两年多的哲学研究"、"精通中国和日本的文化和天文地理"，其"理解能力、判断能力、思考能力，以及经验都超出一般人"，而且"很善于交际"。

第三，实力超群。陆若汉"日语非常棒"、是"精通日语的第一人"。弗洛伊斯称他能"经常用日语传教"，弗朗西斯科·维埃拉认为"在耶稣会日语最好的非罗德里格斯（陆若汉）莫属"。

第四，擅长外交。塞尔凯拉和梅斯基塔称："罗德里格斯从事官府工作并不勉强，他实际上非常胜任。因为他很会交往，性格比较平稳。"丰臣秀吉亲切地称之为"我的通辞"，德川家康更是给陆若汉委以重任，成为其私人贸易代理人。

第五，功绩卓著。先后编写出被誉为"外国人日本语研究史上璀璨的金字塔"《日本大文典》和"古典作家的杰作"《日本小文典》，以及在天主教传教史上影响较大的《日本教会史》。

第六，南蛮通辞之巨擘。迈克尔·库帕称，陆若汉成功挽救耶稣会士于危机之中，巧妙回旋在日本政府官员和耶稣会之间，出面应对任何事情都能够处理得很巧妙。

本研究根据绪论中提出的以往国内外研究中存在的问题点，着重在以下几个方面做出深入考察和探讨，得出本研究结论性的意见。

（1）陆若汉这个特殊人物的形成背景。作为一个出身低微的葡萄牙青年，陆若汉得以与日本江户时期、中国明朝末期的多位实权者和许多掌握重权的人物相识相交，并非仅仅由于他天资聪颖、才能过人，主要出于他的传教士"南蛮通辞"的身份，以及当时国与国之间的外事交往迫切需要这方面人才的缘故。陆若汉以及他所代表的耶稣会，为了宗教文化传播的需要，为了将天主教教义扩张到远东地区之根本目的，远渡重洋踏上亚洲各国的土地，带来西方的商品、西方的宗教、西方的科学技术，乃至西方的思想意识，从而奏响"西学东渐"的序曲，并由此发生许多外交方面的事情。历史的大背景造就了陆若汉这位先后受到崇祯皇帝、日本两任当权者等众多位高权重者的知遇和欣赏的耶稣会传教士。

（2）传教士的作用被忽视之原因。比起史书中沙勿略、范礼安、利玛窦这些声名显赫的天主教传教士，陆若汉作为传教士的作用和影响几乎不受到重视，史学界甚至很少有人提及。究其原因可以认为，首先，是他初来日本时并非天主教传教士的身份，没有担负特殊的传教使命，其出生背景和学识基础有别于那些著名的传教士；其次，他后来的职务是担任耶稣会的"通辞"和司库，从事外事交往方面的工作较多，主要职责并非传授天主教教义；第三，成为德川家康的贸易代理人后更是忙碌于中日葡贸易的具体而烦琐的事务中，实实在在的传播教义之本职工作自然无暇顾及；最后，陆若汉在耶稣会的地位不可能使他能像沙勿略、范礼安那样成为天主教传教事业的决策性人物，自然其影响力也无法与之相比拟。

（3）耶稣会对其人印象不佳之缘由。一方面，陆若汉由于担任职务的要求，与丰臣秀吉、德川家康，以及江户时期诸多重臣交往很深，导致他越来越深入地参与到日葡贸易以及长崎的官府事务当中。主教塞尔凯拉等人一直反对耶稣会士过多地介入日本的政事，过多地参与贸易交涉，故难免会对陆若汉"不检点"、"出格"的言行产生不满。事实上，由于外交及贸易事务中出现的纠纷，不但使陆若汉得罪人不少，甚至有时会殃及耶稣会。另一方面，也有可能由于陆若汉的个性所导致。根据有关史实的调查，笔者的印象是，陆若汉是个感情较为丰富且容易冲动的人，虽然他有良好的后天修养、渊博学识和交际天分，但在原则问题上，例如在对日本传教士的培养、"译名之争"等问题上，他从来都是直言不讳、据理力争，因此难免会在教会里造成对立的情绪。

（4）国内缺少有关研究成果之说。一是因为陆若汉本人在中外交通史、天主教传教史中的地位所致。陆若汉的影响力，尤其是在中国内地，尚未达到利玛窦、汤若望等西方传教士那样深入人心、留名史册的影响力和重要作用，故不能引起史学界的足够重视。二则西方学者的研究虽陆续可见，但国内大部分学者由于语言上的阻碍，无法利用外文资料，而仅依靠国内薄弱的史料资源很难进行有深度的研究。充分挖掘葡文、日文、英文等外文史料，同时结合中文史料来进行综合的研究无疑能够获得更有价值的成果，然确非易事。

陆若汉是一位对明朝末年东西方交流史、对天主教远东传教史产生了较大影响的人物。他的名声的确不如远东传教史上赫赫有名的沙勿略、范礼安、利玛窦、罗明坚、汤若望等人，但陆若汉的神学、哲学思想深深地影响过范礼安、龙华民等西方传教士，他的外交辞令和手段曾让日本两任统治者放宽对天主教传教的政策和态度，他于中日葡贸易中的多方斡旋有力促进了明朝末年中日两国对外贸易的繁荣。

明朝末年正值中国近代的前夜，与此后的康雍乾时期相比，学术界对这一阶段的研究较为薄弱，而认真考察这一时期中国社会的状况，意义又十分重大。笔者通过对明朝末年间既有思想又有功绩的天主教传教士"通辞"陆若汉的研究，探讨这一历史时期具有开拓意识的西方天主教传教士在国与国之间的文化、宗教、贸易交流中所起到的多重作用，对各国宗教信仰的认识态度，在亚洲各国传教的困境和采取的相应对策，以及这些作用、态度和对策的积极意义和局限性，从而把握那个时代中日两国政界、文化界、宗教界和学界的真实情况，有助于加深对中国近代历史上"西学东渐"现象的理解。历史运动具有连续性，近代中国与古代中国、特别是与近代前夜的中国联系十分紧密，近代前夜社会的状况为近代社会提供了发展基础和制约因素。

在中外交通史的研究中，有三种审视对象国的模式和态度，即包含三个视角。一种是"仰视"，称之为后殖民主义，把外国的什么东西都看得高大无比；第二是"俯视"，觉得自己是老大，也叫作极端民族主义；第三是"平视"，这是一种真正的学术态度，具有良好的对话品质，就是对外国的一切人和事物的平视，平视中外交流中所面对的共同问题和生存困境，面对人类的未来。真正意义上的人类交流，是思想文化的交流，可分为三个层面：实用文化、艺术文化、思想文化。这三个不同层面依次深入，并具有不同的张力和紧密度。当异质文化交会时，首先产生影响和变化的是外围较为松散的实用文化，如宣扬民俗和风情，仅为一般层次的交流，只有思想哲学层面的交流才能深入到文明的最为本质而紧密的核心部分。先进科学技术的输入往往会导致思想观念的改变，思想观念的改变又将推动社会制度的变革，三者是交叉互动的。就此而言，历史上从未有过纯粹的文化交流，每个时期的国与国之间的交流总是受某种政治目的或是经济利益所驱使，而且几乎所有的文化交流都是依附于某种其他形式来展开的。明朝末年的西方天主教文化东传同样是如此，例如在中国儒士与传教士对于"天"或"天帝"的不同理解与情感反应，以及反映在"礼仪之争"上的文化差异，关于教理书的翻译及其译语的择用。日本民族开放性的历史文化传统为西方物质文化较为顺利地进入岛国最终打开大门。作为西方物质文明象征，陆若汉由澳门带入的大炮清楚地表明西方较高物质文明在东西方交流中的重要先导作用。中日葡贸易商人，以及生丝、白银等商品的交换买卖方式，足以证明世俗经济利益在诱发历史事件与规定历史进程中潜在或直接的重要作用。即便是在层次更高的文化交流方面，经济利益也常常成为规定其历史走向的重要原因，并成为西方传教士最终完成天主教在整个东方精神狩猎神圣使命之重要手段。

综上所述，对陆若汉，以及同时代耶稣会士们的研究工作还远未结束，某些方面才刚刚起步，而且在现有的研究中尚存如下几个有争议的问题，如何认识和解决，有待于史学家继续努力，得出较为符合历史真相的结论。

1. 陆若汉是否参加《日葡辞书》编写的问题

《日葡辞书》与《日本大文典》同时期编辑和出版，关于编辑者有不同的说法，甚至有意见称陆若汉在编写《日本大文典》的同时也参与了这部辞书的编辑，这种说法有误。据目前笔者掌握的资料来看，间接参加《日葡辞书》编辑工作的日本人有山口约安、高井克斯梅以及在神学院引导过陆若汉学习日语的教师养方轩保罗等人，欧洲的编辑委员仅仅像序文中写到的"是擅长日语的若干人"，然没有写出具体的人名。五十年以后，耶稣会历史学家丹尼埃罗·巴笃里（Daniello Bartoli）曾根据现在已经遗失的记录，断定《日葡辞书》的主编"是弗朗西斯科·罗德里格斯（Francisco Rodrigues），在该辞书印刷时他离开了日本"[1]。巴笃里的断言基本符合事实，据考证，弗朗西斯科·罗德里格斯的日语很流利，辞书编辑时他就住在长崎，于1603年1月跟范礼安一起离开日本。从这一日期来看，他可能没有参加补遗的编辑。也有意见认为《日葡辞书》的前270页由弗朗西斯科·罗德里格斯编写，而第270页之后则由陆若汉续写，其理由据说是辞书"第270页以后就没有出现过对日本经典名著的引用"[2]，而弗朗西斯科·罗德里格斯在编辑一开始时就很推崇使用这种引用来描述语法与句法点，当然也不能排除他后来改变了主意，不再引用名著，因此造成前后不统一的情况。对此，迈克尔·库帕考证后称：

  若阿·罗德里格斯（陆若汉）是否跟这本辞书的编辑有关，这个问题至今没有解决。罗德里格斯是人人知道的外语高手，在编辑这本辞书时，他基本待在长崎。罗德里格斯的作品很多，在这本辞书的序文中，间接地提到了他最近很快就要出版的《日本大文典》……[3]

《日葡辞书》序文中写道：

  日本人的计算方法有很多，这里我们不涉及它。由于上帝的智慧，有关计算方法的论文日后将跟《日本大文典》一起，预定很快就出版。[4]

---

[1] 教会记录目录1593记载道："弗朗西斯科·罗德里格斯精通日语。"关于他离开日本的细节见《中日古风俗系列》，耶稣教会档案，罗马14（Ⅰ），页137。
[2] 在一份写于1599年2月20日的信件中，弗朗西斯科·罗德里格斯谈到了出版的事，因此可以断定他已经开始涉及出版事务。参见《中日古风俗系列》，耶稣教会档案，罗马20（Ⅰ），页158。
[3] 迈克尔·库帕著，松本玉译：《通辞·罗德里格斯》，页202。
[4] 土井忠生、森田武、长南实编译：《邦译日葡辞书》，岩波书店，1980年。

迈克尔·库帕继续称：

> 没有任何证言证明罗德里格斯（陆若汉）参与了这本辞书的编写计划。围绕这本辞书的文体和用词，多次发生过争论，最终的结论是罗德里格斯没有参与编写。当然，这一结论也许仍然不是最后的结论。……罗德里格斯关于辞书的文体和用词大概不会说出可以推翻委员会决定的话，过后可能有意无意地列举过几次自己的文笔成果。但是没有任何人听说过他编辑了这本词典，因此在没有出现别的证言之前，主要的欧洲人编辑委员的名字只能依靠推测。[①]

据日本史学家土井忠生在《吉利支丹论考》中的论述称：

> 罗德里格斯何时开始编著《日本大文典》的时间不详，据推测《日本大文典》和《日葡辞书》也许是同时企画，两大著作分别开始进行编辑。《日葡辞书》的阵容聚集了数名编辑者，而《日本大文典》则由罗德里格斯独立编撰。《日本大文典》于《日葡辞书》之后编成，1604年春天原稿经过长老们的审阅，得到日本教会的印刷许可，在副管区长的允许下付诸于印刷。[②]

综上所述，笔者认为：首先，纵观1603、1604年长崎版的《日葡辞书》，其中丝毫看不到陆若汉在《日本大文典》和《日本小文典》中所积极主张的明确清晰的语言观；其次，陆若汉或许在《日葡辞书》的构成形式上给予过某种程度的协助，然无证据表明他曾担任其中某一部分的编写；最后，《日葡辞书》编辑过程中或许有不少日本人从旁大力协助，但陆若汉不是该辞书的主编，这一点参考以上材料可以得到肯定。

---

① 迈克尔·库帕著，松本玉译：《通辞·罗德里格斯》，页204。
② 土井忠生：《吉利支丹论考》，页74—75。

2.陆若汉提供给龙华民的译名错误表的寻找

在著名的"礼仪之争"前期,作为"龙华民一派"的主要支持者,陆若汉曾经根据他在中国内地的实地调查,以及对中国哲学思想的深入探讨,针对利玛窦等人译著中的用语错误,归纳总结成表交给龙华民,为其日后与对立派的辩论提供了有利的证据。但此译名错误表没有在目前所能见到史料中留下任何的记载,还有待于今后史学界的继续查证。

3.陆若汉与朝鲜方面的关系

在本书第四章中,曾经涉及到陆若汉登州赠送西洋礼物给朝鲜来华使者一事,并提到此事已被记入朝鲜的年代史册。难道陆若汉仅因为一次的赠予行为便受到朝鲜方面的如此重视,还是另外有更深层次的交往?这是笔者非常感兴趣的问题,也涉及到陆若汉在远东传教中更加广泛意义上的影响。但限于史料的不足,以及朝鲜语言方面的阻隔,本次研究无法深入解决这个问题,有待于今后继续探索。

附　　录

陆若汉1598年书信①之拉丁文件及译文

Mui Rd° en X° P° Nrô

Japponia 28. Febr. 1598

Pax x¹

Por el Pe viceprouincial ordenar que yo seia uno de los Consultorea del P° Rector desta casa de Nagasaqi escribo estos ringlonges a vrâ. P. para complir con la obligacion del off° côforme a nrâs reglas. Y aunque vra. P. tendra notitia de mi persona por las infoumaciones de mis superiors, empero pareciome darla aqui em breue. soi nacido y natural del Reyno de Portugal, y siendo aun de poca edad, me llamo nrô snôr a su compᵃ. a esto Japon a do pasa de ueinte y uno anôs que resido, y por saber algo de la lengua de Japon he andado con el Pe. viceprouincial por su lengua, hasta que el Pᵉ. visitador Alexandro Valignano vino a Japon con la Embaxada del Vi Rey de la India para Tayco Rey de Japon, y me lleuo consigo al Misco por interprete, y desde entonces hasta hora la sacta obediencia se sirue de mi para tratar delante de Tayco y sus grades los negocios pertenecientes a nrâ Comp y a la Christiandad de Japon por tener la suaudicha notitia de la lengua, y ya va en ocho annos que esto me occupo nel discurso desta persecuton, acerca de la qual, y del estado presente desta christiandad de Japon no scribo en esta a vrâ. P. por se hazer largo en las cartas generales, y en otras informaciones particulares, solamente dos cosaas apuntare en esta una acerca de nrâ Cop. la otra acerca de la conuersion desta nacion… Quanto al primer puncto,

---

① 这封信函是陆若汉被任命为长崎天主教教会长伴天连安东尼奥洛佩斯身边顾问之后不久,以工作的名义寄给耶稣会总会长的意见书。

lo que toca a la obligacion de mi off° de consultor no me occure cosa particular desta casa porque hay pocos dias que se me emcargo el off° y estos no he estedo en ella, mas he andado en missiones y negocios del pe. Viceprouincial. Solo me pare que el pe Rector desta casa no puede complir bien con la obligacion de su off°.,ýser algo remisso en hazer obseruar las reglas, por ser enfermo, y muy cansado di muchos trabajos juntos con la edad, y passar ya de dezasiete anõs que es superior desta casa, la qual como esta en este pueblo do ay muchos negocios de todas las partes de Japõtocantes a nos, que reqirem expediencia, por juntam^{te} venir aqui la naue de los portugeses que todos los anõs uiene de la china, y octros muchos nauios de otras naciones, tiene necessidad de vn superior que tenga fuerç as y conoscimiento, que de la expediencia necess^a. y lo mismodigo de Arima, Omura, y Miaco do pasa ya de ueite anõs que un solo es sup^{or}. sin que semude, do nacen algunos incõ uenientes para la Comp^a. primeramente que las tales personascon el cãsaçio del gouierno de mucho tiempo, sõremissos en hazer onseruar nrãs reglas. Yayudar a los subditos con feruor y exemplo, antes tienen muchas exemptiones y particularid-ades con que no edifican.2° que ellos tienem ya los tales cargos como suyos por toda la uida, y anssi hazem sus traças y desenôa, como personas personas que lo tienen de jure. 3.° que algûnos ya que dexen de ser superiors, quedan en certo modo como personas aposentadas, y el sup.^{er} maior quasi que los no puede occupar en otras cosas y en la conuersion poniendolos por residencies como a otros padres particular es en esto respeatos quasi humanos por no quedar en subditos de otros como ha contecio ha pocos dias a un p^e, que dexo ser Rector del seminario,que p causa de la persecucion se deshizo, y quedando el en las tierras de Arima en una residencia como otros seite Pes. que alli hay debaxo del Reytor de Arima, el solo quedo immediate al Viceprovincial,solamente por auer sido rector, y como en Japon ay tan poca gente de los nrõ s de Europa, que no llegan a cincoenta sacerdotes, auiendo estas exemptions, queda sendo menos gente, y muchos quereran acquirir libertades, 4.° que vrã Paternidad manda a estas partes muchas personas de Buena edad y partes, las quales como quiera que los superiors son siempre los mismos quarto o cinco y quasi perpetuos. No se exercitan, y quedan siempre inhabiles para el gouierno de la Comp.a sepultando las partes que tienen; y anssi quedan desmayados para todo, y no siruen de mas que cõfessar y baptizar appgandose en ellos mismos el heruor que tenian de nrtenian de n instytuto, donde uiene que en Japon no se alla gente de los nrtenian de ns para gouierno, y que exercyte los ministerios de la Comp.^{a} porque los que tenian partes las sepultaran al tiempo, que las pudieran exercitar, las quales cosas todas vrã. P. las ue quan prouechosas sean para nrã.Comp^a...

Anssi mismo por algun conoscimiento que tiengo desta nacion, por me criar entre ellos dende niñõ propongo a vrã. P. que me parçe no conuenir a nrã Comp.a admittir a ella muchos hermanos Japones sin exacto examen y escoja, y con mucha consideracion, porque no tienen aquelas partes que los de Europa assi naturals, como en la efficacia de acquirir la uirtud, y naturalmente es gente flaca y inconstante, allendo que es aynda poco fundada en las cosas de nrã santa fee, y rezien conuertida que no sabe de raiz de cosas de la religion ni las entiende, y no sera bueno para nrã Compa cargarse de mucha gente imperfecta y qui se uaya de la religion facilmente quando es instigada de tentacion si que ella los pueda constran ê r a nadye por no tener braço secular de que se pueda ayudar contra los tales, como ya algunos lo han hecho andandose por tierras de Infielas sin podelles castigar como apostates de la religion, y lo que es peior, que algunos destos han dexado la fee, como fun, Lino, Simon, Vomi Joan, Antonio, que no solamente la dezaron, mas sembrauan erros, aun q les no deron credito, e algunos estan casados, con hijos, en tierras de Infieles, que es muy grã descredito de nrã Compañia, sõr esten desta manera, y muchos anos hay que tiengo este concepto, y me pare que realmente no se tiene perfecta congnition desta nacion en lo que toca a las cosas de nra Compa y con auer pasante de cento y tantos Japones en ella ninguno se de partes pa gouierno ni penetrar mucho las cosas de la religion. Ni gran zelo de las animas, ni mas poco mucho desposicion para las ordenes sacras por ahora; y es para arecelar, que despues queran ellos tener el gouierno, siendo los de Europa pocos, y ellos muchos y imperfectos; y recebidos quasi sin uocacion, porque la maior parte dellos se cria en los seminaries de ninõs y alli persuadidos de los que crian, piden la comp^a. sin saber lo que hazen ni la importancia del estado que escogen. Y contecio q vna vez se recebieron treze Juntos para el nouiciado y de otra uez otros tantos juntos, otra uez seis, y se ue que entre ellos no ay hombre ninguno spiritual ni dado a la oracion, y ay mucho engano en ellos; porq̃ naturalmente son muy modestos exteriormente y qietos en tal, que captiuan a los nrõ s, y no pieden ser conosciodos ny penetrados, es uerdad que tambien en lo que toca a las pasiones no son tan uehementes como los de Europa como tambien ni tan efficazes para la uirtud, ni en esto entendo murmurar desta nacion, ni deshazer en ella mas solo dizir lo que siento ser bueno a nrã comp^a. porq me orye entre ellos e en el seminario de Miaco y de Arima les he lido latin p̃algunos anõs⋯ Offreciaseme tambien ser inportante que vrã P. encomiende a todos los superiores de Japon, que sepan la lengua del ãssi parase cõmunicar con los nrõs hermanos Japones, los quales por tercero lo hazem cõ mucha pesadumbre, y no puede el superior tener p̃fecta notitia de los subditos, ni consolallos en sus trabajos y ayudallos, como tambien para tratar con los christianos que tienen a cargo, lo qual tambien no se pude hazer p̃tercero como es menester…

Acerca del segundo puncto de lleuar auante esta conuersion, parece ser muynecess°. que vrã mãde a ella muchos de los nrõs hombres de partes y letras y de buena edad que cõ facilidad aprendar la lengua para la ayudar porqie los p^{es}. Que uienẽ ya de eada crecida no la pueden aprender, y hazen poco aca, podiendo en otras partes hazer mucho, y andan muy desconsolados toda la uida por no se poder comunicar con los naturales, y auñq esta ordenado que todos los que cienen a esta mission antes de se occupar en ella aprendan la lengua a lo menos un añoy medio, no se executa, parece ser por falta de gente, donde nace que al delante no tienen tiempo ni occasion para la lengua, y seria bueno emcomẽdarlo vrã P. supplocandole mucho por amor de nrõ senõr que con paternal anymo fauoresca esta Iglesia, embyandole muchos hobreros y operarios porque realmente ay gran messe; y juntamente procure que se guarde nrõ brece que impide la uenida de otros religiosos aca, pues della se an seguido tantos in-cõuenientes como auemos uisto, hasta llegar la Compa. y la Christiandad al extremo en que al presente queda, porque quitados estos impedimientos, sin duda acabando esta persecucion, aura grande cõuersiõ de animas, por auer muy grã disposicion en todos y gran credito de nrõ sacta ley, y Taycõ, aunque nos persigue, por otra parte tiene desarraygada la ydolatria de Japon, deshaziendo los ayuntamientos do los Bonzos estudiauan, qitandose las rentas cõ que se sustentauan y con esto derribo muchos tiemplos de los ydolos, y otros por si se cayen sin auer qien les acuda, y ay en Japon muy baxo concepto de los idolos por cause de la ley de dios nrõ sõr, y grã credito de la nuestra, y anss p̃esta uia ay muy poco inpedimiento que era el maior que dantes teniamos. En los santos sacrifcios y bendicion de vrã. P. mucho me ẽcomiendo dè Nagasaqi a–28 de febrero de 1598–anõs.

Hijo de vrã. Paternidad em X.

João Rodriguez

书信译文

天主教最尊敬的伴天连

日本1598年2月28日

天主教平安

　　管区长伴天连任命余为长崎教会的会长伴天连的顾问，因此按照我会之规则，为履行余之职务，认可此信函呈奉贵台。据长老所报，贵台业已了解余，然余在此仍做一简单陈述，敬请关照。

　　余生于葡萄牙国，有其国籍。年少时，吾主引导余入其会，派遣余来到日本。在此国家居住至今已逾二十一年。其间，余略通日语，曾随同不觉有语言之障碍的副管区长伴天连，相伴巡回各地。此为巡视员伴天连范礼安同由印度副王派来日本王太阁身边之使节一同来日本，并由余任通辞陪伴去京城之时。如上所述，由于具有语言知识，从此以后，直至今日，神圣之使命令余担任起太阁及其重臣面前的日本天主教会及其宗门方面的联络人。在此仍然继续迫害之时，余已经担任此重任达八年之久。关于此迫害，以及日本天主教宗门之现状，已在一般的书信，及其他特别报告书中详述，故不在此赘述。但在此信中，欲讲述两件事，其一为我天主教会之事，其二为国民改教之事。

　　第一点，关于教会，从顾问之职务上现今并无特别可述之事。此乃因为余担任此职务时日尚浅，其间并不在此处，而是为副管区长伴天连的传教和杂务在外巡回之故。但有一事可以考虑，即此处的教会长伴天连以病弱之躯从事诸多公务，随着年纪增长颇感疲劳，不能完全履行职责，在遵守会规方面亦有所怠慢。如此依然在此任长老已达十七年。此地每年有葡萄牙船及其他各国之船多数从中国来航，与日本各地间均有贸易来往。由此产生与我等有关系的诸多业务，处理此等业务须由此处的教会长承担，故教会长需要具备健康体魄与丰富知识，能够处理紧要事宜。对于有马、大村，以及京城的长老也是同样。在京城，已有二十年未变，由同一人一直担任长老之职。

　　由此，因本天主教会暴露出诸多不利之处。第一，此等人长年位居统治地位，身心疲劳，故对遵守会规产生怠慢之心，在以身作则、勉励部下方面也缺乏热情，反而获得许多违反教规的豁免和特别许可。第二，他们一生都垄断如此重要职位，据为己有，而将其视为理所当然，遇事就颐指气使，擅自决定。第三，有的人既已辞去长老之职，仍在某种程度享受同样待遇。位居其上的长老，对他们表示同情，不服从其他人管理，以一种特别伴天连之身份留在该地，不得从事改教及其他业务。数日前曾发生一件事，由于迫害而某一神学院被废除的同时，一名伴天连被免除了院长的职务，他仍留在有马地方，同有马院长属下六七名伴天连一起住在同一地方，然而只有他因曾为院长之故，便直属副管区长管辖。从欧洲来到日本居住之我等因为人数少，成为神父者不足五十名，而得不到如此豁免留下者更少。因此，恣意放纵者甚多。第四，贵台已派遣许多年龄适当且有才能者来到此地，然而常由同样的四五人占据长老职位，长期不变。因此，他们不能经历本会的管理事务，埋没其才能，最终不能成为这方面的适合人选。任何事情均缺乏活力，他们对于我会章程的热情也自然消失，仅仅对忏悔和洗礼有用。如此，在日本适合管理之人或能够胜任本会职务之人在我会会员中，寻找不出。此具有才能者在应当使用时，也将其隐藏起来之故。关于以上所有之点孰对本会有益，希望贵台明断。

其次，余自幼年成长于日本国民之间，基于所获得之有关彼等的知识，谨向贵台建议如下：即若不进行严格考试挑选，亦不认真考虑，便允许多数日本人成为伊鲁曼，余认为于我会不利。日本人比之于来自欧洲者，缺乏天生的才能，品德能力也不健全，乃天性优柔寡断、易于动摇多变之国民。而且，我神圣之信仰尚未深深扎根，改教也是最近才有之事，故对修道生活尚一无所知，无法理解。若我会允许此等一知半解者大量入会，乃极为不妥之事。彼等之人一旦受到诱惑，便可能轻易离我会而去。若无制度能在教会以外给予处罚，便无法给予施加压力。如此成为异教徒一员而无法作为修道会脱离者加以处罚之实例，可以举出很多。更可悲的是，其中更有抛弃信仰者，如里诺、西蒙、近江若安、安东尼奥等，不但抛弃信仰，而且还广为散布连自己都不信仰的邪教，甚至还有同异教徒结婚生子者。听从吾主德乌斯之教义而最终走到如此地步，不能不说是我会极不名誉之事。关于这一点，余多年来一直抱有如下拙见。关于与我会有关之事，该国民尚未完全理解，虽说入会之日本人已逾百人，在如此众多人中，尚无具备统管之才能者，亦无适应修道生活者，更无具有拯救灵魂之热情者。更何况具备能够授予神圣职位之能力者，至今尚未发现一人。将来日本人能否具备统管之才能，令人质疑。然而，来自欧洲者为少数，而彼等为多数，而且品德不全面者均未经洗礼而进入我会。即彼等大多数自年幼时就在圣学院接受教育，不知在教会中应做何事，也不懂被挑选入会者的天职如何重大。在承担教育者的说服之下，有时是同时接受十三人，有时是一次接受同样的人数，又有时是接受六人。但是，其中既无虔诚信仰者亦无乐于祈祷者。他们之间经常有的是伪善，作为日本人之天性，表面极其谦虚而温和，我会会士常为其所惑，不知其热情不如欧洲人强烈、修行也不积极之真相，而且也不能识破这一点。余虽如此认为，但丝毫也无贬低或谴责该国民之意。

仅仅是自己多年与其相处,从事教育,在京城与有马的神学院教其拉丁语,从为我会着想出发,将自己所想之事进行陈述而已。

再次,我所想起的一件重要之事是贵台曾经建议过定居日本的长老都要学习日本语言。学习语言是与日本人伊鲁曼交往所必须。因为彼等将通过第三者进行交谈,看作是一件极其烦恼之事,因此长老如不能充分理解其下属便不能面对其困难,亦不能给予安慰与帮助。另外,长老为进行与其所负有责任之天主教徒的必要交往,如通过第三者则无法进行,为此也必须学习语言。

第二点,为了使该国民更多人改教,于贵台来说,派遣更多具备才能及知识,学习用于传教之语言的我会适龄会员,乃极其重要之事。来此地业已年迈的伴天连因未曾学习语言,故虽能在其他地方发挥巨大作用,然在此地则很少能起作用,也无法与本国人交往,一生都抑郁寡欢。欲来此地传教者在开展实际工作之前,均需学习一年半语言,虽然有此规定,然因人手不足,无法实行。最终既无时间学习语言,也无此机会。因此,贵台应鼓励日本的长老实施该规定。

在此,余想起一事,需向贵台禀报,即此地之收获确实很大,故应以慈父之心派遣多数活动家给此地的教堂以保佑。非常希望能够得到吾主之慈爱。同时,应努力遵守教规,禁止其他教派来到该国。因其他教派的到来,我会及天主教徒已经被逼迫到我们体验过的极度的困难之中。人们因强烈被我们神圣信仰所吸引,并彻底信任,故此困难已消除,迫害也将结束,将有更多人改教,这一点无可置疑。太阁一方面迫害我等,另一方面毁坏日本的佛像,没收施主的捐献,破坏他们学习教义的寺庙。有如此众多的寺庙佛像或被人为破坏,或自然损害,却无人加以防范或阻止。在日本,因吾主德乌斯的教义,佛像受到轻视,而我等尊像极受尊重。曾经蒙受的最苛刻的困难如今已显著减少。希望在贵台的弥撒与祝福中能够想到余。于长崎1598年2月28日。

以基督的名义贵台之爱子

若阿·罗德里格斯

陆若汉年谱

公历	中国年号	陆若汉个人经历	中外交通史大事
1561	明嘉靖四十年	·出生于葡萄牙的塞尔南赛尼埃贝拉山区。	·葡萄牙国王塞巴斯蒂安秉承其祖父 奥三世遗命,命印度总督遣使中国。 ·日本"宫之前事件":南蛮人和市民为生丝贸易生争执,南蛮人被驱逐出平户。
1562	明嘉靖四十一年	不详	·居澳葡人开始自治,选出地方行政长官。 ·被驱逐出平户的葡萄牙商船靠岸横濑港口建立教堂,获免税十年优遇。 ·西非黑奴贸易开始。
1563	明嘉靖四十二年	不详	·首任澳门总督佩雷拉被里斯本宫廷取消职位。 ·葡萄牙使节从果阿抵达澳门,要求进入内地,被拒绝。 ·大村纯忠及重臣二十五人受洗礼,成为天主教徒。
1564	明嘉靖四十三年	不详	·为稳定葡人在澳门的合法居住权,佩雷拉请求协助明朝官军镇压潮州柘林兵变。 ·西班牙确立新大陆每两年一次的船队制度。 ·西班牙黎牙实远征军从墨西哥动身进军泊宿务。
1565	明嘉靖四十四年	不详(弗洛伊斯再次回到京都修建一个小教堂,跟阿尔干奇诺开始传教。)	·西班牙人入侵菲律宾,在圣迈格克建立第一个殖民地。 ·日本三好义继将韦内拉、弗洛伊斯等传教士从战乱的京都驱逐。
1566	明嘉靖四十五年	不详	·尼德兰革命爆发。 ·葡萄牙商船进入福田港。

续表

1567	明隆庆元年	不详	·因福建巡抚之奏，明朝政府解除二百里海禁。开放漳州月港和澳门对外贸易港。 ·新任的印度副王路易劳伦索德塔沃拉到达印度。
1568	明隆庆二年	不详	·荷兰独立战争爆发。 ·织田信长护足利义昭入京都。
1569	明隆庆三年	不详	·耶稣会在利马设立教堂，开始传教活动。 ·戚继光任总兵官，镇守蓟州等地。 ·织田信长准许弗洛伊斯回京并在京传教、设立小教堂。 ·弗洛伊斯写就著名的《日本史》。
1570	明隆庆四年	不详	·长崎港被定为葡萄牙南蛮船的停靠、贸易码头。 ·《耶稣会会员书翰集》在葡萄牙科英布拉出版。
1571	明隆庆五年	不详	·黎牙实远征军占领马尼拉，西班牙殖民者在邻近中国的海域夺取一块殖民地。 ·澳门发出的南蛮船繁荣长崎港贸易，长崎港六个街区建成完毕。
1572	明隆庆六年	不详	·留居澳门葡人向明官府交纳地租银。 ·南蛮人和日本女性同居出现——私生子频繁出生。
1573	明万历元年	不详	·范礼安被任命为亚洲耶稣会巡视员。 ·广东官府在澳门北面莲花茎设关建闸，置关防守，不准葡人越关进入。 ·南蛮人频出欺诈事件：侵吞葡萄牙商船货物定金。
1574	明万历二年	·离开前往亚洲的葡萄牙船唯一港口里斯本，作为赴亚洲各地工作的传教士的童仆踏上前往东洋的旅途。	·耶稣会巡视员范礼安携四十一名耶稣会士离开里斯本开始首次赴日本的航行。 ·在中国沿海活动的林凤为首的海盗受到明军追剿，后与西班牙人在马尼拉展开激战。

续表

1575	明万历三年	·乘坐在由里斯本出发的加利翁船,沿着非洲西海岸航行,同年下半年到达印度卧亚（今果阿）。	·经葡萄牙国王请求设置澳门主教,隶属于果阿大主教。管辖地区为中国、日本和交趾。 ·广东官府在澳门征收水饷、陆饷、加增饷在内的关税。 ·西班牙使节首次访华,欲打开通商、传教通道。
1576	明万历四年	·乘坐由里斯本出发的加利翁船继续航行。	·明朝船舶抵达日本丰后。 ·西班牙人拉达到达福建,受到巡抚的接见。 ·织田开始修建安土城堡。
1577	明万历五年	·到达日本长崎港。	·首批方济各会士抵达马尼拉。 ·英国人德雷克开始环球旅行。 ·葡萄牙人因海难漂至朝鲜——朝葡最初接触。
1578	明万历六年	·初次拜访日本的京都:令人悲哀的废墟和衰败的天皇家。 ·参观织田长信尚在建设中的城堡。 ·随卡布拉尔参加"耳川战役"。(日本臼杵各处会馆有二十一名司祭、三十名修道士在接受培养。)	·明政府允许葡萄牙商人在广东进行贸易。 ·耶稣会派到远东的巡视员范礼安来到澳门。 ·安哥拉黑奴贸易盛行。 ·"耳川战役"中,大友阵营全线崩溃,残兵败将退至丰后。
1579	明万历七年	·陆若汉身处何地,无人知晓。(为培养圣职人员日本各地开设神学院等教会教育机构。)	·罗明坚到达澳门,为进入中国内地传教做准备。 ·范礼安为视察耶稣会来日,实施各项改革。
1580	明万历八年	·被送入刚刚在臼杵建成的修炼院学习。 ·正式加入耶稣会。(府内神学院、臼杵修炼院落成仪式,六名日本人、六名葡人修炼者入院。)	·西班牙国王菲利普二世合并葡萄牙,成为二国之主。 ·葡萄牙开始发展澳门至马尼拉间的贸易。 ·范礼安在臼杵会见大友宗麟,召集各地传教士协商会议。

续表

1581	明万历九年	·开始在丰后的府内圣保罗学院学习拉丁语，做成为神父的准备。 ·秋天在府内接受学艺课程的学习。（府内神学院着手编写语法书、日语字典和教理问答书。）	·天主教在广州建立教堂。 ·西班牙国王菲利普二世遣使团访华。 ·1581—1588年耶稣会日本年报编撰。 ·西班牙商船首次抵达长崎港。 ·范礼安谒见织田信长。
1582	明万历十年	·发生本能寺之变，京城的学院在此年夏天被烧毁。	·天正遣欧少年使节团赴罗马。 ·利玛窦应范礼安之邀来到澳门。 ·耶稣会总会长公开承认澳门至长崎的贸易。
1583	明万历十一年	·夏天完成学艺课程的学习。 ·10月在府内开始学习哲学课程。	·澳门在主教主持下选举产生澳门议事会。 ·罗明坚、利玛窦离开澳门进入内地传教。 ·传教士在亚洲创立各种慈善救济组织。
1584	明万历十二年	·继续在府内学习哲学课程。（罗明坚《天主圣教实录》在广州刊行。）	·明朝授予居澳葡人首领为中国第二级官员。 ·印度总督认可耶稣会参与澳门与长崎间的贸易。 ·葡萄牙商船抵达日本平户港。
1585	明万历十三年	·因丰后发生纷争，两三周后停止神学的学习。 ·夏天完成哲学课程学习。 ·秋天开始学习神学课程，后因丰后发生骚乱而中止。	·天正少年使节团抵达罗马拜见罗马教皇。 ·教皇十三世发出教皇书简：禁止耶稣会以外修道会在日本活动。 ·马六甲成为方济各会管区。 ·丰臣秀吉平定四国，成为"关白"。
1586	明万历十四年	·同耶稣会一行三十人在丰臣秀吉引领下参观大阪城。 ·12月，由于萨摩军队入侵，神学院由府内迁移至山口。	·葡萄牙印度总督正式确认澳门为"中国圣名之城"。 ·秀吉成为"太政大臣"，赐姓"丰臣"。 ·梅内瑞斯下令不准放一个托钵修道会士进入日本。

续表

1587	明万历十五年	·在博多丰臣秀吉同科埃廖会见时在场。 ·再次开始学习，且因神学院人手不足，受命任老师。 ·秋天边继续神学课程学习边教授神学生学艺。	·葡王发布命令，不准干涉澳门官员对居住澳门的中国人的管辖权。 ·西班牙方济各会、多明我会士抵澳门，谋求进入内地传教，未果。 ·日本丰臣秀吉颁布传教士驱逐令。 ·丰臣秀吉同意日本耶稣会从事生丝贸易。
1588	明万历十六年	·出现在1月的学习神学八名欧洲人会员名单中，学习同时，于八良尾学院教授三十三名葡萄牙人和日本人神学生学艺。 ·4月后，在八良尾学院教授学生拉丁语。 （原设于府内的神学院从长崎经千千石转移到有家。）	·罗明坚返回欧洲，利玛窦继任成为中国传教团的负责人。 ·日本天主教教区设立主教一职。 ·丰臣实施"刀狩令"，下令严厉打击海盗。 ·丰臣秀吉将天主教徒驱逐出长崎。 ·少年使节团离开果阿，7月到达澳门。
1589	明万历十七年	·在八良尾学院担任拉丁语教师，同时受命负责学生的管理。 ·4月辞职离开八良尾。 （耶稣会在日本设立天草神学院。）	·利玛窦前往韶州传教。 ·一艘西班牙商船抵达九州萨摩。 ·耶稣会士被命令全体集中到平户。
1590	明万历十八年	·首次作为通辞随范礼安一行上京拜访丰臣秀吉。 ·得以继续中断很久的神学课程的学习。	·少年使节团出访八年后终于返回日本。 ·教皇克莱蒙特八世提出所有传教士可经葡属印度去日本。 ·范礼安在澳门印刷孟三德的《天正遣欧使节对话录》。
1591	明万历十九年	·同范礼安携少年使者在聚乐第谒见丰臣秀吉。 ·回到八良尾继续授课。 ·大部分时间在京城从事外交方面工作，神学课程学习再次停顿。	·教皇发布菲律宾奴隶制度禁止令。 ·天主教版刊物开始盛行。 ·范礼安制定《日本管区代表规制》，教会贸易活动制度化。

续表

1592	明万历二十年	·在迁移到长崎的神学院完成神学学习。 ·继续在八良尾授课。 ·因外交方面工作出现在聚乐第。 ·出现在11月居住在诸圣人会馆的神学生名单中。 ·成为获得逗留日本许可耶稣会会员，重大的外交事务落在其肩上。	·根据张鸣冈建议调兵千人戍守，加强澳门的雍陌营地的防守。 ·日本关白丰臣秀吉入侵朝鲜。明兵赴援，大败，乃任李如松为防海御倭总兵官。 ·范礼安在长崎召集第一次日本管区总会。 ·卡布拉尔担任东印度管区长。 ·开始派遣"朱印船"。
1593	明万历二十一年	·由1月公布的会员名单表明，陆若汉用一年半学完神学课程，同时有其教授两年语法的记载。 ·受戈梅斯命同高井修士前往拜访寺泽。	·澳门议事会向葡王报告天主教在澳门拥有的四个宗教团体。 ·明军大捷，日军弃王京，退据釜山。明撤主力回国。 ·西班牙国王建立贸易许可证制度。 ·新任主教马丁斯神父到达澳门。
1594	明万历二十二年	·继续在八良尾授课。 ·在长崎诸圣人会馆师从西班牙神学者克罗斯继续学习神学。 ·代表长崎耶稣会拜见丰臣秀吉。	·郭居静从澳门入内地，协助利玛窦传教。 ·利玛窦在中国改换华服。 ·南蛮潮风卷长崎港以及整个日本。 ·耶稣会和方济各会矛盾表面化。
1595	明万历二十三年	·继续在八良尾授课。 ·再次代表长崎耶稣会赴京谒见丰臣，报告米兰达商船到达消息。 ·引领米兰达商船代表团到京城。 ·首次介入葡萄牙商务交易中。	·范礼安结束印度地区的巡视员工作。 ·菲利普二世给印度总督下令，令其对不服从裁决的澳门葡人予以关注。 ·利玛窦《天主实义》在南昌刊行。 ·《葡日对译辞典》刊行。

续表

1596	明万历二十四年	·到达澳门接受提拔，在澳门晋升为神父。 ·8月，随马尔廷斯主教到长崎。（神学院转移至天草，有学生四十五人。）	·菲利普号漂至土佐，被没收货物。 ·新任印度管区巡视皮门塔到达果阿。
1597	明万历二十五年	·为二十六名殉教者作临终祷告。 ·2月，应邀出席在长崎召开的协商会议，探讨未来传教政策。 ·4月，赴京城谒见丰臣秀吉，参观重建的伏见城，接受贵重礼物。 ·8月，作为第八名证人出席听证会。	·"庆长战役"：丰臣秀吉再次入侵朝鲜，明军援朝。 ·龙华民抵达广东韶州传教。 ·总督禁止在澳门的日本人携带武器。 ·二十六名传教士在长崎西坂的山坡受十字架刑大殉教。
1598	明万历二十六年	·2月，在长崎发出给罗马教皇的信简。 ·9、10月，在长崎召开大殉教调查会，陆若汉、帕奇奥、戈梅斯等十二名证人被传唤作证言。 ·带领缅顿沙的葡萄牙使节团赴京城参观拜见生命垂危的丰臣秀吉。	·日本军队从朝鲜撤退。 ·西班牙菲律宾总督派遣使者来华，谋求通商。 ·利玛窦自南昌抵达北京。 ·3月，马尔廷斯主教和十一名耶稣会士被迫离开日本、前往澳门。继任者塞尔凯拉来日。
1599	明万历二十七年	·为跟寺泽奉行去谈判再次赶赴京城。得到传教士日本留住的允许。 ·初次与德川家康会面。	·明神宗派太监李凤前往广东收取澳番舶贸易税。 ·利玛窦在南京建立教堂，开始传教。

年份			
1600	明万历二十八年	·作为耶稣会士已经度过二十一年的神学生的见习期。（长崎市民设立印刷所，出版天主教刊物。）	·在中国约有四百名西方传教士。 ·《山海舆地图》在南京刊行。 ·葡萄牙人在帝汶岛建立行政中心。
1601	明万历二十九年	·在京都谒见德川家康，被指定为家康的通商代理人。 ·6月，在长崎作庄严宣誓。 ·被任命为日本管区的司库。	·古斯曼《东方传道史》问世。 ·利玛窦留居北京，被允许在京建教堂传教。 ·荷兰人与中国直接通商受阻后，在马六甲海峡公开抢劫，报复葡萄牙人。
1602	明万历三十年	·作为耶稣会司库出席协商会议，报告耶稣会的财政困难。	·荷兰、英国在平户贸易开始。 ·澳门圣保禄教堂（大三巴教堂）奠基。
1603	明万历三十一年	·10月，代表耶稣会，以及居住长崎的葡萄牙人与村山等安前往京城拜年，得到家康厚待。	·基督教版《和葡辞书》刊行。 ·西班牙殖民者在吕宋屠杀华人二万五千余人。 ·江户德川幕府创立。
1604	明万历三十二年	·《日本大文典》在长崎开始刊行。 ·被领主大村喜前误会，累及其他信教村民不得与传教士接触。 ·二次谒见德川家康。（日本幕府实施"系割符"法。）	·荷兰海军上将率两艘战舰直抵福建漳南的澎湖岛，被福建海军击退。 ·欧洲教廷和中国教团改由途经墨西哥的西班牙航路传递信件。 ·荷兰遣使中国谋求通商，未果。
1605	明万历三十三年	·1月，在长崎主教馆提供证言。 ·被德川丝绸购买代理人追究责任。	·居澳葡人未经明朝官员许可，擅自在圣保禄教堂以北修筑城墙。 ·华商集资在澳门建立妈祖庙。 ·耶稣会士鄂本笃抵达中国。

续表

1606	明万历三十四年	·5月，离开骏府，在经过东海道去京城途中，访问家康出生地——三河的冈崎。 ·两次拜访本多正纯的城堡，受到热情接待，就灵魂不灭道理解释天主教立场，并日本历法特征等提出异议，进献西洋钟。	·葡人越出居住范围，在澳门青洲围城筑建教堂，广东官府派兵拆毁教堂。 ·误传传教士谋反事件，两广总督杜绝澳门葡人粮食供应，中止贸易。 ·范礼安在澳门逝世。 ·荷兰人发现澳大利亚。
1607	明万历三十五年	·随巴范济谒见在骏府的德川家康和在江户的德川秀忠。 ·在塞尔凯拉谒见时也同时出席。 ·担任耶稣会司库，助理马提阿斯。(有马神学院有学生八十人。)	·荷兰再次派军舰到澳门，被葡人击退。 ·广东人卢延廷上奏，请求驱逐葡人、收回澳门，未准。 ·《几何原本》在北京刊行。 ·朝鲜使节来日。
1608	明万历三十六年	·《日本大文典》完成刊行。 ·春季末前往骏府，受到德川家康隆重接待，参观新建城堡。(西班牙应德川之邀驶抵浦贺。)	·两广总督何士晋奉令毁葡人私筑青洲教堂，未果。 ·从澳门到日本的葡萄牙的定期航班停航。 ·有马晴信御朱印船船员在澳门和葡人发生激烈冲突。
1609	明万历三十七年	·陆若汉终于失去信誉，来自各方面的反感达到顶点。	·伽利略发明天文望远镜。 ·荷兰商船进入平户港，日兰贸易开始。 ·日本耶稣会管区成立。 ·有马晴信手下追剿满载生丝的葡商船。
1610	明万历三十八年	·受葡萄牙商船遭袭击事件的连累遭到驱逐，离开长崎港前往流放地澳门。(耶稣会总会要求编写日本教会史。)	·利玛窦在北京逝世。 ·荷兰人在印度布里格德建立商馆。 ·德川派遣田中胜介往墨西哥谋取通商。

续表

1611	明万历三十九年	·写完当年年报后，很快来到中国。 ·冬季开始进入广州参加交易会。	·耶稣会从葡萄牙借款4万比索。 ·幕府允许明人进入长崎贸易。
1612	明万历四十年	·和葡萄牙商人在2月或3月回到澳门。 ·此后十八个月的活动不甚清楚。	·有报告说广东建立一个耶稣会的小会。 ·幕府下令禁止天主教，捣毁京都南蛮寺。
1613	明万历四十一年	·接受巡视员弗朗西斯克·帕奇奥的特别使命，随着葡萄牙商人参加广州夏季交易之机，秘密北上。 ·6月后，深入中国内地旅游，进行佛教、儒教、道教的调查研究，先后拜访北京、南京、杭州、南昌、南雄等各地的会所。	·倭寇再起，给东南沿海带来严重骚扰。 ·广东官吏上奏请求禁止日本人进入澳门。 ·荷兰人于平户开设荷兰商馆。 ·幕府允许与英国人进行贸易。
1614	明万历四十二年	·花费两年时间系统研究自古以来出现的东方哲学家的不同学问。 ·前往离南京40英里、位于长江南岸的镇江考察。	·香山知县发布的《海道禁约》被刻成石碑，置于澳门议事厅中，让葡人遵守执行。 ·各地传教士受到幕府的驱逐令，陆续前往长崎集中。
1615	明万历四十三年	·会见广东总兵及广东巡按御史商谈进献天球仪、地球仪事。 ·代表澳门进入广州参加交易会。 ·到达北京，先后同天主教徒徐光启、李之藻等就天主教教义中的名词翻译问题进行探讨。拜访过日本、中国两国首都的欧洲人，最早非陆若汉莫属。7月回澳门。	·广东巡按御史田生金复审澳奴劫杀罪的案件。 ·葡萄牙舰队在马六甲海峡败于荷兰舰队。 ·葡萄牙神甫维埃拉出任中国与日本的巡视员。 ·葡王因财政困难，出售印度等地官职。

续表

1616	明万历四十四年	·1月，由澳门发出长达20页的长信，向罗马总长汇报有关活动。（幕府再次发布天主教禁教令。同时发布贸易港限制令。）	·南京教案发生后，驱逐之议又起。 ·澳门大炮台（三巴炮台）建成。 ·中国船以外的外国商船被限制来航日本的平户和长崎。 ·葡萄牙任命首位澳门总督卡拉斯科，但是从未上任。
1617	明万历四十五年	不详	·明政府于前山设参将府，海陆军分驻澳门周围岛屿。 ·荷兰舰队司令官来广东谋求与中国通商。
1618	明万历四十六年	·在澳门发文辩驳利玛窦神父劝导华人入教的方法。 ·撰文反对费乐德的观点。	·明朝在前山建寨，加强澳门各方防范。此时澳门人口约2万人。 ·葡萄牙决定废除定期商船制度。
1619	明万历四十七年	不详	·京都大殉教：六十三名天主教徒受火刑。 ·五名传教士自马尼拉潜入日本。
1620	明泰昌元年	·《日本小文典》在澳门刊行。 ·《日本教会史》着手编集。	·葡人违反《海道禁约》修筑房屋和工事，两广总督派冯从龙率人前去拆毁。 ·徐光启等人合议购进西方火炮，张焘前往澳门筹款购炮，葡人欣然允诺。 ·巴达维亚成为荷兰东印度公司的基地。
1621	明天启元年	·带领葡萄牙商人前往广州交易会购买货物。 ·受耶稣会委托，为青洲之事跟中国的官员们谈判，前往广东。	·澳门议事会要求撤销日本航线船队长官对澳门的管辖。 ·李之藻上疏请将所购之西炮提取来京。 ·荷兰成立西印度公司。
1622	明天启二年	·向罗马报告《日本教会史》的撰写进展情况。 ·陆若汉此时的行踪不明，有意见说他可能去了广东。 ·11月，作为院长顾问，向罗马报告耶稣会学院、耶稣会的近况。	·荷兰殖民者入侵台湾。 ·荷兰舰队15艘大举进攻澳门，激战三天后终被击退。 ·传教士、天主教徒在长崎被处刑。 ·《日本天主教教会史·补遗》刊行。 ·罗马教皇设立传教圣省。

续表

1623	明天启三年	不详	·荷兰殖民者再次侵占澎湖,筑城设守。 ·葡印总督以国王名义派马斯卡雷尼亚斯赴澳门——首任总督兼陆军司令。 ·张焘得两广总督相助,购得西炮。 ·英国人关闭平户商馆,离日归国。
1624	明天启四年	·2月,维埃拉去欧洲后,陆若汉被指名接任司库工作。 ·写信给罗马请求经济援助,提议为维持日本教会,由耶稣会分担必要经费。	·明朝官军发动进攻抗击荷兰入侵者,荷军被打退。 ·伊斯帕尼亚商船来航遭禁止。 ·日本镇压天主教进一步强化,入牢的传教士数人被处火刑。
1625	明天启五年	·3月,与澳门市民开始拆除城墙工作,重建工事于1629年完成。 ·代表澳门和耶稣会前往广交会。 ·为营救因海难被囚禁的葡、西人士与广东政府的交涉。 ·关于拆毁澳门城墙与两广总督何士晋的谈判。	·广东官员监督率居澳葡人等拆毁"城台"。 ·葡萄牙人被永远禁止在日本居住。
1626	明天启六年	·6月,为拆除障碍一事,再次前往广东与内地官方谈判。 ·11月,作为澳门教会顾问及司库再次向罗马总长报告传教形势。 ·12月,出席澳门召开的管区会议。 ·利用西安新发现景教碑文,以证利玛窦所采汉文天主名称之伪。	·长崎制定反天主教的"踏绘"制度。 ·金尼阁《西儒耳资》、拉丁文《五经》在杭州刊行。 ·在长崎的耶稣会传教士被处刑。

续表

1627	明天启七年	·致信耶稣会驻罗马之葡萄牙顾问马什卡雷尼亚什，再次批判利氏采用汉文天主名称。 ·再次撰文抨击费乐德的言论。 ·由于本人的要求，陆若汉被免去日本教区顾问以及司库的职务。 ·澳门暴发传染病，老少病死多人。先后九名会士在澳门病死。躲至青洲避难的陆若汉写信向罗马如实汇报澳门情况。	·明朝再次遭满族入侵，遂向澳门政府请求援军，未被接受。 ·荷兰舰队第五次进犯澳门失败，转向入侵台湾。 ·十六名天主教徒受酷刑后殉教。
1628	明崇祯元年	·随澳葡远征队于11月携青铜大炮等装备从澳门出发去广东。	·在华耶稣会二十一人在上海嘉定开会讨论"Deus"汉译和尊孔祭祖问题。 ·幕府封闭平户荷兰商馆。 ·幕府禁止日葡贸易。
1629	明崇祯二年	·随远征队乘上从政府调回的装备整齐的船只，开进北江。 ·随葡炮兵统领公沙·的西劳率兵携大炮十门5月到达北京，10月返回澳门。	·明政府为抗满族入侵，再派徐光启赴澳门二次购炮。 ·明廷建立历局，由中国官员和西方传教士合作修改《大统历》。
1630	明崇祯三年	·11月22日，随远征队到达涿州。 ·同姜云龙领勘合返回澳门置办火器、招募葡人进京。（澳门议事会决议派出葡萄牙人队伍随陆若汉北上援明）。	·西班牙多明我会士古奎到福建传教。 ·西尔维拉出任澳门第三任总督。 ·澳门运往马尼拉的货物价值150万比索。 ·日葡海外贸易迅速发展，澳门输出商品价格暴涨。

续表

1631	明崇祯四年	·与公沙·的西劳及内地的葡人报效于登莱巡抚孙元化军中。 ·向朝鲜特使郑斗源赠送西洋礼物：大炮、火药、望远镜、定时闹钟、紫色棉木，以及有插图的书刊。	·荷兰夺取葡属马六甲，切断印度果阿通往澳门航线。 ·诺罗尼亚出任澳门第四任总督。 ·"奉书船"制度开始。 ·葡萄牙商人被赶出印度。
1632	明崇祯五年	·登州之变：公沙·的西劳中箭身亡，大部分葡军士兵战死。 ·叛乱中，陆若汉偕三人乘夜色逃过一难，至北京。 ·明廷给予陆若汉、公沙·的西劳等人奖赏与追赠。	·葡萄牙传教士佩德罗马科斯率中国修士邱良禀来到海南的首府琼州。 ·日本和荷兰再开通商门户。
1633	明崇祯六年	·2月初，陆若汉一行人冒着危险返回澳门。 ·向罗马总长汇报最新情报，以及赴北京援明之残酷经历。 ·再驳利玛窦神父所采用汉文名称天主之非。	·教廷允许各传教团进入中国传教。 ·幕府发布"锁国令Ⅰ号"，严禁"奉书船"以外的海外航行。 ·荷兰商馆馆长开始江户参府。 ·遣欧使节之一的中浦朱利安神父等八人在西坂受刑。
1634	明崇祯七年	·完成《日本教会史》。 ·因积劳成疾，陆若汉病倒后不治，葬于澳门的青洲岛。	·幕府发布"锁国令Ⅱ号"，禁止日本人的海外往来。 幕府为收容葡人，令二十五家长崎富足人家建筑出岛。
1635	明崇祯八年		·幕府发布"锁国令Ⅲ号"，全面禁止海外渡航，禁止海外日本人归国。 ·长崎成为中国商船唯一贸易港口。 ·佩德罗马科斯被迫离开中国，继任者为熟悉汉语的传教士林本笃。

外国人名之中外文对应表

A

阿部列（Luis de Abreu，路易斯·德·阿部列）
阿尔布克尔克（Afonso de Alboquerque，1453—1515，阿方索·德·阿尔布克尔克）
阿尔布雷希特（L. Albrecht）
阿尔梅达（Luis de Almeida，1525—1583，路易斯·德·阿尔梅达）
阿尔瓦雷斯（João Alvares，乔安·阿尔瓦雷斯）
阿尔瓦雷斯（Manuel Alvares，1526—1582，曼努埃尔·阿尔瓦雷斯）
阿奎维瓦（Claudio Aquaviva，1543—1615，克劳迪奥·阿奎维瓦）
阿维拉-吉隆（Bernardino de Avila-Giron，贝尔纳迪诺·德·阿维拉-吉隆）
艾儒略（Julius Aleni，1582—1649）
安德拉德（Fernão Peres de Andrade，？—1552，费尔南·佩雷斯·德·安德拉德）
安东尼奥（Antonio Prenestino）
安琪达（Jose de Anchieta，1534—1597，何塞·安琪达）
奥尔冈蒂诺（Organtino Gnecchi-Soldo，1530—1609）
奥利维拉（Fernão de Oliveira，1507—1581，费尔南·德·奥利维拉）
奥伊扬格伦（Melchor Oyanguren，梅尔乔·奥伊扬格伦）

B

巴笃里（Daniello Bartoli，1608—1685，丹尼埃罗·巴笃里）
巴范济（Francesco Pasio，1554—1612，弗朗西斯科·帕奇奥）
巴克利（A. Barkley）
巴莱德（João Nunes Barreto，1510？—1562，努奈斯·巴莱德）

巴罗斯（João de Barros，1496—1570，若昂·德·巴罗斯）

巴洛斯（Barros）

白令（Vitus Jonassen Bering，1681—1741，维他斯·乔纳森·白令）

班安德（André Palmeiro，1569—1635，安德烈·巴尔迈禄）

保罗三世（Paul III，r.1534—1549）

保罗五世（Paul V，r.1605—1621）

贝拉斯克（Rodrigo de Vivero y Velasco，1564—1636，比贝洛·伊·贝拉斯克）

贝雷伊拉（Beleiyira）

本博（Pietro Bembo，1470—1547，彼得罗·本博）

毕方济（François Sambiasi，1582—1649）

波拉里（Manuel Borralho，曼努埃尔·波拉里）

博卡罗（Antonio Bocarro，1594？—1642，安东尼奥·博卡罗）

博吉斯（Manuel Borges，曼努埃尔·博吉斯）

伯多禄（Pedro Pinto）

布艾斯库（Maria Leonor Carvalhäo Buescu）

布拉斯凯斯（Fray Pedro Baptista Blázquez，佩德罗·巴普蒂斯塔·布拉斯凯斯）

布罗卡（William Bullokar，威廉·布罗卡）

C

村山等安（Toan Murayama）

D

达迦马（Vasco da Gama，？—1524，瓦斯科·达迦马）

德梅奈克（Pedro Domenech，佩德罗·德梅奈克）

邓玉函（Jean Terrenz，1576—1630）

的西劳（Consales Texeira，公沙·的西劳）

迪斯克洛斯（Apollonius Dyscolus，阿波罗尼乌斯·迪斯克洛斯）

迪亚斯（Alvaro Dias，阿瓦罗·迪亚斯）

迪亚士（Bartholmeu Dias，1450？—1500，巴尔托洛梅乌·迪亚士）

多利亚（Andrés Douria，安德莱·多利亚）

E

恩里克斯（Henrique Henriques, 1520—1600，恩里克·恩里克斯）

F

法印维森特（Vicente Hôin）
范礼安（Alessandro Valignano, 1538—1606，亚历山德罗·范礼纳诺）
费尔南德斯（João Fernández，若阿·费尔南德斯）
费乐德（Rodrigue de Figueredo, 1594—1642）
菲盖雷多（Melchior de Figueiredo，梅尔希奥·菲盖雷多）
菲利普二世（Philip II, r.1556—1598）
冯塞卡（Pedro de Fonseca）
弗洛伊斯（Luis Frois, 1532—1597，路易斯·弗洛伊斯）
弗朗西斯科·德·萨（Francisco de Sá）

G

高母羡（Fray Juan Cobo, 1546—1592）
哥伦布（Cristobal Colombo, 1451—1506，克里斯托弗·哥伦布）
格雷高利十三世（Gregorius XIII, r.1572—1585）
戈伊斯（Amador de Gois）
戈梅斯（Pedro Gómez，佩德罗·戈梅斯）
贡萨尔维斯（Sebastião de Gonçalves，塞巴斯蒂昂·德·贡萨尔维斯）
故未略（Simão Coelho，西满·故未略、徐西满）

H

赫苏斯（Jerónimo de Jesús, ？—1606，热罗尼莫·德·赫苏斯）

J

基朗（João Rodrigues Girão，若阿·罗德里格斯·基朗）
加尔萨斯（Antonio Garcés，安东尼奥·加尔萨斯）
加西亚（Gonçalo Garcia，冈萨洛·加西亚）
贾梅士（Luis Vaz de Camões, 1524—1580，卡蒙斯）
金答（Pedro do Quintal）

K

卡布拉尔（Francisco Cabral，弗朗西斯科·卡布拉尔）
卡莱翁（Francisco Carrion，弗朗西斯科·卡莱翁）
卡勒皮诺（Ambrogio Calepino，1440—1510）
卡隆（François Caron，弗朗索瓦·卡隆）
卡内罗（Melchior Carneiro）
卡斯帕尔（Manuel Gaspar，曼奴埃尔·卡斯帕尔）
卡瓦略（Velentino Carvalho，瓦伦蒂诺·卡瓦略）
坎坡（Antonio Rodrigues de Campo，安东尼奥·罗德里格斯·坎坡）
考狄埃（Pedro Cordeiro，佩德罗·考狄埃）
考拉德（Diego Collado，？—1638，迪埃格·考拉德）
考洛斯（Mateus de Couros，马特乌斯·德·考洛斯）
科埃里（João Coelho，若昂·科埃里）
科埃廖（Gaspar Coelho，加斯帕尔·科埃廖）
科埃廖（Pedro Coelho，佩德罗·科埃廖）
科尔特斯（Adriano de Las Cortes，1578—1629，阿德里亚诺·德·拉斯·科尔特斯）
克拉维乌斯（Christopher Clavius，克里斯托弗·克拉维乌斯）
克莱门特八世（Clement VIII，r.1592—1605）
克莱门特十四世（Clement XIV，r.1769—1774）
克里塔纳（Antonio Francisco Critana，1550—1614，安东尼奥·弗朗西斯科·克里塔纳）
克鲁斯（Pedro de la Cruz）
克罗斯（L.J.M.Cros）
库克斯（Richard Cocks，理查德·库克斯）
库帕（Michael Cooper，迈克尔·库帕）

L

拉格纳（Francisco de Laguna，弗朗西斯科·德·拉格纳）
拉蒙（Pedro Ramón，佩德罗·拉蒙）
莱布尼兹（Gofuried Wichelm Leibniz）
莱顿德（Bartholomeu Redondo，巴尔特罗美乌·莱顿德）
朗德乔（Mathias de Landecho，马蒂耶斯·朗德乔）
雷戈（D.C.Rego）

利玛窦（Matteo Ricci, 1552—1610）
林斯霍顿（Jan Huyghen van Linschoten, 1563—1611）
龙华民（Nicolas Longobardi, 1559—1654）
罗德里格斯（Francisco Rodrigues，弗朗西斯科·罗德里格斯）
罗德里格斯（Jerónimo Rodriguez，热罗尼莫·罗德里格斯）
罗列弟（Oratio Nerenti，屋腊所·罗列弟）
罗明坚（Michele Ruggieri, 1543—1607）
罗帕（Gaspar Lopae，加斯帕尔·罗帕）
罗雅谷（Jacobus Rho, 1593—1638）
罗耀拉（Ignatius de Loyola, 1491—1556，伊纳爵·德·罗耀拉）
洛佩斯（António Lopes，安东尼奥·洛佩斯）
陆若汉（João Rodrigues, 1561—1634，若阿·罗德里格斯）

M

马尔多纳多（Maldonado）
马尔廷斯（Martins）
马斯卡雷尼亚斯（Don Fransisco de Mascarenhas，唐·弗朗西斯科·马斯卡雷尼亚斯）
马什卡雷尼亚什（Nuno Mascarenhas）
马塔（Gil de la Mata，希尔·德·拉·马塔）
马托斯（Gabriel de Matos，加布利埃尔·马托斯）
麦哲伦（Ferdinand Magellan, 1480—1521，斐迪南·麦哲伦）
梅内塞斯（Duarte de Meneses，杜阿尔特·梅内塞斯）
梅斯基塔（Diogo de Mesquita, 1551—1614）
梅西亚（Lorenzo Mesia，洛伦佐·梅西亚）
蒙蒂洛（Monteiro）
闵明我（Philippus Maria Grimaldi, 1639—1712）
莫拉埃斯（Moraes）
莫雷洪（Pedro Morejon，佩德罗·莫雷洪）
莫莱拉（Moreira）
木村塞巴斯蒂安（Sebastian Kimura）

N

内布利哈（Antonio de Nebrija, 1441—1522，安东尼奥·德·内布利哈）

内赖特（Horatio Nerete，霍拉希奥·内赖特）

P

帕利亚（Fracisco de Mascarenhas Palha，弗朗西斯科·马斯卡雷尼亚斯·帕利亚）

帕莱特（Manuel Barreto，曼努埃尔·帕莱特）

庞迪我（Didace de Pantoja，1571—1618）

佩德罗（Fray Sebastian de San Pedro，塞巴斯蒂安·德·桑·佩德罗）

佩雷拉（Guilhermo Pereira，吉里埃尔默·佩雷拉）

佩雷斯（Francisco Pires，弗朗西斯科·佩雷斯）

佩索亚（Andre Pessoa，安德烈·佩索亚）

皮斯卡伊诺（Sebastian Vizcaino，塞巴斯蒂安·皮斯卡伊诺）

皮拉尔（François Pyrard，弗朗索瓦·皮拉尔）

皮雷斯（Thomê Pires，托梅·皮雷斯）

平托（Mendes Pinto，门德斯·平托）

坡伯勒（Fray Juan Pobre）

Q

瞿西满（Simon de Cunha，1589—1660）

R

荣振华（Joseph Dehergne）

S

三木保罗（Paulo Miki）

塞尔凯拉（Luis de Cerqueira，路易斯·德·塞尔凯拉）

塞利斯（John Saris，约翰·塞利斯）

塞斯佩德斯（Gregorio de Céspedes，格雷格里奥·德·塞斯佩德斯）

沙勿略（San Francisco Xavier，1506—1552，圣方济各·沙勿略）

圣多马（St. Thomas，圣多默、圣托马斯）

斯蒂芬尼（Giovanni Stephanonio，乔万尼·斯蒂芬尼）

斯皮诺拉（Carlos Spinola，1564—1622，卡洛斯·斯皮诺拉）

苏亚雷斯（Miguel Soares，米盖尔·苏亚雷斯）

T

塔斯曼（Abel Tasman，阿贝尔·塔斯曼）
谭玛尔（Gaspar de Amaral，1592—1646，卡斯帕尔·德·亚玛拉尔）
汤若望（Johann Adam Schall von Bell，1591—1666）
托拉克斯（Dionysius Thrax，迪奥尼西乌斯·托拉克斯）
托雷斯（Cosme de Torrès，克斯梅·德·托雷斯）
托利戈（Nicholas Trigault，尼格拉斯·托利戈）

W

瓦尔德泽米勒（Martin Waldseemüller，马丁·瓦尔德泽米勒）
瓦雷拉（Francisco Varela，弗朗西斯科·瓦雷拉）
王丰肃（Alphonse Vagnoni，1566—1610，高一志）
维埃拉（Francisco Vieira，弗朗西斯科·维埃拉）
维埃拉（Sebastião Vieira，塞巴斯蒂安·维埃拉）
维莱拉（Gaspar Vilela，加斯帕尔·维莱拉）
维特莱斯基（Mutio Vitelleschi，1563—1645，木茨奥·维特莱斯基）
韦斯普奇（Amerigo Vespucci，亚美利哥·韦斯普奇）
五岛约翰（Juan Gotō）

X

西尔瓦（Duarte da Sylva，杜阿尔特·达·西尔瓦）
西克斯图斯五世（Sixtus V，r.1585—1590）
喜斋迪埃戈（Diego Kisai）
熊三拔（Sabbathin de Ursis，1575—1620）
徐萨斯（Montalto de Jesus）

Y

亚当斯（William Adams，1564—1620，威廉·亚当斯）
亚历山大六世（Alexandre VI，r.1492—1503）
亚历山大七世（Alexander VII，r.1655—1667）

阳玛诺（Manuel Dias, Jr. 1574—1659）
养方轩保罗（Paulo Yōhōken）
原马尔奇诺（Martinho Hara）
约翰二世（John II, r.1492—1503）

参考引证书目

外文古籍文献

《附加手稿系列》，大英博物馆。
《耶稣教—亚洲系列》，里斯本阿儒达图书馆。
《耶稣教会系列》，马德里现存档案。
《耶稣会士在亚洲》，里斯本阿儒达图书馆。
《中日古风俗系列》，罗马耶稣教会档案。
《日本—中国档》，罗马耶稣教会档案。
［葡］陆若汉著，土井忠生译:《日本大文典》，三省堂，1955年。
［葡］陆若汉著，日埜博司编译:《日本小文典》，新人物往来社，1993年。
［葡］陆若汉著，土井忠生等译注:《日本教会史》（上、下），岩波书店，1978年。
［葡］曾德昭著，何高济译:《大中国志》，上海古籍出版社，1998年。
［意］利玛窦著，罗渔译:《利玛窦书信集》，台北辅仁大学及光启出版社，1986年。
［意］约瑟夫·维克，约翰·戈麦斯著:《lesu社会历史名胜—印度史料：1585—1588》，罗马，lesu社会历史协会，1979年。
［日］村上直次郎译:《イエズス会士日本通信》（上、下），雄松堂，1968、1969年。
［日］村上直次郎译:《異国往復書翰集》，雄松堂，1989年。
［日］大久保利谦等编:《史料による日本の歩み》近世编，吉川弘文馆，1981年。
［日］大久保利谦等编:《大日本史料第十一编·天正遣欧使節関係史料》，东京大学出版社，1959年。
［日］东京大学史料编纂所:《日本関係海外史料·イエズス会日本書翰集》译文编之一（上、下），东京大学出版会，1993、1994年。
［日］东京大学史料编纂所:《日本関係海外史料·イエズス会日本書翰集》译文编之二

（上、下），东京大学出版会，1998、2000年。

［日］东京大学史料编纂所：《日本関係海外史料・オランダ商館長日記》译文编之八（上、下），东京大学出版会，1995、1997年。

［日］井上郁二译：《聖フランシスコ・デ・サビエル書翰抄》，岩波书店，1949年。

［日］井手胜美译：《日本キリシタン教会史補遺：1621—1622》，雄松堂，1980年。

［日］日兰学会编：《長崎オランダ商館日記》，雄松堂，1991年。

［日］笹山晴生等编：《日本史史料集》，山川出版社，1994年。

［日］松田毅一等译：《十六・七世紀イエズス会日本報告集》第1期第5卷，同朋舍，1991年。

［日］土井忠生、森田武、长南实编译：《邦訳日葡辞書》，岩波书店，1993年。

［日］新井白石著，村冈典嗣校订：《西洋紀聞》，岩波书店，1979年。

［韩］洪凤汉等编著：《增补文献备考》，韩国东国文化社，1957年。

［韩］郑经世著：《愚伏先生文集》，韩国景仁文化社，1987年。

中文古籍文献

［南宋］法云等撰：《翻译名义集》，中国佛教协会，1996年。

［明］陈子龙辑：《明经世文编》，中华书局影印平露堂刊本。

［明］郭棐编：《万历广东通志》，四库全书存目丛书本，齐鲁书社，1996年。

［明］顾起元著：《客座赘语》，中华书局，2002年。

［明］韩霖著：《守圉全书》，台北傅斯年图书馆善本室藏崇祯刊本。

［明］胡宗宪撰：《筹海图编》，嘉靖四十年刊本。

［明］皇明景教堂辑：《熙朝崇正集》，巴黎国家图书馆藏本。

［明］毛霦著：《平叛记》，齐鲁书社，1996年。

［明］孙铨著：《孙文正公年谱》，乾坤正气集本。

［明］谈迁著：《国榷》，中华书局，1958年。

［明］汪楫辑：《崇祯长编》，日本中文出版社，1984年。

［明］王守仁著：《王文成公全书》，四部丛刊本。

［明］王以宁著：《东粤疏草》，据清刊本抄油印本，1958年。

［明］吴廷燮：《明实录》，日本中文出版社，1984年影印本。

［明］徐如珂著：《望云楼稿》，清刊本。

［明］徐宗泽著：《明清间耶稣会士译著提要》，中华书局，1989年。

［明］严从简著：《殊域周咨录》，中华书局，2002年。

［明］姚虞著：《岭海舆图》，守山阁丛书本。

［明］叶权著：《贤博编》，中华书局，1987年。

［明］俞大猷著:《正气堂集》,江苏省立国学图书馆,民国二十三年影印本。
［明］徐光启撰:《徐光启集》,上海古籍出版社,1984年。
［清］陈寿祺著:《福建通志》,清同治七年正谊书院刊本。
［清］屈大均著:《广东新语》,广东人民出版社,1991年。
［清］申良翰著:《(康熙)香山县志》,康熙十二年刊本。
［清］印光任、张汝霖著:《澳门记略》,广东高等教育出版社,1988年。
［清］张廷玉等撰:《明史》,中华书局标点本,1974年。
中央研究院历史语言研究所编:《明清史料》,商务印书馆,1936年。
暨南大学古籍研究所编:《明清时期澳门问题档案文献汇编》,人民出版社,1999年。
张星烺编注:《中西交通史料汇编》,中华书局,1978年。
钟鸣旦等编:《徐家汇藏书楼明清天主教文献》,辅仁大学神学院,1996年。

外文论著及译著

［葡］施白蒂著,小雨译:《澳门编年史·17世纪编年史》,澳门基金会,1995年。
［葡］徐萨斯著,黄鸿钊译:《历史上的澳门》,澳门基金会,2000年。
［葡］文德泉著:《澳门及其教区》,澳门,1969年。
［葡］文德泉著:《17世纪澳门》,澳门,1982年。田渝译未刊稿。
［意］马可·波罗著,冯承钧译:《马可·波罗游记》,上海书店出版社,2000年。
［英］博克塞著:*The Christian Century in Japan*：*1549—1650*,加利福尼亚大学出版社,剑桥大学出版社,1951年。
［英］博克塞著:*The Military Anabasis in Support of Ming against Qing by Portuguese during 1621—1647*, Estudos para a Historia de Macau, I Vol, Lisboa, 1991年。
［英］迈克尔·库帕编:*THEY CAME TO JAPAN An Anthology of European Reports on Japan, 1543—1640*, Center for Japanese Studies The University of Michigan Ann Arbor, 1995年。
［英］迈克尔·库帕著,松本玉译:《通辞·罗德里格斯》,原书房,1991年。
［英］迈克尔·库帕著:《翻译陆若汉:一位耶稣会士日华经历录》,里斯本,克扎尔出版社,1994年。
［英］约瑟夫–詹内斯著:《中国和日本基督教史》,东京东方宗教研究所,1973年。
［英］张天泽著,钱江译:《中葡早期通商史》,香港中华书局,1988年。
［德］利奇温著,朱杰勤译:《十八世纪中国与欧洲文化的接触》,商务印书馆,1962年。
［德］彼得·克劳斯·哈特曼著,谷裕译:《耶稣会简史》,宗教文化出版社,2003年。
［法］安田朴、谢和耐等著,耿昇译:《明清间入华耶稣会士和中西文化交流》,巴蜀书社,1993年。

［法］费赖之著，冯承钧译：《在华耶稣会士列传及书目》，中华书局，1995年。
［法］荣振华著，耿昇译：《在华耶稣会士列传及书目补编》，中华书局，1995年。
［法］谢和耐著，耿昇译：《中国与基督教——中西文化的首次撞击》，上海古籍出版社，2003年。
［俄］瓦西里·米哈伊洛维奇格罗瓦宁著，井上满译：《日本幽囚记》，岩波书店，1943年。
［瑞典］龙斯泰著，吴义雄等译：《早期澳门史》，东方出版社，1997年。
［美］邓恩著，余三乐、石蓉译：《从利玛窦到汤若望》，上海古籍出版社，2003年。
［西］阿维拉–吉隆著，佐久间正等译：《日本王国志》，岩波书店，1979年。
［日］北村勇著：《中世·近世日欧交涉史》（上、下），现代思潮社，1981年。
［日］本多利明著：《経世秘策》，山川出版社，1978年。
［日］比较文明学会编：《比較文明》，株式会社刀水书房，1987年。
［日］村松定孝著：《評伝徳川家康》，株式会社ぎょうせい，1981年。
［日］朝尾直弘著：《日本の歴史17·鎖国》，小学館，1983年。
［日］朝尾直弘著：《日本近代史の自立》，校仓书房，1988年。
［日］池洋次著：《日本文典》，勉诚社，1976年。
［日］大庭脩著：《江戸時代の日中秘話》，东方书店，1986年。
［日］大庭脩著：《江戸時代における中国文化受容の研究》，同朋舍，1984年。
［日］德富苏峰著：《近世日本国民史14·鎖国篇》，明治书院，1935年。
［日］渡边浩著：《近世日本社会と宋学》，东京大学出版会，1985年。
［日］儿玉幸多、大石慎三郎编：《日本歴史の視点3·近世》，日本书籍株式会社，1973年。
［日］芳贺彻著：《明治維新と日本人》，讲谈社，1992年。
［日］芳贺彻编：《翻訳と日本文化》，山川出版社，2000年。
［日］冈本良知著：《十六世紀日欧交通史の研究》，弘文庄，1936年。
［日］冈本良知著：《十六世紀日欧交通史の研究》，六甲书房，1942年增订版。
［日］冈田章雄著：《キリシタン風俗と南蛮文化》，思文阁，1983年。
［日］冈田章雄著：《キリシタン信仰と習俗》，思文阁，1983年。
［日］冈田章雄著：《日欧交渉と南蛮貿易》，思文阁，1983年。
［日］高濑弘一郎著：《キリシタン時代対外関係の研究》，吉川弘文馆，1994年。
［日］高濑弘一郎译注：《イエズス会と日本》，岩波书店，1981年。
［日］高濑弘一郎著：《キリシタンの世紀》，岩波书店，1993年。
［日］高濑弘一郎著：《キリシタン時代の研究》，岩波书店，1977年。
［日］高利彦著：《近世日本の国家権力と宗教》，东京大学出版会，1989年。
［日］宫崎道生著：《近世·近代の思想と文化》，ぺりかん社，1985年。

［日］宫田安著:《唐通事家系論攷》,长崎文献社,1979年。
［日］海老泽有道著:《南蛮文化》,至文堂,1958年。
［日］海老泽有道著:《切支丹の社会活動及南蛮医学》,富山房,1944年。
［日］海老泽有道著:《日本キリシタン史》,塙书房,1990年。
［日］海老泽有道著:《日本キリスト教史》,日本基督教団出版局,1970年。
［日］海老泽有道著:《南蛮学統の研究》,创文社,1978年。
［日］和辻哲郎著:《鎖国—日本の悲劇》,筑摩书房,1959年。
［日］后藤优著:《日本人VSキリスト教》,北树出版,1989年。
［日］荒野泰典著:《近世日本と東アジア》,东京大学出版会,1988年。
［日］古田光、作田启一、生松敬三编:《近代日本社会思想史（Ⅰ）》,有斐阁,1971年。
［日］桥川文三、松本三之介编:《近代日本政治思想史（Ⅰ）》,有斐阁,1971年。
［日］今井淳、小泽富夫编:《日本思想論争史》,ぺりかん社,1986年。
［日］金井园等译:《西欧世界と日本》（上、下）,筑摩书房,1985年。
［日］井手胜美译:《キリシタン思想史研究序説》,ぺりかん社,1995年。
［日］林陆朗著:《長崎唐通事—大通事林道栄とその周辺》,吉川弘文館,2000年。
［日］木宫泰彦著,胡锡年译:《日中文化交流史》,商务印书馆,1980年。
［日］鸟海靖著:《日本近代史講義》,东京大学出版会,1988年。
［日］平川祐弘著:《西欧の衝撃と日本》,讲谈社,1985年。
［日］ピーター・ノスコ著:《江戸社会と国学》,ぺりかん社,1999年。
［日］片桐一男著:《阿蘭陀通詞—今村源右衛門英生》,丸善ライブラリー,1995年。
［日］山口修著:《日中交涉史》,东方书店,1996年。
［日］杉本つとむ著:《江戸の翻訳家たち》,早稻田大学出版部,1995年。
［日］松本三之介、山室信一著:《学問と知識人》,岩波书店,1989年。
［日］松田毅一著:《南蛮史料の発見》,中央公论社,1964年。
［日］松田毅一著:《近世初期日本関係南蛮史料の研究》,风间书房,1967年。
［日］榊原悠二著:《日本切支丹の歴史的役割》,伊藤书店,1949年。
［日］石井宽治、关口尚志著:《世界市場と幕府開港》,东京大学出版会,1982年。
［日］石井宽治著:《日本経済史》,东京大学出版会,1991年。
［日］石田一郎著:《日本思想史概論》,吉川弘文館,1976年。
［日］土井忠生著:《吉利支丹語学の研究》（新版）,三省堂,1971年。
［日］土井忠生著:《吉利支丹論攷》,三省堂,1982年。
［日］丸山真男、加藤周一著:《翻訳と日本の近代》,岩波书店,1998年。
［日］網野善彦著:《東と西の語る日本の歴史》,大日本法令印刷株式会社,1982年。

［日］尾崎正英先生还历记念会：《日本近世史论》，吉川弘文馆，1984年。
［日］尾藤正英著：《江户時代とは何か》，岩波书店，1992年。
［日］五野井隆史著：《日本キリスト教史》，吉川弘文馆，1990年。
［日］五野井隆史著：《德川初期キリシタン史研究》，吉川弘文馆，1992年。
［日］幸田成有著：《日欧交通史》，中央公论社，1971年。
［日］新村出著：《日本吉利支丹文化史》，地人书馆，1941年。
［日］小田垣雅也著：《キリスト教の歴史》，讲谈社，1995年。
［日］源了园著：《江户後期の比較文化研究》，ぺりかん社，1990年。
［日］永田广志著，刘绩生译：《日本封建意识形态》，商务印书馆，2003年。
［日］姉崎正治著：《切支丹禁制の始末》，同文馆，1927年。
［日］姉崎正治著：《切支丹禁制の終止》，同文馆，1927年。
［日］姉崎正治著：《キリシタンの宗門の迫害と潜伏》，同文馆，1949年。
［日］中村元编著：《日本思想史》，东方出版，1990年。
［日］佐野正己编：《国学と蘭学》，雄山阁，1973年。
［日］佐々木克著：《日本近代の出発》，集英社，1992年。
［日］昭田次郎著：《日本と西洋》，平凡社，1971年。
［韩］李进熙著：《日本文化と朝鲜》，日本放送出版协会，1995年。

中文论著

苌岚著：《中日文化交流的考古学研究》，中国社会科学出版社，2001年。
陈福康著：《中国译学理论史稿》，上海外语教育出版社，2002年。
方豪著：《中国天主教史人物传》，中华书局，1988年。
方豪著：《中西交通史》，岳麓书社，1987年。
何慈毅著：《明清时期琉球日本关系史》，江苏古籍出版社，2002年。
何兆武著：《中西文化交流史论》，中国青年出版社，1999年。
黄一农著：《两头蛇——明末清初的第一代天主教徒》，上海古籍出版社，2006年。
金国平著：《西力东渐：中葡早期接触今昔》，澳门基金会，2000年
李天纲著：《中国礼仪之争：历史·文献和意义》，上海古籍出版社，1998年。
李小白著：《基督教布教与日本的选择》，东北师范大学出版社，1999年。
刘重德著：《西方译论研究》，中国对外翻译出版公司，2003年。
林治平著：《基督教与中国论集》，宇宙光传播中心出版社，1993年。
洛瑞罗等著：《十六和十七世纪伊比利亚文学视野里的中国景观》，澳门文化司署出版，
　　1997年。

澳门文化杂志编:《十六和十七世纪伊比利亚文学视野里的中国景观》,大象出版社,
　　2003年。
戚印平著:《日本早期耶稣会史研究》,商务印书馆,2003年。
沈福伟著:《中西文化交流史》,上海人民出版社,1985年。
孙尚扬、钟鸣旦著:《1840年前的中国基督教》,学苑出版社,2004年。
汤开建著:《澳门开埠初期史研究》,中华书局,1999年。
万明著:《中葡早期关系史》,社会科学文献出版社,2001年。
王晓秋著:《近代中日文化交流史》,中华书局,2000年。
王勇主编:《中日关系史料与研究》第1辑,北京图书馆出版社,2002年。
王青著:《翻译与日本文化》,中国社会科学院哲学研究所,2003年。
徐一平等著:《中日文化交流史论集》,中华书局,2002年。
徐宗泽著:《明清间耶稣会译著提要》,中华书局,1989年。
徐宗泽著:《中国天主教传教史概论》,上海书店,1990年。
许明龙主编:《中西文化交流的先驱》,东方出版社,1993年。
张国刚等著:《明清传教士与欧洲文学》,中国社会科学出版社,2001年。
张廷茂著:《明清时期澳门海上贸易史》,澳亚周刊出版有限公司,2004年。
章文钦著:《澳门历史文化》,中华书局,1999年。
赵德宇等编:《日本研究论集2001》,天津人民出版社,2001年。
赵德宇等编:《日本研究论集2002》,天津人民出版社,2002年。
郑克晟著:《明清史探实》,中国社会科学出版社,2001年。
周景濂著:《中葡外交史》,商务印书馆,1991年。
周一良、吴于廑主编:《世界通史·中古部分》,人民出版社,1962年。
朱谦之著:《中国景教》,东方出版社,1993年。
浙江大学日本文化研究所编:《中日关系史论考》,中华书局,2001年。

外文论文

[英]博克塞著:《1621—1647年葡萄牙援助明抗清的军事远征》,载《澳门历史研究》
　　第1册,1991年。
[英]博克塞著,黄鸿钊等译:《16—17世纪澳门的宗教和贸易中转港之作用》,载《中
　　外关系史译丛》,上海译文出版社,1991年。
[法]巴笃里著:《中华耶稣会史》,载《东方杂志》第40卷第1期,1944年。
[法]米歇尔·德东布著,耿昇译:《入华耶稣会士与中国的地图学》,载《明清间入华
　　耶稣会士和中西文化交流》,巴蜀书社,1993年。

［日］丰岛正之著:《聖書の翻訳からたキリシタン文献》，载《青山学院女子短期大学综合文化研究所年报》第1期，1993年。

［日］冈田袈裟男著:《南蛮·紅毛の見た〈待遇表現の文化〉一面》，载《立正大学文学部论丛》，1997年。

［日］马场良二著:《ジョアン·ロドリゲスの「エレガント」—イエズス会士の日本語教育における日本語観》，载《熊本女子大学学术纪要》第45卷，1993年。

［日］马场良二著:《ロドリゲス『日本文典』における「エンガント」について（その2）》，载《熊本女子大学学术纪要》第45卷，1993年。

［日］马场良二著:《ロドリゲス『日本大文典』の成立—『ラテン語学』の与えた影響（その1）》，载《熊本女子大学学术纪要》第46卷，1994年。

［日］马场良二著:《ロドリゲス『日本大文典』の成立—『ラテン語学』の与えた影響（その2）》，载《熊本县立大学文学部纪要》第1卷，1995年。

［日］马场良二著:《『日本大文典』『日本小文典』に見られるロドリゲスのSONSONETEについて》，载《熊本县立大学文学部纪要》第4卷，1998年。

［日］鳅泽千鹤著:《ロドリゲス『日本小文典』の独自性について》，载《国文学论集》，上智大学，1994年。

［日］鳅泽千鹤著:《ロドリゲスのめざした日本語（その1）》，载《国文学论集》，上智大学，1995年。

［日］丸田博之著:《ロドリゲス編『日本大文典』に於ける日本人の関与について》，载《国语国文》，京都大学，1994年。

［日］小岛俊夫著:《ロドリゲス「命令法の種種な程度に就いて」(『日本大文典』·一六〇八)と当時の敬語体系》，载《奥羽大学文学部纪要》第9号，1997年。

［韩］金美子著:《韩国如何通过中国接受西方文化》，载《中华读书报》2001年12月20日。

［韩］裴贤淑撰，杨雨蕾译:《17、18世纪传来的天主教书籍》，载《东西交流论坛》第2集，上海文艺出版社，2001年。

［马来西亚］赖安著:《新航路的发现和葡萄牙殖民者攻占马六甲》，载《马来西亚与新加坡史》，牛津出版社，吉隆坡，1976年。

陈访泽著: Portuguese Missionaries' Contribution to Japanese Linguistics: On Joāo Rodrigues and the Linguistic Outline in the First Japanese Grammar Arte da lingoa de Iapam, 载Review of Culture (International Edition 39)，2011年。

陈访泽著: A Textural Research on Japanese Grammar Published in Macao during the 17th Century: Features and Linguistic Outlook of the Arte Breve da Lingoa Iapoa, 载Review of Culture (Internat-ional Edition 43)，2013年。

陈曦子著：Portuguese Jesuit Missionary Rodrigues' Birth and His Early Activities in Japan，载Review of Culture（International Edition 34），2010年。

陈曦子著：Nanban Tuzu's Contribution to Japanese-Portuguese Commerce: On Rodrigues' Role as Ieyasu's Commercial Agent. 载Review of Culture（International Edition 40），2012年。

刘小珊著：《「天」に関する中国と西洋の哲学思想の衝突》，载《神户女学院大学论集》2006年第2期。

刘小珊著：《大航海时代の南蛮通辞》，载《神户女学院大学论集》2007年第3期。

刘小珊著：《日本の早期開教におけるポルトガル商人の役割》，载《神户女学院大学论集》2009年第1期。

中文论文

陈访泽著：《十七世纪澳门出版日语语法书之考述—以耶稣会传教士陆若汉之〈日本小文典〉为例》，载《澳门研究》2012年第1期。

陈曦子：《葡萄牙传教士罗德里格斯身世及于日本早期活动之考证》，载澳门《文化杂志》第87期，2012年。

方豪著：《明清间西洋机械工程学物理学与火器入华考略》，载《方豪六十自定稿》上册，台湾学生书局，1965年。

冯天瑜著：《中、日、西语汇互动与近代新术语形成》，载《浙江省社会科学联合会会刊》，2001年。

黄鸿钊著：《十六世纪初中国人民反抗葡萄牙殖民者的斗争》，载《安徽师大学报》1982年第1期。

黄鸿钊著：《明清时期澳门海外贸易的盛衰》，载《江海学刊》1999年第6期。

黄庆华著：《早期中葡关系与澳门开埠》，载《新华文摘》1998年第2期。

贾天佑著：《耶稣会传教士在中国》，载《天主教在华传教史集》，香港真理学会、徽祥出版社、光启出版社联合出版，1966年。

金国平著：《莱奥内尔·德·索扎与汪柏》，载《中葡关系史地考证》，澳门基金会，2000年。

李向玉著：《圣保禄学院在中西文化交流中的作用及其对我国近代教育的影响》，载《清史研究》2000年第4期。

刘小萌著：《葡萄牙与〈中葡和好贸易条约〉的签订》，载《中国边疆史地研究》2000年第2期。

刘海峰著：《高等教育的国际化与本土化》，载《中国高等教育》2001年第2期。

刘小珊著：《兰学·洋学——日本人实理实用精神的启蒙》，载《广东外语外贸大学学报》2004年第4期。

刘小珊著:《活跃在中日交通史上的使者——明清时代的唐通事研究》,载《江西社会科学》2004年第7期。

刘小珊著:《耶稣会于日本创立的教会学校之规模和影响》,载《澳门历史研究》2005年第4期。

刘小珊著:《明天启崇祯年间陆若汉在中国大陆活动考》,载《江西社会科学》2005年第2期。

刘小珊著:《耶稣会翻译陆若汉于中国"礼仪之争"前期的影响》,载澳门《文化杂志》春季刊,2006年。

刘小珊著:《沙勿略早期日本开教活动考述》,载澳门《文化杂志》第66期,2008年。

刘小珊著:《西方传教士陆若汉与朝鲜燕行使交往考述》,载澳门《文化杂志》第67期,2008年。

刘小珊著:《大航海时代耶稣会在远东地区的传教》,载《澳门历史研究》2008年第4期。

刘小珊著:《陆若汉解读中西方哲学家对"天"的认识》,载《国际汉学》第17期,2009年。

刘小珊著:《17世纪葡萄牙传教士陆若汉参与日本政界活动考述》,载《澳门研究》2009年第2期。

刘小珊著:《葡萄牙传教士陆若汉在被流放地澳门的活动考述》,载《澳门研究》2009年第2期。

刘小珊著:《17世纪日本耶稣会士参与生丝贸易原因考》,载《澳门历史研究》2009年第4期。

刘小珊著:《明末清初耶稣会传教士与中国士大夫间的对话——解读耶稣会士陆若汉的〈日本教会史〉》,载澳门《文化杂志》第82期,2010年。

刘小珊著:《16世纪西方传教士对东方占星术的认识——对陆若汉〈日本教会史〉的解读》,载《东南亚研究》2010年第1期。

刘小珊著:《关于日本天主教传教史上耶稣会和方济各会的争斗》,载《澳门历史研究》2010年第4期。

刘小珊著:《南蛮通辞于日葡贸易中的贡献》,载澳门《文化杂志》第84期,2012年。

刘小珊著:《明末澳门长崎间生丝贸易中日本耶稣会士活动考述》,载《澳门研究》2012年第1期。

刘小珊著:《耶稣会巡视员范礼安与日本天正少年遣欧使节团》,载《澳门历史研究》2012年第4期。

刘小珊著:《关于日本教区天主教主教的设立问题》,载澳门《文化杂志》第87期,2012年。

罗常培著:《耶稣会士在音韵学上的贡献》,载《历史语言研究所集刊》第1本第3分。

罗荣渠著:《15世纪东西方航海取向的比较研究》,载《历史研究》1992年第1期。

孙家堃著:《哥伦布的国籍问题》,载《百科知识》1987年第3期。
谭树林著:《陆若汉与明末西洋火器东渐》,载澳门《文化杂志》第44期,2002年。
汤开建著:《明清之际中国天主教会传教经费之来源》,载《世界宗教研究》,2001年第4期。
汤开建著:《明清之际澳门与中国天主教传播之关系》,载台湾《汉学研究》2002年第1期。
汤开建著:《顺治时期天主教在中国的传播与发展》,载《清史论丛》,2001年。
赵旭著:《明季中葡关系述略》,载《中外关系史》1986年第2期。